SV

Peter Sloterdijk
Die schrecklichen Kinder der Neuzeit

Über das anti-genealogische Experiment
der Moderne

Suhrkamp

3. Auflage 2014

Erste Auflage 2014
© Suhrkamp Verlag Berlin 2014
Druck: CPI – Ebner & Spiegel, Ulm
Printed in Germany
ISBN 978-3-518-42435-3

Inhalt

I grow, I prosper.
Now, gods, stand up for bastards!

William Shakespeare, *King Lear, I*, 2.

Vorbemerkung

Von Erbe, Sünde und Moderne

Der Mensch ist das Tier, dem man die Lage erklären muß. Hebt es den Kopf und blickt über den Rand des Offensichtlichen, wird es von Unbehagen am Offenen bedrängt. Unbehagen ist die angemessene Antwort auf den Überschuß des Unerklärlichen vor dem Erschlossenen.

Früh manifestiert sich solches Unbehagen in Erkundigungen nach Anfang, Ziel und Bedeutung der menschlichen Situation. Griechische Philosophen haben es als »Staunen« (*thaumazein*) mystifiziert, seit sie vorgaben, diese Empfindung sei intellektuell stets anregend und existentiell erhaben. Die Romantiker sind den Philosophen gefolgt. Sie erhoben das Phänomen in den Geheimniszustand. Sie wollten die Quelle der Poesie in ihm erkennen, als sei das Staunen die Reaktion der Alltäglichkeit auf das Mysterium. Erst Descartes hat das Staunen entzaubert, als er das *estonnement* als die erste und unangenehmste unter den »Leidenschaften der Seele« anführte. Sie könne immer nur von Übel sein.[1]

Dem alltäglichen Empfinden war der mißliche Charakter des Zustands ohnedies nie auszureden. Du kennst die Anfänge nicht, die Enden sind dunkel, irgendwo dazwischen hat man dich ausgesetzt. In der Welt sein heißt im unklaren sein. Am besten ist es, man hält sich an den Schein des Sich-Auskennens in der näheren Umgebung, die man seit einer

---

1 »L'estonnement est un excès d'admiration, qui ne peut jamais estre que mauvais.« René Descartes, Die Leidenschaften der Seele (1649), Französisch-Deutsch, herausgegeben und übersetzt von Klaus Hammacher, Hamburg 1996, S. 114.

Weile die »Lebenswelt« nennt. Verzichtest du auf weitere Fragen, bist du vorläufig in Sicherheit.

Nicht das Wort war am Anfang, sondern das Unbehagen, das nach Worten sucht. Dem Mythos fiel die Aufgabe zu, Wege aus der ersten Unklarheit anzuzeigen. Wovon man nicht schweigen konnte, davon mußte man erzählen. Erzählen heißt, so zu tun, als wäre man am Anfang dabeigewesen. Erzähler spiegeln gerne vor, sie könnten mit dichten Gefäßen an langen Seilen aus dem Brunnen der Vergangenheit schöpfen. Öfters wurde die Behauptung, höhere Erzählmacht zu besitzen, von der Suggestion begleitet, man habe aus gewöhnlich gut unterrichteten Jenseitskreisen bevorzugte Einsichten in die näheren Umstände des Endes erhalten.

Durch den Erfolg des Christentums hat sich in der westlichen Zivilisationssphäre die biblische Auslegung des Unbehagens am In-der-Welt-Sein durchgesetzt. Die übermittelt mittels einer kurzen Erzählung eine einleuchtende, obgleich düstere Lektion: Fühlen wir uns vom Befund unseres Daseins nicht selten befremdet, so aus einem begreiflichen Grund. Wir sind Vertriebene, fast von Anfang an. Wir alle haben eine Heimat gegen ein Exil getauscht. Sind wir hier in der Welt, so weil wir nicht würdig waren, an einem besseren Ort zu bleiben.

Im Licht des mächtigsten Mythos des Westens sind die Post-Adamiten Wesen, an denen eine Bestrafung ihre Spuren hinterlassen hat, unverbüßlich, irreversibel, in jeder Generation von neuem. Er handelt von der fortbestehenden Vertreibung, die uns aus der paradiesischen Situation in die jetzige Verlegenheit versetzt hat. Die Lage des Menschen ist Sündenfolge.

Der Mythos hebt das Unbehagen nicht auf, er macht es erträglich, indem er es erläutert. Die Grundregel der Mythodynamik besagt: Jede Geschichte ist besser als keine Geschichte. Auch ein dunkler Mythos erhellt die Lage, indem er dem Unbehagen eine Fassung gibt. Oft unterdrückt er sogar das Aufsteigen des Unbehagens, indem die Erklärung der Empfindung zuvorkommt.

Jedoch kann aufgrund paradoxer Nebeneffekte bei der Auslegung des Unbehagens am In-der-Welt-Sein der Effekt auftreten, daß das schwer Erträgliche in gesteigerter Form wiederkehrt: dann nämlich, wenn die unklare Lage infolge der Auslegungen des Mythos noch um vieles schlimmer erscheint als die anfängliche Irritation, zu deren Behebung die Erzählung in Gang gesetzt wurde.

Für eine solche Übersteigerung des Unbehagens durch seine Erklärung bietet die Ideengeschichte Alteuropas kein stärkeres Beispiel als die Auslegung der biblischen Erzählung von der Vertreibung der menschlichen Ureltern aus dem Paradies bei Aurelius Augustinus (354-430).[1] Aufgrund seiner Intervention wurde aus dem Unbehagen Bestürzung. Anfängliche Konfusion wandelte sich in Perplexität. Der Bischof von Hippo hatte den Weg vom Mythos zum Logos mit jener Folgerichtigkeit zurückgelegt, die die Wesensverwandtschaft von Theologie und Extremismus ahnen läßt. Sie macht bis heute schaudern, sollte man sich noch einmal der Mühe unterziehen, den Vorgang aus den Akten aufzurollen. Es war der Übergang von einem Ursprungsmärchen voll symbolischer Bezüge und archetypischer Obertöne in eine Katastrophendoktrin von primärmasochistischer Eindringlichkeit.

---

1 Die kritischen Passagen finden sich vor allem in den Genesis-Kommentaren Augustinus' und in den Büchern XII bis XIV des Werks über den Gottesstaat. Analoge Verdunkelungen zeigen sich im iranischen Dualismus, in manchen Varianten des Hinduismus und in einigen Versionen der spätantiken Gnosis.

Die Steigerung des vagen Unbehagens zum metaphysischen Debakel bewirkte die Lehre vom *peccatum originale* – einem theologischen *terminus technicus*, den man im Deutschen seit dem 13. Jahrhundert mit dem sachlich völlig angemessenen Begriff »Erbsünde« wiedergibt. Sie resultierte aus der unnachgiebigen Rationalisierung der biblischen Erzählung von der Vertreibung der Menscheneltern durch den – mit Origines und dem Pseudo-Areopagiten – ambitioniertesten Gottes-Logiker des ersten nach-christlichen Jahrtausends. Das Judentum, dem die Urheberrechte an dem Vertreibungsmärchen gehörten, hatte sich in der Regel damit begnügt, den Aufenthalt der Menschen in einer suboptimalen Welt recht und schlecht zu motivieren, indem es die in nach-babylonischer Zeit kolportierte Geschichte zusammen mit dem übrigen Hausvorrat erbauender und ermahnender Überlieferungen von Generation zu Generation weitertrug. Die jüdischen Rezipienten konnten den psychischen Gewinn aus der mythischen Erklärung verbuchen, da sie nun immerhin wissen durften, woran sie waren. In ihre so erklärte Lage fanden sie sich mit dem mutigen Realismus, der ihrer Weisheitstradition von alters her eigen war.

Augustinus hingegen löste mit seiner verschärften Sünden-Doktrin eine Verdüsterung aus, von der sich die westliche Welt bis zum heutigen Tag nur zögernd erholt. Er wollte sich nicht damit zufriedengeben, den außerparadiesischen *status quo* der Menschen demütig zur Kenntnis zu nehmen. Er drängte darauf, den Fall tiefer zu motivieren, indem er ihn zu einem Entfremdungsdrama zwischen Mensch und Gott überhöhte, bei dem die Rolle des böse lachenden Dritten dem Satan zufiel, dem selbstverliebten Anführer der aufrührerischen Engel. Der nordafrikanische Bischof, Ex-Manichäer und Platoniker, der der weltlichen Weisheit abgeschworen hatte, erwies sich einmal mehr als die Diva der

Theologie: Eine Arie vorzutragen, ohne ihre eigene Note in sie zu legen, kam für sie nicht in Frage. Dem Hysteriker von Hippo, aufgrund seiner Begabung für Schuldgefühle zu höheren kirchlichen Aufgaben prädestiniert, schien es geboten, den kritischen Vorgang aus der mythischen Vergangenheit herauszulösen, um ihn im Leben jedes einzelnen zu reaktualisieren.

Man könnte das Manöver zunächst für eine Sache der nachzureichenden Plausibilität halten: Die Idee der Gerechtigkeit Gottes gerät ja leicht in ein bedenkliches Licht, wenn die Nachkommen Adams ausnahmslos für eine einzige, in ferner Vorzeit begangene Sünde eines ansonsten profilschwachen Vorfahren büßen müssen, ohne in eigener Sache Schuld auf sich geladen zu haben. Hatte schon der Mythos in seiner schlichten Gestalt das Risiko mit sich gebracht, daß die gewöhnliche Vernunft nach der Verhältnismäßigkeit zwischen Fehltritt und Strafe fragen könnte – denn Tod, Not und Krankheit, eines wie das andere im Paradies unbekannte Übel, sollen nach der Aussage des Apostels Paulus als die gerechten Folgen der Urelternsünde gelten –, stellt sich hinsichtlich der ferneren Nachkommen um so mehr das Problem, warum auch sie, Jahrtausende *post eventum*, noch immer für die Verfehlung der Vorfahren büßen sollten.

Es lohnt sich, auf die augustinischen Antworten und ihre Ausarbeitungen durch die Theologie des folgenden Jahrtausends einen Blick zu werfen, wäre es auch nur, weil man auf diese Weise Einsicht in die Fabrikation der alteuropäischen Psyche und einige ihrer bestimmenden Komplexe gewinnt.

Die klassische Erbsünden-Lehre läßt sich in einen logischen und einen moralisch-sexualpathologischen Teil aufgliedern. Welcher von beiden für modernes Empfinden und Argumentieren befremdlicher ist, wäre nicht leicht zu sagen. Der logische Aspekt der Lehre vom *peccatum origi-*

nale mutet dem zeitgenössischen Interessenten die Aufgabe zu, sich auf den Standpunkt antiker Ursprungsphilosophie und ihrer mittelalterlichen Überarbeitungen zurückzuversetzen. Ihr zufolge wäre alles Entsprungene »auf gewisse Weise« im »Ursprung« (*arché, principium*) enthalten und verkörpere nur dessen zeitlich und phänomenal versetzte »Entfaltung«. Alle später lebenden Menschen wären also »im Samen Adams« mit-präsent gewesen, da gemäß dieser inzwischen außer Dienst gestellten Logik noch die fernste Folge im ersten Beginn angelegt ist. Es gibt nichts Neues in der Welt, nur die Entfaltung präformierter Substanzen. Hat Adam, der Ursprungs-Mann, seine bei der Schöpfung intakte Substanz durch erste Sünde korrumpiert, geht die Korruption auf die Nachkommen über, da diese »in ihm« mitenthalten sind. Nicht bloß die ursprünglich heile Substanz soll teilbar und dennoch in jedem ihrer Teile in Gänze anwesend sein. Für die Korruption der Substanz gilt das Gesetz der Anwesenheit des Ursprungs im nachgeordneten Glied wie das der Anfangsmacht in der Folgeerscheinung in gleicher Weise. Jeder Nachkomme Adams ist darum »in Adam« mitkorrupt.

Hat die zeitgenössische Vernunft schon einige Mühe mit der bizarren Mengenlehre des Ursprungs-Denkens, so wird sie durch den moralischen und sexualpathologischen Teil des Erbsündendogmas erst recht heftig vor den Kopf gestoßen. Mit ihm wird die Doktrin psychologisch invasiv und moralisch zudringlich. Sie gibt vor, eine Phänomenologie der Sünde zu liefern, die zu zeigen vermöge, wie das erste Fehlverhalten sich in jedem einzelnen der Adamskinder spontan reaktualisiert. Der Tatbestand des *peccatum originale* gilt als erfüllt, wenn sich die Erbverfehlung des Vorfahren in der eigenen Verfehlung des Nachgeborenen wiederholt. Der Erbsündenprozeß darf sich nicht nur als passive Übernahme einer alten Last vollziehen, obschon das Gewicht der

Passivität in der außerparadiesischen Verfassung des Menschen schwer genug wiegt. Zusätzlich ist zu erweisen, wie das Wiederaufflammen der Sünde im einzelnen zustande kommt, damit sie ihm auch als persönliche Tat zugerechnet werden kann. Nicht bloß als Erbe des adamitischen Makels ist der Nachkomme zur Sünde disponiert; er wird zum Sünder aus eigener Intensität.

Allein dieses moralisch-theologische Arrangement schützt die Gerechtigkeit Gottes gegen den Vorwurf, sie antworte auf Adams Fehltritt mit einer Überreaktion. Die Nachkommen haben das *peccatum originale* auf eigene Rechnung erneut zu begehen, um ihre Verdammnis – genauer ihre Verdammnis zur Verdammnis – zu verdienen. Und sie begehen es unfehlbar, weil sie mit dem Makel des Sündigenmüssens ins Leben treten. Das ist es, was Augustinus' listige und zudringliche Wendung vom *non posse non peccare* als letzte Wahrheit der natürlichen *conditio humana* nach den Fall besagt. Die Korruption ist dem Menschen zuvorgekommen. Der Mensch ist das Lebewesen, das nicht nicht sündigen kann, solange nicht die Gnade einigen Wenigen einen Weg der Rückkehr in die Integrität aufzeigt. Daß es wenige sind, die zu den Erwählten rechnen werden, steht für Augustinus außer Zweifel. Am Hof Gottes sind ja nur die beim Aufruhr der Engel freigewordenen Plätze nachzubesetzen. An einem darüber hinausgehenden Kontingent an Kandidaten der Erlösung besteht im Jenseits weder Bedarf noch Interesse. Für sentimentalen Universalismus gibt es in der *vera religio* von der ersten Minute an keinen Raum, was auch immer spätere, universalistisch überventilierte Apostel und deren philosophischer Nachtrab hierzu sagen werden. Das authentische Christentum, wie es von Paulus bis Augustinus kodifiziert wurde, bleibt als strikte Erwählungs- und Gnaden-Religion eine Sache der Wenigsten, einiger erratischer verbaler Gesten »an alle« und *pro multis* ungeachtet.[1] Seine heilige Schrift, recht verstanden, ist eher ein Buch für keinen als für alle.

Den Hebelpunkt für seine Lehre von der anhaftenden Erblichkeit der Sünde findet Augustinus im Generationsprozeß: Wie das zweigeschlechtliche Leben als solches ist die Sünde eine sexuell übertragbare Krankheit. Mehr noch: Der Modus der Übertragung, der Geschlechtsakt, beinhaltet die Wiederholung der ersten Sünde, weil er nicht ohne *superbia*, das heißt nicht ohne die überhebliche Selbstbevorzugung des Geschöpfs vor seinem Schöpfer, zustande kommt. Der sexuelle Höhepunkt ist die Spur des teuflischen Hochmuts, in dem sich die Kreatur von ihrem Ursprung abwendet, um sich selber an die erste Stelle zu rücken.[2] Wären die Menschen fähig geblieben, sich fortzupflanzen, ohne ihren sinnlichen Aufruhr zu genießen, wären sie dem Heil näher geblieben. Doch im postlapsarischen Zustand haben sie den Stachel des Strebens nach selbstbezüglicher Lust im Fleisch. Die sinnliche Wollust, sofern sie die Wendung zum Vorrang des Ich vollzieht, verwirkt die Ewigkeit.

In modernen Kontexten würde man das augustinische Argument in die These kleiden, wonach sich in der Lust an der Lust die »narzißtische« Disposition der Psyche geltend macht: Diese freilich ist, um zur religiösen und metaphysischen Diktion zurückzukehren, mit der Einordnung des Geschöpfs in die kosmischen Hierarchien nicht verträglich. Die Verkehrungstendenz haftet den Sterblichen aufgrund ihrer primären Libido-Orientierung unauslöschlich an. Im Stand der Korruption ist der Mensch zur Selbstbevor-

---

1 Namentlich Apostelgeschichte 3,21. Die in jüngerer Zeit geführte Auseinandersetzung über die Differenz von *pro omnibus* oder *pro multis* in den Einsetzungsworten des Abendmahls ist eine Scheindebatte, weil beide Wendungen die ursprüngliche Adressierung des Christentums an die wenigen Erwählten aller Kategorien unsichtbar machen.
2 Vgl.: De Civitate Dei, 14. Buch, Abschnitt 15: »Der Hochmut der Übertretung ist schlimmer als die Übertretung selbst.«

zugung verdammt. Der Wille der Eigenmacht wohnt dem Nachkommen Adams allzu tief inne, als daß er ihn aus eigenem Entschluß abstreifen könnte. Die Liebes-Ordnung ist bei ihm von Grund auf verdreht. Er instrumentalisiert das Absolute und vergöttlicht die Instrumente. Obendrein ist er dazu verurteilt, seine Verfassung vor sich selbst zu verbergen – die Verkehrung hat die Unaufrichtigkeit zur ständigen Begleiterin. Die Geschichte der Selbstbevorzugung, die zugleich die halbbewußte *mauvaise foi* ist, führt in »Gottferne«, Aufstand, Abfall, Irre, Sünde, Perversion und wie die großen Titel der Verfehlung sonst heißen. An ein Ende gelangte sie nur, wenn dem Menschen gezeigt wird, wie er sich anzustellen hätte, wollte er dem Schöpfer wieder den Vortritt lassen. Dies könne ausschließlich das Hören auf das Evangelium leisten. Es allein solle zum *posse non peccare* der wirklichen Gläubigen und zum *non posse peccare* der Verklärten zurückführen.[1]

Damit wird der Sturz in die Erbsünde immerhin für einige Erwählte reversibel. Die augustinische Rekonstruktion der menschlichen Geschichte nach dem Fall läßt deutlich werden, wie sehr das Christentum der Bemühung entsprang, die ursprüngliche Überreaktion Gottes gegen Adams Verfehlung durch ein Erlösungswerk zu kompensieren, das dem Menschen eine geringe Heilschance zurückgab, ohne daß der im Zorn zu weit gegangene Gott das Gesicht verlieren mußte. Die Schriften Augustinus' sind von der Einstimmung in das Klima der Überbestrafung durchzogen: Es kann für den strengen Bischof von Hippo kein irdisches Elend geben, an dem der Mensch nicht letztlich selber schuld wäre.

Es gehört zu Augustinus' problematischen Verdiensten, wenn die westliche Zivilisation durch seine Anregungen ei-

---

1 Gläubig ist, wer die Fähigkeit, nicht zu sündigen, wiedergewinnt, verklärt, wer zum Stand des Nicht-mehr-sündigen-Könnens aufsteigt.

nen Gedanken der Erblichkeit von Schuld, Sünde und Korruption zu entwickeln vermochte, der es mit dem indischen Konzept des Karma von ferne aufnehmen konnte. Indem Augustinus alle spontanen Intuitionen der moralischen Alltagsvernunft auf den Kopf stellte, konzipierte er eine Form von Sündigkeit, die durch die Tatsachen der Fortpflanzung unmittelbar auf sämtliche Nachkommen Adams überging – einzig den jungfräulich empfangenen Erlöser ausgenommen. Mit Hilfe seines Erbsünde-Konzepts gelang dem melancholischen Bischof die Konstruktion eines Kontinuums irdischer Geschichte, das ganz im Zeichen der zugleich angeborenen und immer spontan erneuerten Auflehnung der Einzelnen gegen Gott stünde. Die *civitas terrena* ist nichts als ein langes Défilé von Aufständen, Anmaßungen und Verbrechen, das von den Bemühungen einiger redlicher Herrscher und Richter um die irdische *iustitia* nur unzulänglich eskortiert wird. Aufstand ist das Wesen des Menschen: Der Mensch wird wie Gott, indem er dessen Privileg, nein sagen zu können, auf Gott selbst anwendet. Als Albert Camus im Jahr 1951 seinen Großessay *Der Mensch in der Revolte* publizierte, hatte er noch immer kaum mehr anzubieten als eine um aktuelle Beispiele bereicherte Paraphrase der Lehren seines Landsmanns Augustinus.

Man darf von der tiefsinnig-heimtückischen Konstruktion der ersten menschlichen Verfehlung und ihrer unvermeidlichen Weitergabe durch den Akt der Fortpflanzung ohne Zorn und Eifer behaupten, sie habe aus psychohistorischer Sicht über die Entwicklung des Westens einen Schatten geworfen, dessen Aufhellung durch philosophische, theologische, psychologische, soziologische und literarische Aufklärung bis heute nicht als abgeschlossen gelten kann. Nach wie vor sind die Einprägungen des metaphysischen Masochismus augustinischer Herkunft mitsamt seiner Fracht an politischer Phobokratie und existentieller Körperfeindschaft in den Archipelen des Christentums spürbar[1] – zwei Grundübel, zu denen sich Inquietismus, Erwählungspanik, Kulpabilismus, sexualneurotische Befangenheit und Kult des Elends gesellen. Kein harmloser Befund, bedenkt man, daß das Christentum mit über zwei Milliarden nominellen Gläubigen bis auf weiteres die numerisch größte, zudem theologisch intensivste Religionsmacht der Welt darstellt, mögen auch die düsteren Erbsachen heute fast überall in die unauffälligen Dialekte von Empathie, Sozialarbeit und Solidarität umcodiert worden sein.

Auch für die Nachdunkelung des Berichts von der Vertreibung aus dem Paradies durch die augustinische Erfindung der Erbsünde gilt das mythodynamische Grundgesetz, das im Feld des primären Unbehagens regiert: Jede Erzählung ist besser als keine Erzählung. Keine dunkle Erzählung kann sich jedoch den Wirkungen von Aufklärung entziehen, die alte Geschichten unter neue Beleuchtungen stellt. Je düsterer die Redaktion einer alten Geschichte ausfiel, desto heftiger manifestiert sich später das Bedürfnis, die Erzählung durch Umerzählung aufzuhellen.

Diese Beobachtung läßt sich an den Schicksalen der Erbsündenlehre in moderner Zeit erläutern. Schon Rousseau lieferte eine weltliche Umschreibung der Doktrin, indem er die Vertreibung aus dem Paradies der Eigentumslosigkeit als den Gründungsakt der bürgerlichen Gesellschaft auslegte: An die Stelle der Erbsünde tritt die erste Regung des Sinns für Privatbesitz: Mit dem Satz: *Ceci est à moi!* – »dies gehört mir« beginnt die Geschichte der bürgerlichen Gesellschaft, die nach Rousseau eine einzige Sequenz von Entfremdungen und Verkünstlichungen darstellt. Betrachtet Rousseau

---

1 Ein positiveres Resümee bietet Erich Przywara, Augustinisch. Ur-Haltung des Geistes, Einsiedeln 1970, S. 77 f. Kap. VIII. Augustinus in unserem Jahrhundert.

das Eigentum auch als den Ursprung zahlreicher zivilisatorischer Übel, streitet er die Unvermeidlichkeit dieser Erfindung nicht ab. Er hatte – wie nach ihm Bismarck[1] – begriffen, daß alle Legitimität letztlich auf einer verjährten Illegitimität beruht. Mit seiner Neudeutung der Urkatastrophe
vollzieht er den Schritt, der die künftigen Stellungnahmen
der Modernen zur Frage nach dem ersten Übel vorzeichnet:
Er enttheologisiert das Böse und verlagert die Quelle der
Korruption auf das Feld des Sozialen.

Immanuel Kant, der Bewunderer Rousseaus, löst die
Geschichte des Sündenfalls vollends aus dem religiösen
Kontext und versetzt sie in eine zivilisationsgeschichtliche
Perspektive: Es begründet in seinen Augen die Ehre des
Menschengeschlechts, aus dem Paradies vertrieben worden
zu sein, da es nur so auf den Weg der Vernunft und des Fort-
schritts gebracht werden konnte.[2] Indem die Ureltern ihre
Bequemlichkeit verloren, wurden ihre Nachkommen zu
Agenten der Sittlichkeit und der immer strebenden Bemü-
hung. Das bürgerliche Dasein beginnt, wo die paradiesische
Faulheit endet.

Bei Friedrich Schiller findet man schließlich die vollstän-
dige Umwertung der Vertreibungsgeschichte: Er läßt den
Prozeß der menschlichen Freiheit geradewegs mit dem Sündenfall beginnen, ja, er zelebriert diesen als »die glücklichste
und größte Begebenheit in der Menschengeschichte«. Sie
eröffnete die Bahn der Selbsttätigkeit. Weit davon entfernt,
eine Erbschuld zu begründen, gibt der ursprüngliche Unge-
horsam gegen Gott unter dem Baum der Erkenntnis die erste Probe der erwachenden Vernunftkräfte. Mit einem ihrer
unwürdigen, trägen Paradies im Rücken blickt die Mensch-

---

1 Otto von Bismarck, Gedanken und Erinnerungen, Kapitel VIII.
2 Immanuel Kant, Muthmaßlicher Anfang der Menschheitsgeschichte,
   1786. Vgl. Kurt Flasch, Eva und Adam. Wandlungen eines Mythos, München 2005, S. 86.

heit von alten Tagen an voraus auf ein besseres, ein aktives, ein reflektiertes Paradies: Den Zugang zu diesem erarbeitet sie sich durch den Gebrauch ihres Erkenntnisvermögens und ihrer Freiheit aus eigenen Stücken.[1]

Auch Johann Gottlieb Fichte hat die Säkularisation der Erbsünde durch seine Lehre von der Selbst-Setzung des Ich in der »That-Handlung« paradox vorangetrieben: Sie brachte das mehrdeutige Resultat hervor, wonach die endliche Ichheit, indem sie sich selbst aktuell generiert, gleichsam unter philosophischer Anleitung den »transzendentalen Sündenfall« begeht,[2] aber durch die folgende Besinnung auf das absolute Leben den notwendig angerichteten Schaden wiedergutmacht: Das besonnene endliche Ich streicht sich selbst durch und stellt sich ins Unbedingte zurück.

Wenn schließlich Friedrich Nietzsche gegen Ende des 19. Jahrhunderts die These vorbringt, zum Atheismus der Zukunft werde notwendig auch eine Art von »zweiter Unschuld« gehören, redet er nicht nur der Loslösung der Menschheit von dem bislang vorherrschenden Gefühl das Wort, »Schulden gegen ihren Anfang, ihre causa prima zu haben«.[3] Er rückt auch, für diesmal unpolemisch und ohne Nennung des Urhebernamens, die augustinischen Konstruktionen beiseite, über die er in ruhigem diagnostischem Ton bemerkt, sie mußten mittels der Emportreibung eines maximalen Gottes zugleich ein Maximum an menschlicher Schuld erzeugen.

---

1 Friedrich Schiller, Ewas über die erste Menschengesellschaft nach dem Leitfaden der Mosaischen Urkunde, 1790.
2 Wolfgang Janke, Die dreifache Vollendung des Deutschen Idealismus. Schelling, Hegel und Fichtes ungeschriebene Lehre, Amsterdam/New York 2009, S. 72.
3 Friedrich Nietzsche, Zur Genealogie der Moral. Eine Streitschrift 1887, § 20.

An die Stelle der Erbsünde tritt bei den Menschen der Neuzeit die janusköpfige Entdeckung des realen Erbes als Last
und Chance. Wo die moderne Welt wirklich modern wird,
nimmt sie die Form eines Experiments über die Zulassung
von Ambivalenzen an. Wo große Lasten zu tragen sind, dürfen entsprechende Vorteile nicht fehlen. Der größte unter
den neuen Vorteilen wird darin bestehen, daß der Akzent
vom Leben nach dem Tod auf das Dasein davor versetzt werden kann. Zu bedauern ist, wie sehr dieser Akzentwechsel,
in seinen Anfängen nicht weniger strittig als der platonische
Titanenkampf zwischen der Ideenpartei und der Materie-
partei, heute in der postmetaphysischen Trivialität verblaßt.
Oft genug hat man, zumeist auf den Spuren Nietzsches,
konstatiert, daß die Moderne in hohem Maß auf dem anti-
platonischen Affekt beruhe: Wer modern empfindet, stimmt
ohne langes Nachdenken der Forderung zu, das Leben in
der Immanenz sollte reich genug aufgefaßt werden, um alles, was vormals in der Transzendenz unterzubringen war,
in seinen eigenen noch längst nicht ausgemessenen Umfang
aufzunehmen. Die Mahnung, der Erde treu zu bleiben, steht
über dem Eingang zu den tausendundeinen Nächten moderner Lebenskunst und den tausend Plateaus erfinderischer
Tagesarbeit.

Seltener hat man bemerkt, wie die Moderne dem anti-
augustinischen Affekt eine ebenso günstige Bühne bot.
Mochte der alte Adam so viele Mängel mitbringen, wie ihm
beliebte; sollte er so schlimme Verbrechen begehen, wie
nicht zu verhindern waren: Mängel und Verbrechen wären
doch keinesfalls Ausflüsse einer erbsündigen Vorbelastung,
sondern entweder Resultate des Daseins in unterprivilegier-
ten Milieus oder Initiativen eines nicht weiter rückführbaren
bösen Einzelwillens, der von Gelegenheiten und Ausreden
Gebrauch macht. Wenn es etwas gibt, was die Modernen
spontan belächeln, ist es, neben der Idee, die Sonne kreise

um die Erde, vor allem die Doktrin, alles menschliche Leben sei durch Erbsünde gezeichnet.

Doch zu eben der Zeit, als die Idee der Erbsünde zunächst der Lächerlichkeit, dann der Gleichgültigkeit verfällt, wendet sich das anthropologische und politische Denken der Modernen auf breitester Front den Phänomenen des Erbe-Seins und Erbe-Habens als solchen zu. Das 19. Jahrhundert entdeckt die Erblichkeit aus allen Perspektiven, zumeist in belastender Tendenz und nur selten mit aufsteigendem Elan. Von der Erbsünde emanzipiert, begreift sich der Mensch als das in Erbgeschichten verstrickte Wesen: Er ist das Tier, das aufgrund sexueller Selektion Anlagen geerbt hat, die es bis auf weiteres unkorrigierbar physisch definieren – darunter zuweilen schwere Erbkrankheiten, die sich nicht mehr, wie im Altertum, zu heiligen Zeichen umdeuten lassen. Er ist das Tier, das eine Klassenlage erbt, aus der es sich nicht leicht befreien kann, es sei denn durch politische Revolte oder kulturelle Subversion. Er ist das Tier, das symbolische Abrichtungen erbt – später mit listigem Zungenschlag »Sozialisation« genannt –, die seine kulturelle Zugehörigkeit und sein zentralnervöses Repertoire fast irreversibel festlegen, es sei denn, es korrigiert sich selbst früh genug durch autodidaktische Ausbrüche aus den erworbenen Beengungen. Obendrein ist er das Tier, das *nolens volens* in einen Familienroman von mehr oder weniger neurotischer Färbung eingesponnen wird: Dem könnte es nur dank einer therapeutischen Kehre ein emanzipiertes Kapitel anfügen. Wenn Mephistopheles sagt: »Weh dir, daß du ein Enkel bist!« und Konsul Jean Buddenbrook doziert: »wir sind … wie die Glieder einer Kette«, so bewegen beide sich in derselben Matrix. Sie reden über die Pflicht zur Übernahme erblicher Lasten, ohne daß es zu deren Motivierung nötig oder auch nur erlaubt wäre, die Erbsünde zu bemühen.

Eher möchte man glauben, die Erblichkeit als solche er-

scheine jetzt als ein Makel, gegen den die Modernen sich
auflehnen, wo immer es ihnen gelingt, einen Widerstands-
punkt zu entdecken. Sie weisen immer öfter zurück, was sie
an alten Mitgiften bedrückt – ob es die Versklavung durch
biologische Determinierungen ist oder die Prägungen durch
Klasse, Schule, Kultur und Familie. Daß solche »Versklavun-
gen« durch das Herkommen zugleich positive Bedingungen
konkreten, geglückten, bestimmten Lebens sein könnten,
mögen die Agenten der Losreißung nicht gerne wahrhaben.
Im übrigen gesellen sich zu diesem Ensemble von Fatalitäten
in der neuzeitlichen Kreditwirtschaft die Gläubiger, die auf
der Rückzahlung von Darlehen so hartnäckig bestehen wie
vormals die Rachegöttinnen auf der Exekution eines Fluchs.

Wo immer das Interesse an Enterbung und Neubeginn
aufflammt, stehen wir auf dem Boden der authentischen
Moderne. Dynamit, Utopie, Arbeitsniederlegung, Famili-
enrecht, genetische Manipulation, Drogen und Pop sollen
die Sprengstoffe liefern, um die Erbmasse des sogenannten
Bestehenden in die Luft zu jagen.

Die Säkularisation der Erbsünde hat zwar das metaphysische Gift neutralisiert, das, destilliert in der Hexenküche
des Augustinismus, im »Abendland« über anderthalb Jahrtausende weitergereicht wurde. Doch hat die Ausschaltung
der Erb-Belastung *a priori* zugleich den Blick auf zahlreiche
Formen ambivalenter Erblichkeiten im säkularen Bereich
freigegeben. Um vorsichtiger zu reden: Sie hat das Bewußtsein von den Schwierigkeiten des Erbe-, Nachkomme- und
Schuldner-Seins auf neue Bahnen gelenkt. Ein Massenan-
sturm auf Positionen des »voraussetzungslosen Lebens«
garantiert den Modernisierungen ihren Zulauf. In diesem
Punkt ist die *entente cordiale* zwischen dem Liberalismus
und dem Sozialismus mit Händen zu greifen. Die scheinbar unversöhnlichen Gegenspieler sind die besten Freunde,

wenn es darum geht, die familialen, genealogischen und in erfolgreichen Filiationen gegründeten Prämissen des »sozialen Lebens« zu verdunkeln.

Zögernd machen sich die aktuellen Kulturwissenschaften bewußt, daß scheinbar zu Ende gedachte Grundbegriffe wie Generation, Filiation und Erbe von ihr noch nie mit dem Ernst durchdrungen wurden, den die Abgründigkeit der Sache verlangt. Um zur Behebung dieses Mangels beizutragen, wird mit den nachstehenden Überlegungen eine nicht-theologische Neubeschreibung menschlicher Erbverlegenheiten unternommen, bei welcher Begriffe wie Filiation, Transmission, Bastardentum, Hiatus, genealogisches Intervall, Bodenlosigkeit, Asymmetrie, Freisetzung, Enterbung, kreative Diskriminierung und genealogische Modernisierung eine erhellende Rolle spielen.

Zu einer Restauration der »Erbsünde« geben die folgenden Beobachtungen keinen Anlaß. Sie möchten jedoch zu einer erneuten Sichtung der Korruptionseffekte beitragen, die von alters her sich in den Generationsprozessen einnisten, und dies nachhaltiger, als das alltägliche Bewußtsein je zur Kenntnis nehmen wollte: sporadisch seit der klassischen Antike, verstärkt mit dem Anbruch der Neuzeit und inflationär in den Verhältnissen, die auf die technischen, politischen und juristischen »Revolutionen« des 18. und 19. Jahrhunderts folgten.

Die Kulturtheorie unserer Tage nimmt somit die Herausforderung an, die religiös codierten Sachgehalte der augustinischen Beobachtungen in weltlichen Ausdrücken zu reformulieren, sei es juristisch, klinisch, kulturwissenschaftlich oder in medientheoretischen Begriffen. Sie erlaubt die Frage, wie sich die von Augustinus notierten Lasten, die auf der *conditio humana* ruhen, so rekonstruieren ließen, daß ältere und neuere Intuitionen sich begegnen.

Durchwegs geht die Kulturtheorie dabei von der Grundregel der empathischen Übersetzung aus. An die Stelle des *peccatum originale* treten aus zivilisationsdynamischer Sicht die Kopierfehler bei der Überspielung von kulturellen Programmen auf die nachfolgenden Träger. Statt von den »Sünden der Väter« sprechen wir von den *imagined communities* des Traumas und von der neurotischen Fesselung der Nachkommen durch die Komplexe der Vorfahren. Statt von der Auflehnung gegen den Schöpfer handeln wir vom schädlichen Intervall zwischen den Generationen. Für das generationelle Intervall und seine moralisch-kulturellen Implikationen steht in diesem Buch die emblematische Figur der »schrecklichen Kinder«. Daß Kinder solcher Art *implicite* auf entsprechende Eltern verweisen, ist weder eine billige Riposte noch eine esoterische Unterstellung.

Hat aber die aktuelle Gesellschaftswissenschaft je das Défilé bemerkt, in dem »die schrecklichen Kinder der Neuzeit« von spätmittelalterlichen Tagen an den kommenden Jahrhunderten entgegenzogen? Hat einer der Autoren, die sich in den letzten Jahrzehnten zu meistens methodisch verdrehten Phänomenen wie Globalisierung, Mundialisierung, Modernisierung, Hybridisierung, Dekolonisierung, Kreolisierung, *métissage* etc. äußerten, darauf geachtet, daß der bis in die Mitte des 20. Jahrhunderts tonangebende Kontinent der Moderne, das protuberante westliche Europa der nach-kolumbianischen Jahrhunderte, den Globus nicht nur in Unruhe versetzte mit seinen paradigmatischen Exportgütern: dem Geldwesen, der Hochsee-Schiffahrt, den Naturwissenschaften, dem Ingenieurswesen, der zeitgenössischen Kunst, dem Nationalstaat, den Massenmedien und der Unisex-Ideologie? Hat man die Tatsache berücksichtigt, wonach Europa – in der Folge überflügelt von seiner amerikanischen Filial-Kultur – an so gut wie alle anderen ethnischen Ensembles bzw. »Kulturen« der Erde seine para-

doxeste und am wenigsten analysierte Erbschaft weitergab –
die irrlichternde Botschaft von der Überflüssigkeit eines Erbes? Hat man in Rechnung gestellt, wie Europa, gemeinsam
mit seinem amerikanischen Partner, im Namen der jungen,
wandelbaren und angriffslustigen Göttin »Freiheit« sein ris-
kantestes Experiment in die fernsten Regionen des Planeten
hinaustrug: seine Wette, Herkunftsunsicherheit – nenne sie
Enterbung, Bastardentum oder Hybrid-Identität – sei bei
der Suche nach Zukunftskompetenz nicht länger ein Makel,
vielmehr eine sinnvolle Option, ein fruchtbarer Mangel, ein
chancenträchtiger Stimulus, ja eine nahezu unentbehrliche
Qualifikation?

Weil dem zeitgenössischen Denken der Zugang zum Konzept der Erbsünde nicht mehr offensteht, weder litteral noch
in zeitgeistverträglichen Exegesen, müssen die Vorgänge
zwischen Generationen, die zum Einbruch korrumpie-
render Elemente in die Übermittlung von genetischen und
symbolischen Erbgütern beitragen, aufmerksamer wahrgenommen werden, als es bisher geboten und üblich schien.
   Zum Verständnis der modernen Welt gehört, wie wir
jetzt verstehen, eine säkulare Hermeneutik der Korruption.
Der Augenblick ist gekommen, den Begriff »Korruption«
für die historische Anthropologie zu reklamieren und seine
Monopolisierung durch Politologen, Juristen, Steuerfahn-
der und Entwicklungstheoretiker zu bestreiten. Korruption
ist nicht nur das, was Staatsdienern widerfährt, wenn sie
dem Charme eines zweiten Einkommens nicht widerstehen, oder was Machthabern den Gedanken einflößt, Recht
und Gesetz seien nur andere Namen für ihre Launen. Man
muß demonstrieren, warum der Mensch, heute wie seit alter
Zeit, als das korrumpierbare Tier existiert – ohne daß man
die Korruption essentialistisch überhöhen dürfte. Ebenso ist
darzustellen, wodurch es sich von Korruption befreit. Eine

zeitgenössische Ethik soll erläutern können, wie Korruptionen durch Wandlungen und Erholungen korrigierbar sind. Einer der neben Kierkegaard und vor Nietzsche anregendsten Moraldenker des 19. Jahrhunderts – der zu Unrecht vergessene französische Geschichtsphilosoph Pierre-Simon Ballanche (1776-1847) – hat in seinem Werk über die »soziale Palingenesie«, das heißt die Wiedergeburt des lernenden und reuefähigen Geistes bei seinem Gang durch die Generationen, die Grundlagen für eine realistische historische Ethik geschaffen. Es handelt von der permanenten Revolution der schuldhaften Exzesse und ihrer Korrektur durch den Lauf der Dinge: Fortschritt durch Prüfungen (*épreuves*) ist die einzig glaubhafte Devise in Zeiten evolutionärer Turbulenz.[1] In seinem Gang formiert sich »die Menschheit« als ko-immune Gemeinschaft[2] von geschichtlichen Wesen, die sich an ihre Fehler, Irrtümer und Verbrechen erinnern und diese Erinnerungen in kritischen Selbstdefinitionen aufbewahren.

Aufhebung der Korruption wäre das weltliche Gegenstück der Reue, mit der in christlicher Tradition die Wiederaufrichtung des Menschen nach dem Fall beginnt. Die Aufhebung der Korruption ist der Ernstfall des Lernens. Wer ein Lernender ist, häuft nicht bloß Informationen an. Er versteht, daß wirkliches Lernen etwas von einer Bekehrung an sich hat.

Gäbe es in der Kulturtheorie ein Pendant zu dem, was im katholischen Altaraufbau das Allerheiligste verkörpert, es könnte nichts anderes sein als dieser am weitesten heruntergekommene Begriff der Gegenwart: »Lernen«. Im kommenden Jahrhundert sollte man ihn wie eine numinose Präsenz in einem Offenbarungszelt hüten. An seltenen Tagen

---

1 Vgl. Fußnote 1 auf Seite 63 in diesem Band.
2 Zum Begriff Ko-Immunität vgl. P. Sl., Du mußt dein Leben ändern. Über Anthropotechnik, Frankfurt am Mai 2009, S. 699.

dürfte man ihn für einige Momente enthüllen. Ist nicht der Verdacht begründet, das Lernen sei der unbekannte Gott, von dem es seinerzeit in einer Anmerkung von seherischer Dunkelheit hieß, nur noch ein solcher könne uns retten?

Kapitel 1

Die permanente Flut.

Über ein Bonmot der Madame de Pompadour

Wäre die Menschheit unserer Tage in den »höher entwikkelten Ländern« – lassen wir den Ausdruck für einen Augenblick unkommentiert – imstande, sich auf einen einzigen Satz zu einigen, der ihre Gesinnung ausspricht, sie würde vermutlich das Bonmot: *après nous le déluge* wiederholen, das der Marquise de Pompadour zugeschrieben wird.

Die geistvolle Dame, während einiger Jahre die offizielle Geliebte Ludwigs XV., später seine wichtigste Ratgeberin und die heimliche Regentin Frankreichs, soll es im November 1757 bei einem abendlichen Fest formuliert haben, als die Nachricht von der Niederlage der französischen Truppen in der Schlacht bei Roßbach gegen die zahlenmäßig unterlegene Streitmacht Friedrichs II. von Preußen eintraf. Man kann sich noch heute recht gut vorstellen, wie die Gastgeberin, vermutlich bei einer Veranstaltung am Hof von Fontainebleau, entschlossen, die Laune ihrer Besucher nicht in Gefahr zu bringen, von einer Sekunde zur nächsten Zuflucht nahm zu der hysterisch-galanten Heiterkeit, die von alters her zu den Requisiten der höfischen Konversation gehört. Von dieser Regung, scheint es, ließ sie sich die Wendung diktieren, deren strahlende Skrupellosigkeit sich ins Gedächtnis der Nachwelt einprägte.[1]

---

1 Der Abbé de Mably (1709-1785) griff das Bonmot schon 1758 auf und bezog es auf die Richter des Pariser Parlement, das bis 1789 als oberster Gerichtshof Frankreichs fungierte. Was zeigt: Schon das *ancien régime* kannte die Kritik an der auf Verfahren gestützten Weltfremdheit von Juristen.

Nach uns die Sintflut! Einmal mehr bewies die später von Goethe gepriesene »Gelegenheit« ihre dichterische Begabung, sollte sich für diesmal auch eine nicht ungefährliche Enthüllung aus ihr ergeben. Die volatile Dame hatte in ihrem Jahrzehnt an der Seite des Königs gelernt, das Protokoll zu befolgen, indem sie unmerklich mit ihm spielte. Von der höfischen Etikette zur Improvisation am Abgrund war es für sie in diesem Augenblick nicht mehr als ein Schritt.

Spätere Generationen wollten in dem Ausspruch das Testament des französischen Adels lesen, wenn nicht sogar das Schlußwort des aristokratischen Weltalters. Die leichtsinnigen Klassen folgender Zeiten haben sich das rasch dahingesprochene Diktum zu eigen gemacht. Sehr wohl wissen die Reichen und Übermütigen seither, daß Sorglosigkeit eine Fiktion ist, die Kosten verursacht. Wer nicht zur Flucht von vorn bereit ist, neigt zu Melancholie und Übergewicht. Die Miene muß heiterer sein als die Lage – das versteht jeder, der von Berufs wegen lächelt. Die Unbesorgten, die Bedenkenlosen, die Enthemmten von heute feiern zwischen Sankt Moritz, Dubai und Moskau kein Fest, bei dem das geflügelte Wort der Marquise nicht in der Luft läge. Man kann es ruhigen Tons konstatieren: Mit ihm hat die fröhliche Wissenschaft vom Leben in bodenloser Zeit begonnen.

So gut wie nie hat man bedacht, daß Madame de Pompadour, vormals Frau Le Norment d'Etiolles, geborene Poisson, sich mit ihrer frivolen Bemerkung als eine treue Tochter des aufgeklärten Jahrhunderts erwies. Die Pointe ihres Ausspruchs begreift erst, wer in ihm den neuen Zeitgeist wahrnimmt, der unter der Herrschaft Ludwigs XV. an Kontur gewann, um sich nach 1789 zur Führungsmacht im Reich der Ideen aufzuschwingen. Dieser Geist übte sich ein in die noch ungewohnten Wendungen der Geschichtsphilosophie – jener ungelenk optimistischen Schule des Denkens, die aus dem zerfaserten Werden der Menschheit ein zusammenhängendes Curriculum machen wollte. Ja, sie ging unverhohlen darauf aus, einen Lehrgang zu etablieren, der aus der rohen Vergangenheit durch eine immer strebend bemühte Gegenwart in eine aufgehellte Zukunft weisen mußte. Mit der Einübung in Begriffe von aufsteigender Entwicklung begann die futuristische Wende, die den Modernen – nach passéistischen Jahrtausenden – den Vorrang der Zukunft auferlegte.

In den Tagen von Madame ist der Futurismus vage und unentschieden. Noch bezeichnet das Wort »Geschichte« wie seit jeher die Kunde davon, wie es vorzeiten eigentlich gewesen ist. Man schreibt sie wie in alter Zeit, um zu erfahren, was früher war und warum man im Gewesenen die Richtlinien für das Heutige findet. *Historia magistra vitae.* Zunächst sind es wenige, die Zweifel am Primat des Geschehenen vor dem Kommenden anmelden. Noch weniger zahlreich sind die Abgeklärten, die schon verstanden haben, daß aus gewesener Geschichte zu keiner Zeit etwas gelernt wurde, allen Sammlungen exemplarischer Erzählungen zum Trotz. Gleichwohl, auf diese kleine Zahl von Zweiflern und ihre Werbung für die Blickwende ins Noch-nicht werden die ungeborenen Generationen hören. Es sind die Literaten der *lumières,* die aus jedem Zeitgenossen einen Bürger der Zukunft machen möchten und aus jedem Ungeborenen einen Studenten, eingeschrieben im Studiengang Evolution.

Niemand weiß besser als Madame de Pompadour, daß sie, ginge es um Prinzipien, das Gegenteil dessen hätte sagen müssen, was sie effektiv vorbrachte. »Nach uns« – was könnte anderes folgen als eine aufgehellte, eine strahlende Zukunft? Gelegenheit und Grundsatz-Ansprache divergieren jedoch. Madame folgt dem Impuls der Laune, und die Laune hat meistens recht. Die Zukunft ist mitten unter uns. Doch für die Laune wird der Unterschied zwischen Fortschritt und Untergang eine Sekunde lang zur Bagatelle.

Nach uns – was nun? Zum Teufel, die Sintflut! Madame ahnt
nicht, daß sie das politisch inkorrekte Reden erfunden hat.

Seit der Mitte des 18. Jahrhunderts vollzieht sich in den
mentalen Ökosystemen Europas die Umdeutung des Verhältnisses von Vergangenheit und Zukunft, die den Modernen den kühnsten, den unfaßbarsten, den unausdenkbarsten
Gedanken eingibt, der seit der Vertreibung der Ureltern aus
dem Paradies in Menschengehirnen keimte: Mit einem Mal
scheint vorstellbar, es könnten die wichtigsten Ereignisse,
im Bösen wie im Guten, jene sein, die noch nicht stattgefunden haben. Unbemerkt »entwickeln« sich solche Ereignisse
im Schoß der Gegenwart, um eines nicht ganz fernen Tages ins Manifeste, Handgreifliche durchzubrechen. Folglich
würden von da an die Enden, nicht mehr die Anfänge, über
den Sinn der Vorgänge in der Mitte entscheiden. Es wären
die Zukünfte, die wirklich zählten, und nicht die Herkünfte.
Nun fiele das Schwergewicht des Seins nicht länger auf die
Vergangenheit; die mythische Gegend, wo die alten Rechte,
die Ursprungsmächte, die Stiftungen heimisch sind, verliert
zunehmend an Bedeutung. Auch ist die Gegenwart nicht
mehr die Fortsetzung eines immergültigen Damals im Medium aktuellen Lebens. Hegel hatte es als erster begriffen:
In einer epochalen Formulierung nennt er die Wirklichkeit
die »Möglichkeit des Folgenden«.[1] Seit Zeit und Zukunft ins
Denken drängen, bilden Vergangenheit und Gegenwart die
Inkubationszeit eines Ungeheuers, das unter einem trüge-
risch harmlosen Namen am Horizont auftaucht: das Neue.

Wie wäre es, wenn wirklich erst das unerwartet Neu-
Gekommene, das nie zuvor Geschehene und völlig Uner-
wiesene uns dereinst entschlüsselten, was das Heutige, das
Gestrige und das Alte davor bedeutet haben werden? Muß

---

1 Philosophische Enzyklopädie für die Oberklasse (1808-1811), § 151.

nicht tatsächlich die Sintflut über uns hinweggerollt sein, bevor wir imstande sein werden zu begreifen, auf welchen Festen wir uns in jüngeren, blinderen Jahren zerstreuten? Soll nicht die alte Welt zugrunde gehen, damit die Nachgeborenen zu erkennen vermögen, auf wie unhaltbaren Voraussetzungen das Versunkene errichtet war? Madame de Pompadour brauchte den Vorwurf unangebrachter Harmlosigkeit nicht zu fürchten. Die Leserin Montesquieus, Voltaires und Diderots ahnte, wie sehr es schon in ihren Tagen galt, mit dem Ungeheuren zu rechnen, das in der verhüllten Zukunft schlummerte.

Nachgeborenen blieb vorbehalten zu erkennen, daß, wer damals »Sintflut« sagte, die Revolution gemeint haben mußte. Nie war es leichter, nachträglich klüger zu sein. Zugleich war es nie beschämender, zugeben zu müssen, man habe vom Ausmaß des Kommenden nichts geahnt. Der Geschichtsdeuter Alexis de Tocqueville besaß bereits genügend Abstand zu den tumultuarischen Jahren, die auf das Endspiel der bourbonischen Monarchie folgten, um am Beginn des ersten Kapitels von *Der alte Staat und die Revolution* von 1856 zu notieren:

> »Nichts ist geeigneter, Philosophen und Staatsmänner zur Bescheidenheit zu mahnen, als die Geschichte unserer Revolution, denn es gab niemals ein größeres, ein länger und besser vorbereitetes und trotzdem weniger vorhergesehenes Ereignis.«[1]

»Nach uns die Sintflut«: Blickt man nach gut zweihundertfünfzig Jahren auf die bezeichnete Szene im November 1757

---

1 Alexis de Tocqueville, Der alte Staat und die Revolution, München 1978, S. 19.

zurück, drängt sich der Eindruck auf, Madame de Pompadour habe weit mehr prophezeit, als ein einzelner ihrer Zeit
zu sehen und zu fassen fähig war. Wer die Sintflut willkommen hieß, damit ein galantes Fest keine Unterbrechung er-
leide, legte ein Nicht-sehen-Wollen an den Tag, in dessen
Kern sich zugleich eine beunruhigende Hellsicht verbarg –
um von dem Aufflackern eines defaitistischen Zynismus
und einem Hauch korrupter Verspieltheit nicht zu reden.
Nur sechsunddreißig Jahre liegen zwischen dem hysterisch-
heiteren Kommentar der Marquise zur Niederlage der französischen Truppen bei Roßbach und jenem schicksalhaften
Januartag des Jahres 1793, an dem das von Doktor Guillotin wortreich empfohlene Fallbeil das Haupt vom Rumpf
Ludwigs XVI. trennte. Rechtzeitig hatten die »Königsmörder« dafür Sorge getragen, daß kein unsterblicher Träger der
Monarchie mehr existierte, der in seinem Nachfolger auferstehen könnte: Am 21. September 1792 hatten sie das radikal
politisch Neue, die Republik, verkündet. Ein neuer Kalen-
der war am folgenden Tag in Kraft getreten, um die Tiefe
des Bruchs mit der Vergangenheit zu bezeugen; mit dem nie
zuvor gehörten Ruf *la royauté est abolie en France* war der
unsterbliche Körper des Königs noch vor dem sterblichen
der Vernichtung anheimgefallen.

Bis in die stillsten Winkel Europas drang bald die Wahrnehmung der veränderten Umstände vor: Wie von einer
Stunde auf die andere hatte sich die Welt in einen Kriegs-
schauplatz verwandelt, auf dem französische Armeen unter
der Führung eines schlafunbedürftigen jungen Generals die
Mächte Alteuropas das Fürchten lehrten. Solange Napoleons imperiale Nervosität den Rhythmus vorgab, waren
die Werke und Tage der Alten Welt ein einziges Epos von
Truppenbewegungen und Ambitionen, die sich nur mittels
täglich neugezeichneter Landkarten und häufig umgeschrie-
bener Verfassungspräambeln erläutern ließen.

Zugleich begann sich über den Schlachtfeldern der Titanenkrieg der Moderne zu entrollen: Das Monstrum, das nahezu unsichtbar, scheinbar schläfrig, inmitten der alten Ordnung der Dinge auf seine Stunde gewartet hatte, erhob sich schnell zu schreckenerregender Größe und trieb die Hüter des Bestehenden vor sich her. Tocqueville gehörte zu den Denkern, die der Tiefe des Einschnitts rückblickend gerecht zu werden versuchten:

»Als man das Haupt des Ungeheuers erscheinen sieht und seine seltsame und schreckliche Physiognomie sich enthüllt; als es nach Zerstörung der politischen auch die bürgerlichen Institutionen abschafft, nach den Gesetzen auch die Sitten, die Gebräuche und selbst die Sprache umgestaltet; als es nach der Zertrümmerung der Staatsmaschinerie auch die Grundlagen der Gesellschaft erschüttert und endlich Gott selbst angreifen zu wollen scheint; als eben diese Revolution sich bald darauf auch mit einem bis dahin unbekannten Verfahren nach dem Auslande wendet, mit einer neuen Taktik, mit mörderischen Maximen, mit *bewaffneten* Ansichten, wie Pitt sagte, mit einer unerhörten Macht, welche die Tore der Königreiche durchbricht, die Kronen zerschlägt, die Völker niederwirft und sie – seltsam genug! – zugleich für ihre Sache gewinnt; als all das geschieht, verändert sich nach und nach die Anschauungsweise völlig.«[1]

Die Europäer erwachten eines Morgens und dachten historisch. Die Zeit war ins Denken eingebrochen. Der revolutionäre Hiatus riß das konventionelle Band der Epochen entzwei. Wo Filiationen geherrscht hatten – getreue Übergaben des väterlichen Erbes auf Nachkommen und Nach-

---

1 Alexis de Tocqueville, a.a.O., S. 21.

kommen von Nachkommen, wie fiktiv auch immer –, ho-
ben die Unterbrechungen des Herkommens tiefe Gräben
aus. Alles Leben wird neu datiert: Was später lebt, lebt nach
dem Einschnitt.

Über Nacht hatten die Haupt- und Staatsaktionen der
großen Welt sich in ein Improvisationstheater gewandelt:
Die Träger der Hauptrollen hießen Aktion und Reaktion[1] –
sie wurden im späteren 20. Jahrhundert in Wachstum und
Rezession umbenannt. Unversehens aufeinander losgelas-
sen, lieferten die Kontrahenten sich erbitterte Kämpfe. Es
war, als hätten die scheinbar ewigen Naturprinzipien sich
unerlaubt aus den Lehrbüchern der Physik entfernt, um
sich ins Freiland der Geschichte auszupflanzen. Die metaphysische Revolte setzte eine physikalische voraus: Die
Grundgleichung der klassischen Mechanik – *actio est re-*
actio – sollte in der geschichtlich-moralischen Welt außer
Kraft gesetzt werden.

Gewiß, auch die historische Sphäre würde dem Prinzip
des paarweisen Auftretens von Kräften Tribut zollen, dem
dritten Newtonschen Gesetz gemäß. Dennoch sollte das
Reich der handelnden Wesen künftig dem unbedingten Vorrang der Aktion gehorchen. Weniger als dies durfte die sie-
gesgewisse Moderne nicht verlangen. Die Reaktion mußte –
der neuen jakobinischen Physik gehorchend – künftig als
verkommener Widerstand des Alten gegen das tätig voran-
schreitende Gute verschrien werden, ihrer ontologischen
und anthropologischen Unvermeidlichkeit ungeachtet.

Was besteht und beharrt, wird im Unrecht sein; was vorwärts geht und für Freiheiten trommelt, hat alles Recht auf
seiner Seite. Das erwachende Ungeheuer erweist sich als ein
moralisierendes Geschöpf. Von Anfang an verfügt es über

---

1 Jean Starobinski, Action et Réaction. Vie et aventures d'un couple, Paris
 1999.

Wege und Mittel, das Gewesene ins Unrecht zu setzen. Die Welt der Väter erscheint entrechtet, die Könige werden der Despotie bezichtigt, in den Adern der Aristokratie fließt das »unreine Blut« fremder Eroberer, das die Äcker Frankreichs tränken soll, ginge es nach der Marseillaise. Die republikanischen Brüder drängen an die Macht.

Was zu bestehen vorgibt, ist plötzlich ins Bodenlose versetzt. Das Gewesene und noch Vorhandene wird ins Nichts der mangelnden Berechtigung zu sein gestürzt. Was Madame de Pompadour die Sintflut nannte, war in der Sache nichts anderes als das plötzliche Versinken der Welt, wie man sie gekannt hatte, im Abgrund einer umfassenden Delegitimierung. Auch die neueste Gegenwart nimmt an der Entmündigung der Vergangenheit teil, insofern sie selber schon morgen die Vergangenheit einer zukünftigen Gegenwart sein wird. Das Unrecht, bestehen zu wollen, ist das neue Gesicht der Erbsünde. Nichtsdestoweniger will alles, was nun kommt, nach der Verdampfung des Ständischen und Stehenden auf einen neuen »Staat«, eine neue zuständlich greifbare Ordnung hinaus. Das Wagnersche Gesetz erlangt Geltung, das die unaufhaltsame Ausdehnung der Staatstätigkeit aussagt.[1]

Die Zurückstufung des Gegenwärtigen, das weiß, wie bald es selbst eine Vergangenheit sein wird, wird von dem ominösen Artikel 28 der *Déclaration des Droits de l'Homme et du Citoyen* vom Juni 1793 auf den Begriff gebracht:

»Eine (gegenwärtige) Generation hat nicht das Recht, zukünftige Generationen ihren Gesetzen zu unterwerfen.«

---

1 Benannt nach dem Soziologen und Finanzwissenschaftler Adolf Wagner (1835-1917), dem Prototypus der deutschen »Kathedersozialisten«, der das parallele Wachstum von Staatsausgaben und Staatsaktivitäten in positiver Bewertung prognostizierte.

Hieraus wird das ewige Grundrecht auf Verfassungsänderung abgeleitet, mit dem das souveräne Volk sich seiner Zukunft immer von neuem bemächtigen darf.

Wir wissen heute, die Marquise hatte die permanente Sintflut prophezeit. In einer leichtsinnigen Sekunde sah sie den Schatten von Ereignissen vorüberziehen, die die Sehkraft ihres Jahrhunderts überstiegen, und nicht nur die des ihren, sondern auch die des folgenden und des übernächsten. Die Wissenschaft von der Sintflut kam zögernd in Gang. Wer hätte es gewagt, dem Wort Ludwigs XIV.: »Der Staat bin ich« die These entgegenzusetzen: »Der Unstaat bin ich«? Napoleon hatte im März 1804 immerhin den Satz gesprochen: »Ich bin die Französische Revolution!« Er redete in defensiver Absicht, um seine Position zu sichern, die, wie die seines Landes, nur in der ständigen Flucht nach vorn zu halten war. Nietzsche erst wagte hinzuschreiben: »Ich bin kein Mensch, ich bin Dynamit.«

Spätere Diagnostiker und Propheten schlugen für das erwachte Ungeheuer, die permanente Sintflut, andere, sinnverwandte Namen vor, die einem ernüchterten Zeitgeist Rechnung trugen: Leo Trotzki sprach 1929 von der »permanenten Revolution«, um Stalins Politik des »Sozialismus in einem Land«[1] zurückzuweisen und einen anderen Modus internationalisierter Umwälzung zu fordern. Zeitgenossen der Großen Depression in den USA von 1929 bis 1933 – unter ihnen der Romancier John Cheever – wollten bei ihren Landsleuten die Neigung zu einer gewissen permanenten Improvisation bemerkt haben, die sich von den Krisenjahren an dem *american way of life* aufprägte, um ihn bis heute zu bestimmen. Zur selben Zeit beugte sich der alte Sigmund

---

[1] Die er folgerichtig als einen »Nationalsozialismus« im sowjetischen Gewand bezeichnete.

Freud über das Dossier von *homo sapiens* und kam zu dem
Schluß, der Mensch sei alles in allem ein Prothesengott, auf
die permanente Kompensation seiner Schwäche im schüt-
zenden Gehäuse kultureller Institutionen angewiesen; bei
seinen Vorträgen in Yennan Ende Mai 1938 über Strategien
im langen Kriege dozierte der junge Feldherr Mao Tse-tung
über die Unentbehrlichkeit der »permanenten Mobilisation«, da sie allein den erbitterten Massen den Sieg über
Invasoren und Klassenfeinde verspricht; in seinen Vor-
studien zu einem Buch über Ethik, niedergeschrieben um
1947, ging Jean-Paul Sartre soweit, die wirkliche Sittlichkeit unserer Zeit als »permanente Konversion« zu postu-
lieren – in offener Anspielung auf Trotzkis Devise und in
Distanzierung von allen bekannten Formen normenstabiler
Ethik;[1] Albert Camus verfolgte in seinem Essay *L'homme
révolté*, 1951, die Spuren eines seit den Tagen Kains nicht
mehr erloschenen aufständischen Feuers und meinte die
Gesetze einer permanenten Insurrektion entdeckt zu haben, die heute mehr denn je die Tagesordnung bestimmten;
von den achtziger Jahren des 20. Jahrhunderts an machte
in den Sprachspielen neo-liberaler Unternehmensberater
der Slogan von der »permanenten Innovation« die Runde,
mit dem die Ideen Trotzkis und Schumpeters auf einen gemeinsamen Nenner gebracht wurden; die ästhetische Kritik
des 20. Jahrhunderts schließlich beklagt oder feiert die permanente Usurpation, die den Karneval der zeitgenössischen
Kunst vorantreibt.

Was diese Figuren gemeinsam haben, wird beim Lesen in
der ontologischen Partitur der Moderne offenbar: Sie spiegeln die Reflexe des großen Gleitens wider, das den Zeitgenossen der nach-revolutionären Jahrhunderte die Emp-

---

1 Jean-Paul Sartre, Entwürfe für eine Moralphilosophie, Reinbek bei Hamburg 2005, S. 28.

findung zunehmender Haltlosigkeit bei steigender Haltbe-
dürftigkeit einflößt – und dies um so heftiger, je länger das
Experiment der Moderne dauert.

Après nous le déluge? Die Wahrheit ist: Die Sintflut hatte
in jenen Tagen längst begonnen. Madame de Pompadours
geistreiche Rakete stieg in den Abendhimmel des *ancien
régime.* Die sensibleren Menschen spürten, wie die Zeiten
zu Ende gingen, in denen das Glück der Privilegierten darin
bestanden hatte, daß trotz des Auf und Ab der Verhältnisse
letztlich immer alles beim alten blieb.

Gleichwohl: Große Umwälzungen sind in ihren Vorzeichen
präsent – auch wenn man diese erst im Rückblick als »Ge-
schichtszeichen« zu deuten versteht. Daß Kräfte in der Welt
sind, die dem scheinbar ungefährdet Herrschenden und
Bestehenden das Recht auf Herrschaft und Bestand abspre-
chen: Man hätte es seit dem fatalen 5. Januar 1757 wissen
können, als ein in Arras gebürtiger Mann von 42 Jahren,
ein gewisser Robert-François Damiens, vormaliger Diener
in geistlichen und adligen Häusern, der wegen ungehörigen
Betragens überall rasch entlassen worden war, Ludwig XV.
abends beim Besteigen seiner Kutsche in Versailles mit einem Messer angegriffen und leicht verwundet hatte. Der
Mann wurde verhaftet und in die Conciergerie von Paris
verbracht. Nach einem mißlungenen Selbstmordversuch
schnallte man ihn durchgehend auf seinem Lager fest. Man
wollte seiner Desertion in einen leichten Tod zuvorkom-
men, um ihm nach allen Regeln der Kunst den Prozeß zu
machen.

Einer seiner Richter am *Parlement* von Paris notierte
über den Angeklagten: »ich bin noch nie einem unver-
schämteren Menschen begegnet ...« Der Täter gab vor, er
habe den Herrscher nicht töten, sondern »ihn nur dazu
bringen wollen, über das Elend seines Volkes nachzuden-

ken«.[1] Es gelang den Folterern nicht, dem Täter Namen möglicher Komplizen abzupressen. Die Anwendung der spanischen Stiefel blieb erfolglos, und nicht ohne Erleichterung nahm die Gesellschaft von Versailles und Paris den Befund zur Kenntnis, es handle sich bei Damiens um ein verworrenes, einsames »Ungeheuer« – einen Mann, den man in der kriminalistischen Sprache des 20. Jahrhunderts einen Einzeltäter genannt hätte.

Die Symbolik des Verbrechens war zu mächtig, als daß sich alle Beobachter mit der Verurteilung des »Monstrums« hätten zufriedengeben können. Das Gericht sah in den harmlosen Folgen des Attentatsversuchs keinen mildernden Umstand. Nach der spektakulären Hinrichtung Damiens' – der letzten Aufführung im alteuropäischen barocken Theater des Schreckens – tauchten Flugschriften auf, in denen der erfolglose Königsattentäter als hilfloses Sprachrohr der unglücklichen kleinen Leute geschildert wurde, die unter der Last der Steuern und unter dem Hochmut der Wohlgeborenen seufzten. Ludwig XV. selbst schrieb den Anschlag einer kritischen Stimmung in politischen Kreisen der Hauptstadt zu: Er glaubte in ihm die Wirkung aufwieglerischer Reden gewisser Pariser Magistrate zu erkennen.

Die Erosion des monarchischen Legitimitätsglaubens ging nach dem Attentat auf den König unaufhaltsam weiter. Seit längerem war Madame de Pompadour zur Zielscheibe obszöner Satiren geworden, und je stärker sich ihre Stellung als Ratgeberin an der Seite des Königs konsolidierte – sie übte *de facto* zeitweilig die Funktion einer Kabinettschefin aus –, desto hemmungsloser griffen die Anfeindungen bei Hof und in der Stadt um sich. Besonders schmerzlich waren für die Angegriffene die weitverbreiteten *poissonnades* – ein

---

1 Evelyne Lever, Madame de Pompadour. Eine Biographie, München – Zürich 2006, S. 306.

ad hoc erfundenes Genre von Verhöhnungsgedichten, die auf
ihre bürgerliche Herkunft und auf den Familiennamen ihres
Vaters, François Poisson, anspielten, eines Heereslieferanten
von hohen Ambitionen und problematischer Geschäftsmo-
ral. Mit vorgetäuschter Empörung nahmen die Verfasser dieser Verse Anstoß daran, daß in Versailles jetzt die Canaille
herrsche, das Hundepack oder das fischige Gesindel?

Mit der Zeit griff die bürgerliche Aversion gegen das
kostspielige Maitressensystem auf die Person des Königs
über: Man warf dem vormals Vielgeliebten vor, sich unter
das Regiment einer Hure gebeugt zu haben und den Staats-
haushalt für die Launen der Gespielin zu ruinieren. In Paris
zirkulierten Flugblätter, deren anonyme Verfasser die »Ma-
nen Ravaillacs« beschworen – jenes Mannes, der 1610 Henri
Quatre ermordet hatte und dessen Tat ohne Zweifel in Damiens' Anschlag zitiert wurde. Hatte nicht auch Ravaillac
einen Dolch benutzt, und war nicht auch damals das Unheil
in einer Kutsche geschehen?

In Wahrheit rührte der Haß, den Madame de Pompadours
galante Diktatur bei Hof hervorrief, von tieferen Gründen
her, als den Verfassern mediokrer Schmähgedichte bewußt
sein mochte. Er reflektierte ein Unbehagen in der monarchischen Kultur, von dem zu jener Zeit niemand ahnte, daß es
binnen weniger Jahre zu einem Sturm königsmörderischer
Affekte heranwachsen könnte – erneut angeführt durch einen Mann aus Arras, einen Advokaten namens Robespierre,
der den König mit einer anderen Klinge angreifen sollte.
Wenn die Figur der Königsmaitresse den aufkeimenden
dissidenten Regungen Nahrung bot, so weil die Umstände
ihres Aufstiegs und der hohe Bogen ihres Erfolgs den mür-
rischen Zeugen in Stadt und Hof eine sehr unwillkommene
Lektion erteilten.

Jeanne-Antoinette Poisson führte in eigener Person den
neuen Lehrsatz vor: Es gibt auch für Weibspersonen im all-

gemeinen wie für Maitressen großer Herren im besonderen globale Horizonte. Sie irritierte ihre Zeitgenossen, indem sie bewies, daß für die Beischläferin des Herrschers eine Welt jenseits des königlichen Bettes existierte. Auf diese Form der Machtergreifung war damals keiner vorbereitet. Neuere Staatsrechtler würden wohl sagen: In der Person der Königsgespielin kamen die indirekten Gewalten obenauf. Durch das Pompadour-Phänomen erhob sich die Informalität zur regierenden Größe. Von allen unerwartet und von vielen beargwöhnt, schwang sich das Inoffizielle, Unberufene, Unerwiesene zur Mitsprache, ja zur Entscheidungsgewalt in höchsten Angelegenheiten des Staats empor.

Dabei mochte es noch angehen, daß die junge Frau, die durch das entzückbare Auge des Königs in die Korridore der Macht eingetreten war, ihre nicht-ebenbürtige Herkunft durch Charme, Beweglichkeit, Schönheit, Bildung und Bühnentalente kompensierte. Sie beunruhigte ihre Mitwelt allerdings durch ein ungestehbares Geheimnis, das von ihrer Art und Weise des In-der-Welt-Seins nicht zu trennen war. Sie gehörte zu dem bis dahin seltenen Menschenschlag, dessen Exemplare nicht verrückt werden müssen, weil die Wirklichkeit ihrem Wahn zuvorkommt. Wie von Geburt zum Erfolg verdammt, trug sie in sich den Glauben, die französische Nation sei ihr ein Wunder schuldig. Wozu hat Gott die Könige geschaffen, wenn nicht dazu, gelegentlich einem Mädchen aus dem Volk ein Reich zu Füßen zu legen?

Auf welche Weise das Delirium die Psyche der kleinen Jeanne-Antoinette okkupiert hatte, bleibt unbekannt. Es ist nicht ausgeschlossen, daß sie in sehr jungen Jahren für kurze Zeit das Stigma peinlich empfunden hatte, das an den unklaren Umständen ihrer Zeugung haftete. Es ging das Gerücht, ihr nomineller Vater könne unmöglich der leibliche Vater gewesen sein, weil er zur kritischen Zeit auf ausgedehnten

Reisen im Süden außer Hauses war. Die kleine Jeanne, wäre sie des Englischen mächtig und mit den Gesetzen poetischer Metaphorisierung vertraut gewesen, hätte den Posthumus aus Shakespeares spätem Stück *Cymbeline* (1610) zitieren dürfen, der so verwundert wie verbittert konstatierte:

> »… *We are all bastards;*
> *And that most venerable man which I*
> *Did call my father, was I know not where*
> *When I was stampd'd; some coiner with tools*
> *Made me a counterfeit* …«[1]

Als Poisson senior vorzeitig verstarb, übernahm Monsieur de Tournehem die Fürsorge für die verwaiste Familie – wobei der plausible Verdacht aufkam, er sei seit längerem der Liebhaber der Mutter und der tatsächliche Erzeuger der Tochter gewesen. Selbstverständlich hatte die Familie das Nötige getan, um den Schein zu wahren. Wäre das Kind auch im falschen Bett geboren, so unternahm die Umwelt Jeanne-Antoinettes alles, um ihr die Verlegenheit eines Daseins in der Position der deklarierten Bastardin zu ersparen.

Sollte das Mädchen tatsächlich früh einen Blick in den Abgrund ihrer irregulären Herkunft geworfen haben, so hatte sich dieser gewiß wieder rasch verschlossen. Versiegelt wurde er durch hochfliegende Träume, ihrem Alter gemäß, und durch kindliche Sorglosigkeit. In dem jungen Mädchen sprossen Königreichsphantasien heran, die sich zu einer privaten Religion verfestigten. Als Jeanne-Antoinette neun Jahre alt war, wurde sie, so wollte es später die Legende, von ihrer Mutter zu einer Wahrsagerin geführt: Die prophezeite dem Kind, es werde eines Tages das Herz des Königs er-

---

[1] Cymbeline, 2.5.1: »Bastarde sind wir alle, und der verehrungswürdge Mann, den ich Vater nannte, war, als ich gestempelt wurde, ich weiß nicht wo; mit seinen Werkzeugen schuf ein Münzer mein gefälschtes Bild.«

obern – woraufhin die Mutter sie *Reinette*, kleine Königin, nannte.

Seit diesem Moment wuchs neben dem Königtum von Reims, Paris und Versailles ein zweites Reich heran, eine Monarchie des Kindertraums. Dessen Herrscher hatte keine vornehmere Aufgabe als jene, zu gegebener Zeit die vom Schicksal vorbestimmte Herrscherin zu erkennen und an seine Seite zu holen. Die Französische Revolution des Mädchens folgte ihrem eigenen Gesetz. Bei den Ursulerinnen erhielt Reinette die beste Ausbildung, die ihre Zeit einer jungen Frau zu bieten hatte. Was zum Glanz fehlte, sollten die von der mitverschworenen Mutter bestellten Hauslehrer hinzubringen. So lernte sie lesen, tanzen, singen, rezitieren und gefallen. Bei den Vorbereitungen für ihren Aufstieg ins Unmögliche wurde nichts versäumt.

Die äußeren Umstände taten das Ihre, der Zufall erfüllte seine Pflicht. Eines Tages griff das Mädchen-Delirium auf die Realwelt über, und was bis dahin als offizielle Politik gegolten hatte, konnte nicht bleiben, was es gewesen war. Das Zeitalter der permanenten Subversion hatte begonnen. Jeanne-Antoinette würde darauf bestehen, daß die beiden Reiche zu einem einzigen zusammenwuchsen, Wunschwelt und Wirklichkeit zu einem unauflöslichen Komplex verbindend.

So kam es, daß eine Revolution die andere verbarg. Gilt Frankreich bis heute als die Sphinx unter den Nationen – obschon seit längerem eine ruinierte Sphinx, ein Fabeltier ohne Rätsel und ein Orakel ohne Gravität –, so weil hier, mitten im *ancien régime*, ein gefährliches, konvulsivisches und subversives Wünschen heimisch geworden war, das anderswo in dieser Weise nicht zur Blüte kam, sofern man die vielsagenden Karrieren italienischer Abenteurer vom Schlage Giacomo Casanovas und des Grafen Cagliostro außer Betracht läßt.

Was nach 1789 vor dem Rest der Welt als Mutterland politischer Revolutionen auftreten wird, ist schon seit 1745,
seit sich der König und das Mädchen beim Ball gegenüber-
standen, das Theater von Traumkräften, die einen bloß politischen Umsturz weit hinter sich lassen. Es ist das Land, in
dem bastardische Phantasmen wahr werden, indem sie sich
mit den bestehenden Verhältnissen vermischen. Nicht allzu
lange wird es dauern, bis das französische Privileg, die Phantasie an die Macht zu bringen, aus der Alten Welt emigriert,
um sich an neuen Brennpunkten des Globus anzusiedeln,
vor allem an den amerikanischen Küsten des Atlantiks, wo
man seit dem 19. Jahrhundert die *self-made men* und seit
dem 20. die *material girls* feiert.

Der Haß, den Madame de Pompadour auf sich zog, galt
also nicht bloß ihrer unebenbürtigen Herkunft. Ob ihre De-
traktoren von der bastardischen Komplikation ihrer Geburt
Kenntnis besaßen, ist nicht mit Gewißheit zu sagen – Belege
besaßen sie offenkundig nicht. Sie hätten sich einen solchen
Makel kaum entgehen lassen.

Das Motiv der Eifersucht auf die glänzende junge Frau
entsprang der Wahrnehmung, wonach es im Dasein dieser
unerwarteten Person einen magischen roten Faden gab, der
in den zusammengestückten Existenzen der anderen fehlte.
Sie führte ein Leben in prophetischer Kohärenz: Wie es in
der Seele geschrieben stand, so mußte es bei ihr im äußeren Leben kommen. Mit somnambulischer Sicherheit ging
Jeanne-Antoinette auf ihre Berufung zu. Hellsichtig blind
folgte sie dem Stern, der ihr den Weg nach Versailles bezeichnete. Wie einen Wink von höchster Stelle nahm sie es
zur Kenntnis, als Madame de Châteauroux, die amtierende
Maitresse Ludwigs XV., den Weg für sie, die um vier Jahre
Jüngere, frei machte, indem sie im Herbst 1744, 27jährig,
verstarb, unerwartet für alle, nur für ihre vom Schicksal de-
signierte Nachfolgerin nicht. Die dachte keinen Augenblick

daran, die dämonische Symmetrie zwischen ihrem Wunsch und seiner Erfüllung könne aufgrund bloßer äußerer Umstände eine Trübung erfahren. Scheinbar mühelos gelang es ihr, auf der Erfüllung ihres Vertrags mit dem Schicksal zu bestehen. Sie hielt es für eine natürliche Geste der Erkenntlichkeit, als sie der Wahrsagerin von damals eine Leibrente aussetzte, nachdem ihr Spruch buchstäblich wahr geworden war.

Vermutlich war Madame de Pompadour zu ihrer Zeit das einzige menschliche Wesen in Frankreich, wenn nicht in Europa, das immer bekam, was es wollte. Sie trug die Krone der Königin eines Reichs, in dem die Wünsche in Erfüllung gehen. Am Hof von Versailles, wo Etikette, Verstellung, Intrige und Ersatzbefriedigung alles waren, mußte dieses Privileg zum Ärgernis geraten, einem Ärgernis, das um so tiefer reichte, als niemand imstande war, zu sagen, worin es eigentlich bestand. Die Nachwelt kann es ungezwungen aussprechen: Der jungen Frau war ein Staatsstreich im Reich des Begehrens gelungen. Ihr Lächeln, ihr Schauspiel, ihr Gespräch verzauberten den König, weil sie das einzige Wesen war, bei dem er je Gelegenheit hatte, zu beobachten, wie es sein mußte, wenn man am Ziel war. Es mag ihn bei seinen nächtlichen Begegnungen mit der jungen Frau verwirrt haben zu bemerken, wie die etwas matte physische Hingabe seiner Favoritin bloß eine Zutat zu einem viel umfassenderen Begehren bot. In dessen Mitte fand er sich selber wieder mitsamt seiner Krone, seinen Schlössern und seiner Aura von melancholischer Formvollendung. Für sie war die geschlechtliche Vereinigung ein Zugeständnis an das Patois des Unterleibs, das auch bei Hof gern gesprochen wurde. Ihr wahres Idiom war die Hochsprache der Psyche, die das Unmögliche begehrt und es auf mirakulöse Weise erlangt.

Indem Ludwig XV. Jeanne-Antoinette zu seiner Maitresse erhob, hatte er seine Meisterin gefunden. Sie war am Ziel ihres Strebens, nachdem sie ihn in Besitz genommen hatte, während er zum Herumschweifen in majestätischer Unerfülltheit verurteilt blieb. Am eigenen Leib machte er die Erfahrung, daß die Frage: »was will der König?« nicht weniger mysteriös ist als die Frage: »was will das Weib?«, auf welche auch Sigmund Freud bekanntlich keine Antwort fand. Seine chronisch wiederkehrenden Depressionen bewiesen ihm, es hilft nicht, König zu sein, solange das Königsein nicht auch das erfüllende Ziel des Wunschlebens bedeutet. Es ist die Frustration der vom Glück Privilegierten, nie zu lernen, wie Begehren sich erfüllt, weil sie von einem spöttischen Schicksal dazu verurteilt wurden, am Ziel zu beginnen.

Jeanne-Antoinette hatte nie einen anderen Wunsch gekannt als den, das Herz des Königs in Beschlag zu nehmen. Ihre ontologische Zuständigkeit für das Dasein des Königs war ihr eine unbezweifelbare Größe, in der Zeit der Mädchenträume nicht weniger als in den Jahren der Bettgemeinschaft und während des langen platonischen Herbsts ihrer Beziehung. Als sie ihn erobert hatte – nach der Ballnacht im Februar 1745, in der es ihr ohne Mühe gelang, die Mitte des königlichen Blickfelds zu besetzen –, ging von ihrem Dasein der Zauber des Am-Ziel-Seins aus. Sie lebte nun ganz im Zustand der Gnade. In Vollkommenheit war sie geboren, und nie war sie vom Weg abgewichen.

Dem Zauber folgten die Irritation, das Ärgernis. Jeanne-Antoinettes Seinsweise war eine Kränkung für eine Mitwelt aus Kreaturen, die wohl oder übel glauben mußten, menschliches Dasein und Nicht-bekommen-was-man-wirklich-möchte liefen zuletzt auf eins hinaus. Der französische Hof hatte sich zu dieser Zeit längst zu einer Schule der *conditio humana* entwickelt, wo Aristokraten zu lernen hatten, daß die hohe Geburt vor der Kastration nicht schützt. Versailles war seit den Tagen Ludwigs XIV. nichts anderes als eine Maschine aus Reglements, Schikanen und komplizierten

Schrittfolgen, dazu bestimmt, die Machtambitionen des rebellischen alten Adels von Frankreich in Wettbewerbe um
lächerliche Statusvorteile umzulenken. Hier sollten sich
Herzöge um den Vorzug raufen, dem König beim Lever ein
Hemd reichen zu dürfen. Söhne von großen Herren mußten
sich in langwierigen Rivalitäten um das Amt des stellver-
tretenden Senfservierers an der königlichen Tafel bemühen.
Nicht umsonst blickte die Welt mit Staunen auf die tägliche
komische Oper von Versailles, auf deren Bühne die glänzendste, aber auch die nichtigste Aristokratie Europas sich
produzierte. Madame de Pompadour wußte recht gut, was
sie sagte, als sie in ihrem legendären Brief an Montesquieu
im Jahr 1751 notierte: Bei Hof sei sie nur von Automaten
umgeben, allein den König ausgenommen.

Jeanne-Antoinette infiltrierte in die Gemüter ihrer Neider
ringsum den unerträglichen Gedanken, ihr, der Bürgertoch-
ter, der Usurpatorin, der Bastardin, sei das Unmögliche gelungen: Sie war aus dem Kraftfeld der abgelenkten Wünsche
ausgebrochen. Direkt war sie auf den leuchtenden Körper
des Königs zugegangen und hatte in Besitz genommen, was
ihr nach innerster Überzeugung gehörte. Der Strahl ihres
Wunsches hatte sich nie im Durchgang durch ein fremdes
Medium gebrochen. Sie demonstrierte ihrer Umwelt, daß sie
die Sphäre der Ersatzbefriedigungen nicht betreten hatte. Wo
alle anderen sich mit zweitbesten Lösungen und Schlechte-
rem abgefunden hatten, war sie als einzige unbeirrt bei ihrer ersten Option geblieben. Durch ihre bloße Existenz an
der Seite des königlichen Objekts entfachte sie in vielen die
Feuer des Neides, von denen man auch heute nur zögernd
zugibt, daß sie die heftigsten sind unter den *animal spirits*.

Après nous le déluge. In dem unvergeßlichen Bonmot der
Madame de Pompadour behielt die obligate gute Laune des

ancien régime nur zum Schein die Oberhand. Die vorgeblich immer heitere Ratgeberin des Königs soll sich nach dem Eintreffen der Nachricht von der Niederlage der französischen Truppen, die unter dem Kommando ihres Freundes, des Generals de Soubise, bei Roßbach schlecht gekämpft hatten, tagelang in ihren Zimmern eingeschlossen und getrauert haben, entnervt und aufgerieben von den Sorgen, die sie sich durch ihr schicksalhaftes Mandat zugezogen hatte. Immerhin, sie hatte bekommen, was sie wollte. Ihr Erfolg nötigte sie, zu wollen, was sie als Zugabe zu ihren femininen Erfolgen erhielt – das war viel mehr und völlig anderes, als ihr intimes Begehren angestrebt hatte. Um ihren Traum zu bewahren, hatte Madame auch in der äußeren Wirklichkeit die Zügel in die Hand nehmen müssen. In diesen Tagen fühlte sie das Ende ihrer Kräfte näher kommen.

Am 15. November 1757, eine Woche nach dem Erhalt der Unglücksnachricht, setzte sie ihr Testament auf, sechsunddreißigjährig und müde, ausgebrannt von der Komödie der Heiterkeit, die sie unter dem Einsatz ihres Lebens dem Monarchen zuliebe Tag für Tag inszenierte. Sie erholte sich mit Mühe. Der Bluthusten wurde häufiger, Phasen der Unpäßlichkeit dehnten sich aus. Für weitere sechs Jahre sollte ihr Elan ausreichen, um das hohe Spiel zu animieren, zunehmend kränkelnd, zuletzt gebrochen. Sie starb im April 1764 in Versailles, vier Monate nach ihrem 42. Geburtstag, zehn Jahre vor ihrem König. Als der Leichenwagen bei Wind und Regen am Schloß vorbeifuhr, um die Tote zur Kapuzinerkirche in Paris zu bringen, soll Ludwig XV., am Fenster stehend, in dumpfem Ton gesagt haben: *La marquise n'aura pas beau temps pour son voyage*. Spätere Zeiten konnten in diesen Ausspruch hineinlesen, was ihnen beliebte: Die Monarchie, die nur noch bei schönem Wetter Bestand haben konnte, neigte sich ihrem Ende zu.

Was Madame de Pompadour nicht wußte, da niemand zu

ihrer Zeit die große Welle aufsteigen sah: Sie selbst verkörperte schon die Sintflut der Wünsche, die aus dem zweiten Reich, aus der Sphäre der bastardischen Träume, auf das erste Reich, auf die Welt des »Bestehenden«, übergriffen. Wie lange würde die Festung des *status quo* standhalten, wenn neue Monstren aus dem Abgrund aufstiegen und zum Angriff brüllten? Was würde geschehen, wenn die unzügelbaren Prätentionen der Raumforderer, der Projektemacher, der umwälzungsfreudigen Weltplaner nach dem Staat und dem Erdball griffen? Madame de Pompadour hatte alles darangesetzt, bei ihrem Sprung aus der Wunschwelt in die Sphäre des Realen den legitimen Schein zu wahren. Sie konnte nicht verhindern, daß ihr Übergriff bemerkt wurde, so vollendet sie auch das spielerische Hin und Her zwischen beiden Reichen beherrschte. Sie selbst lieferte den Hinweis auf ihr gefährliches Spiel, als sie ihr Bonmot zum besten gab.

Andere Zeiten, andere Bastarde. Aus der Summe analoger Übergriffe entstand, was wir die moderne Welt nennen. Wenn die erste Märchenzeit jene war, in der das Wünschen noch geholfen hat, ehe härtere Wirklichkeiten den Traum zerrieben, so wird die zweite, die moderne und postmoderne Märchenzeit jene sein, in der das Wünschen wieder helfen wird – wenn helfen heißt: dafür sorgen, daß manche Traumansprüche sich durch das Entgegenkommen des Realen erfüllen. Die moderne Welt gehört dem Mysterium verwirklichter Aspirationen. Sie wird sich als eine Zeit erweisen, in der die Wünsche durch ihr Wahrwerden das Fürchten lehren.

Kapitel 2

Dasein im Hiatus
oder: Das moderne Fragen-Dreieck

De Maistre – Tschernyschewski – Nietzsche

Wer die geistige Landschaft des europäischen 19. Jahrhunderts im Vogelflug überqueren könnte, würde nach einigen Kreisen in der Luft entdecken, daß das Denken jener Jahre sich in einem von drei geistesgegenwärtigen Fragen markierten Feld bewegte. Die Aufnahmen des Fragen-Dreiecks enthüllen nachträglich, was sich der bodennahen Wahrnehmung von Zeitgenossen nicht hinreichend deutlich zeigen konnte. Tatsächlich waren die wesentlichen Reflexionen der beginnenden Moderne stets nur Antworten auf die von Joseph de Maistre (1753-1821) in seinen *Soireen von Sankt Petersburg* (geschrieben nach 1809, 1821 posthum publiziert) erörterte Frage: »Wie konnte Gott die Französische Revolution zulassen?« Sie reagierten ferner auf die Titelfrage von Nikolai Tschernyschewskis Roman *Was tun?*, der im Jahr 1863 erschien, und schließlich auf die durch Friedrich Nietzsche in der *Fröhlichen Wissenschaft* von 1882 aufgeworfene Frage des Tollen Menschen: »Stürzen wir nicht fortwährend?«

Alle drei Fragen beziehen sich auf das Bild einer Welt, von der bereits Shakespeares Hamlet – unfreiwillig prophetisch – beklagt hatte, sie sei *out of joint*. Der Begriff »Welt« selbst hatte seinen seit der Antike wohlerworbenen Sinn verloren, nachdem das Gegebene sich mehr und mehr weigerte, als ein in sich ruhendes Ordnungsganzes zu erscheinen. Von der *vast chain of being*, die Alexander Pope 1734 in *An Essay on Man* gefeiert und in der Unverbrüchlichkeit sakrosankter Bindungen zwischen Vätern und Söhnen geerdet hatte, ist schon im 19. Jahrhundert keine Rede mehr. Nach den Ereignissen von 1793 war die Destabilisierung aller Verhältnisse, der materiellen wie der symbolischen, epidemisch geworden. Ein permanenter Tumult aus Umstürzen und Entwurzelungen hatte die stabilen Kreisläufe abgelöst, interpunktiert von Phasen künstlicher Entseelung. Das menschliche Dasein schien in einen ständigen Umzug von Provisorium zu Provisorium verwandelt. Was man den »revolutionären Bruch im Denken des 19. Jahrhunderts«[1] genannt hat, spiegelt sich in de Maistres, Tschernyschewskis und Nietzsches Fragen wider als die begriffene Unmöglichkeit, das alteuropäische Haus des Seins gelassen zu bewohnen. Eine monströse Baustelle war an seine Stelle getreten. Um Aufträge stritten sich Konstrukteure und Abbruchunternehmen.

Was Joseph des Maistres Frage angeht, so läßt sich in ihr von heute aus unschwer die Schlüsselformulierung des ranghöchsten reaktionären Denkens im frühen 19. Jahrhundert erkennen. Aus der Sicht des ultrakatholischen savoyardischen Diplomaten, von 1802 bis 1816 im Dienst des Hauses Piemont-Sardinien als *ministre plénipotentiare* in Sankt Petersburg tätig, bedeutete die Französische Revolution mitsamt ihrem Umschlagen in den napoleonischen Expansionismus durchaus nicht die notwendige Etappe in der Freiheitsgeschichte der Völker, welche die liberalen Evolutionisten bis heute in ihr sehen. Er meinte im Gegenteil an ihr eine neue Qualität der Allianz zwischen dem Menschlichen und dem Infernalischen wahrzunehmen, ja, sie erschien ihm geradezu als ein Totentanz, aufgeführt von menschengestaltigen Puppen: Deren Schrittfolgen seien ihm in

---

1 Karl Löwith, Von Hegel zu Nietzsche. Der revolutionäre Bruch im Denken des 19. Jahrhunderts, Hamburg 1995, zuerst New York 1941.

die Glieder gefahren, nachdem die Kirche in Frankreich ihre
Macht verloren hatte, die auf dem Grund der Seelen lauern-
den Traumbosheiten in Schach zu halten.

Als diensthabender Dämonologe seiner Zeit war de Maistre davon überzeugt, Menschen agierten nie besessener, als
wenn sie vom Bewußtsein ihrer Freiheit erfüllt sind. Folgen sie ihrem unbetreuten Gewissen, hören sie die Stimme
des Teufels unverfälscht zu ihnen reden. Meinen sie, im
Hier und Jetzt ihrer wahren Natur zu folgen, sind sie schon
durch und durch Marionetten der Unterwelt. Ihr Cogito,
worin sie sich ihres realen Daseins vergewissern, ist eine
Filiale des Satans-Ego: Von dem hatte Augustinus in einer
niederschmetternden Demonstration dargelegt, wie es aus
der Sezession des Hochmuts vom Reich Gottes hervorgegangen war. Wer fühlt: »ich bin«, sollte immer hinzufügen:
»des Teufels«.

Vor dem Hintergrund solcher Annahmen, von de Maistre
mit laientheologischer Rücksichtslosigkeit zugespitzt und
mit der rhetorischen Energie des ausgewiesenen Stilisten
aktenkundig gemacht, wird die leitende Frage des Autors
begreiflich. Wenn er in einer so schwermütigen wie aggres-
siven Meditation ergründen möchte, wie Gott, der Allmäch-
tige, die Französische Revolution hatte gestatten können,
fragt er in Wahrheit danach, wie es möglich war, daß sich die
Grenzen zwischen dem Reich Gottes und dem Imperium
des Widersachers mit einem Mal so augenfällig zugunsten
des letzteren verschoben hatten.

De Maistre nahm sein eigenes Erschrecken über die
Weltereignisse zu ernst, um die geschehende Geschichte
bloß durch das Opernglas des losgelösten kosmopolitischen
Zuschauers zu betrachten. Er weigerte sich kategorisch, die
Fabrikationen der Geschichtsphilosophen mit Respekt zu
behandeln, die zum Tumult der Tatsachen die vernünfti-
gen Pläne hinzuerfanden. Ihn verlangte es danach, den Plan

Gottes für die verworrene Zeit zu begreifen. Am liebsten hätte er den Himmel genötigt, sich wieder klar zu erkennen zu geben, nachdem dieser sich schon allzu lange hinter den Wolken und Nebeln unerhörter Vorgänge verborgen hielt. Der Höchste sollte endlich seine Absichten mit der Menschheit offenlegen und erklären, wie es zu verstehen sei, wenn er dem Widersacher so riesige Territorien gleichsam kampflos überlassen hatte. Geschah es in einer Anwandlung von Zorn oder in einer unerklärlichen Schwächephase? Was mag der Grund dafür gewesen sein, daß seit dem Auftreten der philosophierenden Freigeister in Frankreich dem Satan so bedeutende Gebietserweiterungen zugestanden worden waren? Im übrigen betonte de Maistre, wann immer es ihm nötig schien, er sei zu keiner Zeit Franzose gewesen und habe nicht vor, es je zu werden.

De Maistre lieferte in seinen *Betrachtungen über Frankreich* (1796) wie in den Sankt Petersburger Abendgesprächen über das Walten der Vorsehung in der Menschenwelt den Beweis dafür, daß ohne Kaltblütigkeit eine theologische Deutung der neueren Geschichte nicht gelingt. In seiner Sicht waren Marat, Robespierre, Napoleon und ihresgleichen nichts anderes als genialische Automaten, denen Gott die trübe Freiheit gewährt hatte, sich einem höllischen Arbeitgeber anzudienen. Was Wunder, wenn sie unter dem Kommando dieses Herrn die Staaten in ein Blutbad ohnegleichen stürzten? De Maistre begreift das Weltgeschehen zwischen 1789 und 1809 – er kennt zum Zeitpunkt der *Soireen* die kulminierenden Gewaltschauspiele von Moskau, Leipzig und Waterloo noch nicht – als Ausfluß einer von Gott ironisch zugelassenen Satanokratie, ermöglicht durch die tragische Selbstverhüllung des Absoluten. Hinter dem Rückzug Gottes verbirgt sich ein gattungspädagogisches Kalkül, das der menschlichen Vernunft pervers erscheinen mag. De Maistre erwägt in vollem Ernst, Gott habe, indem

er die Revolution und alles Folgende duldete, der Welt Gelegenheit bieten wollen, zu erfahren, wie es ihr ergeht, wenn
sie ganz sich selber überlassen ist – ahnend, daß sie, wenn sie
sich in der Überzeugung wiegt, ihren höchsten Idealen zu
folgen, zu einem Tummelplatz infernalischer Mächte gerät.
Als mit Napoleons Deportation auf die Insel im Südatlantik
das Buch der Großen Tage zugeklappt wurde, hatten drei-
einhalb Millionen Menschen in Frankreich und in den anderen kombattanten Nationen Europas ihr Leben verloren.[1]
Napoleon selbst hatte nicht versäumt, die Devise seines
Handelns auszusprechen, als er im Dresdener Dialog mit
Metternich bemerkte: »Ein Mann wie ich pfeift auf das Leben von einer Million Menschen.« Grenzenlose Ironie liegt
in de Maistres bekanntem Diktum, wonach die Revolution
ganz von allein gehe: *On dit fort bien quand on dit qu'elle
va toute seule.*

Es spricht einiges dafür, in Joseph de Maistre den ersten
durch und durch modernen Katholiken, ja sogar den Prototypus eines neuartigen dämonischen Katholizismus zu sehen – wie er im 20. Jahrhundert durch Marcel Lefèbvre und
seine Pius-Bruderschaft in drittklassigen Kopien fortgesetzt
wurde –, sofern resolutes Modern-Sein für Menschen ka-
tholischer Parteilichkeit nach 1789 bedeutet, den Preis für
die spirituelle Verwerfung der Revolution und ihrer liberalen Prinzipien zu entrichten. Der vollendete moderne Reaktionär de-Maistrescher Schule sieht sich bei der geschehenden Geschichte dem Schauspiel einer zweiten Offenbarung gegenüber, für diesmal freilich einer Offenbarung des
Unteren: Wie Gott durch die Heilige Schrift zum Menschen
spricht, so spricht der Mensch, wenn er sich ganz enthüllt,

---

1 David A. Bell, der Verfasser der Studie The First Total War. Napoleon's
   Europe and the Birth of Warfare as We Know It, Boston/New York 2007,
   S. 7, nimmt an, daß die Zahl der Getöteten in Europa nahe bei 5 Millionen
   lag.

zu sich selbst durch das Massaker und die Verwüstung aller Dinge.

Für de Maistre legt das nicht endende Blutbad der Jahre seit 1793 die Wahrheit über die Wirklichkeitsmächte der neuen Zeit offen. Obschon das Zählen der Toten erst eine Passion des 20. Jahrhunderts wurde, spürten schon die Zeitgenossen der Napoleonischen Kriege, daß eine Ära der Verschwendung von Menschenleben begonnen hatte. Man würde künftig die Opfer nach Millionen aufaddieren und divergierende Zählungen als Argumente in Parteipolemiken verwenden. In den Augen des großen Liberalismus-Verweigerers ist die entgrenzte Gewalt, wie sie im Revolutionszeitalter ausbrach, um sich nur episodisch wieder zu beruhigen, durchaus nicht das bedauerliche schlimme Mittel zum guten Zweck, wie die unentwegten Progressiven zu behaupten nicht müde werden – sie ist der unverhüllte Ausfluß ihres leitenden Prinzips.

Das Böse wäre freilich nie in respektable Positionen gelangt, hätte es sich nicht seit jeher darauf verstanden, eine gewinnende Seite vorzuweisen. Es könnte die Menschen nicht anziehen, binden und vorantreiben, wenn es sich nicht als das Normale, Humane und Notwendige zu maskieren wüßte. Wenn die Anreger, Exekutoren und Interpreten der Blutbäder immerzu von Freiheit und Gleichheit, von Eigentum und Fortschritt, von Menschenrecht, Verfassung und Herrschaft der Vernunft reden, ja, wenn sie uns alle mit ihren Ansprachen momenthaft begeistern, so beweist dies nur, daß sie den Rhetorikunterricht des Teufels mit Erfolg besucht haben – und wie wenig wir noch immer imstande sind, uns gegen ihre suggestiven Reden zu immunisieren.

Eine gültige Kritik der gegenwärtigen Zeit muß demnach mit nüchternen Untersuchungen über die Macht der Reden beginnen. Die melancholische Frage, wie Gott die Franzö-

sische Revolution zulassen konnte, übersetzt sich in die abgründige Erkundigung, wie die Menschen der Ära nach dem
großen Einschnitt sich selbst mit Phrasen und Proklama-
tionen genug verzaubern, um unter noblen Vorwänden die
gräßlichsten Gewalttaten begehen zu können. Damit ist eine
Problem-Struktur bezeichnet, die sich unter dem Begriff
»Ideologiekritik« in die intellektuellen Profile des 19. und
20. Jahrhunderts einprägen wird. Den vollendeten Ironiker
de Maistre hätte es nicht überrascht, daß Ideologiekritik zur
Spezialdisziplin der kommunistischen Bewegung wurde.
Wo der Kommunismus an die Macht gelangt war, stellte er
dank der routinierten Verbindung der humanen Phraseolo-
gie mit dem vollendeten Partei- und Staatsterrorismus die
übrigen Praktikanten auf dem Feld der Auslöschungen in
den Schatten.

Indem de Maistre die Revolution von 1789 und was ihr
bis in die Tage der Restauration folgte, als eine von Automaten aufgeführte Blutkomödie deutete, die ihre eigene Bestrafung standrechtlich exekutierte, bescheinigte er der nach-revolutionären Wirklichkeit einen bis in die tiefsten Ebenen
reichenden Mangel an wahrem Sein. In seinen Augen war
mit der Revolution von 1789 eine Ära unheilbarer Illegitimität angebrochen, politisch, ethisch und ontologisch. Das
Anliegen der alten wahren Legitimität verwandelte sich in
eine Utopie. Der mochte sich nur verschreiben, wer fähig
war, den Eros der verlorenen Sache zu hüten.

Hingegen wer auch immer mit den neuen Gegebenheiten
paktierte, erschien ihm als ein Kollaborateur des Nichts,[1]
und wäre es der gespenstisch wiedergekehrte König der
Franzosen selbst, Ludwig XVIII., der sich nach der Vertreibung Napoleons im April 1814 wieder an der Macht

---

[1] De Maistre prägte für diese Position den Begriff »rienisme«, der sich jedoch gegen den Ausdruck »nihilisme« nicht durchsetzen konnte.

wähnte. Im Jahr 1817 gewährte der Monarch de Maistre eine kühl gehaltene Audienz, wußte er doch, daß ihm ein Mann gegenübertreten würde, der strenger absolutistisch dachte als er selber – denn er, der unglaubwürdige Bourbone, hatte durch die Verabschiedung der »Charte constitutionelle« im Juni 1814 eingewilligt in den Kompromiß zwischen der Herrschaft von Gottes Gnaden und der Machtausübung im Namen jener neuen bürgerlichen Klasse politisierender Frechheit, die sich »das französische Volk« nannte. Nur eine ungeschriebene, in transzendenten Motiven verankerte und von den Herzen der Menschen verinnerlichte Verfassung konnte nach de Maistres Überzeugung dem Staatswesen eine gerechte und verläßliche Ordnung sichern. Sie allein vermöchte teilzuhaben an dem göttlichen Aus-sich-Sein, das dem Beifall der menschlichen Kalküle überhoben wäre. Aus den geschriebenen Verfassungen hörte er den Ungeist der rationalistischen Fabrikationen tönen, die in der Regel begeistert beginnen und so oft in Katastrophen enden. Neben Edmund Burke war de Maistre der Gründer jener modern-konservativen Machbarkeits-Schelte, die dem »Wahn« des Alles-tun-Könnens den Kampf ansagt. Noch Heideggers Kritik an der Moderne als Weltalter der »Machenschaft« – in den neuerdings zugänglichen *Schwarzen Heften* aus den dreißiger und vierziger Jahren des 20. Jahrhunderts so obsessiv wie hilflos ausgeführt – liest sich als ein aufgeblähtes Echo der de Maistreschen Stereotypen.

Auf der Grundlage seiner Axiome war es konsequent, wenn de Maistre im Papsttum die einzige uneroberbare Bastion der alten jenseitig besicherten Legitimität erkennen wollte. In seinem Papst-Absolutismus gewann der utopische Reaktionär den letzten Anhalt am Bestehenden. Hier fand er die verlorene Sache, auf deren Sieg er sein Leben zu wetten bereit schien, obschon dieser »realpolitisch« unmöglich war. Als Vorstufe zum Sieg durfte es gelten, wenn das bedrängte Papsttum nicht ganz vom Erdboden verschwand. Hatte nicht Napoleon es tatsächlich gewagt, den Inhaber des Heiligen Stuhls, Pius VII., der ihn im Dezember 1804 zum Kaiser gesalbt hatte,[1] vier Jahre lang, 1809-1812, in Savona und Fontainebleau willkürlich gefangenzusetzen – und war das Oberhaupt der Kirche aus der Demütigung nicht weise, sanft und souverän hervorgegangen, bei den Getreuen populärer denn je? Im übrigen ist nicht ausgeschlossen, daß die den Zeitgeist verspottende Verkündung des Dogmas von der lehramtlichen Unfehlbarkeit des Papstes auf dem Ersten Vatikanischen Konzil von 1870 eine Fernwirkung von de Maistres laientheologischer Propaganda zugunsten des päpstlichen Absolutismus darstellte. In ihr erreichte die Synthese aus utopischem Royalismus und papistischem Surrealismus eine prägnante Endgestalt.[2]

Unnötig zu erwähnen, daß de Maistre vom Denken Hegels keine Kenntnis nahm, des ebenbürtigen Antipoden, was die von nun an aktuelle Liaison von Geist und Terror anbelangte. Hegel war der einzige Theologe der geschehenden Geschichte, der es an Kaltblütigkeit mit de Maistre aufnehmen konnte. Für den protestantischen Metaphysiker stellte sich das Problem der revolutionären Gewalt, wie sie in den Tagen der *Terreur* erschienen war, nur als eine autodidaktische Figur beim Übergang des im Staat verkörperten Geistes von der abstrakten zur konkreten Freiheit dar. Durch sie sollte das ankerlose Freiheitsstreben der subjektiven

---

1 Vgl. S. 112-116 in diesem Band.
2 Hundert Jahre später erlebte diese Synthese ein vergröbertes Nachspiel in den Umtrieben der *Action française*, die man am besten als eine atheistische Jugendbewegung unter romanistischen, paradox papst-imperialistischen Parolen charakterisiert. Sie ist heute nur noch von indirektem ideengeschichtlichem Interesse – nicht zuletzt deswegen, weil der junge Jacques Lacan in ihrem Umfeld Prägungen erfuhr, die sich in seinen noch immer virulenten Theoremen zur psychischen Vaterfunktion spiegelten.

Willkür die Notwendigkeit seiner Rückbindung an objektive Rechtsinstitutionen begreifen lernen. Was dem Denker der siegreichen Sache am Herzen lag, war die Rechtfertigung noch der erschreckendsten Ereignisse durch das historische Ziel. Weit davon entfernt, die revolutionäre Gewalt bloß zu dulden, ist Hegels Gott ihr immanent. Er verwirklicht sich in ihr, ist doch die Geschichte die Schädelstätte des Geistes: Kein Opfer stirbt umsonst, solange der sich entfaltende Gott über den Schlachtfeldern tanzt wie Shiva über den Gebeinen seiner Anbeter.[1]

---

1 Die Größe des Streits um eine Theologie der Gewalt in der Französischen Revolution läßt sich durch den Hinweis auf das Werk von Pierre-Simon Ballanche (1776-1847) erläutern, der die Alternative Hegel versus de Maistre durch eine geistvolle gewaltkritische dritte Position unterläuft. Unter dem Titel »soziale Palingenesie« ersann er eine christliche Geschichtsphilosophie, die auf dem Gedanken des »Fortschritts durch göttliche Prüfungen« beruhte. Sie entwirft die Evolution der Menschheit als Drama der verzeitlichten Erbsünde und ihrer von der Vorhersehung gewollten, stets erneuerten Entsühnung. Daß der erste Mörder, Kain, zum ersten Stadtgründer werden durfte, möge zu denken geben. In diesem Geschehen finden sogar die Königsmörder von 1793 ihren heilsgeschichtlichen Ort – wie die Erzählung *L'homme sans nom*, 1820, verrät, in der ein edler Greis, ein vormaliger Angehöriger des Konvents, der für die Hinrichtung Ludwigs gestimmt hatte, seine Tat durch ein Leben in Namenlosigkeit verbüßt, ehe er nach langen Jahren wieder in die Gemeinschaft der Entschuldigten aufgenommen wird.
Ballanche bezahlte die vermittelnde Genialität seines Projekts mit allseitiger Ablehnung: Statt die Lager der Revolutionäre und Konterrevolutionäre miteinander zu versöhnen, wie er sich erträumt hatte, wurde er von den ersten als christlicher Reaktionär und von den zweiten als verräterischer Verteidiger des radikalen Wandels verworfen. In Wahrheit hatte Ballanche, indem er die Geschichte der Menschheit als permanente Palingenesie, das heißt als ständige Wiedergeburt aus der Verirrung, konzipierte, erstmals das Schema von *trial and error* auf die Ebene der Zivilisationsgeschichte angewendet, wenn auch noch in penetrant religiöser Codierung. Sein Wiedergeburtsdenken geht von der Einsicht aus, daß Sünder Geschichte machen, indes nur verhärtete Sünder sich weigern, aus ihren Taten zu lernen. Der wahre Fortschritt ist die Sühne des Verbrechers. Ballanches Paradigma ist der Sturz Napoleons, dessen atlantisches Exil eine notwendige Prüfung gewesen sei, um das bei diesem Mann unterentwickelte moralische Gefühl auf die Höhe seiner Intelligenz zu brin-

An der anderen Spitze des Dreiecks der Fragen, die das Denkfeld des 19. Jahrhunderts abstecken, findet sich das lakonische *Was tun?*, das Nikolai Gawrilowitsch Tschernyschweskis Romanprojekt »Aus Erzählungen von neuen Menschen« vorangestellt ist. Hatte de Maistre sich in seinen Sankt Petersburger *Soireen* die Aufgabe gestellt, die Hintergedanken Gottes bei der Zulassung der Französischen Revolution zu ergründen, so widmete sich Tschernyschewski einem diametral entgegengesetzten Vorhaben: Die Frage *Was tun?* zielt unverkennbar darauf ab, in Erfahrung zu bringen, was Menschen in Sankt Petersburg und wo auch immer sonst im Zarenreich aus eigenen Stücken dazu beitragen können, damit der dringend erwartete Geist der Revolution endlich auch Rußland erreichte, die bis auf weiteres späteste unter den verspäteten Nationen.

Bei Tschernyschewskis Buch handelt es sich um einen Roman von offen praxisphilosophischer Tendenz. Durch seine robuste Machart liefert er den Beweis dafür, daß Literatur nicht notwendigerweise der Sphäre der Kunst zugerechnet werden muß: Sie ist ebenso in ihrem Element, wenn sie als angewandte Empörung gelesen werden kann. Als Protestvehikel verfehlte die Schrift des Priestersohns Tschernyschewski ihre beabsichtigte Wirkung nicht: Noch Pjotr Kropotkin gab in seinen alten Tagen zu Protokoll, kein Werk aus der Feder Tolstois oder Turgenjews habe auf die Jugend Rußlands einen so tiefen Einfluß ausgeübt wie Tschernyschewskis naiv-utopischer Roman. Nachdem das Manuskript im Jahr 1863 aus der Peter-Paul-Festung von Sankt Petersburg geschmuggelt worden war, in welcher der Verfasser seit einem Jahr unter dem Vorwurf revolutionärer Umtriebe einsaß, bevor er 1864 zur Verbannung nach Sibi-

---

gen: *et cette épreuve commança sur le rocher de Sainte-Hélène.* Pierre-Simon Ballanche, Essais de palingénésie sociale, Tome I, Prolégomènes, Paris/Genf 1830, S. 121.

rien verurteilt wurde, verbreitete es sich nach dem Abdruck im Magazin *Zeitgenossen* rasch über das ganze Land und machte seinen Autor berühmt. Dagegen vermochte das sofortige Verbot des Buchs durch die zaristische Zensur nichts auszurichten.

Die Nacherzählung der Romanhandlung wirkt heute so ermüdend wie die Inhaltsangabe zur zweitausendsten Folge einer Telenovela: Ein von edelsten Motiven bewegter junger Mann, der Medizinstudent Lopuchow, befreit die Heldin des Buchs, Wera Pawlowna, aus den Fesseln einer von ignoranten Eltern arrangierten Heirat, indem er sie entführt und mit ihr eine Scheinehe eingeht, die jedoch bald in ein Liebesverhältnis mündet. Durch selbstlose Mithilfe bei der Gründung eines Näherinnen-Unternehmens unterstützt er ihr Bestreben nach ökonomischer Eigenständigkeit und sozialistischer Solidarität. Als sie sich in seinen besten Freund, den Arzt Kirsanow, verliebt, macht er den Weg für das Paar frei, indem er seinen Selbstmord vortäuscht – alle Welt sollte glauben, er habe sich aus Kummer in der Newa ertränkt. Nach einer Weile taucht er unter falschem Namen wieder auf, heiratet seinerseits eine Kollegin Weras und bildet mit dem ersten Paar eine unorthodoxe Freundesgemeinschaft, die nach den Idealen des Neuen Menschen zusammenlebt. Die Lektion ist deutlich: Wer in der verkehrten Welt in der Wahrheit bleiben will, muß bis zur Ankunft der wahren Welt eine falsche Identität annehmen.

Die ungeheuren Wirkungen des Buchs lassen sich vom Standort heutiger Sensibilitäten aus nicht mehr leicht nachvollziehen. Sie gründeten in dem Umstand, daß auf den zahlreichen Seiten des Kolportageromans idealistisch bewegte Menschen vorgeführt wurden, die demonstrierten, wie es möglich ist, das Joch der von den autokratischen Strukturen des Landes aufgezwungenen Passivität abzuschütteln. Der Jugend Rußlands war über Nacht ein Evangelium des Et-

was-tun-Könnens an die Hand gegeben, auf das sie seit langem gewartet zu haben schien. Sie las das Werk sprungbereit
und entflammbar, als wäre es ein messianischer Traktat, der
ihr das Ende der bleiernen Zeit verkündete.

In den siebziger Jahren des 19. Jahrhunderts strömten
aufklärerisch begeisterte Jugendliche in Scharen aufs Land,
um die bäuerliche Bevölkerung Rußlands zu den Grundsätzen der stadtmüden Schwärmer zu bekehren. Nie haben sich
vorgebliche Nihilisten idealistischer gebärdet, nie war ein
Umsturz sanfter motiviert: Man gründete Sonntagsschulen
und Kooperativen; man lebte in debattierenden Kommunen
unter einem Dach und ahmte die Helden Tschernyschewskis nach, indem man im Geist eines subversiven Platonismus fiktive Ehen schloß – es war die Zeit, in der die Scheinehe als der Königsweg zur Emanzipation der Frau galt.

Was Tschernyschewskis Roman in ideengeschichtlicher
Perspektive wirklich bedeutet haben sollte, wurde wiederum erst nachträglich begreiflich, als ein noch obskurer
Autor, ein gewisser Vladimir Iljitsch Uljanow, seinen Hut in
den Ring warf, fast vierzig Jahre nach dem Erscheinen des
inzwischen verblichenen Buchs. Mit der Publikation seines
Traktats *Was tun?* im Jahr 1902 trat Lenin – unmißverständlich und zugleich überaus zweideutig – in die Nachfolge
Tschernyschewskis ein. 1870 geboren, gehörte er zu den
unruhigen Geistern einer späteren Zeit, die das Evangelium
des Etwas-tun-Könnens aus den sechziger Jahren nicht ganz
vergessen hatten.

Was Lenin von seinem fernen Mentor unterscheidet
(dieser war 1889 nach der Rückkehr aus Sibirien in seiner
Heimatstadt Saratow verstorben), ist zunächst nur seine
vorgerückte Lage im historischen Prozeß. Die Dinge hatten sich inzwischen »entwickelt«: Sie hatten sich politisiert,
verkompliziert und mit Gewaltdynamik aufgeladen. Was
bei Tschernyschewski noch idealische Vagheit und innen-

gesteuerter Überschwang aus weltverbessernder Gesinnung
gewesen war, hatte sich binnen einiger Jahrzehnte in eine
mit großer Härte geführte Diskussion über strategische Alternativen bei der Wahl des Wegs zum befreienden Umsturz
gewandelt.

Indem Lenin die Frageformel *Was tun?* wiederaufnahm,
verlieh er ihr eine praxisphilosophische Bedeutung, die über
die schwärmerische Mobilmachung des Tatwillens in den
volkstümelnden Jahren dezidiert hinausging. Dennoch gab
Lenin den Ansatz bei der Doktrin der Tat nicht preis, die
dem älteren *Was tun?* zugrunde lag. Wie kein anderer hatte
er verstanden, daß in der Frage, was zu tun sei, ein Aussagesatz von ontologischer Energie enthalten war: »Etwas
zu tun, ist möglich.« Der Aussagesatz seinerseits stellte die
Neutralisierungsform eines scheinbar trivialen, in Wahrheit
allesumstürzenden Imperativs dar: »Du sollst etwas tun, und
zwar sofort!« An dem, was zu tun sei, hatte schon Tschernyschewski keinen Zweifel gehegt. »Durch dein eigenes Tun
sollst du die Welt im humanen Sinn verändern!«

Diesem Satz – entsprungen aus der politischen Anwendung des kategorischen Imperativs deutsch-idealistischer
Schule – pflichtet noch Lenin ohne Einschränkung bei. Die
ethischen Impuls-Bahnen laufen bei dem älteren wie dem
jüngeren Autor bis zu diesem Punkt parallel. Seine Differenz
bringt Lenin ins Spiel, sobald es darum geht, zu entscheiden,
ob der Gang ins Volk, wie ihn die Leser Tschernyschewskis
gewählt hatten, noch immer die zeitgerechte Devise sei.

Was Lenin durch den Lauf der Dinge im letzten Drittel
des 19. Jahrhunderts begriffen zu haben glaubte und was er
in seiner Version von *Was tun?* darlegte, war die durch Erfahrung konsolidierte Überzeugung, daß es für den jetzigen
Revolutionär nicht ausreicht, ins Volk zu gehen, um sich mit
ihm in sentimentalen Symbiosen zu verbrüdern. Was heute,
nach allem, was man durchlebt hatte, wirklich not tat – nach

all den vergeblichen Attentaten, nach all den erlittenen Repressalien, nach all den Rückfällen der ambivalenten Massen in die ererbte sklavische Zarentreue, um von den scheinvernünftigen Kompromissen bisheriger Volksparteien mit der bestehenden Vormacht ganz zu schweigen –, was also jetzt vonnöten war: das war die unbedingte Entschlossenheit der Wissenden, das oft zu spontanen Aktionen bereite, doch weiterhin völlig desorientierte Volk zu seiner definitiven Befreiung zu zwingen, einer Befreiung, deren Unumgänglichkeit auf radikal durchdachten theoretischen Grundlagen bewiesen werden konnte. Ebendies besagt Lenins in der Schrift von 1902 mit furchterregender Selbstsicherheit entwickelte These, wonach die Ära der reformistischen Halbheiten, der volkstümelnden wie der parlamentarischen, vorbei zu sein habe. Das romantische Bündnis zwischen den Gebildeten und dem Volk müsse in eine unbeirrbare Herrschaft der Gebildeten über das Volk übergehen. Daß das Volk inzwischen in »das Proletariat« umbenannt worden war, ließ den Einfluß der auftrumpfenden marxistischen Spekulation auf die jüngere russische Intelligenzija erkennen.

In diesem Moment – als das Wort »Avantgarde« eine neue Bedeutung annimmt – tritt ein Monstrum unbekannten Typs aus dem Horizont, in dem es sich seit einer ersten kurzen und heftigen Regung im Jahr 1793 verborgen gehalten hatte: Ein Jahrhundert lang hatte die Gestalt des Berufsrevolutionärs sich in der historischen Latenz zusammengekauert. Als sie sich aufrichtete und ohne Rückhalt zu erkennen gab, war sie in allen wesentlichen Zügen fertig und zum Losschlagen bereit. Mit ihr erscheint ein neuer Tätertypus auf der geschichtlichen Bühne. Neben dem skrupellosen Konquistador des 16. Jahrhunderts, dem tollkühn-vorsichtigen Unternehmer des 17. und 18. Jahrhunderts, dem manischen Caudillo des 19. Jahrhunderts und dem vernetzten Berufsverbrecher der Gegenwart verkörperte der Berufsrevolutionär in seiner kühlen und gewaltfreundlichen Hermetik die prägnanteste Ausformung des Subjekts neuzeitlicher Aktions-Anthropologie: des Menschen, der bis zum Äußersten entschieden ist, bei der Verwirklichung dessen, was zu tun ist, nichts zu versäumen.

Von Tschernyschewski war dieser Menschentypus in der bemerkenswertesten Nebenfigur seines Romans vorweggenommen worden – unter den Zügen des mysteriösen Aktivisten Rachmetow. Nicht umsonst ist Rachmetow für die folgenden Generationen junger Russen zum Leitbild revolutionärer Existenz geworden. Bis in die frühen Jahre der Stalin-Herrschaft hat man ihn als das Idol der Sowjetjugend glorifiziert. Der junge Mann aus gutem Hause verzichtete auf sein ererbtes Vermögen, um mit dem russischen Volk eins zu werden. Nicht aus dem väterlichen Erbe, sondern am Leitfaden radikaler Gesinnungsethik wollte er sein künftiges Leben bestreiten. Er schlief auf Nagelbetten, um sich für unbekannte Kämpfe zu stählen, verzichtete auf Lebensgenuß und erotisches Glück, um ganz für seine nie näher bezeichnete Berufung verfügbar zu sein.

Heute wissen wir: In der Wahl des Titels für seine strategische Hauptschrift hatte Lenin die Wahrheit über seine persönlichsten Motive offengelegt. Sie entstammen der Sphäre des utopischen Romans. Was später Leninismus hieß, war in der Sache ein unverfälschter Rachmetowismus, um die Zeitspanne von zwei Generationen in die Zukunft versetzt. Rachmetow und Lenin – sie allein kannten die Antwort auf die Frage, was zu tun sei. Im Rückblick auf ihre Taten und Projekte wird Literaturkritik mit Geschichtskritik identisch. Verspätet treffen beide Disziplinen ihre Diagnose, wonach der Kommunismus Leninschen Stils von Anfang an die Fortsetzung der russischen Trivialliteratur mit anderen Mitteln gewesen war.

Nichtsdestoweniger: In der Frage *Was tun?* hatte sich

der Weltgeist verborgen, der Geist der mobilisierenden
Moderne, der über dem 19. und 20. Jahrhundert wehte. Sie
transportierte die Ungeheuerlichkeit der Entdeckung, wonach der Mensch das Wesen sei, das auch im Großen etwas
bewirken kann, bis in die letzten resignierten Winkel des
Kontinents. Obschon zu Recht als ein nicht festgestelltes
Wesen beschrieben, ist der Mensch, zumal der moderne,
identifiziert als eine Kraft, die »die Welt« verändert, sobald
sie will, was sie tatsächlich kann, und sofern sie versteht, wie
vorzugehen wäre. Darum werden »Technik« und »Strategie« zu Grundbegriffen des Jahrhunderts – zwei Termini, zu
denen sich nachträglich der »Wunsch« bzw. das »Begehren«
als dritte Kraft hinzugesellt.

Die Geschichte des »wirklichen Geistes« ist in der Folge
die Geschichte des Streits um die Programmierung der
Weltveränderungsmacht. Im europäischen Dialekt heißt die
Hauptpartei in diesem Streit »Philosophie der Praxis«, im
amerikanischen Jargon »Pragmatismus«.[1] Daß unwirklicher
Geist – freischwebende Reflexion und bürgerlich-ästheti-
sierende Bildung ohne technische, strategische und politische Greifarme – zur gleichen Zeit im Übermaß blüht, steht
auf einem anderen Blatt. Wieso das spätere 20. Jahrhundert
keine überzeugende Form von Geisteswissenschaften mehr
hervorzubringen vermochte, kann verstehen, wer die Kluft
zwischen dem operierenden und dem schwebenden Geist
ermißt und die bis auf weiteres evidente Unmöglichkeit ihrer Überbrückung einsieht.[2]

---

1 Cornel West, The American Evasion of Philosophy. A Genealogy of
  Pragmatism, Madison (Wisconsin) 1989.
2 Arnold Gehlen, Wirklicher und unwirklicher Geist (1931), In: A. G., Ge-
  samtausgabe Band 1, Philosophische Schriften I (1925-1933), Frankfurt
  am Main 1978, S. 113-381. Unter den potentiellen Überbrückern jüngerer
  Zeit ragt Friedrich Kittler hervor. Vgl. F. K., Die Wahrheit der technischen Welt. Essays zur Genealogie der Gegenwart. Herausgegeben und
  mit einem Nachwort von Hans Ulrich Gumbrecht, Berlin 2013. Gum-

Die dritte Spitze im Fragen-Dreieck des 19. Jahrhunderts bildet der Satz des Tollen Menschen in dem vielzitierten Paragraphen 125 der *Fröhlichen Wissenschaft* (1882), dem Aphorismenwerk, mit dem Friedrich Nietzsche seine mit *Menschliches, Allzumenschliches* (1878) begonnene antimetaphysische Guerilla weiterführte: »Stürzen wir nicht fortwährend?«

Ihrer rhetorischen Form nach stellt diese Äußerung eher einen Ausruf als eine Frage dar. Man mußte sie in ihrem ursprünglichen Zusammenhang mehr als eine Zustimmung erheischende Unterstellung verstehen denn als ein antwortforderndes Ersuchen um Auskunft. Gewöhnlich hat man die epochale Qualität der Suggestivfrage überhört, weil man kaum je den Versuch unternahm, sie aus ihrem Kontext zu lösen, um sie als Einzeläußerung zu erwägen. Nietzsche hatte selbst alles getan, die Bedeutung der Frage zu verdekken, indem er sie in eine Kaskade gleich großer Formulierungen einbettete, mit denen er die dem Tollen Menschen in den Mund gelegte Botschaft vom Tode Gottes einläutet:

»Wir Alle sind seine Mörder! Aber wie haben wir dies gemacht? Wie vermochten wir das Meer auszutrinken? Wer gab uns den Schwamm, um den ganzen Horizont wegzuwischen? Was thaten wir, als wir diese Erde von ihrer Sonne losketteten? Wohin bewegt sie sich nun? Wohin bewegen wir uns? Fort von allen Sonnen? Stürzen wir nicht fortwährend? Und rückwärts, seitwärts, vorwärts, nach allen Seiten? ...«[1]

---

brecht ist der Anreger wichtiger Versuche, die Geisteswissenschaften durch ihre Anpassung an das Niveau der digitalen Revolution wieder gegenwartsfähig zu machen.

1 F.N., Sämtliche Werke, KSA Band 3, München 1980, S. 481.

So unerhört jede einzelne dieser Wendungen sein mag, im
Rückblick wird erkennbar, daß die Frage »stürzen wir nicht
fortwährend?« die benachbarten Gipfelformulierungen um
eine Dimension überragt. Sie impliziert eine allesbetreffende
Diagnose zum Seinsmodus der modernen Welt, indem sie in
der durchschnittlichen Art und Weise des aktuellen Daseins
ein ständiges Gleiten und Stürzen konstatiert. Es handelt sich
bei dieser Bewegung in die Haltlosigkeit zunächst um ein
scheinbar richtungsloses Geschehen, bei dem die aktuellen
Möglichkeiten eines seitlichen Abdriftens und des rückwär-
tigen Ausgleitens dem Vorwärtsstürzen Konkurrenz machen. Geht man der Frage »stürzen wir nicht fortwährend?«
kulturtheoretisch oder bewegungskritisch auf den Grund,
als wären Mittel vorhanden, die Vektoren des Daseins nach
dem Hiatus in einer physikalischen Versuchsanstalt zu messen, so verdeutlicht sich, daß die hier *pro forma* gleichwertig
gereihten Sturzvarianten »rückwärts«, »seitwärts«, »nach
allen Seiten« nur Epiphänomene der Hauptsturzrichtung
»vorwärts« darstellen. »Nach vorn« bedeutet hier: weg von
der alten »Mitte der Sicherheit«,[1] weg von allem, was vormals Zustand, Maß und guter Grund gewesen war. Wenn
Sturz und Überstürzung eins sind, ist Gott in den Vehikeln
dieser Bewegung tot.

Wie die praktische Philosophie des 19. und 20. Jahrhunderts als Streit um die Programmierung der Weltveränder-
rungsmacht verstanden werden kann, läßt sich die Geschichtsphilosophie dieser Ära als Streit um die Rationalität
oder Irrationalität der Mobilisation interpretieren. Dieser
vollzieht sich im Kampf um die Deutungshoheit über den
modus operandi der geschehenden Geschichte: Es ist das
Ringen zweier miteinander unverträglicher Bewegungsbil-
der: Was von der einen Seite als gewußter und gewollter

---

1 Johan Amos Comenius, Centrum securitatis, 1625.

Fortschritt auf langen, manchmal gewundenen Alleen ausgelegt wird, erscheint der anderen Partei als ein chronisches
Nach-vorne-Stürzen, das sich als Tat, Projekt und planvol-
les Handeln camoufliert. Die beiden Beschreibungen fügen
sich gegenseitig eine je für die andere Seite unerträgliche Iro-
nisierung zu. Wer dem unheimlichen Bild vom Sturz nach
vorne den Vorzug gibt, erscheint in den Augen der Fort-
schrittlichen wie ein boshafter blinder Passagier an Bord eines Schiffs, das dank der Arbeit der anderen zielsicher der
hellen Zukunft entgegenfährt. Wer hingegen an einen garantierten Fortschritt glaubt, ist in den Augen derer, die überall
den Sturz nach vorne spüren, ein schlafwandelnder Philister,
der schon vom Dach gefallen ist und noch im Sturz den *Vorwärts* liest.

Das 20. Jahrhundert erweist sich rückblickend als eine
Zeit, in der die beiden Grundaussagen über die bewegte
Welt den Versuch unternahmen, sich gegenseitig zu absorbieren. Als Martin Heidegger begann, den Sturz nach vorn
mit dem bewußt unternommenen Schritt zu amalgamieren,
gelang ihm um 1927 die Begriffsprägung »Geworfenheit« –
ein Ausdruck, der den Vorrang des Sturzes respektiert, doch
ein gewisses Maß an dessen Aneignung durch den Gang
suggeriert. Dies mündet in einen existentialistischen Heiros-
mus, dessen zeitweilige Nähe zu Hitlers Version des Sozialismus in einem Land bekannt ist, wenn auch seine Bewertung noch immer für Differenzen Anlaß gibt. Umgekehrt
haben spätere Liberale und Sozialisten aus dem Scheitern
des Konzepts von linearem Fortschritt die Konsequenz gezogen, man könne auch aus der progressiven Grundstellung
Kompromisse schließen mit dem kaum noch abzustreiten-
den Geschehen fortwährenden Stürzens – oder wie man das
Mitgerissenwerden durch unlenkbare Bewegungen nennen
will. Denker dieser Tendenz retteten den für sie unentbehrlichen Rest des aktivistischen Optimismus mit Hilfe der

Doktrin, jenseits der Alternative von Stürzen und Gehen
solle auch in schwerem Gelände ein gewisses Maß an selbst-
bestimmter Navigation möglich bleiben.

Ein wirksames Bild für den Kompromiß der optimistischen Aktivisten mit der unaufhebbaren Passivität in
der globalen Drift hat der österreichische Philosoph Otto
Neurath gefunden, als er 1932 davon sprach, wir seien wie
Schiffer, »die ihr Schiff auf offener See umbauen müssen«.[1]

Die Auslegung dieser Metapher und die Nachzeichnung
ihrer Schicksale ergäbe ein gut Teil der Ideengeschichte des
20. Jahrhunderts.[2] Begnügen wir uns hier mit der Beobachtung, daß es nicht lange dauerte, bis das nautische Denk-
bild durch ein ikarisches Motiv Konkurrenz bekam. Dieses
bringt die Beobachtung zur Geltung, wonach die Menschen
neuerdings nicht nur Seefahrt treiben, sondern auch in den
Luftraum aufbrechen. Noch scheint niemand auf den Gedanken gekommen zu sein, man müsse Flugzeuge während
des Flugs in großer Höhe umbauen. Hin und wieder hört
man jedoch die Befürchtung, das Flugzeug, an dessen Bord
die Menschheit in die Zukunft reist, sei gestartet, bevor die
Techniker das Fahrwerk zur Landung eingebaut hatten.

---

1 Zitiert nach Ulrich Steinvorth, Docklosigkeit oder zur Metaphysik der
  Moderne. Wie Fundamentalisten und Philosophen auf die menschliche
  Fehlbarkeit reagieren, Paderborn 2006, S. 10.
2 Hans Blumenberg, Schiffbruch mit Zuschauer, Frankfurt am Main 1979,
  S. 72.

Kapitel 3

Dieser beunruhigende Überschuß an Wirklichkeit

Vorausgreifende Bemerkungen
zum Zivilisationsprozeß nach dem Bruch

Wenn Madame de Pompadour sagt: »Nach uns die Sintflut!«; wenn der Tolle Mensch fragt: »Stürzen wir nicht fortwährend?«; wenn Trotzki die »permanente Revolution« proklamiert; wenn Sartre die »permanente Konversion« in Erwägung zieht und Camus den Menschen von gestern und heute in eine permanente Insurrektion plaziert: so nehmen diese Kommentatoren eine Anleihe bei der Grundstimmung des jüngeren europäischen In-der-Welt-Seins, wonach die Verhältnisse – ob man sie nun die »sozialen« nennt oder nicht – im Vergleich zu älteren Befunden über das »Ständische und Stehende«[1] stark in Bewegung geraten sind. Sie neigen allesamt dazu, die neue Lage offensiv zu interpretieren. Aus ihrer Sicht kommt man der Wahrheit der Moderne um so näher, je mehr man mit der Bewegung eins wird. Nur scheinbar ist Rimbauds *il faut être absolument moderne* eine Devise für Künstler. Sie bringt zum Ausdruck, daß das Modern-Sein für wirkliche Zeitgenossen in der Verschmelzung mit der Mobilisierung besteht: Trunken soll jetzt das Schiff im ganzen sein, nicht mehr nur der torkelnde Matrose.

Weil in der Moderne die Traditionsfäden häufiger reißen und immerfort unvorhergesehene Vektoren des Zugs ins

---

1 Karl Marx/Friedrich Engels, Das kommunistische Manifest, 1848. Erster Teil.

Kommende bestimmend werden, nimmt das Risiko fortwährend zu, daß die Individuen zu »Kindern ihrer Zeit« unbekannten Typs werden. In der Regel werden sie es in dem
Augenblick, in dem der die Epochen trennende Abbruch
der Filiation sich in ihre Psyche einprägt.

Als die kleine Jeanne-Antoinette Poisson den Spruch der
Wahrsagerin hörte, wonach sie, das Bürgerkind mit dem
verdeckten Stigma der bastardischen Geburt, dereinst das
Herz des Königs beherrschen werde, muß sich im Inneren des Mädchens ein Riß vollzogen haben, von dem man
aus geschichtlichem Abstand erkennt, wie sehr er die globale Tendenz beim Umbau des Wirklichkeitskonzepts zur
Geltung brachte. Schon das Kind Jeanne-Antoinette war
aus dem Kontinuum bürgerlicher Ambitionen herausgefallen. Nach der Infektion durch das Diktum der Wahrsagerin
lebte es in einem privat-revolutionären Ausnahmezustand.
Es widmete sein Dasein einer nach Vernunftmaßstäben unmöglichen Wunschregung. Hierin war sie die glänzendste
Tochter der beginnenden Modernität, ohne daß ihre Zeitgenossen hätten begreifen können, worin ihre aparte Position
bestand. Auch ihr selbst blieb das Geheimnis ihres Aufstiegs
wohl bis zuletzt verborgen. Ihre Märchenkarriere war ein
putschistisches Vorspiel zur Transformation der »Gesellschaft« in ein post-aristokratisches Traumtheater, offen für
alle Arten von Aspirationen, Aufstiegen, Abstürzen und
Rache-Handlungen. Die Voraussetzungen hierzu lieferten
die zahllosen, so unbemerkten wie folgenreichen Risse in
den Fäden der bürgerlichen Filiationen.

Als nach dem revolutionären Einschnitt mit einem Mal
Zehntausende, Hunderttausende, Millionen analoger Fi-
liations-Risse sich summierten, weil die neuen agierenden
Subjekte, allesamt »Kinder ihrer Zeit« und nicht selten, um
mit Nietzsche zu reden, als »Legionäre des Augenblicks«
mobilisiert, sich in ihre vermeintlichen oder wirklich ge-

botenen neuen »Chancen« stürzten, als Emigranten, als Unternehmer, als politische Rebellen, als Scharlatane, als Verbrecher, als Künstler, als Sportler, als Vorsprecher von Bewegungen, als Kolumnisten, als Chefredakteure und als Parteiführer – da wählte das vorbildlose und massenhafte Amalgam aus Ansprüchen auf erhöhtes Leben, man könnte sagen: in kluger Selbstbeschränkung, einen konventionellen, unauffälligen und plausiblen Namen. Hervorgegangen aus dem revolutionären Hiatus, stellte das Ensemble der Geschöpfe des Diskontinuums sich selber als die »bürgerliche Gesellschaft« vor.

Diskreter hat ein Monstrum solcher Größenordnung sich nie zuvor ins Gästebuch der Wirklichkeit eingetragen. Seit seinem Auftreten am Vorabend der Revolution betreibt es einen psychopolitischen Reaktor, der sich durch Selbsterhitzung in Gang hält. Er funktioniert als ein *perpetuum mobile* der Erzeugung von Imaginationen, Erwartungen und Aspirationen. Was »bürgerliche Gesellschaft« heißt, ist ihrem *modus operandi* zufolge ein permanentes Provisorium zur Bewältigung des Unbewältigbaren. Aus dem Hiatus hervorgegangen, formt das unbekannte Gebilde einen paradoxen Generationenstrom – einen Fluß, der überwiegend aus Unterbrechungen und Katarakten besteht. Sein Verlauf wird durch unzählige Brüche mit dem Herkommen bestimmt, kleinere und größere – kompensiert durch ebenso viele Behauptungen wiederhergestellter Kontinuität und regenerierter Legitimität.

Die zeitgenössische Anthropologie antwortet auf die permanente Krise der Überlieferung in der »bürgerlichen Gesellschaft« mit einer Tieferlegung der Fundamente für die Kulturtheorie. Expliziter als zu jeder früheren Zeit beginnt man zu begreifen, daß die von Psychologen und Juristen betonte »Filiation« – die förmliche Übergabe eines Bestands

an Vermögens-, Kompetenz- und Statuswerten an gezeugte
und adoptierte Nachfolger, in der Regel an Söhne, seltener
an Töchter – in allen Kulturen eine Risikostelle bildet. An
ihr entscheidet sich jedesmal von neuem, ob die Wieder-
verkörperung eines Ensembles von Kulturmustern in einer
folgenden Generation erfolgreich verläuft oder mißlingt. Da
Kulturen Schiffe im Zeitenstrom sind, hängt am Verlauf der
Filiationen ihr Fortbestand, ihr Umbau, ihr Verfall – oder
ihre Metamorphose in etwas, wofür die alten Namen nicht
mehr taugen: in hybridisierte und bastardisierte einaltrige
Kollektive, die den herkömmlichen mehraltrigen Men-
schenverbänden wenig gleichen, Kulturen nach den Kulturen, Völker nach den Völkern.

Im Kopier-Vorgang ist die Möglichkeit, daß Nachkommen
»aus der Art schlagen«, seit jeher angelegt. Kulturen kennen
wie Gene die Mutation als Normalrisiko. Die Gefahr, die eigenen Kinder könnten zu »schrecklichen Kindern« werden,
ist so alt wie höhere Zivilisation – wir werden das später an
Figuren wie Ödipus, Alexander, Jesus und Franz von Assisi
illustrieren, indes das Phänomen Napoleon seiner sympto-
matischen Bedeutung für die neuzeitliche Situation wegen
schon in den umgehend folgenden »Geschichtsstunden«[1]
zur Sprache kommt.

Die Bannung der Gefahr der Fehlkopie brachte den älteren »Konservatismus« hervor – man kennt und belächelt
ihn als den catonischen Sinn für die Bewahrung der Sitten.
In all seinen Varianten, namentlich in seinen priesterlich-
christlichen, humanistisch-akademischen, protestantisch-
hausväterlichen und funktionärs-ethischen Ableitungen,
bildet der konservative Reflex das zweieinhalbtausendjäh-
rige Reich der Philister – von Solons Tagen bis zum Vorabend der Französischen Revolution und weiter bis in den

---

1 Siehe S. 108 f. in diesem Band.

preußischen Beamtenstaat. Was man seit der Romantik als die Spießbürger verspottet, sind aus kulturtheoretischer Sicht die namenlosen Helden der Kontinuität.

Alle Generationen nach dem Hiatus tragen das Risiko riskanter oder schädlicher Mutation in unvergleichlich höherem Maß in sich als ihre Vorgänger. Sie sind viel mehr gefährdet, das Ziel der Transmission, die hinreichend ähnliche Reproduktion, zu verfehlen, nicht zuletzt deswegen, weil sie in der Regel bereits angegriffene, labilisierte, ständig für Revisionen, Gegenvorschläge und Überbietungen offene, zuweilen offen verworfene Muster vorfinden. Den schrecklichen Kindern gehen oft ratlose Eltern, manchmal perverse Eltern, voraus. Das Nachwachsen von Erben – im Sinn von formsicheren Trägern inkorporierter Kulturmuster – gerät mehr und mehr zu einem Kompromiß zwischen Genetik, Pädagogik und Glücksspiel. Da moderne Elterngenerationen selbst meist schon zivilisatorisch konturschwach antreten, kann die Formung ihres Nachwuchses nichts anderes sein als ein unbeendbares Duell zwischen zwei Fraktionen des Schrecklichen – konfusen Älteren und konfusen Jungen. Für Konfrontationen dieser Art hat sich während des 20. Jahrhunderts die Psychoanalyse als Sekundantin angeboten, um sich nicht selten als schreckliche Dritte zu erweisen.

Je mehr Jahre seit der Abfassung von Franz Kafkas *Brief an den Vater* im November 1919 vergehen, desto nachdrücklicher wächst dieses Schriftstück, vom Verfasser ein »Advokatenbrief« genannt, wenige Jahre vor seiner Abfassung unvorstellbar und noch heute schockierend wie ein Hiroshima des genealogischen Intervalls, zum Paradigma, Zeugnis und Mahnmal der Verfehlungen heran, die sich inmitten der »bürgerlichen Gesellschaft« zwischen ratlosbrutalen Vätern und geduckt-begabten Söhnen auftun, Söhnen, die das völlige Mißlingen ihres Lebensentwurfs nur durch die Flucht in Literatur, Kunst, Wirtschaftsunterneh-

men oder sonstige alternative Erfüllungsmedien abwenden.
Was stellte Kafkas Brief anderes dar als eine Prager Parallelaktion zur Wiener Psychoanalyse – jener konservativ-revo-
lutionären Antwort des psychologischen Jahrhunderts auf
die epidemische Aushöhlung der Filiationen?

In jeder halbwegs gelungenen Filiation auf modernem
Boden scheint gleichwohl etwas auf, was sich wie ein Hinweis auf vergessene Gesetzmäßigkeiten des genealogischen
Lebens lesen ließe. Jede glaubwürdige Ersetzung älterer
Generationen durch satisfaktionsfähige Nachkommen,
und wäre sie noch so umwegig und nicht-linear, deutet an,
selbst im Zeitalter der chronischen, massenhaften und sich
vertiefenden Abbrüche könne der Sinn für Kohärenz und
Nachfolge im Gang des symbolisch geordneten Lebens
nicht restlos verlorengehen – solange solches Leben sich
als etwas begreift, das nie ganz aufhören wird, das Mittlere
zwischen Früherem und Folgendem zu sein, selbst wenn es,
unter dem Bann von Nullpunkt- und Neustartphantasien,
zeitweilig nach der vollständigen Unterbrechung verlangte.

Die Labilisierung der Filiationen spiegelt sich im Aufstieg
des Begriffs »Freiheit« zum theoretischen Leitwort und
ethischen Leitwert der Kulturen nach dem Hiatus wider. Er
deutet auf die Verlegenheit der freigesetzten Subjektivitäten hin, sich ihren Ort im mobilisierten und pluralisierten
Weltgefüge aus eigener Entschlußkraft suchen zu müssen.
Im Klima der Desorientierung gedeiht das Pathos der Wahl-
freiheit am besten. Jean-Paul Sartre hatte die neue Lage halb
luzide, halb mystifizierend auf den Begriff gebracht, als er
gegen Ende des Zweiten Weltkriegs statuierte, der Mensch
sei ein Wesen, das aus einer absoluten Wahl seiner selbst her-
vorgehe: Er ist dazu verdammt, frei zu sein.

Tatsächlich kann sich ein »Subjekt« nur dann zur Verlegenheit, frei zu sein, verurteilt sehen, wenn die alther-

gebrachten Passungen zwischen dem *modus vivendi* der älteren und der nachfolgenden Generationen nicht mehr vorausgesetzt werden dürfen. Was die Theoretiker des Existentialismus stark übereilt als »Freiheit« bezeichneten, ist in zivilisationsdynamischer Sicht nur als Hiatus-Effekt recht begreiflich zu machen. Dieser tritt im neu-labilen Subjekt unweigerlich auf, sobald das Herkommen zu schwach geworden ist, um die Zukunft des Herkömmlings *a priori* zu strukturieren. Nur die Entkräftung der Vergangenheit – ihre Herabstufung zu bloßem »Rohmaterial« der Selbstformung[1] – bewirkt, daß Menschen sich selber frei »wählen« oder »erfinden« müssen. Die Freien sind nicht nur jene, die einen Herrn abgeschüttelt haben. Sie sind auch die, die man ohne Erklärung auf offener Straße stehengelassen hat. Andernfalls wären sie stabil programmierte Medien prägungsfähiger Generationen geblieben und würden ihr Leben als selbstsichere Vehikel angeeigneter Überlieferungen führen – in den Spielräumen der immer überraschungsoffenen Welt. In diesem Fall ginge die existentielle »Freiheit«, mit Sartre als wesentliche Negativität des Subjekts aufgefaßt, nahezu spurlos in der Anlehnung an die ererbten Muster auf.

Der für das Eindringen von Diskontinuität offene Übergang vom »Erben« zum »Erwerben«, den Goethe sprichwörtlich machte[2], würde dann in der Regel nicht allzu auffällig werden. Wenn im existentialistischen Dialekt von »Freiheit« die Rede ist, stellt dies gleichwohl unter Beweis, daß das *generation gap* sich nun auch für die Vielen gefährlich weit geöffnet hat. Die modernen Freiheitsdiskurse bezeugen

---

1 Manès Sperber, Vom Elend der Psychologie, in: ders., Essays zur täglichen Weltgeschichte, Wien – München – Zürich 1981, S. 200: Im Hinblick auf den Menschen stelle sich zuletzt nur die Frage »… was er aus sich selbst machen will, gemäß welchem Gestaltungsprinzip er seine Vergangenheit ordnen will, dieses Rohmaterial, das ihn bedingt, ohne ihn zu bestimmen.«

2 »Was du ererbt von deinen Vätern hast, / Erwirb es, um es zu besitzen. / Was man nicht nützt, ist eine schwere Last.« Faust I, Nacht.

die wachsende Asymmetrie von Zukünften und Herkünften. In Kafkas Roman *Der Verschollene* (*Amerika*) findet sich eine der wenigen brauchbaren Spuren von Einsicht in die neue Lage, die man im 20. Jahrhundert notierte. »›Dann sind Sie also frei?‹ fragt jemand den Helden der Geschichte. ›Ja, frei bin ich‹, sagte Karl, und nichts schien ihm wertloser.«

Fürs erste kann es daher nicht darum gehen, etwas »aus dem zu machen, was man mit uns gemacht hat«. Die freigesetzten Subjekte müssen zu der Verlegenheit Stellung nehmen, daß die Vergangenheit im Hinblick auf sie praktisch nichts, jedenfalls nicht genug gemacht hat: Das traditionsohnmächtige Bisherige schuf aus ihnen etwas Halbherziges und Halbfertiges, etwas Unvollendetes und Unschlüssiges: Nur deswegen empfinden sie das Bedürfnis, im zweiten Durchgang aus sich selbst etwas Stimmiges, Überzeugendes, Kohärentes zu formen. Wahrhaft modern ist das von nichts aus dem Bisherigen ganz überzeugte Leben, das im experimentierenden Umgang mit sich selbst den Entschluß verwirklicht, die verblaßte Tradition durch intensive Hypothesen zu ersetzen.

Der nach-revolutionäre Hiatus ist in jedem Subjekt, das sein Leben selbst in die Hand nimmt, als eine intim erlebte Herkunftsschwäche präsent. Wer sich selbst und seinen nur vage vorskizzierten Weg in die Welt ernst genug auffaßt, um sich zur eigenen »Freiheit« zu bekennen, versteht ohne weitere Begründung: Nach dem großen Bruch reicht die gewöhnliche Herkunftsprägung nicht mehr aus, um den Ansprüchen der Zukunft zu genügen. Daß die entsicherte Zukunft überhaupt die Forderung »freier« Gestaltung an uns richtet, geht aus den Folgen des Bruchs hervor: Nicht allein die Generationsbeziehungen in den engeren familialen Umfeldern, sondern auch die Weltverhältnisse im ganzen, vor allem in der Arbeitswelt und auf den politischen Konflikt- und Chancenfeldern, sind so stark in Bewegung

geraten, daß man, was auch immer geschieht, keine geistes-
gegenwärtigeren Fragen stellen kann als: »Stürzen wir nicht
fortwährend?« und »Was tun?«. Sogar die scheinbar ob-
skurantistische Frage: »Warum hat Gott die Revolutionen
zugelassen?«, wird nie inaktuell werden, sofern man sich
die Lizenz zubilligt, sie in eine nicht ganz so katholische
Perspektive zu übersetzen: Wie wären Welt und Leben zu
gestalten, wenn das Dasein nach dem Hiatus nicht immer
nur zu weiterer Selbstbloßstellung der Menschheit im Massaker und zu ihrer Selbsterniedrigung im Zirkus chronischer
Wunschaufreizung geraten soll?

Die moderne Freiheit ist demnach die innere Spur des allzu
weit geöffneten Hiatus zwischen den Verhältnissen der Vergangenheit und den Möglichkeiten, die die Zukunftswelt of-
feriert. Sie ist in »weltanschaulicher« Hinsicht zugleich das
Zeugnis der Kluft zwischen dem gerundeten Kosmos der
Alten und dem unendlichen Universum der Modernen. In
den jüngeren Patienten der Subjektivität ist sie gegenwärtig,
seit sie die Beunruhigung spüren, daß sie für das, was von
ihnen gefordert werden wird, unterprogrammiert sind. Die
Zukunft liegt vor ihnen als ein Ereignisfeld, das um vieles
unberechenbarer aufklafft als in früheren Zeitläufen. Zwischen den alten Lebensmaximen und den neuen Verfügbar-
keiten hat sich ein nicht mehr beherrschbares Mißverhältnis
aufgetan. Wer »existiert«, gibt durch seine Seinsart selbst
bekannt, ein ontologisches Halbfabrikat zu sein, zur Fertig-
stellung in der Werkstatt des »eigenen Lebens« bestimmt –
schwankend zwischen den Polen von Weltverbesserung und
Selbstverwirklichung.

Shakespeares Hamlet gehörte zu den ersten Figuren europäischer Denkgeschichte, denen eine Diagnose der neuen
Unverhältnismäßigkeit in den Mund gelegt wurde:

The time is out of joint. O cursed spite
That ever I was born to set it right!

»Die Zeit ist aus den Fugen. Verfluchter Hohn,
daß ausgerechnet ich geboren wurde,
das schiefe Ding zurechtzurücken!«

Nach einer Zeitspanne von mehreren Jahrhunderten, in denen wache Umsichten ins Ganze hin und wieder den Versuch wagten, den Hiatus auszumessen, der denken heißt,
haben sich die Verhältnisse so weit »entwickelt«, daß die
Bedingungen des Aus-den-Fugen-Geratens von Zeiten,
Welten und Lebensgeschichten näher bestimmt werden
konnten. Wenn Fichte in seinen Berliner geschichtsphiloso-
phischen Vorlesungen von 1804 bis 1805 seine Ära als ein
»Zeitalter der vollendeten Sündhaftigkeit« charakterisierte,
welches bald in ein Stadium der Erholung (in seiner Terminologie: der »anhebenden Rechtfertigung«) und der späteren Vollendung des Vernunftzustandes übergehen müsse,[1]
exerzierte er nicht mehr als eine der verbalen Gesten, die
man später unter Titeln wie »Geschichtsphilosophie« oder
»Zeitdiagnostik« in jede gewünschte Richtung weiterfüh-
ren durfte. Nach dem Abklingen der geschichtsphilosophi-
schen Konjunktur läßt sich um vieles deutlicher und ohne
spekulative Überspannung darlegen, welche spezifischeren
Mißverhältnisse es sind, die sich in der überall bemerkten
Asymmetrie zwischen Herkunftswelten und Zukunftsver-
hältnissen manifestieren. Die ontologische Kluft, in der die
moderne Welt unheimlich zuhause ist, läßt sich mittels Aussagen über Vorher-nachher-Disproportionen in kleinteili-
gen Beobachtungen begreiflich machen.

---

1 Johann Gottlieb Fichte, Die Grundzüge des gegenwärtigen Zeitalters,
Berlin 1806.

Der zivilisationsdynamische Hauptsatz lautet: *Im Welt-*
prozeß nach dem Hiatus werden ständig mehr Energien frei-
gesetzt, als unter Formen überlieferungsfähiger Zivilisierung
gebunden werden können.

Das heißt: Der chronische Überschuß an Mobilisierun-
gen von Aktivitäten und die fortschreitende Auslösung tat-
bewegter Ereignisströme, die sich in objektiven Relikten
niederschlagen, treibt das Weltverhältnis und Wirklichkeits-
erlebnis der Modernen in stetig wachsende Asymmetrien.
Dieses Zuviel an neuen Kausal-Motiven ist für die globale
kulturelle Entropie verantwortlich, die jeder Zeitgenosse
seit dem frühen 19. Jahrhundert am Weltbefund unwillkürlich konstatiert, am eigenen Dasein nicht weniger als im
Wandel der Mitwelten. Insbesondere das Hauptsymptom
des beginnenden 21. Jahrhunderts, aktuelle Schulden mit
neuen Schulden zu »bezahlen«, ist nur ein Symptom unter
den vielen, die das ständige Vorangleiten und Vorwärtsstürzen im generalisierten Futurismus anzeigen. In der schon
alltäglichen, pervers normalisierten Praxis der Schuldenum-
wälzung erkennt man die systemische Drift zu wachsenden
Ungleichgewichten.

Schieflagen solcher Art übersetzen sich in Begründungs-
schwäche und zweifelhafte Legitimität hinsichtlich sämtlicher Lebensverhältnisse. Improvisation dringt ein in alles,
was vormals »ständisch und stehend« zu sein schien: von
den Geschäftsbeziehungen zu den erotischen Transaktionen, von den kulturellen »Ereignissen« zu den biogra-
phischen Mustern, vom Reiseverkehr zu den »religiösen«
Praktiken. Das Wachstum der Beliebigkeit ist, in Analogie
zu Vorgängen in der monetären Sphäre, als symbolische Inflation zu beschreiben.

Als wachsender Überschuß an wilder Faktizität, die
sich unerwartet und unkontrolliert bemerkbar macht, manifestiert sich in allen jüngeren zivilisatorischen Zusam-

menhängen der uneinholbare Vorsprung des Aktuellen vor dem Legitimen – des zufällig Gegebenen vor dem Begründbaren, des *de facto* vor dem *de iure*. Die Beteuerung der Wohlmeinenden, wonach »auch und gerade heute« Zukunft Herkunft »brauche«, zeugt wohl vom zunehmenden Problembewußtsein in bezug auf die Fragilisierung zivilisatorischer Kontinuitäten. Doch stellt sie nicht mehr dar als einen hilflosen Zwischenruf in der globalen Drift, die das Gegenteil demonstriert: Wer zeitgenössisch empfindet, weiß in sämtlichen Nervenenden, wie sehr das Zukünftige sich von der Deckung durch Herkunftsbestände losgemacht hat.

Wer vom »Offenen« spricht, rührt an das Grundgefühl des Weltalters. Die Dimension Offenheit klafft vor allem nach vorne auf – beziehungsweise nach vorne-unten. Die Jahrmärkte haben hierauf seit längerem reagiert und setzten kreischende Menschen in Selbsterfahrungsmaschinen, die man Achterbahnen nennt. Auf instinktiver Ebene weiß waches Leben unfreiwillig mehr, als ihm lieb sein kann, von den Verlegenheiten des Daseins auf der nach vorne geneigten schiefen Ebene. Der Grad des Neigungswinkels unterliegt dem Streit – den nennen die Höflichen »Politik«.

Die Unmöglichkeit, moderne Welt- und Lebensprozesse mit Hilfe von Symmetrieforderungen und Gleichgewichtsmodellen zu begreifen oder gar zu steuern, prägt sich dem zeitgenössischen Empfinden in allen Gebieten der Wahrnehmung mit zunehmender Dringlichkeit und wachsender Unheimlichkeit auf. Dies macht den in manchen Gebieten zu bemerkenden Funktionentausch zwischen vormals progressiven und vormals konservativen Einstellungen plausibel. Wenn noch vor kurzem die Allianz zwischen dem Bekenntnis zum Fortschritt und der Befürwortung von Deregulierung wie ein Automatismus wirkte, tritt der Mut zur Regulierung allmählich ins progressive Lager über. Auch das psychopolitische Feld kennt seine *renversements des alliances*. Niemand würde heute das Chaos willkommen heißen, weil die Ordnung versagt hat, wie es Karl Kraus in einem unverzeihlichen Gedicht am Vorabend des Ersten Weltkriegs formulierte. Sogar im Lager der unentwegt Progressiven beginnt man zu verstehen, daß das Chaos die Regel ist, von der die Ordnung die unwahrscheinlichste der Ausnahmen bildet.

Aus dem zivilisationsdynamischen Hauptsatz, wonach die Summe der Freisetzungen von Energien im Zivilisationsprozeß regelmäßig die Leistungsfähigkeit kultivierender Bindekräfte übersteigt, lassen sich, je nach Grundstimmung und Geschmack des Interpreten, etwas mehr als zwanzig tragische oder erheiternde Folgesätze ableiten.

1 Seit dem Hiatus werden viel mehr Optionen auf zukünftige Statusvorteile heraufbeschworen, als je durch legitime Herkunftstitel oder Leistungsnachweise besichert werden können.

2 Es werden nach dem Vorstoß in die Freiheits- und Unternehmensära viel mehr Ambitionen geweckt, als je unter dem Obdach legitimer Ansprüche zu beherbergen sind.

3 Es werden in aller Welt viel mehr Wünsche nach Objekten des Konsums und des Genießens stimuliert, als durch real erarbeitete Güter bedient werden können.

4 Es werden auf breiter Front stets mehr Lizenzen zugestanden, als durch regulierende Beschränkungen zu überwachen sind.

5 Es werden überall mehr Ausnahmen in Anspruch genommen, als durch Modernisierungen der Regel wieder einzufangen wären.

6 Es werden im Gang der Liberalisierung mehr Hemmungen fallengelassen, als durch Hinweise an frühere Zu-

rückhaltungen und neuere Fairness-Regeln redomesti-
ziert werden können.[1]

7 Es werden im Kulturbetrieb der neuen »Gesellschaft«
sehr viel mehr Traum- und Begehrenskräfte freigesetzt,
als je durch Umverteilung von Gütern und Vitalchancen
in beherrschbare Ausdruckswelten integriert werden
können.

8 Es werden in den Subjekten mehr defensive und offensive Unzufriedenheiten gestaut und bis zur Schwelle
von Ausdruckshandlungen verstärkt, als je durch mas-
senkulturelle Abreaktionen erledigt oder durch Indivi-
dualtherapien versöhnt werden können.

9 Es werden mehr Fahrten angetreten, mehr Reisevorha-
ben auf den Weg gebracht, mehr Starts, Landungen und
Transfers durchgeführt, als durch Vorkehrungen zur
Kollisionsvermeidung schadlos abzuwickeln sind.[2]

10 Es werden im geld- und zinsbewegten Wirtschaftsgeschehen von Gläubigern stets mehr Kredite an Schuldner herausgereicht, als sich durch angemessene Rück-
versicherungen in Pfändern und realistischen Leistungs-
erwartungen besichern lassen.

11 Es werden von Schuldnern in modernen Tauschgesell-
schaften, namentlich von Regierungen sogenannter
souveräner Staaten, stets sehr viel mehr Kredite aufgenommen, als sich jemals mit *bona-fide*-Rückzahlungs-
absichten rechtfertigen ließen.

---

1 Barbara Gronau, Alice Lagaay (Hg.), Ökonomien der Zurückhaltung.
Kulturelles Handeln zwischen Askese und Restriktion, Bielefeld 2010.
Ulrich Greiner, Schamverlust. Vom Wandel der Gefühlskultur, Reinbek
bei Hamburg 2014.
2 Nach Schätzungen der Weltgesundheitsorganisation (WHO) fallen z. Z.
weltweit jährlich 1,2 Millionen Menschen dem Verkehrstod zum Opfer,
etwa die Hälfte hiervon als Autofahrer; nach den Schätzungen des Pulit-
zer Center in Washington wird diese Zahl bis 2030 auf ca. 3,5 Millionen
ansteigen; die Zahl der Verletzten beläuft sich auf 40 Millionen jährlich.

12 Es werden auf den Feldern moderner Politik und Kultur stets mehr Täuschungen, Wahnkonzepte und Angebote an die Deliriumsbereitschaft des Publikums in die Welt entlassen, als je in realistische Vorhaben re-integriert werden können.

13 Es werden ständig mehr einklagbare Rechte von möglichen Inhabern formal gültiger Ansprüche geltend gemacht, als sich durch Prozesse vor bestehenden Gerichten bestätigen lassen.

14 Es wird ständig mehr empörungsbereite moralische Sensibilität herangezogen, als sich durch den Hinweis auf ständigen Strukturwandel der Mißstände beruhigen läßt.

15 Es wird im Lauf der modernen Lockerung der Sitten und ihrer Bilderwelten stets mehr erotisches Begehren aufgereizt, als durch lizenzierte Sexualität zu absorbieren wäre.

16 Es werden durch die Ausstrahlung der Bilder reichen Lebens weltweit fortwährend mehr Forderungen nach Teilhabe an Gütern und Statussymbolen hervorgerufen, als jemals durch nicht-kriminelle Formen der Umverteilung von Wohlstand befriedigt werden können.

17 Es werden ständig mehr Krankheiten entdeckt, neu beschrieben und diagnostiziert, als je durch die bestehenden oder künftigen Therapieeinrichtungen auf der Höhe der Kunst behandelt werden können.

18 Es verlegen weltweit immer sehr viel mehr Menschen ihren Lebensschwerpunkt in großstadtartige Ballungsgebiete, als jemals zu Lebzeiten an den Vorzügen zivilisierter Urbanität werden teilhaben können.

19 Es werden ständig mehr soziale, technische und psychologische Probleme entdeckt und erfunden, als sich durch die Problemlösungsfähigkeit der lebenden Generationen bewältigen lassen.

20 Es werden der Problemlösungsfähigkeit künftiger Generationen zunehmend mehr Aufgaben aufgebürdet, als diese durch die Übernahme des Kompetenz-Erbes vorangehender Generationen und dessen Ergänzung durch eigene Erfindungskräfte meistern könnten.

21 Es werden im Gang der Modernisierung fortwährend mehr existentielle Optionen erschlossen, als sich je in Konstrukte persönlicher und kollektiver Identität integrieren lassen.

22 Es werden in den Netzwerken der *Global Art* ständig mehr Kunstwerke auf den Markt gebracht, als jemals durch Kennerschaften, Sammlungen und kunstwissenschaftliche Resümees gewürdigt werden können.

23 Es werden im aktuellen Kulturbetrieb ständig sehr viel mehr Kandidaturen auf Prominenz, das heißt auf mit Wahrnehmungsprivilegien ausgestattete soziale Positionen deponiert, als durch die vorhandenen Aufmerksamkeitskapitale honoriert werden können.

24 Es werden weltweit mehr Abfälle aus konsum- und industriegesellschaftlichen Lebensformen generiert, als sich auf absehbare Zeit in Recycling-Prozessen resorbieren lassen.

25 Es werden in Menschenkörpern der wohlhabenden Hemisphäre ständig mehr Fettreserven aufgebaut, als durch Bewegungsprogramme und Diäten abzubauen sind.

Bei diesen Sätzen handelt es sich durchwegs um zivilisationsdynamische Aussagen von mittlerem Abstraktionsgrad, die sich am Prinzip der Folgenoffenheit von Innovation orientieren, gleich ob es sich um technische Innovationen, Rechtsinnovationen, Verhaltensinnovationen oder Anspruchsinnovationen handelt. Hauptsächlich tragen die Sätze den gewandelten epistemologischen Verhältnissen Rechnung, unter denen Kulturtheorien auf der Höhe zeit-

genössischer Begriffsbildungen und sozialer Selbstwahrneh-
mungen sich entfalten.

De iure sollten auch die aktuellen »Geisteswissenschaften« nach langen Abwehrkämpfen in ihr postkopernikani-
sches Stadium eingetreten sein. Im Blick auf das Universum
der »symbolischen Formen« – von den Silben-Strukturen
in Buschmann-Sprachen bis zu den Bauplänen komplexer
Zivilisationen – können sie nun mit bordeigenen Mitteln
die große Wende nachvollziehen, kraft welcher die modernen Naturwissenschaften von der klassischen Mechanik zur
thermodynamischen Prozeßlogik und von den Klassifika-
tionssystemen der älteren Zoologie zu den evolutionären
Konzepten aktueller Lebenswissenschaften übergingen. In
Umschwüngen dieses Typs handelte es sich um die Ausmes-
sung der Asymmetrien, die in »nach vorne offenen« Prozessen auftreten. Man könnte ebenso von der Domestikation
der Unbestimmtheit sprechen, ohne die sich Zustandsverän-
derungen in komplexen Systemen nicht zur Sprache bringen
lassen.[1]

Der zivilisationsdynamische Hauptsatz und seine fünfund-
zwanzig Untersätze ergänzen die Thesen Niklas Luhmanns
über die Ausdifferenzierung sozialer Subsysteme in der
Moderne durch eine systemhistorische Dimension, wobei
sie den Akzent auf die »Emissionen« bzw. die Wirkungs-
überschüsse modernisierter Praxisspiele setzen. Mit ihrer
Hilfe lassen sich kaum traktierbare und zu Mystifikatio-
nen verführende Großbegriffe wie »Ereignis«, »Freiheit«,
»Zufälligkeit« und »Zukunftsoffenheit« in diskrete Aspekte
zerlegen und auf problematische Tendenzen überprüfen,

---

1 Vgl. Gerhard Gamm, Nicht nichts. Studien zu einer Semantik des Unbestimmten, Frankfurt am Main 2000; ders., Flucht aus der Kategorie. Die
Positivierung des Unbestimmten als Ausgang der Moderne, Frankfurt
am Main 1994.

ohne daß damit Zugeständnisse an eine verbrauchte »Kulturkritik« verbunden wären. Solche Exzesse ins Unplanbare kann auch die Zauberformel jüngerer Evolutionstheorien: »Emergenz«, nicht zur Ruhe bringen. Ja, der Verdacht drängt sich auf, man rede über »Selbstorganisation« und Neuentstehung von »Ordnung« am liebsten dann, wenn offenkundig ist, daß wir der Entropie bis auf weiteres nur mit Weihwasser begegnen.

In ihrer Summe liefern diese Beobachtungen plausible Motive, die fortgeschrittenen modernen Verhältnisse als das »Zeitalter der Nebenwirkungen« zu charakterisieren. Mit dem Ausdruck »Nebenwirkung« wird der Überschuß nicht intendierter Konsequenzen über die bewußt herbeigeführten Effekte von Maßnahmen, Unternehmen und Innovationen bezeichnet. Längst hat er sich aus dem pharmakologischen Feld gelöst, um sich in allen ökosystemischen Kontexten geltend zu machen. Er reformuliert die seit der Antike bekannte Entdeckung, daß menschliche Handlungen von einem Rauschen begleitet sind. In der griechischen Tragödie fand diese Bewußtwerdung ihr erstes Medium. Ihre zeitgenössische Untersuchung ist in Instituten für Technikfolgenabschätzung, Konflikttheorie, Unfallstatistik und Katastrophenprognostik zuhause – um vom Alarm-Feuilleton nicht zu reden. Das Prinzip Nebenwirkung, dessen Entfaltung für die von ökologischen Themen dominierte jüngere Phase des »Zivilisationsprozesses« bestimmend wurde, ist eine Erscheinungsform der Asymmetrien, die durch das Eindringen von willkommener und unwillkommener Mutation in die Kopiervorgänge zwischen den Kulturgenerationen verstärkt werden. Für das aktuelle Kulturklima ist der wachsende Verdacht bezeichnend, die Summe der Nebenwirkungen überwiege die der intendierten Hauptwirkungen um ein Vielfaches.

Die wichtigste Konsequenz aus den angeführten Asym-

metrie-Sätzen betrifft das Verständnis des modernen bzw.
postmodernen Staats: Teils aus eigenem Antrieb, teils durch
unfreiwillige Überlastung ist dieser in die Rolle des allzu-
ständigen Problemlösers – oder dessen Simulators – geraten. Aus systemdynamischen Gründen mußten ihm immer
breiter definierte Aufgaben bei der Einhegung entfesselter
»Nebenwirkungen« zugewiesen werden. Aufgrund der Inflation von Zuständigkeiten verschiebt sich der Stil staatlichen Handelns wie unter dem Diktat eines noch unbegriff-
fenen evolutionären Gesetzes von der Gestaltungspolitik
zur Kompensationspolitik. War die Moderne das Weltalter
der Projekte, erweist sich die Postmoderne als das Zeitalter der Reparaturen. Von Sigmund Freud, der wie erwähnt
den Menschen einen »Prothesengott« nannte,[1] stammt
der Anstoß, einhundert Jahre später auch von Prothesen-
Regierungen zu reden. Waren Fortschritt und Reaktion
die Leitbegriffe des 19., sind Pfusch und Reparatur die des
21. Jahrhunderts. Größere Politik scheint nur noch als aus-
geweiteter Pannendienst möglich. Von dem phantasiert die
wohlmeinende politische Theorie seit einer Weile unter dem
Stichwort *Global Governance*. Das Wort bezeichnet ein
Vorhaben, das praktisch und faktisch nicht gelingt, weil in
der Welt der lokal zersplitterten Agenden immer anderes
wichtiger sein wird als die Sorge ums Ganze. Scheint eine
effiziente Agentur für globale Probleme bis auf weiteres
nicht etablierbar, stellt dies den systemischen *status quo*
unter Beweis: Auf den nach wie vor anarchisch verfaßten
bzw. unverfaßten höheren Ebenen des Weltgeschehens ist
die Koordination von Störfall und Reparatur noch schwerer
zu erreichen als auf nachgeordneten Stufen.

Dieser Wandel der Gestaltungskraft von Politik wird von
den demokratischen Öffentlichkeiten der Gegenwart als ein

---

1 S. F., Das Unbehagen in der Kultur, 1930.

defensives Hinterher-Regieren nach Zwischenfällen und Notständen wahrgenommen. Zunehmend erweisen sich die staatlichen Agenturen als Figuren in der Drift von labilen zu labileren Zuständen. Der altaufklärerische Glaube an eine seinsgesetzlich garantierte Symmetrie von Problemen und Lösungen erodiert mit jedem Tag mehr. Das bewußte Leben in der durch die Logik wachsender Asymmetrien bestimmten Welt zieht darum unwillkommene Zuschauerprivilegien nach sich. Man sitzt meistens in der ersten Reihe, wenn es gilt, dem überdehnten Staat bei der Selbstverwaltung seiner Ohnmacht zuzusehen.

Ob Wahrnehmungen dieser Art einen zureichenden Grund bieten, die Möglichkeit des Lernens aus der Geschichte insgesamt in Abrede zu stellen – wie es von Hegel bis Gumbrecht gelegentlich erwogen wurde –, mag offenbleiben.[1] Gewiß ist jedoch, wir sind nicht bloß dazu verurteilt, wie Neurath meinte, das Schiff der modernen Zivilisation auf offener See umzubauen, ohne es je zur gründlichen Überholung in ein Dock bringen zu können. Wir nehmen Anzeichen wahr, daß das hektisch reparierte Schiff bei voller Fahrt sich von selbst in seine Bestandteile zerlegt.

---

1 Hans Ulrich Gumbrecht, 1926. Ein Jahr am Rand der Zeit, Frankfurt am Main 2001; S. 445 f.: »Als es mit dem Lernen aus der Geschichte vorbei war«; vgl. auch: Reinhart Koselleck, Historia magistra vitae. Über die Auflösung des Topos im Horizont neuzeitlich bewegter Geschichte; in: ders., Vergangene Zukunft. Zur Semantik geschichtlicher Zeiten, Frankfurt am Main 1989, S. 38-66.

Kapitel 4

Leçons d'histoire

Sieben Episoden aus der Geschichte der Drift
ins Bodenlose: 1793 bis 1944/1971

Paris, den 22. Januar 1793, gegen acht Uhr abends

In seiner kurzen Novelle *Un épisode sous la Terreur*, vom
Autor auf Januar 1831 datiert, setzt Honoré de Balzac ef-
fektsicher die Routinen seiner Erzählkunst in Bewegung,
um die beklemmende Stille heraufzubeschwören, die sich
am Tag nach der Hinrichtung Ludwigs XVI. über der Stadt
Paris ausgebreitet hatte. Die Schneewolken hingen tief, und
auf die paralysierten Gemüter der Metropole senkte sich
eine Decke aus Verlegenheit, Trotz, Angst und Reue. Hatte
es je zuvor einen Tag gegeben, der so wie dieser ein »Tag
danach« gewesen war?

Eine alte Dame, ihrer Kleidung nach zu urteilen eine Ad-
lige, die man neuerdings eine »Vormalige« nennt, eilt nach
Einbruch der Dunkelheit unruhig, doch scheinbar zielstrebig durch eine menschenleere Straße im Faubourg Saint-
Martin. Da es den ganzen Tag geschneit hatte, absorbierte
der Schnee das Geräusch ihrer Schritte. Mit einem Mal
meinte die alte Dame den schweren Tritt eines hinter ihr
gehenden Mannes zu vernehmen. Ihr war zumute, als höre
sie dieses Geräusch nicht zum ersten Mal. Tatsächlich, die
Schritte begleiten sie seit einer Weile.

Von Schrecken erfaßt, ist sie nun überzeugt, sie sei verfolgt worden, seit sie ihr Haus verlassen hatte. Sie nimmt
Zuflucht im Laden eines Pâtissiers, der die rote Mütze

trägt. Dort kauft sie für ihren letzten Louis d'or eine kleine Schachtel mit Oblaten – in diesen Tagen eine streng verbotene Ware, was wohl den übertriebenen Preis erklärt. Zunächst bietet der Bäcker der alten Dame seine Begleitung an, doch gleich darauf bekommt er es mit der Angst zu tun. Er fürchtet, sich selbst verdächtig zu machen, sollte er mit einer »Vormaligen« gesehen werden.

Ohne männlichen Schutz setzt sie ihren Weg durch die verlassene Gegend fort, während der Unbekannte, möglicherweise ein Spitzel, ihr unaufhörlich folgt, bald schneller, bald langsamer, ohne näher zu kommen. Eine volle Stunde dauert der ungewöhnliche Gang der beiden Gestalten durch die Dunkelheit, bis die alte Frau schließlich bei einem freistehenden schäbigen Haus am Rande des Faubourg haltmacht.

Zur Mansarde emporgestiegen, wird sie von zwei Nonnen und einem alten Priester begrüßt. Kurz darauf hört man schwere Schritte auf der Treppe, es klopft dreimal an der Tür. Da die Versammelten, vor Angst erstarrt, nicht zu öffnen wagen, erteilt der Unbekannte sich selbst die Erlaubnis einzutreten. Er blickt sich um und nimmt auf einem Stuhl Platz, indem er seinen verängstigten Gastgebern seine völlige Ergebenheit versichert. Ja, er bietet an, ihnen in Zukunft hilfreich zu sein, wobei er etwas mysteriös hinzufügt, er könne sich vielleicht bald nützlich machen, da er jetzt, nachdem es keinen König mehr gebe, allein über dem Gesetz stehe.

Daraufhin eröffnet er sein Anliegen: Er bittet darum, es möge eine Messe für die Seelenruhe einer geheiligten Person gelesen werden, »deren Leichnam nie in heiliger Erde ruhen wird«. Darauf erwidert der Priester, der die Bedeutung des Ersuchens ohne weitere Erklärung auf der Stelle erfaßt, der Unbekannte möge um Mitternacht wiederkommen. Dann werde man das Totenamt zur Sühnung des von dem Besucher angedeuteten Verbrechens gemeinsam begehen.

Als der Unbekannte zur angegebenen Zeit erneut erscheint, sind in einem Nebenzimmer die Vorbereitungen für eine karge Zeremonie getroffen. Ein provisorischer Altar steht in der Mitte des Raums, einige Kerzen brennen. Von einer heftigen Erinnerung überwältigt, kniet der Unbekannte zwischen den Nonnen nieder, Schweißperlen auf der Stirn. Nun interveniert die Stimme des vielwissenden Erzählers:

»Die ganze Monarchie war gegenwärtig … vielleicht aber wurde auch die Revolution vertreten durch diesen Mann, dessen Antlitz zu viele Gewissensbisse verrieten, als daß man nicht hätte erraten können, er erfülle hier ein unermeßliches Reuegelübde.«

Die armselig-feierliche Messe kulminiert in einem Vaterunser, das um den Zusatz ergänzt wird: »Und vergib den Königsmördern, wie Ludwig XVI. ihnen vergeben hat.« Berührt von den Zeichen aufrichtiger Bußbereitschaft des Unbekannten, ermuntert der Priester ihn, sich ihm anzuvertrauen, sollte er wirklich zu denen gehören, die ihre Hände in das Blut des Königs getaucht haben. Worauf der Fremde antwortet: »Mein Vater, niemand ist unschuldiger an dem vergossenen Blut als ich.«

Dann nimmt er Abschied, mit dem Versprechen, sich am 21. Januar des folgenden Jahres erneut einzufinden. Im Gehen überreicht er den Versammelten mit ehrfürchtiger Geste ein Geschenk, bestehend aus einer kleinen Schachtel. Man öffnet sie, in ihr findet sich ein Tuch aus feinstem Batist, blutgetränkt. Man versteht nicht, was das Präsent bedeutet, doch legt man es pietätvoll beiseite.

Das Jahr vergeht, täglich versorgt eine unsichtbare Hand die in dem entlegenen Haus verborgenen Frommen mit weißem Brot. Tatsächlich erscheint der Fremde an dem vereinbarten Tag wieder und feiert mit der kleinen Gemeinde erneut die Totenmesse. Nach ihrer Beendigung zieht er sich umgehend zurück, offenbar entschlossen, sein Incognito zu wahren.

Als nach dem Thermidor 1794 die Tage der Schreckensherrschaft vorüber sind, kann sich der alte Priester in Paris wieder unbesorgt bewegen. Bald darauf wird er Zeuge, wie eine aufgeregte Menschenmenge zusammenströmt, um zu beobachten, wie die Komplizen Robespierres von der rue Saint-Honoré zur Hinrichtungsstätte auf der vormaligen Place Louis XV überführt werden. Er kann es nicht unterlassen, einer neugierigen Regung nachzugeben und einen Blick auf den Karren mit den Verurteilten zu werfen. Auf diesem steht, ganz vorne, hoch aufgerichtet, mit undurchdringlicher Miene, der Unbekannte, der um die Messe gebeten hatte: Sanson, der Henker von Paris.

Wie ohnmächtig bricht der Priester zusammen. Die Umstehenden bringen ihn mit Hilfe eines Essigflacons wieder zur Besinnung, dann hören sie ihn sagen: »Er hat mir gewiß das Taschentuch gegeben, mit dem sich der König auf seinem Weg zum Martyrium die Stirn abtrocknete ... Der arme Mann! Das Messer aus Stahl hatte ein Herz, als ganz Frankreich keines mehr hatte!« Worauf die anwesenden Zeugen zu dem Schluß kommen, der alte Gottesdiener rede im Delirium.

In den durchschnittlichen Darstellungen der Französischen Revolution fällt das Augenmerk der Historiker, ihrem Metier entsprechend, auf die Ereignisse des 21. Januar 1793, als der Henker von Paris, Charles-Henri Sanson, den vormaligen König von Frankreich, von seinen Anklägern Bürger Capet genannt, auf der Place Louis XV, die jetzt Place de la Révolution hieß, nachmals Place de la Concorde, um die frühe Mittagszeit enthauptete. Balzacs erzählerische List verschiebt den Fokus der Aufmerksamkeit auf den Abend des folgenden Tags, als habe er die Absicht, die historische Singularität des Lebens am ersten »Tag danach« hervorzukehren. Es ist der Tag, an dem die Erkundung des politischen Hiatus beginnt. In seiner Phänomenologie des nachrevolutionären Geistes lenkt der Erzähler das Interesse des Lesers auf die Figur des Unbekannten, von dem erst auf der letzten Seite der Geschichte enthüllt wird, er sei der Scharfrichter gewesen, durch dessen Hand das Fallbeil ausgeklinkt worden war.

Indem Balzac das unbeobachtbare Gewissen des Henkers Ludwigs XVI. zum Sujet seiner Erzählung macht, legt er den Abgrund der Illegitimität offen, in dem Charles-Henri Sanson nach der Exekution seines vormaligen Herrn versinken mußte. Während landläufige Revolutionsgeschichten den Umbruch durch positive Berichte von Taten und Ereignissen der »großen Tage« zu erfassen suchen, gibt Balzacs kunstvolle Fokus-Verschiebung eine Sicht auf die Hohlseite des Geschehens frei: Tatsächlich lassen sich verborgene Tendenzen einer Umwälzung am besten erschließen, wenn man nach den Verhältnissen fragt, die im Fortgang des Umsturzes *nicht* angerührt wurden.

Im Rückblick mutet es erstaunlich an, daß die Revolutionäre nie das Bedürfnis empfunden hatten, das aus absolutistischer Zeit übernommene Amt des Scharfrichters im Licht ihrer Prinzipien zu überdenken, obschon sie ihm binnen eines einzigen Jahres mehr Arbeit aufbürdeten, als zuvor in Jahrhunderten angefallen war.[1] Die Unterlassung berechtigt zu dem Schluß, die Scharfrichterfunktion – mitsamt ihrer Fundierung in einer monarchistischen, souveränistischen, transzendenten Weltauffassung – habe sich punktgenau im blinden Fleck der revolutionären Ethik angesiedelt. Eine sa-

---

1 Allein auf der Place de la Révolution wurden während der Terreur-Monate mehr als 1100 (nach anderen Erzählungen 2500) Menschen hingerichtet.

krale Gewaltbejahung war in der Tat die Seele des *ancien régime* gewesen; sie gründete in der Vorstellung, wonach keine Ordnung ohne eine starke Hand Bestand hat. Unmerklich ging sie in die neuen Zustände über. Anders bliebe unerklärlich, warum es den Akteuren der Revolution unbedenklich schien, bei ihren ausufernden Hinrichtungsbeschlüssen (es sollen während der *Terreur*-Monate von September 1793 bis Juli 1794 landesweit mehr als 17.000 Menschen guillotiniert worden sein – die Gesamtzahl der Opfer jakobinischer Gewalt wird mit Werten zwischen 25.000 und 40.000 angegeben) auf die Tradition des in der Monarchie verankerten Henkeramts zurückzugreifen.

Es bedurfte der konservativen Sensitivität des Romanciers und seines radikalen Gespürs für die unerhörte Begebenheit, um den Abgrund aufzudecken, der sich an jenem 21. Januar 1793 zwischen dem königlichen Delinquenten und seinem Henker, dem *executeur des hautes œuvres*, auftat. Charles-Henri Sanson übte sein Amt selbst während der stürmischsten Revolutionsjahre im Rahmen althergebrachter Vorstellungen über die Legitimität der Todesstrafe aus. Seiner Gesinnung nach war er auch unter seinen neuen Dienstherren Royalist geblieben, durch sentimentale Anhänglichkeit an die Person des Königs gebunden und aufgrund gläubiger Gewohnheit den Riten und Institutionen der Monarchie verpflichtet. Als er anfangs mit Skepsis, später mit Widerwillen auf das Treiben der jakobinischen Tribunale blickte, begann er an den Prinzipien der neuen Strafpraxis zu zweifeln. Er kam nicht umhin, die Legitimität seiner Auftraggeber, zuletzt sogar die seiner eigenen Funktion in Frage zu stellen, wie das von ihm geführte Tagebuch der Jahre 1793 und 1794 beweist.[1]

---

1 Der Scharfrichter. Das Tagebuch des Charles-Henri Sanson aus der Zeit des Schreckens 1793-1794, herausgegeben und übersetzt von Chris E. Paschold und Albert Gier, Frankfurt an Main 1989.

Was Balzac in seiner kurzen Erzählung erfaßte, war nicht weniger als das Legitimitätsdilemma, das sich in einem der fatalsten Momente der Revolution offenbarte. Wenn ein royalistisch gesinnter Henker seinen eigenen vormaligen Herrn hinrichtete, konnte er seine Aufgabe nur erfüllen, indem er seine Loyalität gegenüber König und Monarchie auf deren Nachfolger übertrug, selbstproklamiert und unerwiesen, wie sie sein mochten. Die Modalitäten der Übertragung liegen völlig im dunkeln. Offenbar waren die Routinen des Diensts am Allgemeinen mächtiger als die Eigennamen der gerade regierenden Souveräne. Die imperative Unterschrift bedeutet für den ersten und letzten der Staatsdiener alles, was ihm nötig ist, um in seiner gewohnten Spur zu bleiben. Hat der Beamte aller Beamten seine Weisung schwarz auf weiß vor sich, tut er, was immer ihm aufgetragen würde.

Keiner unter den neuen Männern der Stunde hatte sich die Mühe gemacht, das Scharfrichteramt neu zu begründen. Durch und durch konventionell hatte man das vom absolutistischen Staat gehütete Vorrecht richterlicher Entscheidung über Leben und Tod in das Tribunalwesen des neuen Staates übernommen. Man hatte nicht vorhergesehen, daß »Republik« auch ein anderer Name für das Recht, massenhaft Tötungen anzuordnen, werden würde. Da das neue Reich der Franzosen fast von der ersten Minute seines Daseins an als kämpfende Republik existierte, im Bürgerkrieg wie im äußeren Krieg, würde sie von dem mechanisch übernommenen Hoheitsrecht des *ancien régime* binnen kurzem reichlichen Gebrauch machen.

Allein die Hinrichtungsmethoden vergangener Zeiten, das Rädern und Hängen für Personen aus dem gewöhnlichen Volk, die Enthauptung durch das Schwert für Delinquenten von hoher Geburt, waren symbolträchtig durch die egalitäre Fallbeiltechnik ersetzt worden: Der Arzt Joseph-Ignace Guillotin hatte in einem Antrag vor der Nationalversammlung vom 10. Oktober 1789 aus Gründen der Gleichheit wie der Menschlichkeit für die neue rapide Methode das Monopol gefordert und zugestanden erhalten. Die Nachwelt dankte ihm für dieses Plädoyer durch Verewigung seines Namens. Vernünftig und gesund schien die Botschaft des Instruments: Wie man keinem Menschen mehr als einen Kopf abschlagen kann, soll künftig niemand mehr als eine Stimme haben. Die Abzählung nach Köpfen wurde in Frankreich auf Hinrichtungsplätzen plausibel gemacht: Wie jetzt Köpfe in die Körbe fallen, so später die Stimmen in die Urnen.[1] Die Geköpften verkörperten eine Minderheit, deren Stimmen nicht mehr ins Gewicht fielen. Das Gerät selbst wurde von einem Arzt namens Louis entworfen und von einem Klavierbauer deutscher Herkunft, Tobias Schmidt, ausgeführt. Die Fallbeildebatte des 10. Oktober 1789 ging in die Ideengeschichte ein, wäre es auch nur unter der Rubrik »bemerkenswerte Meinungsänderungen«: Robespierre war in ihr noch für die Abschaffung der Todesstrafe eingetreten.[2]

Balzac plazierte seine Erzählung in den Abgrund, der sich durch die Überführung des monarchischen Henkeramts in die revolutionäre Praxis auftat. Die Schweißperlen auf der Stirn des Unbekannten während der verbotenen Messe sagen genug über die Empfindungen des Mannes, der den Revolutionären auf ihrem Weg in den Terror seine Dienste zur Verfügung stellte. Was sich in der Psyche des reumütigen

---

1 Philip Manow, Im Schatten des Königs. Die politische Anatomie demokratischer Repräsentation, Frankfurt am Main 2008.

2 Das berüchtigte »Lob des Henkers«, mit dem Joseph de Maistre im ersten Gespräch der Soireen von Sankt Petersburg seinen Provokationen aus reaktionärem Mutwillen die Krone aufsetzte, verletzte bereits die Sensibilität der zeitgenössischen Leser, um von späteren Rezipienten nicht zu reden. Er erlaubte sich mit ihm überdies einen verräterischen Anachronismus, indem er den Henker als stolzen Virtuosen des Räderns schilderte (»er spricht in seinem Herzen: Niemand rädert so gut wie ich«), ungeachtet der Tatsache, daß diese Hinrichtungsart in Frankreich seit mehreren Generationen außer Gebrauch war.

Henkers vollzieht, ist nicht weniger als ein Vorspiel zum globalen Drama des Legitimitätsverlusts in modernen politischen Systemen: Indem er den Herrn exekutiert, in dessen Namen er sein Amt ausübt, eröffnet Sanson einen Zustand vollendeter Rechtsabwesenheit. Dieser kommt einer politischen Wiederholung der Erbsünde gleich. Wie Adam mit dem Biß in den verbotenen Apfel seinem Herrn und Schöpfer untreu wurde, entfernt sich der Henker durch seine Mitwirkung am königsmörderischen Drama von der ursprünglichen Basis seiner Beglaubigung. Sein Dilemma reicht tiefer als jene »Rechtsunsicherheit«, in welche Staatsdiener bei politischen Systemwechseln zu geraten pflegen. Aus der Tiefe, in die er sinkt, die gleichzeitig den Gipfel anmaßender Freiheit eröffnet, spricht er den mysteriösen Satz, durch den Balzacs Erzählung sich das Anrecht auf einen Platz in der Geschichte der politischen Ideen erwirbt: Er, der Fremde, stehe jetzt, da es keinen König mehr gebe, über dem Gesetz.

Mit der scheinbar unmotivierten Bemerkung zitiert der Unbekannte einen Komplex von Doktrinen herauf, die bis in mittelalterliche Diskussionen über das Wesen des Königtums zurückreichen. Nach ihnen steht der König, als der Erste der Sterblichen, die auf das Gesetz zu hören haben, zugleich durch Gottes Willen über diesem. Seine ontologische Sonderstellung bringt es mit sich, Vater und Sohn des Gesetzes in einem zu sein – *pater et filius legis* –, von Amts wegen Gott näher als den Untertanen, der Ausnahme näher als der Regel, und doch die Inkarnation des Willens zum Rechtsvollzug auf Erden. Der Scharfrichter von Paris, in die Position des unfreiwilligen Nachfolgers seines Herrn geraten, erlebt seine übergesetzliche Souveränität sofort als eine untragbare Bürde. Diese Empfindung zu manifestieren ist der Sinn von Balzacs 22. Januar. Was Politik heißt, meint von diesem Tag an Heilkunde für das Unheilbare.

Der Königshenker, für einen Augenblick aus der Menschheit nach oben herausgefallen, fühlt auf der Stelle die Unhaltbarkeit seiner Position. Am »Tag danach« setzt das verletzte Gewissen die Gegenbewegung in Gang: Als Besucher der verbotenen Totenmesse kann der Scharfrichter offenkundig nicht anders, als Halt in einer symbolischen Ordnung letzter Instanz zu suchen. Durch unvordenkliche Autorität beglaubigt, obschon infolge antiautoritärer Auflehnungen angegriffen, verhöhnt, entkräftet, verspricht die katholische Religion, sogar maßlose Verbrechen, wie sie in Revolutionen und Bürgerkriegen begangen werden, zu heilen, vorausgesetzt, die Täter erstreben durch aufrichtige Reue ihre Rückkehr in die Gemeinschaft derer, die ihre Verfehlungen zu korrigieren bereit sind.[1]

Auf engem Raum entfaltet Balzac das prozessuale Schema der Moderne: Auf den Sturz in die Illegitimität folgt der Rückgang zu einer heilenden Form. Da keine Restauration frühere Zustände wiederherstellen kann, macht sich der Überschuß an irreversibler, verbrecherischer und eben deswegen nach Integration und Sublimation verlangender Innovation durch alle Versuche nachträglicher Verrechtlichung bemerkbar. Das Zuviel an Illegitimität *in actu* – später quasi pastoral »revolutionäre Gewalt« genannt – will sich eines Tages zu neuer Legitimität wandeln.

Nicht nur das Gewissen des Scharfrichters von Paris war während der dramatischen Tage im Abgrund der Illegitimität versunken. Der gesamte Konvent befand sich seit mehreren Monaten in einer bodenlosen Lage, nachdem im September 1792 die Republik proklamiert worden war – die kühnste Improvisation im politischen Leben Frankreichs seit dem Aufstieg der merowingischen Könige.

---

1 Der oben (Fußnote 1 auf Seite 63) erwähnte Pierre-Simon Ballanche hat in seinem Roman L'homme sans nom (1820) die Sühne eines »Königsmörders« (»expiation«) beschrieben.

Besonders prekär war die Situation, seit die Versammlung auf Drängen der Berg-Partei eingewilligt hatte, den Prozeß gegen den seit August 1792 im Temple gefangengesetzten Ludwig XVI. öffentlich zu führen. Zuvor war der Antrag der Girondisten, eine Volksabstimmung über das Schicksal des Königs abzuhalten, am Widerstand Robespierres und seiner Anhänger gescheitert: Doppelzüngige Rousseauisten, die sie waren, wußten sie sehr wohl, daß sich das Volk, in dessen Namen sie ihre Plädoyers hielten, von ihnen nicht repräsentiert fühlte. Bei allgemeinen Wahlen hätten sie kaum mehr als zwei Prozent der Population hinter sich versammelt, nach günstigeren Schätzungen fünf oder wenig mehr. Unfehlbar hätte eine Volksabstimmung die Wiedereinsetzung der Monarchie zur Folge gehabt. Für das französische Volk war der König keineswegs der »Fremde«, als welchen Saint-Just ihn mit berechnender Kälte denunzierte, den anti-monarchischen Affekt bei Wenigen mit der Aufstachelung von Xenophobie bei Vielen verbindend. Wer damals von den »Fremden« sprach, meinte die Angehörigen der bis gestern landeseigenen, in Wahrheit, angeblich, vorzeiten von rechts des Rheins in Gallien eingefallenen Herrenkaste – ab sofort allesamt Kandidaten für einen Platz an den Laternen.

Um den Rückfall in die Mäßigung zu verhindern, gab es für die Radikalen kein anderes Mittel als die Einschüchterung der Konventsmitglieder durch stetige Verschärfung der Rhetorik. Im kritischen Moment waren ihnen auch Pressionen nicht unwillkommen. Bei der 26 Stunden währenden Abstimmung vom 16. zum 17. Januar in der zum Versammlungsraum umgerüsteten *Salle du Manège* über die Frage, ob der König die Todesstrafe ohne Aufschub verdient habe, bei der alle 741 Abgeordneten einzeln an die Rednerbühne treten mußten, um ihr Votum abzugeben und gegebenenfalls zu begründen, entfachte ein zusammengewürfeltes Publikum, angeführt von Mitgliedern der entfesselten republikanischen Klubs, im Verhandlungssaal eine volksfestartige, blutrünstig lärmende Atmosphäre. Jeder Befürworter des sofortigen Gangs auf die Guillotine wurde wie ein Held bejubelt, wer für Gerechtigkeit oder Milde plädierte, mußte in Kauf nehmen, von der Galerie als Verräter des Vaterlands niedergebrüllt zu werden. Die Grenze zwischen Opposition und Verrat war aufgehoben. Eine neue Macht namens Paranoia, seit dem Sommer 1789 die heimliche Herrin des Landes,[1] war jetzt unbestreitbar als Regierung eingesetzt worden. Die Auszählung der Stimmen ergab, daß der sofortige Tod Ludwigs XVI. mit 361 gegen 360 Stimmen beschlossen worden war.[2]

Der Sieg der republikanischen Raison war zugleich ein Triumph des mobokratischen Faktors: Unter dem Druck der tobenden Menge auf den Rängen und in der Befürchtung, in den Augen gefährlicher Rivalen als Weichlinge und laue Patrioten zu gelten, waren zahlreiche gemäßigte Abgeordnete auf der Tribüne eingeknickt. Mutlos hatten sie gegen ihr Gewissen und gegen ihre frühere Meinung für die Hinrichtung ohne Aufschub gestimmt. Als Opportunisten der Grausamkeit machten sie den Weg ins Äußerste frei.

---

1 Vom Spätsommer 1789 an zirkulierten in Frankreich Gerüchte über eine Rache-Verschwörung des entmachteten Adels und löste die Welle der Grande Peur aus. Bis zum Thermidor (Juli/August) des Jahres 1794 durchlief die Angst- und Verratspsychose mehrere Auf- und Abschwünge. Erst durch die Maßnahmen der bürgerlichen Stabilisierung in der zweiten Hälfte des Jahres 1794 setzte eine Milderung ein. Mit den ab 1795/1796 nicht abreißenden Siegesmeldungen des jungen Generals Napoléon Bonaparte änderte die psychopolitische Strömung des mobilisierten Landes ihre Richtung, indem sie von der Verteidigung der Revolution auf imperiale Projekte umstellte.

2 Die Differenz zwischen 741 und 721 Stimmen ergab sich dadurch, daß einige Abgeordnete für eine dritte Option, die Todesstrafe mit Aufschub, votiert hatten.

Wer geglaubt hatte, die *volonté générale* spreche mit einer Stimme, sah sich eines Besseren belehrt. Das einmütige Volk erwies sich als eine Schimäre.

Rousseau hatte nicht gewußt, wovon er redete, als er das wahre Gemeinwesen als einen einstimmigen Chor konzipierte. Parteien allein – von späteren politischen Theorien zu »Klassen« mystifiziert – bilden die Wirklichkeit. Zu keiner Zeit sind sie realer, als wenn sie gleich groß und unversöhnlich uneins sind. Spätere Politik, die radikale zumal, sollte nie etwas anderes darstellen als das Unternehmen, die Formate »Partei« und »Klasse« aufeinander abzustimmen – das Scheitern dieses Vorhabens, undurchschaubar wie es seinen Akteuren gewesen sein mag, ist mit dem Versagen der Linken im 20. Jahrhundert insgesamt identisch.

Größer war nur der Sieg der Improvisation: Angesichts der Unmöglichkeit, bei einem Prozeß ohne Vorbild auf eine legitime, ja auch nur halbwegs glaubwürdige Verfahrensordnung zurückzugreifen, hatte der Konvent, eingeschüchtert durch die Enormität des Sujets, getrieben von der Agenda-Energie der Radikalen und ohne klare Vorstellung von den formalen Bedingungen eines »korrekten« Verfahrens, einen Abstimmungsmodus zugelassen, der es erlaubte, das Unerhörte mit der knappsten Mehrheit zu beschließen.

Ihrer internen Dynamik zufolge war die Agitation für die sofortige Tötung des Königs ein autohypnotischer Akt seiner Betreiber gewesen. Die Synthese aus Gerichtsprozeß und parlamentarischer Abstimmung – eine Regression hinter die Grundsätze eines gewaltenteiligen Staatswesens – stand von vorneherein im Dienst des Drangs, in unbetretene Zonen vorzustoßen. Das Revolutionäre an der Revolution lag letztlich in der Option, endlich einmal zu weit zu gehen – ein Impuls, der bis heute aus verständlichen Gründen in Frankreich einheimischer geblieben ist als in jeder anderen Nation der Erde.

Unter dem Vorwand vaterländischer Selbstaffirmation
hatten die entschlossensten Aktivisten sich willentlich in
eine Lage bringen wollen, die den Gedanken an ein Zurück
verbieten würde.[1] Für dieses eine Mal enthielt der Sturz
nach vorn auch ein Element von freier Wahl. Man wollte
in die verzweifelte Lage kommen, die für das übrige sorgen sollte. Auf die Frage des Tollen Menschen: »stürzen wir
nicht fortwährend?«, hätten die Radikalen des Januar geant-
wortet: Nichts lieber als das! Der Revolutionär Lebas wird
zitiert mit dem Wort: »So wären wir also gestartet, die Brük-
ken sind hinter uns abgebrochen, wir müssen vorwärts, ob
wir wollen oder nicht ...« Reuelosigkeit ist die erste Pflicht
des Radikalen. Cambon soll deklariert haben: »Wir haben
endlich an der Insel der Freiheit angelegt und das Schiff, das
uns dorthin gebracht, verbrannt.«

Paris, den 2. Dezember 1804

Das Schicksal Napoleons, das auch im Abstand von zweihundert Jahren noch immer blendet, empört, bezaubert und
verwirrt, zeigt, wie der in der Revolution erprobte Modus
des Erfolgs durch Sturz nach vorn in einen Sturz nach oben
übergehen kann.

Der anfangs immer siegreiche Feldherr erwies sich als
der agilste Verhandlungspartner des Zufalls, der seit einem
Jahrtausend in Europa aufgetreten war. Er war daneben der
skrupelloseste Improvisator auf der politischen Bühne, die
er binnen weniger Jahre für sich errichtet hatte. Aus dem

---

1 In Ausdrücken der jüngeren evolutionären Kulturtheorie: Die Aktivisten
  von 1793 setzten sich, einem Kollektiv vergleichbar, das den Krieg erklärt, einem Selbstselektions-Stress aus. Vgl. Heiner Mühlmann, Die Natur der Kulturen. Entwurf einer kulturgenetischen Theorie (zuerst 1996),
  München 2011, S. 226f.

laufenden Spielgeschehen hatte Bonaparte die zu befolgende Regel abgelesen. Inmitten des offenen Prozesses war ihm klargeworden, nach welchem Grundsatz das Urteil verkündet werden würde: Wenn Politik das Schicksal ist, bedeutet die nachträgliche Legitimierung abenteuerlicher Politik den Versuch, das Schicksal zu zähmen.

In der Tat, alle die ungestümen Improvisationen, die ihm während dieser Jahre in den Sinn kamen – der plötzliche Übergang vom Rang eines Generals in den eines immerwährenden Konsuls, vom Konsulat zum Kaisertum, dann diese über Nacht zu gründende postrevolutionäre Dynastie, ergänzt durch die aus der Vergangenheit heraufzitierte Übertragung des karolingischen Herrschaftsgedankens auf ein großfranzösisches Europa –, dies alles würde sich nur voranbringen lassen, wenn es gelänge, seine vom Geist der Usurpation durchtränkten Projekte, ihrer Maßlosigkeit ungeachtet, dank eines welthistorischen *ritardando* in ein gemäßigtes, ein etabliertes, ein seriöses Register zu übersetzen. Es war nicht der vom Erfolg verliehene Glanz, der Napoleons aufgeraffter Macht fehlte, es waren der Ernst, die Ruhe und die Gravität des Althergebrachten.

Deswegen wird 1804 für Napoleon und die Franzosen das Jahr der Improvisationen ohne Grenzen werden. Es ist das Jahr, in dem der Herr der Lage beschließt, Solidität aus nichts zu erzeugen. Bonaparte verbietet seinen Mitarbeitern, in seiner Gegenwart das Wort »unmöglich« zu gebrauchen. *Impossible n'est pas français.*[1] Es ist das Jahr, in dem die mit allen Mitteln betriebene Rückkehr in die Seriosität beginnt. Der größte Aggressor des Jahrtausends greift nun auch nach dem Titel des größten Beruhigers.

Im großen Kabinettssaal des Schlosses von Saint-Cloud,

---

[1] Andere Überlieferungen datieren den Ausspruch auf eine Episode des spanischen Feldzugs im Herbst 1808.

kaum ein dutzend Kilometer westlich des Zentrums von Paris gelegen, auf halbem Wege nach Versailles, vormals im Besitz von Philippe d'Orléans, des Bruders Ludwigs XIV., und von Marie-Antoinette, empfängt Napoleon am 18. Mai 1804 die Abordnung, die ihm die mit Ungeduld erwartete Mitteilung überbringt: »Zum Ruhme wie zum Glück der Republik erklärt der Senat in diesem Augenblick Napoleon zum Kaiser der Franzosen.« Jetzt steht ihm die Anrede »Sire« zu, die seit dem 16. Jahrhundert dem Monarchen vorbehalten ist.

Der Empfänger der Delegation legt Wert darauf, von Anfang an Napoleon I. genannt zu werden: Das Zahlwort bringt die dynastische Perspektive zum Ausdruck, auf die es ihm schon jetzt ankommt. Der Coup war präzise vorbereitet, kurz nach der Deklaration der Abordnung hört man aus der Ferne den Kanonendonner, der in Paris die Nachricht verkündet. Um Worte ist Napoleon nicht verlegen, nun, da er den Beweis für die Erfüllung seines Vertrags mit dem Schicksal besitzt: »Alles, was zum Wohl der Heimat beitragen kann, ist wesentlich an mein Glück gebunden.« Wer sich als Talisman seiner Nation begreift, darf einen so vermessenen Satz in Ruhe aussprechen. Der korsische Akzent versetzt die Szene auf die Ebene der Seltsamkeit, an der man oft die Begegnung des Einmaligen mit dem Universellen erkennt. Es wäre nicht weltgeschichtlich, wenn es nicht auch ein wenig komisch wäre. Er fügt hinzu, indem er Pathos mit unmerklichem Spott vereint: »Ich akzeptiere den Titel, den Sie für den Ruhm der Nation für nötig halten.« Die Zeremonie der Ernennung zum Kaiser der Franzosen – *empéreur par la volonté nationale* – ist nach einer Viertelstunde vorüber.

Anfang September reist Napoleon, der zwei Wochen zuvor sein fünfunddreißigstes Lebensjahr vollendet hat, nach Aachen, um am Grab Karls des Großen seine Bestimmung zu meditieren. Der Karolingerfürst soll künftig als »erhabener Vorgänger« gelten. Die persönliche Huldigung ist hierfür der angemessene Preis. Wer seine Ahnen gewesen sein werden, entscheidet der Usurpator. Er liebt ohnedies das Leben in Bewegung, eine Reise nach Aachen ist für ihn wie ein Urlaub in den Hallen der Geschichte. Den Vergleich mit Alexander hatten andere in früheren Jahren an ihn herangetragen, die Berufung auf Charlemagne war seine eigene Wahl.

Der Moment ist gekommen, die Details der Kaiserkrönung festzulegen. Er wäre nicht der Sieger von Arcoli und Marengo, wenn er jetzt nicht auch die Kompanie der Symbole kommandierte. Ein Wappentier für die neue Dynastie ist bald gefunden, die Biene, ein Lebewesen, das soziologisch nicht ohne lehrreiche Pointe ist und moralisch erbaulich wirkt. Für Kooperation und Süße kompetent, soll die Biene das neue Frankreich symbolisieren. Hatte man nicht auch im Grab des Merowingers Childerich Bienen entdeckt? Ein Schwarm goldener Bienen wird den Krönungshermelin zieren und die Erinnerung an die bourbonischen Lilien auslöschen. Über das Bedenken, daß an der Spitze von Bienenstaaten Königinnen stehen, setzt sich Napoleon hinweg. Symbole sind Spinnweben und Trara, wenn auch nicht ganz ohne Bedeutung, weil die Simplen und Bigotten in allen Rängen beschwichtigt werden müssen. Über Symbole denkt kein Vernünftiger längere Zeit nach, ausgenommen jene, die sie ausbeuten. Der freie Geist dreht die Zeichen in der Hand, bis sie besagen, was der Auftraggeber von ihm will. Design beginnt für diesmal mit den Skizzen zum Imperium. Deren Zeichner dürfen ungläubig sein, nicht aber das breite Publikum, dem nichts übrigbleibt, als sich gläubiger zu geben, als es wirklich ist. Der Auftraggeber interessiert sich nur für den praktischen Erfolg seiner Fiktionen. Gelegentlich sagt

Napoleon: »Man ist viel mehr in Sicherheit, wenn man die Menschen mit Absurditäten beschäftigt, als mit richtigen Ideen.«

Wichtiger als Bienen und Ornamente ist der Ort der Zeremonie – hierfür kommt allein Notre-Dame de Paris in Frage, nachdem man die Hypothese Invalidendom beiseite gelegt hatte – der sollte im Jahr 1840 Napoleons Grabstätte werden. Man wird einige Häuser in der Nähe der Kathedrale abreißen müssen, damit die Sicht auf das Gebäude gebührend an Großzügigkeit gewinnt. Von hoher Bedeutung ist das Datum: Es könnte kein besseres geben als den 18. Brumaire (9. November), den Tag, an dem sich Napoleon fünf Jahre zuvor durch seinen Staatsstreich zum Ersten Konsul gemacht hatte.

Von noch höherer Bedeutung ist das Publikum der Krönungsmesse: Napoleon rechnet mit 20.000 Gästen, er sieht schon die Metropole überquellen von den Delegationen der Armee, der Marine, der Parlamente, der Kammern und der Abordnungen aus den Städten. Den Andrang der Kutschen bei der Kathedrale hat er deutlich vor Augen. Er weiß, was Massenbewegungen sind, lange genug denkt er in logistischen und klimatischen Begriffen: Man wird die Rue de Rivoli, den Carrousel-Platz und die Seine-Ufer-Straßen in Eile pflastern müssen: Auf das Brumaire-Wetter ist kein Verlaß. Undenkbar, daß die Fahrzeuge der Gäste an einem solchen Tag bei Regen im Schlamm von Paris versinken.

Völlig unentbehrlich ist die Anwesenheit des Papstes. Er ist der Administrator aller Legitimität älteren Stils. Ohne seine Mitwirkung kann die Zeremonie, mit welcher die Event-Kultur beginnt, nicht gelingen. Ihm schreibt Napoleon aus Köln einen werbenden Brief, listig, verführerisch, drohend:

»Heiliger Vater ... ich bitte Eure Heiligkeit, der Zeremonie der Salbung und der Krönung des Ersten Kaisers der Franzosen im höchsten Maß religiösen Charakter zu verleihen. Diese Feier wird noch höheren Glanz erhalten, wenn sie von Eurer Heiligkeit selbst abgehalten wird.«

Zu General Cafarelli, der den Brief an Pius VII. überbringen soll, sagt Napoleon, in einem Ton, der die Unterscheidung von Ernst und Spott unmöglich macht: »Behandeln Sie den Papst, als ob er zehn Divisionen hätte.« Bis Ende Oktober läßt sich Pius VII. Zeit, seine Einwilligung mitzuteilen. Napoleon geht wütend in seinem Arbeitszimmer auf und ab, in seinem Groll schlägt er mit der Reitgerte auf unerledigte Dossiers. Dann paßt er seine Pläne an. Da der Papst aus Rom viel zu spät aufbricht und träge reist, mit einem Troß von 800 Personen, ist an die Durchführung der Zeremonie am 18. Brumaire nicht mehr zu denken. Napoleon setzt den 2. Dezember als spätestes mögliches Datum fest.

Nachdem der sich ironisch langsam fortbewegende Papst Ende November in Paris eintrifft, spät, aber rechtzeitig, steht der Krönungszeremonie nichts mehr im Weg – ausgenommen die Tatsache, daß Pius VII., im geheimen Einvernehmen mit Joséphine, darauf besteht, vor der Krönung in Notre-Dame müsse, über die seit 1796 bestehende zivilrechtliche Eheschließung hinaus, eine kirchliche Trauung stattfinden. Erneut muß Napoleon nachgeben und räumt dem Kardinal Fesch, seinem Stiefonkel, das Vorrecht ein, den ersten Mann Frankreichs und seine Gattin am Nachmittag des 1. Dezember als Mann und Frau vor Gott, doch ohne menschliche Zeugen, zu vereinen.

Napoleon bemüht sich, seine misanthropischen Regungen unter Kontrolle zu halten: Tausende strömen in der Residenz des Papstes zusammen, um seinen Ring zu küssen, darunter eine bemerkenswerte Anzahl vormaliger Jakobiner.

Aber will nicht auch er vom Charisma des Heiligen Vaters profitieren? Sind Menschen nicht roher Pöbel von Jugend auf, und Hochgeborene nur Pöbel in besseren Kleidern? Napoleon hat gelernt, von sich auf andere zu schließen. Nur in einem Punkt versagt die Analogie: Er selbst wird, jenseits jeder Gewöhnlichkeit, der Erwählte sein und bleiben. Der Schluß von sich auf andere ist ihm im Entscheidenden verboten.

Dekorateure und Zeremonienmeister aus alt-legitimer Zeit haben den Ablauf der Feierlichkeiten seit Monaten bis ins letzte vorgezeichnet. Giovanni Paisiello hat die Krönungsmesse komponiert, die Notabeln des neuen Reichs sind versammelt. Auch Napoleons Familie hat sich eingefunden, ausgenommen seine Mutter Laetitia, die wegen der vorgeblich zu spät eingegangenen Einladung und aus Abneigung gegen Joséphine, die überspannte Kreolin von der Zucker-Insel, dem Triumph ihres Sohnes fernbleibt. Ohnedies hätte ihre Anwesenheit leicht für Verstimmung sorgen können, da sie die lästige Gewohnheit entwickelte, bei neuen Bravourstücken ihres Sprößlings zu bemerken: »Wenn das nur gutgeht auf die Dauer.«[1]

Napoleons Vater, Carlo Buonaparte, 1785 gestorben und für den Kaiser nur noch eine ferne Reminiszenz, wird dem Geschehen aus dem Jenseits beiwohnen. Von der vielgliedrigen Familie der Buonapartes, die das italienische u längst fallengelassen haben, ist vermutlich auch ein früh verstorbener älterer Bruder gespenstisch gegenwärtig: Der Erstgeborene unter den dreizehn Kindern aus der Ehe von Carlo Buonaparte und Laetitia Ramolino, der 1764 das Licht der Welt erblickte, hatte ebenfalls den Namen Napoleon erhalten. Aus psychologischer Sicht ist nicht auszuschließen, daß

---

1 Ich danke Max Gallo, dem unvergleichlichen Biographen Napoleons, für hilfreiche Hinweise auf die mehrdeutigen Quellen der bekannten Äußerung.

der 1769 geborene Napoleon seit jeher im Imaginären seiner Eltern das Leben eines anderen lebte. Möglicherweise hatte er als Stellvertreter eines Toten existiert. Wenn er jetzt als Napoleon I. an die Spitze der französischen Nation tritt, stattet er, der reale zweite, seine intime Schuld ab bei einem anderen, dem nie gekannten ersten Napoleon ohne Gesicht und Stimme. Zugleich verdrängt er das Gespenst aus seinem Inneren, indem er das Zahlwort Eins für sich in Anspruch nimmt.

War Frankreich unter den Bourbonen – und mehr noch während der Revolution – eine Gesellschaft des Schauspiels gewesen, wird es an diesem Tag zu einer Gesellschaft der Simulation. Die traditionellen Insignien der legitimen Macht sind in vollendeten Kopien zur Stelle, der Reichsapfel, das Zepter, das Schwert, die Kronen, die *main de justice*, den analogen Objekten aus alt-monarchischen Tagen überzeugend nachgebildet. Allein der ungewohnte goldene Lorbeerkranz, den Napoleon beim Einzug in die Kathedrale trägt, verrät, daß ein von Grund auf anderes Stück gespielt wird. Da der Königstitel nach den Ereignissen des Januar 1793 nicht mehr zur Verfügung steht, holt der neue Alleinherrscher seine Symbole aus dem karolingischen, römisch-caesarischen Arsenal. Auch dies gehört zu den Spielregeln der Zukunft. Wer seine Vorgänger gewesen sein werden, bestimmt der neue Mann. Daß die Bourbonen sich auf davidische Ursprünge berufen hatten, ist jetzt nur noch eine biblische Antiquität. Man wird demonstrieren: Caesaren, auch bei linksrheinischer Herkunft, sind aus einem anderen Holz geschnitzt.

Papst Pius hat sich mit seiner Lage als Gefangener des Protokolls abgefunden. Welches auch seine mentalen Reserven gewesen sein mögen, er weiht den Kaiser mit einem von irgendwo hastig besorgten Salböl und spricht die Segensformel, auf die Napoleon wartet wie auf den Beifall des Universums: *Vivat in aeternum semper Augustus*, die Worte, mit denen der Legende zufolge Karl der Große in Rom konsekriert worden war.

Damit hat sich die Rolle des Papstes als Legitimitätsbeschaffer für den Usurpator-Monarchen erschöpft. Die Krönungshandlung als solche wird ihm durch Napoleons improvisatorischen Instinkt abgenommen: Zum Erstaunen aller Versammelten besteht der Kaiser darauf, sich nach vollzogener Salbung die Krone eigenhändig auf den Kopf zu setzen – eine Geste, die für Frankreich, immerhin die *älteste Tochter der Kirche*, überraschend kam, obwohl sie nicht durchaus beispiellos war. Die Zarinnen des 18. Jahrhunderts, Elisabeth, 1742, und Katharina II., 1762, hatten mit der gleichen Gebärde ihren Anspruch auf Autokratie zum Ausdruck gebracht.

Der simulatorische Elan Napoleons greift in größere Dimensionen aus. Nachdem er sich selbst kurz die Kaiserkrone aufgesetzt und sie gleich wieder abgelegt hat, möchte er von eigener Hand die Kaiserin krönen – wofür ihm ebenfalls ein russisches Beispiel aus jüngster Zeit vor Augen stehen könnte: Alexander I. hatte 1801, auf eine längere Tradition zurückgreifend, seine Frau Elisabeth Alexejewna, vormals Prinzessin Luise von Baden, zur Zarin gekrönt.

Der Kaiser trägt nun erneut den imperialen Lorbeer und hält die Krone für Joséphine bereit, dem Papst den Rücken zukehrend – für Höflichkeit verleiht die Weltgeschichte keine Prämien. Einen Augenblick lang scheint Napoleon vergessen zu haben, wie kurz der Weg von der Simulation zur Farce sein kann. Als er Joséphine die Krone aufs Haupt setzt, breitet sich in der Festversammlung eine Welle der Beklemmung aus. Unter den in Notre-Dame Anwesenden dürfte niemand sein, der nicht von den Gerüchten vernommen hätte, wie es um das galante Verhältnis Napoleons zu

Joséphine de Beauharnais steht. Daß Joséphine dem Herrscher Frankreichs keine Kinder gebären wird, ist in Paris und der Provinz ein offenes Geheimnis. Zeigt sich Napoleon dennoch entschlossen, Joséphine neben sich auf den Thron zu erheben, unterliegt seine Ambition, eine Dynastie zu gründen, vom ersten Augenblick an dem Verdacht, es werde eine Komödie aufgeführt. Aber was vermögen Vorbehalte gegen einen festen Willen? Was richtet ein dünnes Lächeln auf den Lippen von Nachgeordneten aus gegen die Entschlossenheit des Genies? Napoleon hat gelernt, die Meinung der Vielen zu verachten. Man wird der Welt zeigen, daß man den stark frequentierten Weg vom Erhabenen zum Lächerlichen in entgegengesetzter Richtung zurücklegen kann. Die Zeremonie mag ridikül wirken, für den Mann der Stunde ist es zum Erhabenen nur ein Schritt.

Formen verachten ist das eine, sie ernst nehmen das andere: Wie es seinerzeit richtig gewesen war, die Ernennung zum Konsul auf Lebenszeit 1802 durch ein Plebiszit bestätigen zu lassen, und wie es richtig war, die Ausrufung zum Kaiser noch in diesem November rasch plebiszitär zu untermauern,[1] wird es richtig gewesen sein, den Anspruch auf die Stiftung einer napoleonischen Dynastie durch die Krönung der *impératrice* zu bekunden. In einem Moment wie diesem steht der Kaiser über der Gynäkologie. Für eine Stunde schwebt das *Empire* oberhalb jeder Skepsis.

Napoleons Überheblichkeit zeichnet sich durch Nüch-

---

1 Die Abstimmung im November 1804 bestätigt die Ernennung zum Kaiser mit 2,95 Millionen Ja-Stimmen gegen 2567 Nein-Stimmen. Napoleon fälscht sorglos das ohnedies überwältigend günstige Ergebnis, indem er eine Gesamtzahl von 3,4 Millionen zustimmenden Voten publizieren läßt: Ohne Bedenken rechnet er die virtuellen 450.000 Stimmen der Armee und der Marine zu den bürgerlichen Stimmen hinzu, womit er einerseits auf eine Wahlbeteiligung von über 50 Prozent kommt, was optisch wünschenswert erscheint, andererseits den Anspruch auf die vollkommene Identifikation des Militärs mit dem Feldherrn zum Ausdruck bringt.

ternheit aus. Er weiß in jedem Augenblick seines Daseins,
und nie besser als jetzt unter dem Gewölbe der Kathedrale,
daß er wie aus dem Nichts kommt. Ihm ist klar, er wird früher oder später dahin zurückkehren, solange es ihm nicht
gelingt, sein Werk zu objektivieren. Es gilt, die Form zu finden, in welcher das Aus-dem-Nichts-Kommen auf Dauer
zu stellen wäre. Der Weg aus dem Nichts zur haltbaren
Form führt allein über den Akt der Gründung.

In Napoleons Denken vollzieht sich 1804 der wichtigste Schluß in der Phänomenologie des nach-revolutionären
Geistes: Sollten Usurpation und Institution jemals eins werden, so nur in einem imperialen Staat, dessen Stabilität sich
aus dem immerwährenden geglückten Angriff ergibt. Allein
der ständig erneuerte Erfolg, das perpetuierte Kriegsglück
an erster Stelle, wird das Herkommen aus nichts aufheben
und den Bestand des Reichs sichern. Das Neue selbst verlangt aus Gründen der Statik die permanente Expansion.
Was man heute den Zwang zum Wachstum nennt, ist in
Napoleons System der Zwang zur Selbstbehauptung durch
Offensive – hierin fügt sich sein Handeln in die Tradition
französischer Außenpolitik seit Ludwig XIV. ein, die bereits
ganz auf Angriff und Gebietserweiterung gegründet war.
Jedoch beruft sich Herrschaft jetzt nicht mehr auf Gottes
Gnaden, sondern erfolgt durch die Gunst der Fortuna, jener Göttin der Ungewißheit, die seit der Renaissance zum
zweiten Aufgebot der europäischen Theologie gehört. Die
Volksherrschaft, die Revolution und die Republik, was sind
sie anderes als neue Namen für die Krondomänen der zu-
rückgekehrten Glücksgöttin? Ihr christlich erzwungenes
Exil ist definitiv beendet, seit Bonaparte sie als Mit-Regentin
wieder an die Macht gebracht hat, öffentlich und evident für
jeden, der die Zeichen der Zeit begreift. Der Zufall regiert
alles, der Auserwählte aber befiehlt dem Zufall. In der Regel
werden es Angriffsbefehle sein. »Nach vorne schauen« wird

später zur Devise derer, die meinen, auch sie hätten das Zeug dazu, den Zufall zu kommandieren.

Natürlich darf die Zukunft nicht nur den glücklichen Umständen gehören. Die aufgeklärt Besonnenen begrüßen ja auch die endlich erreichte Herrschaft des Gesetzes. Sie wollen und brauchen keinen Monarchen mehr, der das Gesetz in Gottes Namen darstellte. Hatten nicht die *lumières* das Zeitalter der »Willkürherrschaft« für beendet erklärt und eine Ära angekündigt, in der das Gesetz der Souverän sein werde? Wer aber ist das Gesetz in Wirklichkeit? Wer hatte den *Code civil* in Auftrag gegeben und verabschiedet? Wer hatte dessen Stil bestimmt, diese Liaison von Klarheit und rätselhafter Kürze? Wer hatte die Juristen der Konsulatszeit angewiesen, ständig neue Verfassungen aufzusetzen, angepaßt an jede neue Stufe von Napoleons Aufstieg? Wer stand hoch genug über dem Gesetz, um dekretieren zu dürfen, es gelte für alle?

Wenn Napoleon an diesem Tag zurückschaut, er ist jetzt 39 Jahre alt, ist ihm bewußt: Er ist nichts als der Sohn seiner Taten – *un enfant de ses œuvres*, wie die nachmals beliebte Formel besagt. Niemand weiß besser als er, daß kein anderer sie hätte vollbringen können. Sie zu wiederholen wird in Jahrhunderten niemandem gelingen, sie zu übertreffen keinem bis zum Ende der Zeiten. Mit ihm ist das Prinzip der permanenten Usurpation in Kraft getreten. Sein *Empire* ist der permanente Staatsstreich, als Herrschaft der Verfassung verbrämt und im Beifall des berauschten Volks verankert. Solange er meinte die Revolution zu verkörpern, hatte er doziert: »Die Revolution muß lernen, nichts vorherzusehen.« Inzwischen war für ihn das Zeitalter der Voraussicht angebrochen. Hatte Napoleon in seiner Rede vom 18. Brumaire 1799 die Revolution für beendet erklärt, setzt er jetzt darauf, das neue Empire werde den revolutionären Hiatus vollends verschließen. Darum wird er das stärkste Symbol des großen Einschnitts, den anti-christlichen Revolutionskalender, mit seinen pseudo-poetischen Monatsnamen und seiner verhaßten Zehn-Tage-Woche, demnächst außer Kraft setzen: Vom 1. Januar 1806 an wird Frankreich – nach einem dreizehnjährigen Ausflug in den chronologischen Ausnahmezustand – zur allgemein-europäischen, der katholisch-gregorianischen Zeitrechnung zurückkehren.

Napoleon ist schon jetzt von der fixen Idee besessen, nichts dringender zu brauchen als einen legitimen Nachfolger. Er postuliert einen Sohn, dem er sein Vermächtnis übergeben würde, als ob ihm eine Formel bekannt wäre, kraft welcher sein Erfolgsmodus sich erblich machen ließe. Von dieser Fiktion hängt sein weiterer Ausgriff in die Zukunft ab: Was ihm vorschwebt, ist eine paradoxe Filiation. Selber wie aus dem Nichts aufgestiegen, will er einen Sohn aus der Fülle der Legitimität in die Welt setzen. Er projiziert sich mit aller Macht in einen Erben, der nicht die Usurpation des Vaters übernehmen, sondern den Glanz des Herkommens aus dem konsolidierten Erfolg und dem Glauben an seine Wiederholbarkeit ziehen würde. Der Herr Frankreichs phantasiert von einer weit in die Zukunft reichenden Sukzession, ungeachtet der kruden Tatsache, die er als einziger Mensch seiner Zeit vollständig erfaßt hatte: Legitimität *post Bonaparte* wird nur noch als permanente Überwindung der Illegitimität durch den wiederholten Erfolgsbeweis möglich sein. Das war es, was Napoleon III., der zwischen 1851 und 1870 mirakulös an die Macht gelangte Neffe, der den 2. Dezember als Datum seiner Verklärung aufgriff, nicht verstanden hatte, als er die Devise *l'empire, c'est la paix* ausgab, um daraufhin von einem närrischen Krieg in den nächsten zu stolpern.

Mit Napoleon I. hatte das Zeitalter der Legitimitätsbildung durch Beifall begonnen: Das neue Schema erscheint zuerst in der plebiszitären Monarchie, die vom nicht nach-

lassenden Volksapplaus leben will. Später dominieren die
Rituale des selektiven Beifalls, der in Form von parlamentarischen Wahlen und ständiger Auskultation der Massen-
stimmung durch Umfragen organisiert wird. Die neuere
Politik ist eine Tochter der Applausometrie.

In seinen Legitimierungsphantasien liegt Napoleons
schwacher Punkt. Er will die Dynastie schaffen, von der er
widerwillig schon verstanden haben muß, daß es sie niemals
geben kann. Er weiß und will nicht wissen, daß Monstren
keine Kinder haben. Er möchte den Sohn in die Welt setzen,
der wäre wie er. Wie will er aber über die Tatsache hinweg-
gehen, daß der Nachkomme nie die Mittel besitzen würde,
seine Nachfolge anzutreten? Die Kaiserin Joséphine kann
ihm ein solches Kind nicht schenken. Auch eine andere
Frau mit günstigerer biologischer Ausstattung wäre nicht
imstande, ihm zu geben, was er wünscht. Ob seine Ambition erfüllbar ist, bezweifeln selbst die, die ihm nahe sind.
Unhaltbar ist der Wunsch in sich selbst.

Daß Napoleon an diesem Tag Joséphine krönt, verrät, wie
deutlich ihm bewußt ist, im Unmöglichen zu operieren, obschon er das Wort aus seinem Vokabular verbannt hat. Er
hat sich dafür entschieden, zu wollen, was er wünscht. Er tut
es aus Machtgefühl, denn Macht ist das Vermögen, die Tatsachen in die Flucht zu schlagen. Was in diesem Moment geschieht, ist reines Postulat auf dem weißen Blatt des Willens.
Die Diktatur der Simulation hat begonnen, die Wirklichkeit
flieht kopfüber aus der Kathedrale wie die Österreicher am
Abend von Marengo übers offene Feld.

Am Tag seiner Krönung steht Napoleon zwischen zwei
Abgründen. Er hat das Nichts hinter sich und das Unmög-
liche vor sich. Herkunft und Zukunft haben sich in seinem
Dasein für immer getrennt. Er selbst ist die absolute, nach
vorne offene Gegenwart. Hegel hatte recht, als er in ihm die
Weltseele zu Pferde erkannt haben wollte: Der Reiter, den

der Philosoph im Oktober 1806 bei Jena vorbeitraben sah, war die Inkarnation des neuen Weltzustands. Napoleon war das weltgeschichtliche Individuum, mit dem die Moderne ihre Karten auf den Tisch legte. Er war der Mann des unbedingten Sturzes nach vorn. »Man legt los, dann sieht man«, lautete seine Devise beim Beginn von Schlachten. Hegel freilich, unfähig, sich eine Weltseele im Sturz vorzustellen, mystifiziert ihn, wie eine Statue im Sattel, als das Individuum, das »über die Welt übergreift und sie beherrscht«. Napoleon sah seine Macht im Rückblick realistischer. Las Cases notiert seinen Ausspruch: »Die Wahrheit ist, daß ich niemals Herr meiner Bewegungen war; nie habe ich ganz mir selbst gehört … Immerzu bin ich durch die Umstände regiert worden … Ich war nie Herr meiner Handlungen, weil ich nicht so verrückt war, die Ereignisse in mein System zu zwingen; im Gegenteil, ich paßte mein System den Ereignissen an.«[1]

Zuletzt, in der bitteren Muße von Sankt Helena auf den hohen Bogen seiner Existenz zurückblickend, hatte er begriffen, daß die Bewegung mächtiger war als jeder einzelne Akteur in ihr. Seine Bemühungen um die Schließung des Hiatus – die Errichtung des Kaiserreichs, die Stiftung einer Dynastie, der Kompromiß mit dem Haus Habsburg – sollten sich als Improvisation erweisen, deren Unhaltbarkeit aus den Umständen ihrer Entstehung hervorging. Freilich würde die nach-napoleonische »Restauration« in Frankreich und Europa ihrerseits nicht mehr als einen ohnmächtigen Versuch darstellen, das Aufklaffen des Hiatus in der beschleunigten Welt durch die Rückkehr zu den vorherigen Verhältnissen ungeschehen zu machen. Die »Friedhofsruhe«, die von 1815 bis 1830, ja, vielerorts bis 1848, über der Alten Welt herrschte, war nur Symptom des vergeblichen

---

1 Zitiert nach Patrice Gueniffey, Le »Napoléon« de François Furet, in: La vie des idées, 16 novembre 2007, p. 13.

Versuchs, den Bruch durch das künstliche Koma eines wiederhergestellten *ancien régime* zu heilen.

Madame de Pompadour hatte ihren unbedingten Wunsch, an der Seite Ludwigs XV. zu stehen, noch subversiv in den Formen der bourbonischen Hofkultur verwirklicht. Nur ihr, dem weltgeschichtlichen Individuum *au féminin* im 18. Jahrhundert, war es, vielleicht ein letztes Mal, gelungen, vorwärts zu begehren und rückwärts zu leben. Ihr galanter Umsturz der alten Macht war fast unbemerkt in den bestehenden Verhältnissen aufgegangen. Ihre Unterwanderung der höfischen Realität hatte diese scheinbar bestätigt. Jeanne-Antoinettes unglaubliches Leben war ein Unterschied, der äußerlich keinen Unterschied machte. Napoleon, der Unglaublichere, bewirkte heftigere Unterschiede als jemals ein Mensch zuvor, falls man die Stifter der großen »Religionen« vom Vergleich ausnimmt. Er zwang das unnachgiebige Begehren und den vorwärts gerichteten Daseinstrieb zu einem ungeduldigen Gespann zusammen. Die Einheit aus Angriff und Zustand hatte er gesucht und während eines unvergleichlichen Jahrzehnts gefunden. Er war die Aktion, zu der Europa die Reaktion wurde.

Napoleon sah bis zuletzt nicht ein, daß sein am weitesten reichender Erfolg seinen dynastischen Mißerfolg zur Voraussetzung haben würde. Allgemein herrscht die Ansicht, sein Scheitern sei auf dem Feld von Waterloo, wenige Meilen südlich von Brüssel, besiegelt worden. Die entscheidende Niederlage hatte er jedoch an der Wiege seines im März 1811 in den Tuilerien von Paris geborenen Sohns erlitten, den er opernhaft zum »König von Rom« proklamieren ließ, als ob die intendierte neue imperiale Achse Paris–Rom schon eine vollendete Tatsache wäre.

Als er den Neugeborenen auf den Arm nahm, muß er gespürt haben, wie die Vokabel »unmöglich« in seinen Wortschatz zurückkehrte. Man hatte das mittels der Zange zur

Welt gebrachte Kind zunächst für eine Totgeburt gehalten und es auf einem Teppich beiseite gelegt. Als es zuletzt Lebenszeichen von sich gab, herrschte gewiß freudige Überraschung. Doch sosehr auch der Knabe zum Erstaunen der Mitwelt zu weinen und manifest zu leben begann – das »unschätzbar wertvolle Objekt der Übermittlung«, das Charisma der Legitimität, würde auf ihn niemals übergehen. Daran änderte selbst die Tatsache nichts, daß der Kaiser von Österreich, Franz II., sich seinem Enkel in späteren Jahren wohlwollend zuwandte. Nach der Verbannung seines Vaters auf die fatale Insel erhob er ihn in den Rang eines »Herzogs von Reichstadt«. Nie zuvor hatte man von einem solchen Adelsprädikat gehört. Was Kaiser künftig zum besten gäben, ob es in Wien, Moskau, Paris oder Berlin geschähe – es würde auf die Synthese von Politik und Operette hinauslaufen. Der romantische Titel »König von Rom«, den der Vater für den Sohn ersonnen hatte, erwies sich wie der Name »Napoléon II.« als eine Bagatelle – nicht anders als Napoleons scheinharmonische Ehe mit Marie-Luise, der achtzehnjährigen Habsburgertochter, die er – obwohl sie ihn vor der persönlichen Begegnung für den Antichrist gehalten hatte – nach der 1809 erfolgten Scheidung von Joséphine im März 1810 ferngeheiratet und nach ihrer Ankunft in Paris einen Monat später im Galopp geschwängert hatte.

Daß selbst der legitime leibliche Sohn eine Improvisation blieb,[1] brachte die Wahrheit über Napoleons Bezug zur Zukunft zum Vorschein. Seine ungeheure Wirkung auf die Nachwelt würde nicht dynastischer Natur sein. Hatte er nicht durch seine Erscheinung das alte psychologisch-juristische Gewebe von Filiation, Erbschaft und Transmission

---

1 Für die Zukunft seines anderen, im Mai 1810 geborenen, illegitimen Sohns mit Maria Waleska, Alexandre Walewski, versuchte Napoleon durch die Einrichtung eines Majorats in Neapel vorzusorgen, verlor jedoch nach seiner Verbannung den Einfluß auf dessen Schicksal.

zerrissen? So gerne er die Devise »nach mir die Legitimität« ausgegeben hätte, seine faktische Sukzession würde den verwilderten Nachahmungen gehören, zahllos und ohne zivilisierte Kriterien. Was kam, war eine Sintflut von napoleoniden Existenzen in allen Kontinenten und Fakultäten. Seine luftgezeugten Söhne bevölkern seit 1821, seinem Todesjahr, bis zum heutigen Tag die Gipfelkonferenzen der Staatsmänner auf allen Erdteilen. Sie animieren die Kunstakademien, die Lehrstühle für Philosophie, die russischen Romane, die Chefetagen der Großbanken, die Intendanzen der Opernhäuser, die höchsten Positionen multinationaler Konzerne – um von seinen klinisch auffälligen Nachkommen nicht zu reden, unter denen die eine Hälfte als er selbst, die andere als seine Söhne in Bicêtre, Charenton und vielen anderen Irrenhäusern Frankreichs und Europas auftauchten. Allein im Jahr 1840, dem Jahr der Überführung seiner sterblichen Hülle von Sankt Helena nach Paris, verzeichnete Doktor Voisin in Bicêtre die Einlieferung von dreizehn oder vierzehn Kaisern.[1] Es ist nicht auszuschließen, daß selbst Nietzsches Zarathustra, der bei der Verkündung des Übermenschen vorgibt, in die Zukunft zu blicken, in Wahrheit zu dem gewalttätigen Korsen zurückschaut. Wie sonst könnte Nietzsche ihn sagen lassen: »Die Krone des Lachenden ...: ich selber setzte mir diese Krone auf ...«?[2]

Napoleons Nachfahren verkörpern eine Wirkung, die nicht in Erbschaft, sondern in verwilderter Iteration besteht. Die Flut deregulierter Ambitionen *post Bonaparte*, die bis heute ständig neue unvorhersehbare Zuflüsse erfährt, fügt sich zum Zusammenhang aus Zusammenhanglosigkeiten, in

1 Laure Murat, L'homme qui se prenait pour Napoléon. Pour une histoire politique de la folie, Paris 2011, S. 163.
2 Friedrich Nietzsche, Also sprach Zarathustra IV, Vom höheren Menschen 18.

dem man die Handschrift des Wirklichen nach dem Hiatus erkennt. Ihm heften neuere Globalhistoriker, von Berufs wegen zur Irreführung ihrer Klientel verdammt, den Titel »Weltgeschichte« an.

Den ersten Nachfolger, der seinen Fußabdruck in den Chroniken der Karibik hinterließ, zog Napoleon heran, bevor er selbst an die Zeugung eines leiblichen Erben durch die Verbindung mit dem Haus Habsburg hatte denken können. Wenige Monate nach der Kaiser-Proklamation von Saint-Cloud im Mai 1804 war der bastardisch-usurpatorische Funke von Paris auf die bis vor kurzem französische Kolonie Saint-Domingue übergesprungen, die sich nach der erfolgreichen Auflehnung schwarzer Rebellentruppen gegen die europäische Herrschaft Haïti nannte.

Am 6. Oktober 1804 hatte sich der schwarzhäutige General Jean-Jacques Dessalines (1758-1806) zum Kaiser von Haïti gekrönt. Er hing offenbar der Überzeugung an, daß Lesen und Schreiben nicht zu den Pflichten eines Staatsmanns gehören. 1758 auf der Insel geboren und während seiner ersten dreißig Lebensjahre Sklave auf Zuckerrohrplantagen französischer Herren, war er als Offizier in der aufständischen Armee des charismatischen Revolutionsführers Toussaint Louverture zu Erfolg und Ansehen gelangt. Die Unabhängigkeitserklärung seines Landes war ein Dreivierteljahr zuvor, am 1. Januar 1804, erfolgt. Mit diesem Januar-Ereignis war die ehemals französische Kolonie dem amerikanischen Beispiel gefolgt, mit der kaiserlichen Usurpation dem napoleonischen Vorbild vom Mai 1804. Durch den Akt der Selbstkrönung kam Dessalines seinem Vorbild im ehemaligen Mutterland um zwei Monate zuvor – ob Napoleon von seiner Überholung durch ein karibisches Double Kenntnis hatte, läßt sich nicht sicher ermitteln. Was wäre sein Kommentar gewesen? Vielleicht, daß man Insel-

Emporkömmlingen alles zutrauen darf. Eine Probe seines Verständnisses von Unabhängigkeit gab Dessalines, als er, zur Vergeltung für die von Napoleons Truppen begangenen Greueltaten, alle in Haïti verbliebenen Franzosen abschlachten ließ. Zwei Jahre nach seiner Krönung fiel er einem von seinem Nachfolger befohlenen Attentat zum Opfer.

Im übrigen sollte Napoleons späterer französischer Imitator, der Überraschungskaiser Napoleon III., in der Person des ehemaligen schwarzen Sklaven Faustin Soulouque ebenfalls sein haïtianisches Double erhalten. Dieser regierte von 1849 bis 1859, unter dem Namen Faustin I., als improvisierter Kaiser eines zerrissenen Landes. Seine prunkvolle Rücksichtslosigkeit verschaffte jüngeren europäischen Modellen auch in Haïti Geltung. Im Rahmen seiner Möglichkeiten kopierte Faustin die Formen und Symbole des *Second Empire* bis ins Detail. Ein lächelnder Herrscher über ein Reich karibischer Geister, stellte er, ökumenischer gesinnt als zu seiner Zeit üblich, die Voodoo-Kulte seiner Insel den katholischen Riten gleich, sehr zum Mißfallen des fernen Vatikans, dem am Unterschied zwischen dem einen Gott und den vielen Spuk-Erscheinungen mehr gelegen war, als dem großzügigen Vernachlässiger dieser Nuancen zu erklären war.

Sollte man heute behaupten, diese pompösen Entkolonisierten seien durch falsche Vorbilder von ihrer wahren Identität entfremdet worden? Oder wären sie besser als schlagfertige Plagiateure der westlichen Herrschaften zu begreifen? Waren sie nicht von Anfang an ironische Kopisten, die sich über die post-kolonialen Studien des späteren 20. Jahrhunderts mitsamt ihren mühsamen Diskursen über subalterne Aspiration, Hybridität und Anerkennung im voraus lustig machten?

Zu seinem Glück nimmt der soeben vom Papst gesalbte Selbstgekrönte, während er vor dem Altar von Notre-Dame de Paris steht, nur einen von den beiden Abgründen wahr, den hinter ihm liegenden, aus dem er sich erhoben hat. Corte wird für immer ein Felsennest ohne Bedeutung bleiben, in den von Gestrüpp überwachsenen Bergen Korsikas versteckt. Nach der Salbung wendet sich Napoleon zu seinem um ein Jahr älteren Bruder und sagt leise: »Joseph, wenn unser Vater uns sehen könnte!«

Zürich, den 5. Februar 1916

Das Aufklaffen des Hiatus, dessen manifestes Resultat man die Moderne nennt, vollzog sich trotz aller Restaurationen und neo-seriöser Mittellösungen während des gesamten 19. Jahrhunderts so unbeirrt, als ob ihm ein okkulter Plan zugrunde gelegen hätte. Das Streben der europäischen Machtstaaten nach einem Platz an der nach-napoleonischen Sonne war mit einer Unaufhaltsamkeit vorangeschritten, die einem globalen Fatum nahekam. Während die Anhänger von Karl Marx in den »Produktionsverhältnissen« die Basis des sozialen Lebens erkennen wollten, die von einem labilen Gestell aus religiösen, rechtlichen und kulturellen Fiktionen überbaut wäre, hatten sich die effektiven Triebkräfte der Entwicklung längst zu einem System aus bewaffneten Phantasmen ausgeformt. Expansive Begehrlichkeiten drängten auf die Weltmärkte und Weltmeere, sie forderten neue Weltbeschreibungen und Weltverhandlungen. Sämtliche Versuche der europäischen Nationalstaaten, sich im Hiatus zu konsolidieren und ihn durch Expansionspolitik beherrschbar zu machen, hatten es nicht vermocht, den allseitig anschwellenden Überschuß an kollisionsbereiten Energien unter Kontrolle zu bringen.

Die Kugeln von Sarajewo am 28. Juni 1914 gaben das Signal für die Selbstverbrennung der überschüssigen Kräfte, die in den rivalisierenden Nationen aufgehäuft worden waren. Ausnahmslos hatten die größeren Agenturen politischer Macht im Lauf des 19. Jahrhunderts die Form von National-Imperien angenommen, mit starken Industrien, agitierten Massen und ausgreifenden kolonialen Projekten. Sie verfügten nicht nur über Flotten, stehende Heere und hysterogene Massenmedien, sie konnten auch auf das von der Französischen Revolution inspirierte Institut der allgemeinen Wehrpflicht zurückgreifen. Dieses brachte das Axiom des politischen und metaphysischen Kollektivismus auf seine moderne Form, wie sie in der Ära der napoleonischen Kriege explizit geworden war: wonach die Einzelnen – allen Reden von unantastbarer Menschenwürde zum Trotz – auch in heutiger Zeit in letzter Instanz nicht sich selbst gehören, sondern im Ernstfall sich von ihren »Kulturen« verbrauchen lassen müssen.

Wie üblich war die Macht des Schicksals im Sommer 1914 damit einverstanden, wenn untergeordnete Instanzen die Katastrophe auf den Weg brachten. Man weiß seitdem, daß, wer auf den Weltuntergang setzt, österreichische Beamte mit der Abwicklung des Verfahrens betrauen darf. Wer sonst hätte zugelassen, daß das Fahrzeug des Thronfolgers Franz Ferdinand und seiner Frau Sophie nach einem ersten Bombenwurf den Weg durch die Menge noch einmal in entgegengesetzter Richtung versuchte – bis es, aufgrund eines zusätzlichen Fehlers des Chauffeurs, der ein Umkehrmanöver unternahm, an der Lateinerbrücke direkt vor die Pistole des Autors der Todesschüsse, Gavrilo Princip, gelangte, eines übermotivierten 19jährigen, dem man kurz zuvor aufgrund seiner schmächtigen Statur die Aufnahme in serbische Befreiungskampfverbände verweigert hatte? Die neuere Weltgeschichte hatte ihre Handschrift bis auf eine Nuance kaum verändert: Neben dem Lächerlichen, das Napoleons Auftritte in manchen entscheidenden Momenten umgab, prägte sich das Absurde in ihre Schriftzüge.

Die Verantwortlichen in den involvierten Hauptstädten, Wien, Belgrad, Berlin, Moskau und Paris, würden folglich entscheiden müssen, welche Konsequenzen aus dem Zwischenfall von Sarajewo gezogen werden sollten.[1] Der deutsche Beitrag zum Konsequenzenziehen lag vor allem im leichtfertigen Agieren des Staatsekretärs im Auswärtigen Amt, Gottfried von Jagow, der von Berlin aus der österreichischen Regierung Signale sandte, die diese nur als blinde Unterstützung ihrer präpotenten Serbien-Politik mißverstehen konnte. Doch wünschte nicht auch Reichskanzler Bethmann Hollweg, an den Serben solle ein Exempel statuiert werden? Das übrige bewirkte der militaristisch mißbildete »deutsche Geist«, von dem Nietzsche notiert hatte, seine Vorzüge beschränkten sich auf »Gehorsam und lange Beine«. Kaiser Wilhelm II. gab eine Probe seines Verständnisses von Weltpolitik, als er am 6. Juli an Bord seiner Yacht *Hohenzollern* von Kiel aus Richtung Norwegen in See stach, um erst am 28. Juli zurückzukehren – er hatte in dem Zwischenfall von Sarajewo keinen Grund gesehen, seine Urlaubspläne zu ändern.

Da die Neigung, eine Bombe zu zünden, in der Luft lag, waren nicht wenige unter den Akteuren bereit, den Anlaß zu nutzen, um ihren Beitrag zum angekündigten Weltbrand zu leisten. Einen Monat lang wanderte der Funke von Sarajewo durch die Korridore der europäischen Diplomatie – man nannte den Vorgang später elegant die »Julikrise«. Dann endlich war bei den wichtigsten Konfliktparteien der Konsensus erzeugt, dies solle der erwartete Auslöser zu dem

---

1 Christa Pöppelmann, Juli 1914 – Ein Lesebuch: Wie man einen Weltkrieg beginnt und die Saat für einen zweiten legt, Berlin 2013.

für unvermeidlich gehaltenen Krieg gewesen sein. Jede Seite hatte den Vorgang für sich so lange zurechtformuliert, bis sie imstande war, die eigene Entscheidung als eine von heiliger Notwendigkeit diktierte Antwort auf die unerträgliche Provokation der anderen zu begründen. *On dit fort bien quand on dit que la guerre mondiale va toute seule.*
Der massenhafte Jubel nach den Kriegserklärungen in Deutschland und anderen Nationen ist unter dem komplementären Begriff »Augusterlebnis« in die Geschichtsbücher eingegangen. Noch immer bilden die Affektstürme des August 1914 ein moralisches Rätsel und einen anthropologischen Skandal – obwohl es angemessener wäre, von einem moralischen Skandal und einem anthropologischen Rätsel zu sprechen. Offensichtlich gibt es tiefreichende emotionale Kategorienfehler, die den Aufbruch in die Vernichtung wie eine Fahrt ins Glück erscheinen lassen.[1]
Es bedarf einer guten Dosis an Kaltblütigkeit, um die Statistiken zu lesen, welche die Resultate des Ersten Weltkriegs bilanzieren. Man sollte den von Ludwig Wittgenstein notierten Satz, wonach die Menschheit im ganzen nicht in größerer Not sein kann als ein einzelner Mensch, aus dem Bewußtsein verbannt haben, bevor man sich die Listen vornimmt.
Demnach sind auf der Seite Österreich-Ungarns 1,2 Millionen gefallene Soldaten und 3,6 Millionen Verwundete zu verzeichnen, auf der Seite des Deutschen Reichs zwei Millionen gefallene Soldaten und 4,2 Millionen Verwundete, dazu fast eine Million getötete Zivilisten; auf der Seite Ita-

---

1 Die plausibelste Deutung der Vorgänge hat m. E. Herfried Münkler in seinem Werk über den Ersten Weltkrieg geboten (H. M., Der Große Krieg. Die Welt – 1914 bis 1918, Reinbek bei Hamburg 2013) indem er die Ekstasen des August 1914 als eine Gelegenheit massenhafter Subjektwerdung deutete: Unzählige hätten mit einem Mal die Chance wahrgenommen, sich von passiven Duldern einer Opferung (»victima«) in Akteure einer Selbstopferung (»sacrificium«) zu wandeln.

liens 650.000 gefallene Soldaten, 950.000 Verwundete und
über eine Million Zivilisten.

Im Lager der Alliierten fallen die Exzesse nicht weniger
deutlich aus: Neben den russischen Opfern, die 1,7 Millionen Gefallene, fast 5 Millionen Verwundete und 2 Millionen
getötete Zivilisten umfassen, haben Frankreich mit 1,2 Millionen gefallenen Soldaten und 4 Millionen Verwundeten
sowie Großbritannien mit 710.000 Toten und 1,6 Millionen
Verwundeten enorme Verluste hinzunehmen. Rechnet man
bei den Briten die Gefallenen aus den Commonwealth-
Nationen hinzu: afrikanische Kolonien (48.000), Australier
(59.000), Neuseeländer (16.000), Inder (72.000) und Kana-
dier (66.000), versteht man nicht nur, warum der europäische Krieg von 1914 bis 1918 zu Recht der »Weltkrieg«
hieß. Anhand der Statistik begreift man auch, mit welcher
Energie die Mobilisationswelle einen Großteil des Planeten
überrollte. Bildet man die Summe der Opfer aus allen 38
am Krieg beteiligten Nationen, von denen 28 Truppenkon-
tingente stellten, ergeben sich Zahlen jenseits aller Einbil-
dungs- und Einfühlungskraft: Von über 71 Millionen mobilisierten Soldaten starben 9,3 Millionen in Kämpfen an der
Front, mehr als 21 Millionen wurden verwundet, mehr als
7,8 Millionen Zivilisten verloren ihr Leben.

Daraus geht hervor, daß 62 Millionen Veteranen in ihren
jeweiligen Herkunftskulturen als Informanten über das Erlebte firmieren konnten. Dies müßte, zusammen mit dem
beredten und beschämten Schweigen der Kriegsheimkeh-
rer, den zögernden Eintritt der westlichen Zivilisation in
eine postheroische Phase mitbewirkt haben – die freilich
nicht vor der zweiten Hälfte des 20. Jahrhunderts manifest
wurde. Von dieser Wendung blieben allein die USA und die
Sowjetunion unberührt, die beide auch nach dem Zweiten
Weltkrieg am imperial-heroischen Standard festhielten – bei
gleichzeitiger Hinwendung zu konsum-kulturellen Wer-

ten.[1] Der Historiker William Blum spricht vom fortbestehenden amerikanischen Militarismus als einer so manifesten wie unbeachteten Macht der »Massenvernichtung«,[2] indes der Friedensforscher Johan Galtung die Tötungsleistung von US-Militär und CIA zwischen 1945 und 2010 auf 13 bis 14 Millionen Menschenleben beziffert.

In den meisten Nacherzählungen der Kunstgeschichte des 20. Jahrhunderts wird der 5. Februar 1916 als offizielles Geburtsdatum der Dada-Bewegung, später »Dadaismus« genannt, angegeben. An diesem Tag rief eine kleine Künstlergemeinde unter der Führung von Hugo Ball und seiner Lebensgefährtin Emmy Hennings das nachmals berüchtigte und berühmte *Cabaret Voltaire* in der Zürcher Spiegelgasse ins Leben. Bis heute sind Fernwirkungen der exzentrischen Gründung zu beobachten, die binnen weniger Tage bei den Beteiligten einen »undefinierbaren Rausch« hervorrief, verursacht durch eine über Monate anhaltende Kettenreaktion der Ideen im Medium fünf konträrer Temperamente.

Im Rückblick ist leicht erklärbar, wieso die künstlerische Dürftigkeit der Dada-Erzeugnisse jener Tage – bis zu ihrer Aufhebung im französischen Surrealismus – durch die ideengeschichtliche Bedeutsamkeit Dadas als Zäsur im Überlieferungsgeschehen des alteuropäischen Decorum aufgewogen wurde.[3] Wenn es gerechtfertigt ist, im Rahmen einer allgemeinen Kulturtheorie auf die Vorführungen des

---

1 Aus der Sicht der genetischen Kulturtheorie wären die USA als »eine Kriegskultur im paradoxalen Schlaf« zu bestimmen. Vgl. Heiner Mühlmann, Die Natur der Kulturen, a.a.O., S. 219.

2 William Blum, Die Zerstörung der Hoffnung. Bewaffnete Interventionen der USA und des CIA seit dem 2. Weltkrieg, Frankfurt am Main 2008.

3 Vgl. die von Bazon Brocks Kulturtheorie inspirierten Ausführungen Heiner Mühlmanns zum Decorum-Begriff in: Die Natur der Kulturen, S. 99 f.

Zürcher Kabaretts und seine Metastasen in Berlin, Paris, New York, Hannover und andernorts wie auf Paradigmen folgende Kulturprozesse zurückzukommen, so ausschließlich deswegen, weil sich mit ihnen die Erinnerung an ein für alle weiteren Stadien der ästhetischen und außerästhetischen Moderne grundlegendes Ereignis verbindet: Man könnte es die Sprengung der alteuropäischen Sinn-Systeme durch die Nullpunkt-Geste nennen.

Daß der Dadaismus in erster Linie als die Manifestation eines Nullpunkt-Experiments zu verstehen ist, läßt sich an drei Aspekten seiner Entwicklung erläutern: zunächst durch die Auslegung des Strebens zum Nullpunkt als Regression und Infantilisierung – Hugo Ball spricht von »alberner Naivität und zeugungsfroher Verbundenheit mit dem Kinderwagen«,[1] die durch das Wort »Dada« evoziert würden. Zum zweiten durch die Aktualisierung des Zugs zum Nullpunkt als das Hier-und-Jetzt des Spielens auf der Improvisationsbühne – wodurch die Zürcher Dada-Abende zum Ausgangspunkt der Performance-Künste im 20. Jahrhundert wurden. Legendär ist noch immer Hugo Balls Auftritt im Kostüm eines imaginären Schamanen, den er später in einen »magischen Bischof« umbenannte. Und schließlich durch die Auffassung des Nullpunkts als toten Punkts des Sinns – was zur Lizenzierung der Nonsense-Rede führte, ja, in letzter Zuspitzung zur Abkehr der Sprache vom Dienst an der Bedeutung und an der Formung kommunikativer Beziehungen.

Wer das Archiv der Dada-Reliquien und Anthologien durchmustert, könnte erstaunlich finden, wie wenig explizite Bezüge auf das Kriegsgeschehen sich nachweisen lassen, obwohl die fortwährenden Exzesse an den Fronten die atmosphärische Prämisse sämtlicher Dada-Produktionen bil-

---

1 Hugo Ball, Die Flucht aus der Zeit (1927), Luzern 1946, S. 88.

den. Hugo Ball hat sporadisch auf die Beziehungen zwischen dem Kabarett und dem Geschehen in den Schützengräben hingewiesen: »Was wir zelebrieren, ist eine Buffonade und eine Totenmesse zugleich.« »Der Dadaist kämpft gegen die Agonie und den Todestaumel der Zeit.«[1] Zu der auffälligen Aussparung mag die aparte Lage des Dada-Aufbruchs von 1916 in der neutralen Schweiz das Ihre beigetragen haben. Die meisten Aktiven der Spiegelgasse – wie auch die Künstler, die in der Ende März 1917 in der Zürcher Bahnhofsstraße eröffneten *Galerie Dada* ausgestellt wurden – waren erklärte Pazifisten. Einige hatten sich in die Schweiz abgesetzt, um der Einziehung in den Armeedienst zuvorzukommen. Aus einer Kultur der Desertion vom Krieg hervorgegangen, entwickelte sich Dada wie unter einem zivilisationsdynamischen Diktat zu einer Schule der Desertion von der überlieferten Kultur schlechthin. Der Kultur-Deserteur verbrennt den Einberufungsbefehl zum Dienst an den bloßgestellten und delegitimierten Fabrikationen eines Systems entgleister Militärstaatskulturen.

Um die Nullpunkt-Geste auszuführen, mußte der Dada-Geist eine Kaskade von Weigerungen durchlaufen, beginnend mit der impliziten Kriegsdienstverweigerung und der expliziten Kriegsablehnung. Weil alle Künstler dieser Tage den dichten Zusammenhang zwischen kriegerischem Realismus und bürgerlich-idealistischer Kultur gewittert hatten, gleich ob intuitiv oder in begrifflicher Darlegung,[2] ging bei ihnen die Kriegsdienstverweigerung unmittelbar in Realitätsdienstverweigerung über, ergänzt von der Verweigerung gegen den Idealismus, um von der seit romantischen Tagen

---

1 Dada Zürich. Texte, Manifeste, Dokumente, hg. von Karl Riha, Stuttgart 2010, S. 11 und 17.
2 Vgl. Krieg und Kunst, herausgegeben von Bazon Brock und Gerlinde Koschik, München 2002; Heiner Mühlmann, Über Bazon Brock: Kunst und Krieg. Das säuische Behagen in der Kultur, Köln 1998.

habituellen Bürgerverachtung des künstlerischen Milieus nicht zu reden. Sofern Realismus wie Idealismus mentale Ansprüche auf Ernst erheben – Sartre wird ihn später als den *esprit de sérieux* ironisieren –, münden die diesbezüglichen Weigerungen instinktsicher in eine allumfassende Seriositätsdienstverweigerung. Eine von Dadaisten mitgestaltete Berliner Satirezeitschrift wird *Der blutige Ernst* heißen. Man hätte seither wissen können, daß die Ernstnehmerei, die wenig später im Hitlerkult wie im Stalinkult kulminieren wird, schon die Hälfte des Wegs in die Selbstvernichtung bedeutet.[1]

Der Absage an die Seriosität tritt *a priori* die Kohärenzverweigerung zur Seite. Die Dada-Geste *par excellence* ist die destruktive Selbstbezüglichkeit. Sie markiert die Einsicht, wonach sich der Nullpunkt als Standpunkt nicht eignet. Wenn Dada überhaupt eine Art von »Existenz« zukommt, so in ständiger Selbstdurchstreichung. Der Weltgeist von 1916 redet nicht mehr in ganzen Sätzen, er bringt keinen Paragraphen zu Ende, er buht sich selber aus, er glaubt nicht mehr, daß aus Geschichten etwas folgt, erst recht nicht, daß aus der großen Geschichte etwas zu lernen sei. Helle Einzelne haben dieses klimatische Apriori der Zeit längst in sich aufgesogen. Die Inkohärenz durchdringt alle Lebensregungen. In seinem Tagebuch ermahnt Ball unter dem Datum des 11. April sich selbst: »Man soll aus einer Laune keine Kunstrichtung machen.«

Der letzte Schritt zur Sinndienstverweigerung ist erreicht an der Schwelle, jenseits welcher noch die Zumutungen des Satzbaus und der korrekten Wortbedeutung abzuschütteln sind. Es kann kein Zufall sein, daß Hugo Ball, der allen Einsprüchen gegen den Ernstkomplex zum Trotz ernsthafteste Kopf unter den Zürcher Dadaisten, schon im Lauf des

---

1 Vgl. Heiner Mühlmann, Über Bazon Brock, a. a. O., S. 70.

Sommers 1916 den Vorstoß zum Genre der Lautgedichte und der bruitistischen Performance unternahm – intendiert als Befreiung des sprachlichen Materials von der Tyrannei des Sinns. Das Lautgedicht will die Ehre der Vokale, Konsonanten und Silben wiederherstellen, nachdem die auf Kommunikation ausgerichtete Sprache bis in ihre kleinsten Partikel durch die Reden patriotisch aufgeblähter Politiker, bellizistischer Journalisten, konformistischer Wissenschaftler und bürgerlicher Literaten kompromittiert schien. Mit der symbolischen Ordnung im ganzen war auch die Sprache im Abgrund der Illegitimität versunken. Der Schund, die Schande, die Verhetzung waren allenthalben an die Stelle der sinnvollen menschlichen Rede getreten. Wenn ein neurotischer Kaiser in seiner Ansprache vom 4. August 1914 vor dem Reichstag das Volk zu den Waffen rufen konnte mit den Worten: »Uns treibt nicht Eroberungslust, uns beseelt der unbeugsame Wille, den Platz zu bewahren, auf den Gott uns gestellt hat, für uns und alle kommenden Geschlechter ... In aufgedrungener Notwehr und mit reinem Gewissen und reiner Hand ergreifen wir das Schwert. Ich kenne keine Parteien mehr ...«, so durfte eine adäquate, über den Parteien stehende Antwort lauten: »gadji beri bimba glandridi laula lonni cadori ...«.[1] Und weiter (klagend und mit fallender Stimme zu sprechen): » ombula / take / biti / solunkola / tabla tokta tokta tababla / tata tak / Babula m'balam / tak tru ü ...«[2]

Die Sprengkraft des Dadaismus liegt darin, daß er die geistige Signatur des Daseins im Hiatus, die Unmöglichkeit, glaubhafte Nachkommen und Nachfolger zu haben, erstmals in vollendeter Radikalität artikulierte. Er hat Ge-

---

1 Hugo Ball, Gadji beri bimba, in: Dada Zürich, a. a. O., S. 68.
2 Hugo Ball, Totenklage, in: Dada Zürich, a. a. O., S. 69.

schichte gemacht, indem sich in ihm das Nichtkönnen in ein Nichtwollen umkleidete. Von Anfang an schloß er sich selbst in die totale Delegitimierung ein, die er dem bürgerlichen Kultursystem attestierte. Nichts ist in den Manifesten der Dadaisten so auffällig wie der Eifer, mit dem sie betonen, Nachahmung sei zwecklos und Weiterführung sinnlos. Mitmachen könne zwar jeder, wichtig werden aber könne niemand mehr. Wenn das 19. Jahrhundert, das man mit Grund das bürgerliche nannte, den Versuchen gehört hatte, die Erschwerung der Filiationen nach dem Hiatus mit allen erdenklichen Mitteln zu kompensieren – von den Häuslichkeitsträumen der *Gartenlaube* bis zu Nietzsches überangestrengter Ewiger Wiederkehr des Gleichen –, so proklamiert der Dadaismus, in seiner Berliner Variante zumal, die pure Aktualität ohne Davor und Danach. Er erhebt das Einverständnis mit der Folgenlosigkeit zum Prinzip. Mehr noch, er verbietet den Gedanken an die Folge, da die Widerspiegelung des Weltwahnsinns in inkohärenten symbolischen Reflexen nicht zur Vorlage für legitime Wiederholungen taugt. Tritt Dadaismus prinzipiell bilderstürmerisch auf, verfährt er unvermeidlich auch auto-ikonoklastisch.

Hiermit setzt der Dadaismus den Kammerton für das 20. Jahrhundert: Mit ihm nimmt das reine Nacheinander ohne Entwicklungs- und Übermittlungssinn seinen Lauf. Für die Akteure dieser Künste nach der Kunst gibt es keine Geschichte mehr, sondern nur noch einen Marktplatz der Intensitäten, auf dem es genügt, Hier-Hier und Jetzt-Jetzt zu sagen. Der Sturz nach vorn zieht in die Künste ein. »Dadaist sein heißt, sich von den Dingen werfen lassen.«[1] Die Iteration ersetzt die Generation. Verpönt ist der bloße Gedanke an ein Erbe. Das Spätere hat dem Früheren nur noch die Aktualität voraus. Werden Vaterschaften auch allgemein

---

1 Dada Berlin. Texte, Manifeste, Aktionen, hg. von Karl Riha, Stuttgart 2009, S. 25.

zurückgewiesen, geraten sie, falls sie sich doch ereignen, real und metaphorisch zu Anlässen für Väter, ihre Kinder zu fressen.[1]

In der gemeinsamen Teilnahme am Sturz nach vorn gründet die falsche Freundschaft zwischen der modernen Kunst, soweit sie post-dadaistisch ist, und dem Kommunismus von 1917: Beide brechen mit dem Herkommen – was sie dazu zu prädestinieren scheint, als Brüder im Geist der Destruktion bestehender Strukturen aufzutreten. In Wahrheit sind sie von Anfang an durch ihre primären Regungen getrennt: Während sich der Kommunismus zu Beginn als eine Utopie neuer Filiationen in einer klassenlosen Gesellschaft präsentierte, waren die von der Dada-Zäsur geprägten Künstler *a priori* vom Primat der Diskontinuität überzeugt. Hugo Ball hat die tief ironische Beziehung des Dadaismus zum Bolschewismus erfaßt, als er ihn als dessen »Gegenspiel« charakterisierte: Während die kommunistische Aktion auf Destruktion und vollendeter Berechnung beruhe, stelle der Dadaismus ihr »die völlig donquichotische, zweckwidrige und unfaßbare Seite der Welt gegenüber«.[2] Raoul Hausmann nannte in seinem *Pamphlet gegen die Weimarische Lebensauffassung*, 1919 in der stirnerianischen Zeitschrift *Der Einzige* erschienen, den Kommunismus »einen schönen Wahnsinn«, »eine Religion der ökonomischen Gerechtigkeit«. So redet keiner, der vorhat, ein zuverlässiger Genosse zu werden. Zur Höhe des prophetischen Realismus erhebt sich Johannes Baader, wenn er in seinem absurdistischen Dramolett *Deutschlands Größe und Untergang* aus dem Dada-Almanach von 1920 die »Proktatur des Diletariats«[3] ankündigt.

---

1 So der Konzeptkünstler Marcel Broodthaers über René Magritte.

2 Hugo Ball, Die Flucht aus der Zeit, Notiz vom 7. Juni 1917, a. a. O., S. 163.

3 Johannes Baader, Deutschlands Größe und Untergang, in: Dada Almanach, hg. von Richard Huelsenbeck, Berlin 1920, S. 91-95.

Die Unmöglichkeit, den Nullpunkt als Standort festzuhalten, dokumentiert sich in der spirituellen Entwicklung Hugo Balls. Des Zürcher Hexensabbats überdrüssig und an der Beschränktheit pragmatischer Politik nach dem Krieg verzweifelt, rekonvertiert er im Juli 1920 zu einem unzeitgemäßen Katholizismus frühchristlich-mönchischen Stils und zieht sich in ein Dorf im Tessin zurück, wo er, in enger Freundschaft mit Hermann Hesse, an einer Kritik der Reformation und einer Reihe von byzantinischen »Heiligenleben« arbeitet – in einer Prosa, die den Glanz und die Strenge des gregorianischen Gesangs widerhallen läßt.

In seinem Essay *Der Künstler und die Zeitkrankheit*, im November 1926 verfaßt, tastet Hugo Ball nach Korrespondenzen zwischen Besessenheit und Neurose und deckt prekäre Parallelen zwischen Exorzismus und Psychoanalyse auf. Was man seither »Zeitdiagnostik« nennt, besitzt in diesem mental-pathographischen Meisterstück ein Paradigma von nie wieder erreichter Höhe.

Vom unhaltbaren Stand am Nullpunkt – an welchem Status und Exzeß ins eins fallen – führt die Fluchtlinie von Hugo Balls nach-dadaistisch katholisierender Periode zu einer radikal anachronistisch erneuerten Idee des Heiligen. Die moderne Versuchung, auf der Höhe der Zeit existieren zu wollen, verwirft er von da an mit einer Mischung von Hellsicht und Wille zur Verblendung. Die Zeit selbst treibt nur noch Abgrundblüten – wer dürfte also glauben, allein die Zeitgenossenschaft sei die Quelle von Autorität? Tatsächlich meint Ball den Atem eines viel größeren Generationenzusammenhangs zu spüren, als er die Schriften der Wüstenväter aufschlägt. Die verschütteten Ursprünge des modernen Intellektuellen erschließen sich ihm in der monastischen Meditation – syrische und ägyptische Mönche sind die wahren Urbilder der Redner, die ihre Zeitgenossen zu Revolutionen aufrufen. Auf seiner »Flucht aus der Zeit« ist Ball sich sicher, das Wesen der Zeit selbst entdeckt zu haben: Er deutet sie als die Dimension, in der sich die Filiation der Heiligen vollzieht. Die verläßliche Zeitlinie in der Ära der Äußerlichkeiten wäre demnach die Kette des Zurufs, der ältere Heilige mit jüngeren Hörern verbindet. Noch hat kein Ideenhistoriker die Konstellation von Balls *Flucht aus der Zeit* (1927) und Heideggers *Sein und Zeit* (1927) aufgegriffen.

Mit 41 Jahren stirbt Hugo Ball in der Überzeugung, dem Geheimnis der Übermittlung auf der Spur zu sein. Ihm nachzugehen bis zur Quelle, hält er für seine Berufung, sollte der Preis dafür auch der Gang durch ein neues Zeitalter der Katakomben sein.

Einen diametral entgegengesetzten Winkel bei seiner Abstoßung aus der Phase des Nullpunkts wählte Walter Serner, ein zeitweiliger Mitstreiter der Zürcher Dadaisten – Verfasser des genialischen »Manifest Dada«: *Letzte Lockerung*, 1920 in Hannover erschienen, später ein Antipode der dadaistischen Grenzüberschreitungen und der improvisierten Zuckungen. Wie bei Hugo Ball kam auch bei ihm nur noch ein Zurück zur Form in Frage. Er kompensierte die allgemeine Bodenlosigkeit durch das Annehmen von Haltung. Wo Ball den Heiligen aufs Schild hob, lobte Serner den Hochstapler als Mann der Stunde. Während Ball sein Heil in der Erinnerung an klösterliche Askesen suchte, wollte Serner es in Trainingsanleitungen für den nachgemachten Mann von Welt gefunden haben. Hatte Serner 1920 geschrieben: »aus Sinnlosem stürzt Sinnloses«,[1] und über das kaum vermeidliche »Haltungsunvermögen«[2] bei den Heutigen doziert, wird er später ganz auf die kontrollierte Pose setzen.

Wie beiläufig gelang ihm in der älteren Version der *Locke-*

---

1 Walter Serner, Letzte Lockerung. Ein Handbrevier für Hochstapler und solche die es werden wollen, München 1984, S. 51.
2 Ibid., S. 53.

rung die bedeutendste Begriffsprägung seines Jahrzehnts für die Existenz im aufklaffenden Raum: »Lückenwut«. Sie ist die stärkere Version dessen, was Heidegger fast zur selben Zeit als »Geworfenheit« bezeichnet. Sie meint die Neigung des entsicherten Subjekts, aus Labilität um sich zu schlagen. Serner nannte das: »exzedieren«. Die Geste der Lückenwütigen besteht in dem Fehler, sich Überschüsse an törichten Vitalgesten zuschulden kommen zu lassen, in der Hoffnung, der Sinnlosigkeit durch Hektik zu entgehen. Schon in seiner dadaistischen Phase hatte Serner das Gesetz der permanenten Kompensation erfaßt: »Jeder ist von stürmischer Leere.« Was man das volle Leben nennt, ist »Füllung, bloß Füllung«. »Aber seid doch leer, so leer, wie ihr seid!«[1] Was ihn bewegt, ist nicht eine »Verhaltenslehre der Kälte«. Sein Augenmerk gilt der Haltungsübung im Hiatus.

Von überventilierten Ausdrucksschöpfungen im Dada-Stil sah Serner in späteren Jahren ab. Sein *Brevier für Hochstapler* von 1927 läßt sein Bemühen erkennen, die Langeweile mit dem Bluff, die Verzweiflung mit der stoischen Miene zur Kooperation zu zwingen. Nun empfiehlt er sich als Motivationstrainer für Angeber nach dem großen Bruch. Er nimmt die Delegitimierung sämtlicher Zustände als die neue Prämisse zeitgemäßen Daseins gelassen hin, weswegen ihm die Pose des Gentleman-Kriminellen als die sachlich richtige Entsprechung zum Geist des allgemein Gegebenen erscheint. Seine spätere Schrift dementiert ihren älteren Titel: Nicht Lockerungen stehen auf dem Plan, sondern Schritte zur Einübung in Attitüden der Überlegenheit. Dem Hochstapler ist es nur darum zu tun, von allem loszukommen, was ihm an Resten bürgerlicher Vorurteile anhaftete, über Momente der Schwäche und des Rückfalls in humane Illusionen hinweg. Man würde heute von Selbstdesign sprechen.

---

[1] Ibid., S. 37, 38.

Hochstaplerische Lebenskunst beruht auf dem Axiom, dem offenen Kampf unter allen Umständen auszuweichen. Wer kämpft, ist dem Ernst in die Falle gegangen.

Vom vormaligen Dada-Pathos, sich selbst *ad absurdum* zu führen, hat Serner nichts übernommen außer dem Vorsatz, die Fiktionen zu stabilisieren, von denen man sich in der großen Klaffung von Tag zu Tag rettet. Es bleiben nur zwei Dinge, wenn man die Summe zieht: das Nichts und die *bella figura* – Gottfried Benns Ptolemäer wird zwanzig Jahre später sagen: »die Soziologie und das Leere«. »Die Welt will betrogen sein, gewiß. Sie wird aber sogar ernstlich böse, wenn du es nicht tust.«[1]

Naturgemäß finden sich in Serners Schriften Spuren der Sympathie für Napoleon, den Helden des neusachlichen Jahrzehnts. »Napoleon? Der größte Blagueur aller Zeiten.«[2] Dem Literaten der zwanziger Jahre gefällt, daß der erstaunliche Mann beim Wiederlesen seiner ägyptischen Proklamation gesagt haben soll: »Das ist ein bißchen marktschreierisch!«[3] In der Tat sind dem pragmatischen Korsen jederzeit »sehr erfreulich frische Hemmungslosigkeiten« zuzutrauen, ganz passend zu den jüngsten Literaturkonzepten. Hat er nicht in einer kühnen Rede am Rande des Abgrunds den Thron »vier Stücke vergoldetes Holz und einen Fetzen Samt« genannt? – um dann die sachliche Definition durch eine egomanische Erklärung zu überbieten: »Nein, der Thron ist ein Mann, und dieser Mann bin ich … nun, so wißt denn, daß ich ein Mann bin, den man töten aber nicht entehren kann«?[4]

---

1 Ibid. S. 162. Im Original steht der zweite Satz in Großbuchstaben.
2 Ibid., S. 49.
3 Ibid., S. 38.
4 In seiner Rede an die Abgeordneten der französischen Kammer am 1. Januar 1814, die ihm seinen »fatalen Ehrgeiz, der seit 20 Jahren Europa schadet«, vorgehalten hatten.

Das Brevier des Hochstaplers enthielt eine Aussparung, weil es diese monumentale Aussage nicht anführen durfte. Sie wäre für den Hausgebrauch von Improvisateuren der vierten oder fünften Generation nach Bonaparte zu sperrig gewesen. Hinzu kam, daß das Sterben seit Jahren keinen Eindruck mehr machte. Was die Frage der Ehre anging, hatten die Post-Dadaisten sich auf eine Minimumstellung zurückgezogen. Wer redet davon, Throne zu verteidigen? Es genügt, sich nicht erwischen zu lassen. Daß die Marquise de Pompadour bei den Ihren nicht vergessen war, verstand sich von selbst. Immerhin schienen sachlichere Devisen fällig, seit man den Stand der Sintflut täglich in der Zeitung lesen konnte. Während der Gentleman in der Menge untertauchte, murmelt er vor sich hin: »Nach mir der Tripper«.[1]

Jekatarinburg, die Nacht vom 16. zum 17. Juli 1918

Die Ereignisse des August 1914 bildeten den Auftakt zum Jahrhundert der Enthemmungen. Die folgenden Jahre bewiesen, was Fortschritt auf der schiefen Ebene bewirken kann. Die Materialschlachten an allen Fronten Europas machten deutlich, welche Voraussetzungen erfüllt sein mußten, wenn die charakteristische mentale Operation der Zeit, das Totenzählen,[2] in die Größenordnung der sieben- und achtstelligen Ziffern vordringen sollte.

Heideggers berüchtigtes Theorem aus *Sein und Zeit*, 1927, wonach das »eigentliche« Dasein durch ein »Vorlaufen« in den eigenen Tod und das Zurückkommen von der

---

1 *Après moi la blénnorragie*, a. a. O., S. 48.
2 Der *body count* wurde erst während des Vietnam-Kriegs als mentale Waffe der US-Kriegführung erprobt, um die Zahl der Feind-Tötungen als Erfolg der eigenen Seite zu demonstrieren. Seine Wirkung blieb zu ambivalent, um über längere Zeit durchgeführt werden zu können.

letzten Zeitgrenze ins aktuelle Jetzt gewonnen werde, war die philosophische Begleitreflexion zur kriegsbedingten Erfahrung radikaler Existenzentwertung. »Dasein«, punktgenau gelesen, wollte besagen: ins Massengrab gestürmt und dank eines unbegreiflichen Zufalls aus ihm zurückgekehrt sein, »zurück« in ein vorgeblich ziviles Leben. Zivil jedoch kann das mobilisierte und heimgekehrte Leben nie mehr geraten. Jetzt, da in Millionenzahlen gestorben wird, nimmt das anonyme einzelne Dasein sich selbst schärfer denn je wahr. Es begreift sich als den inkommensurablen ontologischen Ausnahme-Tatbestand: Vor dem Hintergrund totaler Entwertung erfährt es sich als »Ausgesetzt-Sein«, als ein vibrierendes Leben, das weiterexistiert, weil die machthabende Vernichtung bislang an ihm vorbeigegangen ist. Indem dieses ins Bodenlose hineingehaltene Dasein so gut wie nichts ist, ist es doch anders als alles, was sich unter den Toten oder den bloßen Dingen aufhält.

Von da an wandelt sich die althergebrachte Sterblichkeit unter Gott in einen wenig erforschten Zustand: Sie nimmt die Färbung eines Auch-bald-schon-tot-sein-Könnens in Massengräbern an. Die Aussicht aufs baldige Ende steht mir, dem existierenden Noch-nicht-Toten, als meine »äußerste Möglichkeit« bevor. Die einzige wesentliche Unterscheidung, die ich noch treffen kann, liegt darin, die Möglichkeit der im Tod vollendeten Unmöglichkeit meines Daseins mit Entschiedenheit anzunehmen, statt in der Zerstreuung aufzugehen, die mir wie den übrigen Prä-Mortalen einflüstert, sie sei das »Leben«.

Was bei Heidegger »Sein-zum-Tode« hieß, ist seiner lokalen und historischen Form und Farbe nach ein Kriegsheimkehrer-Existential: In ihm erreicht das alteuropäische Decorum den Nullpunkt kriegerisch-heroischer Überlieferung: Das Sein-zum-Massengrab ist der aktuelle Maßstab abendländischen Heroismus. Die künstlerische Antwort auf

die allenthalben empfundene Massengrab-Verlegenheit liefern die Denkmäler für die Unbekannten Soldaten, die unter
dem Eindruck des Ersten Weltkriegs in den Hauptstädten
kombattanter Staaten errichtet wurden – Paris 1920, Athen
1923, Warschau 1925, Arlington bei Washington 1932. Man
muß zugeben: Von Achilles zum Unbekannten Soldaten
führt ein gewundener, doch kontinuierlicher Weg.

Die Heideggersche Rede vom »Sein-zum-Tode« artikuliert die Empfindung, daß die Mobilmachung-zum-Tode
in den Subjekten nach 1918 nicht zur Ruhe kommt. Die
Unmöglichkeit der Demobilisierung prägt die existentielle
Stimmung der Zeitgenossen, die das Ereignis »Weltkrieg« in
sich aufgenommen haben – auch jener, die sich nach dem
Krieg in etwas stürzten, was sie für Unterhaltung hielten.

Weil sich die Mobilmachung zum Krieg der Kriege bei
vielen Kombattanten als irreversibel erweist, stellt sich das
weitere Dasein nur noch als ein anhaltendes Militieren dar,
und als ein Schlittern von Krieg zu Krieg – zumal bei denen, die wie Marxisten, politische Darwinisten und Dezisio-
nisten an die Permanenz von Kämpfen und Feindschaften
glauben wollen.

Das Syndrom, welches unmittelbar nach dem Weltkrieg
unter dem Namen »Faszismus« auftauchte, ausgehend von
Mussolinis linksnationalistischer, in schwarzen Hemden pa-
radierender Kampfbundbewegung, war in zahlreichen politischen, militärischen und kulturellen Formationen wirksam, die nach 1917 und 1918 den Übergang aus dem einen
Krieg in den folgenden fühlten, forderten, glorifizierten
und praktizierten – in den Freikorps, in den Bürgerkriegs-
verbänden, in den Sturmabteilungen der parlamentarischen
Parteien, in den revolutionären Kadern der Linken und in
manchen Sektionen der aufgewühlten Kunst.

Man findet den faschistischen Impuls – den Willen zum
Weiterkämpfen nach dem Krieg der Kriege – an vielen Or-

ten, auch solchen, an denen er sich nicht so nennt, nicht zuletzt bei denen, die sich besonders lauthals als dessen Gegenteil deklarieren. Faschismus ist die Zustimmung zur Unmöglichkeit der Demobilisierung. Er manifestiert sich in dem Bestreben, unter Waffen und im Angriff zu bleiben – warum nicht an anderen Fronten und mit neuen Feinden?

Man darf im Faschismus darum weder eine bloße Partei noch eine gewöhnliche Ideologie sehen. Er ist seiner elementaren Gebärde nach ein straßenpolitischer Militantismus mit kampfbündischen Zügen, dem Geist der Demobilisierungsverweigerung entsprungen. Anders formuliert: Faschismus ist der Wille zum Dasein im ununterbrochenen Aufmarsch – Mussolini definiert ihn als den »Horror vor dem bequemen Leben«. Faschismus ist die Stimmung, die sich in der Überzeugung kondensiert, das Wort »Nachkriegszeit« sei nicht mehr als eine Verbindung sinnloser Silben. Er gründet in dem nach 1917 und 1918 links wie rechts epidemisch gewordenen Glauben, ein Krieg ohne Danach habe begonnen, ja, dieser umfassendere Krieg sei seit jeher in Gang gewesen. Man dürfe sich der Einberufung in ihn nicht entziehen. Er speist sich aus einem Antrieb, der dem Dadaismus diametral entgegengesetzt ist. Um mit Oswald Spengler zu reden: Faschismus ist die Pose von Leuten, die die Mobilmachung mit dem Sieg verwechseln.

In der Sprache der Kulturtheorie würde man die Fortführung des Kriegsmodus im »Dasein danach« eine Habitus-Übertragung nennen: Wer lange genug Soldat war – von Staats wegen einberufen oder freiwillig eingerückt –, wird auch nach der Rekonversion ins Zivilleben von militärischen Mustern bestimmt bleiben. Der Weltkrieg hatte seinen Kämpfern an den physischen und mentalen Fronten einige tief nachwirkende Schemata aufgeprägt – mit Folgen, die in das Verhalten der Agenten nach dem Ende der direkten Kampfhandlungen eingriffen. Was früher Denken geheißen hatte, wandelte sich in eine permanente Lagebesprechung.[1] Was einmal betrachtendes Bewußtsein war, wurde umgerüstet in ständige Alarmbereitschaft.[2] Was vormals Bildung hieß, soll Teil einer symbolischen Rüstungsindustrie werden.[3]

Ohne Zweifel war Lenin einer der wichtigsten Impulsgeber für sämtliche Bewegungen, die den Weltkrieg in einen Folgekrieg weitertragen wollten. Der Verfasser des Traktats *Was tun?* aus dem Jahr 1902 hatte während fünfzehn schier endloser Jahre im Exil nach einer Gelegenheit zur Rückkehr nach Rußland gesucht. Als er schließlich im April 1917 mit Hilfe des deutschen Generalstabs in Gesellschaft von dreißig Kampfgefährten aus der Schweiz nach Finnland reiste, wo er sich bis Oktober verborgen hielt, um auf das Stichwort zum Eingreifen zu warten, fand er eine Lage vor, die alle Voraussetzungen für die Übertragung des aktuellen Kriegs in den folgenden in sich enthielt.

Die theoretischen Prämissen für die nächsten Schritte hatte er während der Sommermonate in einer finnischen Hütte zu Papier gebracht: Da der bisherige Staat in den Augen des marxistischen Analytikers nichts anderes war als Instrument zur Sicherung von ökonomischer Ausbeutung und trügerischer Überbrückung »unversöhnlicher« Klassengegensätze, durfte der alte Apparat durch die Revolutionäre niemals »übernommen« werden, wie Sozialdemokraten und andere »Opportunisten« dozierten – es galt, ihn völlig zu zerschlagen und seine Trümmer in neuen Kombinationen zusammenzusetzen, bis die sozialistischen Zustände die Ankunft am kommunistischen Fernziel, dem Absterben des

---

1 Karl Jaspers, Die geistige Situation der Zeit, Berlin 1931.
2 Oswald Spengler, Jahre der Entscheidung, München, 1933.
3 Georg Lukács, Geschichte und Klassenbewußtsein. Studien über marxistische Dialektik, Berlin 1923.

Staats, gestatten würden.[1] Von diesen Voraussetzungen ausgehend, hatte der Autor von *Was tun?* mit dem neuen Essay über *Staat und Revolution* sein Objektiv auf Rußland im letzten Jahr des »imperialistischen Krieges« scharfgestellt.

In Wirklichkeit hatten die Akteure der russischen Februar-Revolution bereits ein halbes Jahr vor Lenins Rückkehr das Zarenregime entmachtet und Nikolaus II. zum Thronverzicht gezwungen. Im März 1917 hatte sich eine provisorische demokratische Regierung unter der Führung des parteilosen Politikers Georgi Fürst Lwow konstituiert, unterstützt durch eine Koalition aus Bürgerlichen und Sozialrevolutionären, unter ihnen Alexander Kerenski, der zuerst als Justizminister, dann als Kriegsminister, schließlich als Ministerpräsident der am 14. September 1917 von ihm proklamierten Republik Rußland fungierte. Lenin traf nach seiner Rückkehr ein revolutioniertes Land an – schwach genug, um vorerst fast mühelos von einer Revolution in die nächste vorangetrieben werden zu können und, wie sich bald zeigen sollte, auch von einem Krieg in den folgenden.

Die später mythisch überhöhten Aktionen der sogenannten Oktober-Revolution spielten sich durchwegs in absoluter Illegitimität ab – einer Illegitimität, die von den Akteuren wie ein Ehrentitel reklamiert wurde und ihnen als Beweis für ihre Nicht-Kontaminierung durch die bisherigen, ihrerseits völlig delegitimierten Verhältnisse dienen sollte.

Hatte aber Lenin nicht soeben in seinem finnischen Traktat an der Pariser Kommune rühmend hervorgehoben, sie habe aus dem Völkerkrieg einen Bürgerkrieg gemacht? Der Bezugsrahmen der Oktoberereignisse war die »historische« Selbstermächtigung einer zahlenmäßig unbedeutenden Gruppe von Putschisten, die im Fall ihres Erfolgs als Revolutionäre gelten wollten. Diktiert wurden die Aktionen

---

1 V.I.Lenin, Krieg und Revolution, 1918.

in Sankt Petersburg und anderswo von Szenarien, die Lenin an den französischen Revolutionen von 1789, 1793 und 1871 abgelesen hatte. Sie sind im weitesten Sinn unter die szenographischen Phänomene einzuordnen – gestützt auf die dramaturgische Überzeugung der klassischen Linken, die mustergültigen Revolutionen in Frankreich riefen nach Wieder-Aufführung an gleicher und anderer Stelle.[1]

Die russischen Verhältnisse fügten sich im Herbst 1917 jedem energisch auf sie projizierten Phantasma. Daß der nachmals alljährlich pompös gefeierte »Sturm auf das Winterpalais«, eingeleitet durch den legendären Blindschuß des Kreuzers »Aurora«, und die Ablösung der legitimen Regierung durch eine autohypnotische Truppe von Bolschewisten in Wahrheit ein pures Non-Event gewesen war, hat erst die spätere, dem Dunstkreis der Propaganda entronnene Forschung hervorgehoben. Was seit den mittleren zwanziger Jahren die *Große Sozialistische Oktober-Revolution* hieß, hat *de facto* niemals stattgefunden – und hätte sich *de iure* nicht ereignen dürfen, wäre nicht die Demoralisierung der russischen Massen und Eliten an einem beispiellosen Tiefpunkt angelangt. Das wie auch immer schwach beglaubigte legale Mandat zur Demokratisierung und Modernisierung Rußlands lag allein bei der seit 1912 mitregierenden, seit September 1917 alleinregierenden Duma. Die Machtübernahme durch die Bolschewisten um Lenin Anfang November 1917 war ihrem realen Gewicht *in situ* zufolge ein Mittelding zwischen einer kaum bemerkten Wachablösung und einem mittelmäßigen Putschversuch gewesen. Geschichtliche Bedeutung erlangte sie nur, weil sie die Ausgangsbedingungen für eine zielstrebig errichtete Herrschaft durch Einschüchte-

---

1 Die innerfranzösische Tradition des Wieder-Aufführungsglaubens untersucht Klaus Deinet, Die mimetische Revolution oder die französische Linke und die Re-Inszenierung der Französischen Revolution im 19. Jahrhundert (1848-1871), Stuttgart 2001.

rung schuf. Die zeitweilige Unterstützung der Bolschewiki durch Teile der Petersburger Bevölkerung bröckelte nicht ohne Grund binnen kürzester Zeit ab: Ende 1918 blieben von 30.000 Parteimitgliedern nur noch 6000 übrig. Es dürfte in der Geschichte der Rhetorik wenige Ausdrücke von so kontrafaktischer Wirksamkeit gegeben haben wie das Wort »Massenbasis« im Mund eines Lenin-Anhängers um 1918.

Für Lenins magisch-analogisches Denken bedeutete die Februar-Revolution nichts anderes als das Gegenstück zu der von Radikalen seit jeher verachteten »bürgerlichen« Revolution von 1789. Der Führer der Ereignisse nach dem Oktober 1917 war entschlossen, direkt vom 14. Juli 1789 in den September 1793, den Beginn der *Terreur*,[1] überzugehen, ohne den Fehler der Jakobiner zu wiederholen: daß sie den Männern des Thermidor (im Juni 1794, als der zivile Rückschlag gegen die Terrorherrscher um Robespierre begann) zuviel Spielraum für Opposition gegen die Diktatur gelassen hatten. Hatte das Jahr 1793 für Frankreich zur Verbindung von äußerem Krieg und innerer Schreckensherrschaft geführt, so sollten 1917 und 1918 den Russen die Beendigung des äußeren Kriegs und die Monopolisierung der Macht im Inneren durch die Bolschewisten bringen.

Das erste Ziel wurde durch den Friedensvertrag von Brest-Litowsk mit dem Deutschen Reich im März 1918 erreicht, der Lenin den Rücken für den Klassenkrieg gegen die Relikte der altrussischen Gesellschaft frei machte. Dieser Krieg wurde durch einen erneuten Vorstoß ins unbefestigte Gebiet der Illegitimität erzwungen: Nachdem die Bolschewiki bei den Wahlen zur Verfassunggebenden Versammlung am 12. November 1917 mit nur 22 Prozent (nach anderen Zählungen 25 Prozent) der Stimmen eine schwere Nieder-

---

1 François Furet, Die Schreckensherrschaft, in: Kritisches Wörterbuch der Französischen Revolution, hg. von François Furet und Mona Ozouf, Erster Band, Frankfurt am Main, 1996 S. 193-215.

lage erlitten hatten, beschloß Lenin kurzerhand, die mit sehr
großer Mehrheit von den Sozialrevolutionären (in westlicher Terminologie: linken Sozialdemokraten) dominierte
Konstituante, die am Nachmittag des 5. Januar 1918 im
Taurischen Palais zusammentrat, am folgenden Morgen mit
Gewalt aufzulösen: Der einzige Versuch, in Rußland eine
durch allgemeine Wahlen legitimierte Regierungsform zu
schaffen, hatte 13 Stunden gedauert.

In der allgemeinen Apathie ging auch dieses Ereignis fast
unbemerkt unter. Für eine Kultur ohne Demokratie-Er-
fahrung und ohne gereifte zivilgesellschaftliche Strukturen
fügte sich die Zerschlagung einer erstmals tagenden Verfassunggebenden Versammlung ins allgemeine Bild, bestimmt
von materiellem Elend, ohnmächtigem Zorn, ratloser Re-
signation und fatalistischer Duldsamkeit.

Nur durch Verschärfungen schien der Weg ins Ungewisse
noch offen. Lenins Verachtung der parlamentarischen Form
entwickelte sich nach dem 6. Januar 1918 zum bestimmenden Ferment einer weltgeschichtlichen Bewegung von beispiellosem Sturz-nach-vorne-Charakter.

Das wichtigste Instrument zur Implantierung einer Politik à
la 1793 in die russische Nachkriegsrealität war die von Lenin
ersonnene »Außerordentliche Kommission für den Kampf
gegen die Konterrevolutionäre und Sabotage« (abgekürzt
WeTscheKa oder Tscheka): Mit ihrer Gründung im Dezember 1917 – nur wenige Wochen nach dem Putsch – stellte
er unter Beweis, wie gründlich er die Lektion der französischen *Terreur* gelernt hatte. Er wußte, daß die Vollbeschäftigung der Guillotine seinerzeit nicht genügt hatte, um die
Diktatur der Tugend zu festigen: Nie würde eine Revolution
in Sicherheit sein, solange sie Individuen am Leben ließ, die
zu einer Aktion wie der des Thermidor fähig blieben. Die
Gefahr für die junge Revolution ging nach seiner Analyse

nicht so sehr vom Einsatz terroristischer Mittel und dem Widerwillen der Bourgeoisie gegen sie aus, sondern von ihrer halbherzigen Anwendung. Seine historische Aufgabe würde der Terror erst in dem Augenblick erfüllen, wenn es niemand mehr wagte, sich gegen ihn aufzulehnen. Die historische Mission der Tscheka bestand darin, den Mut zur Verneinung der bolschewistischen Herrschaft im Lauf der Jahre zu einer unrussischen Eigenschaft zu machen.

In diesem Land würde es niemals einen Thermidor geben: Lenins Entschlüsse von 1917 und 1918 ergeben erst Sinn im Licht dieses psychopolitischen Axioms. Die »Dekrete über den Roten Terror« vom September 1918 schrieben nicht nur der Geheimpolizei scharfe Direktiven vor, sie schufen darüber hinaus die doktrinalen Anfänge des Systems der »Besserungsarbeitslager« (GULag), in denen das Konzept der Lebensvernichtung durch Arbeit unter dem Vorwand der politischen Erziehung in die Praxis umgesetzt wurde. Noch ahnte niemand, was die Erschaffung einer solchen Gegenwelt bewirken würde: In den Lagern entwickelte sich ein zweiter Arbeitsbegriff, der den ersten bloßstellte. Die Strafarbeitswelt bildete die Parodie auf den Archipel der Normalarbeit und verlieh dem Begriff »Arbeiterklasse« einen sklavischen Klang, während diese in offiziellen Reden zum Träger aller Tugenden erhoben wurde. In Lenins Tagen standen für die Durchsetzung der bolschewistischen Direktiven jedoch noch nicht die Lager im Vordergrund. Der Revolutionsführer setzte auf eine psychopolitische Doppelstrategie: die massive Einschüchterung der Unüberzeugten in Verbindung mit der Mobilisierung der ausgehungerten Massen, die es sich nicht leisten konnten, von den tönenden Verheißungen der neuen Machthaber nicht begeistert zu sein.

Den Höhepunkt von Lenins forcierter 1793-Politik mußte die Wiederaufführung des Prozesses gegen Ludwig XVI. mit russischem Personal bilden. Dem para-jakobinischen Skript zufolge sollte Zar Nikolaus II. vor ein »Volksgericht« oder einen bolschewistischen »Konvent« gestellt werden, um sich für seine namenlosen Verbrechen gegen das russische Volk zu verantworten. Da der Urteilsspruch *a priori* feststand, war das Verfahren nur als Schauprozeß zu führen – eine massenwirksame Maßnahme von einprägsamer gesinnungspädagogischer Tendenz. Er würde der ungefestigten Revolution eine günstige Gelegenheit zur propagandistischen Selbstdarstellung bieten und die Konversion des großen Landes zur neuen politischen Gesinnung beflügeln.

Nach kurzem jedoch kamen bei Lenin Zweifel an der Praktikabilität einer solchen Re-Inszenierung auf – zum einen weil er die Gefahr erkannte, der Zar könnte im Lauf des Verfahrens an Popularität gewinnen und dadurch das noch sehr labile Machtsystem der Bolschewisten delegitimieren, zum anderen, weil er dem sentimentalen und unreifen russischen Volk, und wäre es nur in der Position des Beobachters, die Rolle eines Richters über seinen entthronten Herrn nicht zugestehen wollte. Nach seiner Überzeugung kam politische Urteilskraft in seinem neu eroberten Machtgebiet nur einer Elite zu, die er als das zur Diktatur berufene Proletariat konzipiert hatte – soziologisch eine leichtgewichtige Minderheit, politisch via Partei-Diktatur die maßgebende Größe –, indes alle übrigen Schichten, die numerisch weit überwiegenden ländlichen Kategorien an erster Stelle, in seinen Augen vorerst nichts anderes darstellten als einen reaktionären und labilen Pöbel – allenfalls verwendbar als Ausgangsmaterie für eine längerfristige revolutionäre Re-Edukation.

Es spricht für Lenins Elastizität in der Unbeirrbarkeit, wenn er die Hypothese eines Schauprozesses gegen den Zaren in den folgenden Monaten fallenließ, obschon die Vorbereitungen dafür weit fortgeschritten waren, insbesondere durch die Wahl Trotzkis als Hauptankläger. Nachdem die

Zarenfamilie im August 1917 auf Anordnung Kerenskis nach Tobolsk in Sibirien verbracht worden war – teils zu ihrem eigenen Schutz, teils um für die Entspannung der Atmosphäre in Sankt Petersburg zu sorgen –, erging im April 1918 der Befehl, den Zaren mitsamt seinem Anhang nach Moskau zu überführen, der neuen Hauptstadt Rußlands und der designierten Bühne des Schauprozesses.

Der Transport der Familie erwies sich als beschwerlich, vor allem weil bei dem an Hämophilie leidenden Zarewitsch, dem 10jährigen Alexei, den der Zar auf keinen Fall zurücklassen wollte, die Krankheit erneut ausgebrochen war. Vom 30. April 1918 an wurde die kaiserliche Familie in der damals noch unbedeutenden süduralischen Stadt Jekaterinburg, circa 1500 Kilometer östlich von Moskau gelegen, in der eigens hierfür requirierten Villa eines Ingenieurs mit Namen Ipatjew untergebracht. Man achtete auf strenge Isolation der Gefangenen – die Fensterscheiben des Ipatjew-Hauses wurden mit weißer Farbe gestrichen, als sollte die Romanow-Familie ihre letzten Monate hinter dem Milchglas der Desinformation und der Erniedrigung verbringen. Die Überwachung der Gefangenen war Agenten der lokalen Tscheka anvertraut.

In den ersten Juli-Wochen faßte der Sovnarkom, der Rat der Volkskommissare, in Moskau unter Lenins Diktat den Beschluß, auf den Prozeß zu verzichten und das seit längerem feststehende Urteil auf direktem Weg zu vollstrecken. Was noch zu tun war, sollte den Charakter eines Gebots der historischen Notwendigkeit besitzen, die keine Alternative duldet. Allein die physische Vernichtung der Zarenfamilie in sämtlichen Verzweigungen würde den Gedanken an eine monarchische Restauration *ab ovo* ersticken.

Die Abscheulichkeit der hieraus folgenden Szenen hat die Einbildungskraft zahlloser Menschen während des 20. Jahrhunderts bewegt: Unter dem Vorwand, man müsse die Familie und ihre Dienerschaft vor anrückenden Weißgardisten in Sicherheit bringen, wurden der Zar, die Zarin, ihre fünf Kinder und einige Bedienstete in der Nacht zum 17. Juli in den Keller des Ipatjew-Hauses geführt, wo der Führer des Exekutionspelotons, Jakow Michailowitsch Jurowski, nach einigen verharmlosenden Ausreden dem Zaren eröffnete, seine Hinrichtung sei von der Regierung beschlossen und befohlen worden. Die Erschießung stehe unmittelbar bevor. Für Gegenfragen seitens der *morituri* blieb keine Zeit. Es folgte ein fast 20 Minuten dauerndes Massaker, bei dem die Exekutoren, sieben Kriegsgefangene aus Ungarn unter der Mitwirkung von vier Bolschewiki, nach zahlreichen aus kurzer Entfernung abgegebenen Fehlschüssen von ihren Bajonetten Gebrauch machten, insbesondere bei der Tötung der vier schwer verwundeten Mädchen, deren Mieder mit eingenähten Stücken aus dem Familienschmuck sich nur schwer durchdringen ließen.

Die »Entsorgung« der elf entkleideten Leichen bildet ein nicht alltägliches Kapitel in der Geschichte der Pflichterfüllung: Jurowski und seine Untergebenen hatten nicht nur die Anordnungen aus Moskau in aller Konsequenz befolgt, sie sahen es auch als Teil ihres Auftrags an, die Spuren des Geschehenen zu beseitigen. Sie handelten, als folgten sie dem Diktum: »Die Revolution braucht keine Historiker«, das Lenin um dieselbe Zeit in einem Brief an Gorki zu Papier brachte – letzterer hatte um die Begnadigung des Geschichtsforschers Nikolaus Michailowitsch gebeten, eines der Großfürsten des Reichs. Der auf dem Land unter Baumstämmen versteckte Grabplatz der Ermordeten wurde erst 1979 entdeckt, die Exhumierung konnte nicht vor 1991 durchgeführt werden.

Am 20. Juli 1918 wurde in Jekaterinburg eine Pressemitteilung herausgegeben, wonach der ehemalige Zar am 17. Juli entsprechend der Verfügung eines Organs des »Ura-

ler Arbeiter-, Bauern- und Soldatensowjets« erschossen
worden sei. Die Leiche sei zur Beerdigung freigegeben – ein
Satz von durchschaubarer Tendenz, weswegen es nieman-
den verwunderte, wenn keiner die »freigegebene« Leiche je
zu Gesicht bekam. Die Liquidierung der gesamten Zarenfamilie wurde von den Sowjets beharrlich verschwiegen, obschon nach den 1925 im Westen publizierten Ermittlungen
von Nikolai Sokolow kaum Zweifel am Verlauf der Exeku-
tionsnacht bestanden.

Im Rückblick auf die Ereignisse der Nacht vom 16. auf
den 17. Juli 1918 ist erkennbar, daß Lenin und seinen Volks-
kommissaren mit der Anordnung dieser Taten ein wichtiger Schritt bei der Eroberung des Bodenlosen gelungen war.
Indem die Moskauer Akteure bei der Lösung des »Zaren-
problems« auf die Fiktion des Gerichtsverfahrens verzich-
teten, begaben sie sich auf die abschüssige Ebene der reinen
Aktion. Sie hatten endlich auch den Zwang zur Bemühung
um Wahrung des legitimen Scheins überwunden. Die parla-
mentarisch-juristische Farce des Pariser Januar 1793 war für
sie nicht mehr nötig. Ein letztes Zugeständnis an die Idee
des »Verfahrens« läßt sich dem Umstand entnehmen, daß
der Exekutor von Lenins Auslöschungsbefehl den Vorgang
pro forma als »Hinrichtung« auszuweisen versuchte – womit sich die Tat in einer Grauzone zwischen Standrecht und
Gemetzel plazierte.

Die mentale Lage des Tscheka-Manns Jakow Jurowski,
der 1878 unter dem Namen Jankel Chaimowitsch Jurowski
in Tomsk als Enkel eines Rabbiners und Sohn eines nach Sibirien verbannten Diebes geboren worden war, gleicht in keiner
Weise jener des Henkers Charles-Henri Sanson, der bei der
Enthauptung seines Königs direkt in den Abgrund absoluter
Illegitimität geblickt hatte. Wenn Jurowski, ein Mann von 40
Jahren, kurzfristig von Moskau aus zum Scharfrichter des
abgedankten Zaren ernannt, einen Fünfzigjährigen namens

Nikolaus Romanow erschoß, tötete er nicht so sehr seinen vormaligen Herrn und Gebieter, sondern ein zufälliges Individuum, das von den Führern der Revolution zum Feind des russischen Volks und *eo ipso* zum Feind der Menschheit, erklärt worden war. Ob in der Bereitschaft Jurowskis, die Anweisungen der neuen Zentrale zu befolgen, nicht auch autoritäre Dispositionen weiterwirkten, die sich in der zaristischen Welt geformt hatten und sich auf seine neue Funktion übertrugen, mag offenbleiben. Gewiß ist, daß sich mit seiner diensteifrigen Unterwerfung unter Lenins Befehl ein Eigenbeitrag an antiautoritären Regungen verband, wie bei den zahlreichen Aktivisten der ersten Sowjet-Jahre üblich. In seinem Fall sollte zudem mit einem kräftigen Zuschuß an Militanz-Narzißmus gerechnet werden: Wer einen vormaligen Zaren – seit März 1917 außer Amt – töten darf, ist auch in der aufblühenden egalitären Gesellschaft nicht nur einer unter vielen. Jurowski lieferte ein Exempel für die nichtalltägliche Ethik der neuen Zeit: Er hatte die toten Kinder des Zaren am Boden beisammen liegen sehen und war anständig geblieben. Im Jahr 1920 fuhr er nach Moskau und lieferte einige nach der Hinrichtung in seinen Besitz gelangte Romanow-Juwelen bei den Herren des Kremls ab.

Was Lenins moralgeschichtliche Leistung in dieser Angelegenheit angeht, besteht sie in der Informalisierung des Henker-Amts und seiner Verwandlung in eine ubiquitäre, stets aktualisierbare Instanz »revolutionärer« Gewalt. Er hatte in Gestalt der Tscheka ein scharfrichterliches Kollektiv mit diffuser eliminatorischer Kompetenz geschaffen. In ihr machte die Privilegierung der nahezu formlosen Erschießung jeden prozeduralen Aufwand überflüssig. Daß die Pistole die Guillotine ersetzte, verrät die Übertragung des Bandenkriegsmodus auf die innenpolitische Sphäre. Bis in die Tage des Großen Terrors der dreißiger Jahre bleibt die Pistole die Königswaffe im Erschießungsuniversum des

Fortsetzungskriegs. Der Kopfschuß aus kürzester Entfernung wird zum bevorzugten Modus der Erledigung von Vertretern vergangener Verhältnisse.

Bei der Ermordung der Zarenfamilie probt Lenin auf seine Weise die Annäherung an die Nullpunkt-Aktion der politischen Sphäre: Er verfügt den politischen Mord als reine Liquidation. Diese ihrerseits gründet im Nullpunkt-Sprechakt des Politischen, der reinen Feind-Erklärung. Souverän ist, wer über die namentliche Nennung des zu tötenden Feindes entscheidet. Diese Information sollte sich Stalin, damals noch subalterner Mitarbeiter Lenins im Rat der Kommissare, besser als jeder andere merken. Die Durchsicht von Listen mit den Namen von zu Liquidierenden bildete für ihn später einen Teil des täglichen Pensums.

Am Paradigma der nicht-alltäglichen Auslöschung von Jekaterinburg läßt sich ablesen, in welche Richtung Lenins Ideen über den Fortsetzungskrieg zielten. Nachdem ihm der Frieden von Brest-Litowsk die Hände für Zugriffe an den inneren Fronten freigemacht hatte, zögerte er nicht, den zweiten Krieg zu eröffnen, von dem er als Marx-Leser zu wissen meinte, er stelle den wahren Krieg der Kriege dar, ja, den Urkonflikt der Menschheitsgeschichte – den seit der Antike überfälligen Feldzug der unglücklichen Volksmassen gegen den immerwährenden Feind, die »herrschende Klasse« und ihre Parasiten und Helfer, die Priester und intellektuellen Verteidiger des »Bestehenden«.

Unter Lenins Führung nimmt er die Form des Bürgerkriegs einer aktiven Minderheit gegen die ohnmächtige Mehrheit an. Er erweist sich als ein Krieg, der sich als pädagogische Maßnahme gegen die Bevölkerung des eigenen Landes ausgibt. Noch immer fällt es schwer zu glauben, daß zu Lenins Großer Didaktik die physische Vernichtung der widerspenstigen Schüler gehörte. Sprächen nicht die Tötungsstatistiken eine deutliche Sprache, man würde schwören, es könne sich nur um ein Stück phantastischer Literatur handeln.

Lenins Verlautbarungen des hektischen Jahres 1918 verraten, wie schnell sich für ihn der Stil des zweiten Krieges verdeutlichte. Aus der Sicht des Schreibtisch-Liquidators sollten sich Exekutionen in Desinfektions-Maßnahmen verwandeln: Die Exterminierung von Gegnern glich für ihn der Beseitigung von schädlichen Insekten. Lenins Artikel vom 7. und 10. Januar 1918 über die »Säuberung der russischen Erde von allem Ungeziefer« erwiesen sich auch terminologisch als richtungweisend. Unter der Kategorie »Ungeziefer« wurden nicht nur die deklarierten »Klassenfeinde« aus Aristokratie und Bourgeoisie verstanden. Zu den zu vertilgenden Insekten rechneten auch Kirchgänger, Geistliche, Gymnasiallehrer, Intellektuelle, Hausbesitzer, unmotivierte Arbeiter und Marginale aller Art. Lenins Appelle aus dem August 1918 belegten die wohlhabenderen Bauern mit Worten wie »Spinnen« und »Blutegel« – einer Bezeichnung, die sich auf die Lebenserwartung der Betroffenen in der Regel ungünstig auswirkte. »Tod den Kulaken! Haß und Verachtung den Parteien, die sie verteidigen!« Mit der Einrichtung der Tscheka hatte der Revolutionsführer einen ungeniert operierenden Liquidierungsapparat in die Welt gesetzt, der das Zusammenspiel von Wohlfahrtsausschuß und Guillotine in den französischen Terrorjahren als eine zeremoniöse Umständlichkeit enttarnt.

Niemand hat die Informalisierung des Scharfrichter-Wesens in der russischen Oktober-Revolution und seine in der Stalin-Ära erreichte Inflation präziser erfaßt als Alexander Solschenyzin:

»Die Tscheka ... war ein in der Menschheitsgeschichte einmaliges Straforgan, das in einer einzigen Instanz die Kompetenzen der Bespitzelung, der Verhaftung, der Voruntersuchung, der Anwaltschaft, des Gerichts und der Urteilsvollstreckung vereinigte.«[1]

Im Fall der Zarenfamilie kamen alle Aspekte der Tscheka-Aktivität beim Akt der Liquidierung zusammen. Der operative Kern der Revolution hatte in der Modernisierung der Geheimdienste vom zaristischen zum sowjetischen Modus bestanden: Wer aus der Ochrana eine Tscheka zu formen verstand, würde Rußland beherrschen.

Doch obschon sich Lenins Direktiven dem Pol der puren Schädlingsbekämpfung näherten, wollte der Revolutionsführer nicht ganz auf Rechtfertigungen seines Handelns verzichten. Noch angesichts des Extremen legte er, zumindest in Momenten der Besinnung, auf revolutionäre Korrektheit Wert. Es lag ihm am Herzen, für die Agenten seiner Liquidierungsmaschine einige juristische Handreichungen bei der Legitimierung des nicht zu Legitimierenden zu bieten. In seinen im Mai 1922 notierten Entwürfen zu dem nachmals berüchtigten, weil von Stalins Beamten nach 1930 im Übermaß herangezogenen Paragraphen 58 des sowjetischen Strafgesetzbuchs, der von Zwangsarbeit und Todesstrafe für »politische Delikte« handelte, verfügte Lenin wie unter dem Diktat eines nicht ganz verstummten Über-Ichs, die sowjetischen Gerichte sollten den manifesten Terror weder beseitigen noch kaschieren, vielmehr bedenken, wie seine Notwendigkeit zu begründen und in Gesetzen zu verankern sei. Daß die Terrorhandlungen der Tscheka schon früh das Maß überschritten hatten, das durch Rechtsnormen, wie gedehnt auch immer, hätte besichert werden können, blieb dabei außer Betracht. Seit die Trennung zwischen Ermittlung und Vollzug im Tscheka-System aufgehoben wurde, war die Idee

---

[1] Alexander Solschenyzin, Der Archipel Gulag, Band I, Bern–München 1973, S. 39.

einer Verankerung seiner Taten in grenzenziehenden Gesetzen gegenstandslos.

Das Resultat von Lenins Gründung war die Vermählung von Razzia und Bürokratie. Nie zuvor war die willkürliche Auslöschung von Leben so eng mit dem Gang von behördlichen Routinen vereint worden. Lenin wollte mit seinen Notizen von 1922 vor allem sich selbst davon überzeugen, der Unterschied zwischen revolutionärem Handeln und organisiertem Verbrechen sei nicht völlig eingeebnet. Das Wort, auf das es ihm ankam, ist »Notwendigkeit« – ein Ausdruck, reich an politischen Implikationen und philosophischen Obertönen. Er sollte angesichts des permanenten Ausnahmezustands die Richtschnur jeder möglichen Rechtfertigung für Aktionen im Bodenlosen liefern. Er bezeichnet das Es-muß-Sein, das wirksam wird, wenn die Akteure im Hiatus durch ihre Schritte in die Diskontinuität die Kausalketten des reinen Sturzes nach vorn ausgelöst haben.

Lenins Aktivitäten im Lauf des Jahres 1918 zeigen, wie das Handeln in der Bodenlosigkeit dem Gesetz steigender Selbstradikalisierung unterliegt. Die Selbsterhaltung der revolutionären Dynamik fordert *per se* den forcierten Fortgang auf der schiefen Ebene. Auf ihr müssen Wörter wie »unvermeidlich« und »unnachgiebig« chronisch strapaziert werden. Je weniger die umstürzende Bewegung Halt in den spontanen Tendenzen des sozialen Lebens findet, desto mehr muß sie ihre Eigentendenz absolut setzen. Die Umwelt verwandelt sich in ein Phantasma des Systems, der Exzeß wird zur täglichen Eigenleistung des Apparats. Für das übrige sorgt die Flucht der Massen aus der Angst in die Ekstase.

Nur so läßt sich erklären, daß die sowjetische Führung, als Fremde im eigenen Land beginnend, bei allgemeinen Wahlen in den dreißiger Jahren Zustimmungsquoten von 99 Prozent erreichte. Einmal angefangen, wirkt die Revolution an erster Stelle auf ihre Akteure zurück. Mehr und mehr sind diese genötigt, sich in die von ihnen selbst entfesselte Drift zu werfen. Alles geschieht, als hätten die russischen Revolutionäre mit dem Franzosen Lebas sagen wollen: »… die Brücken sind hinter uns abgebrochen, wir müssen vorwärts, ob wir wollen oder nicht.«

Moskau, den 13. März 1938

Das Vorläufige ist, was sich am längsten hält: Es gehört zu den Ironien der Moderne, daß sie Alltagswahrheiten wie weltgeschichtliche Erleuchtungen bestätigt. Der Satz *c'est le provisoire qui dure* wandelt sich im 20. Jahrhundert zum Axiom der großen Politik. Zudem verfestigt sich der Eindruck, in der Welt von heute und morgen sollte die chronische Improvisation der wichtigste Modus werden, in dem sich das erst gestern hastig in die Welt Gesetzte seines Bestands vergewissert, als sei es mit erblichen Titeln und Gütesiegeln moralischer Notwendigkeit ausgestattet. Im ständigen Sturz nach vorn – der in seiner Zweitbeschreibung Fortschritt heißt – findet die mobilisierte »Gesellschaft« eine Form von Stabilität, über deren Gesetze in prozeßtheoretischer Sicht noch immer wenig bekannt ist.

Kein historisches Ereignis – von der Weltwirtschaftskrise nach 2007 abgesehen, die uns weiter zu denken gibt und vermutlich den Beginn einer längerfristigen Zersetzung eingeleitet hat – bestätigt diese Beobachtungen besser als der Verlauf der »Oktober-Revolution«. Lenin spürte die improvisierte Qualität seines Kommando-Unternehmens in Sankt Petersburg während der ersten Monate deutlich – genug jedenfalls, um das Bedürfnis zu empfinden, eines Tages Mitte Januar 1918 sich selbst und den Seinen dafür zu gratulieren, daß der Coup, der später die Große Sozialistische Oktober-Revolution heißen sollte, nun schon einen Tag länger gehal-

ten habe als die Pariser Kommune:[1] Hatte er nicht die völlig
aussichtslose Verzweiflungstat der Kommunarden in seiner
kürzlich fertiggestellten finnischen Studie als revolutionäres
Bravourstück gerühmt und aus ihm – neben dem Mythos
von 1793 – ein Modell für die eigene Intervention gemacht?
Wie hätte er ahnen können, daß aus seinem Sketch ein Gebilde hervorging, das nach 72 Jahren implodieren würde,
fast ebenso beiläufig und relativ unblutig, wie es begonnen
hatte?

Zwanzig Jahre später sind aus den Improvisationen des
November 1917 die Institutionen eines Hyperstaats empor-
gewachsen, dessen Herrschaftsmodus von westlichen Politologen seit den vierziger Jahren als »totalitär« bezeichnet
wurde.[2] Im Kern des Totalitarismus-Syndroms steht die Bemühung der Funktionäre, den aus der Illegitimität hervorgegangenen Parteistaat mit den Prädikaten einer utopischen
Hyper-Legitimität auszustatten. Sie wollen den Eindruck
erwecken, als seien mit seiner Errichtung die sublimsten
moralischen Träume der Menschheit in Erfüllung gegangen.

---

1 Die »100 Tage« der Kommune dauerten vom 18. März bis zum 28. Mai
   1871.
2 Die Anfänge der Totalitarismus-Theorie sind in Franz Borkenaus Buch
   Pareto, New York 1936, zu finden, in dem der Verfasser Paretos Konzept
   der »Elite-Rotation« auf die nach dem Ersten Weltkrieg erfolgende Ver-
   drängung der ökonomischen Eliten durch politische Eliten anwendet. In
   seinen Augen waren Faschismus, Nationalsozialismus und Bolschewismus Ausdrucksformen desselben Schemas, das durch die zunehmende
   Einmischung staatlicher Instanzen in ökonomische Angelegenheiten ge-
   kennzeichnet wurde. Borkenau legte wenige Jahre später seine Ansicht
   der aktuellen Weltlage in dem Buch The Totalitarian Ennemy, London
   1940, systematisch offen. George Orwell nahm einen wichtigen Gedanken aus diesem Buch auf: Deutschland werde nicht nach seiner Niederlage im Krieg bolschewistisch werden, sondern sei es aufgrund Hitlers
   Kriegspolitik schon jetzt. In Orwells Augen war der Nationalsozialismus
   nicht das Gegenteil des sowjetischen Systems, sondern seine intensivste
   Widerspiegelung.

So ungewiß die Anfänge und so gewaltsam die leider notwendigen Mittel zu seiner Einrichtung gewesen sein mögen,
an der Verankerung des Unternehmens im Grundsatz, das
Gute verwirkliche sich selbst, durfte bei den Gesinnungs-
treuen nie ein Zweifel aufkommen. Mit dem Aufstieg Stalins
zur Alleinherrschaft war dem Platonismus unter Waffen der
Philosophenkönig geschenkt worden: Umgehend würde
dieser dafür sorgen, daß die Verhältnisse der Sowjetunion
sich in Ikonen wahren Lebens wandelten. Binnen kürzester Zeit sollten die Institutionen des sowjetischen Staatswesens sich zu Abbildern der Ideen entwickeln. Wenn der
unerwartete König, der einen privilegierten Zugang zu den
Urbildern genoß, mit den für Übergangszeiten typischen
Erschwerungen zu ringen hatte, entrichtete er den üblichen
Preis, den die Idee für ihre Verwirklichung zu entrichten
hat. Dem Führer der Revolution bot dies Gelegenheit, seine
Befähigung zum Amt unter Beweis zu stellen. Er demonstrierte sie durch die Art und Weise, wie er den Kampf mit
den Widerständen des Realen aufnahm.

Stalins philosophische Mission bestand darin, die seit
dem Beginn der Welt verborgene Tatsache offenzulegen, daß
die vorgeblichen Widerstände des Realen in Wahrheit Oppositionen sind. Es gibt keine Probleme, sondern nur Leute,
die Schwierigkeiten machen. Es gibt keine Tatsachen, sondern nur Saboteure, die sich hinter dem breiten Rücken der
Tatsachenbehauptungen verbergen. Die Revolution ist das
Beweisverfahren, das aufdeckt, wie sich hinter jedem Es ein
Ich verbirgt. Stalins Diktum »Menschen weg, Problem weg«
formuliert den russischen Weg zur Sachlichkeit.

In dem Umschlagen von Illegitimität in laut verkündete
Hyper-Legitimität lebt die Anfangsunruhe des revolutionären Unternehmens weiter. In keinem Merkmal bildet sich
das besser ab als in dem Streben des Regimes nach restloser
Erfassung der Arbeits-, Lebens- und Denkvorgänge sämt-

licher Partei- und Volksgenossen unter ein dichtes Regelwerk von Vorschriften und Kontrollen. Eine beispiellose Synthese aus Nervosität und Bürokratie ist das Resultat des Bemühens. Durch die Suche nach Halt im Sturz nach vorn entsteht das Paradies der Überregulierung.

Auf dessen Kehrseite wächst ein gelobtes Land der Beschwerden heran, bevölkert von Vorwürfen, Anzeigen und Unterstellungen. Werden in der deklarierten besten Welt weiterhin suboptimale Zustände beobachtet, sind diese das Werk von Oppositionen, die es nicht hinnehmen, daß sich die neuen Formeln binnen kurzem in strahlende Wirklichkeiten übersetzen. In der überlegitimierten Gesellschaft kann es keine Fehler mehr geben, sondern nur Sabotagen. Zweite Meinungen sind nicht mehr vorstellbar, nur konterrevolutionäre Pläne. Auch freie Zusammenkünfte sind nicht plausibel, nur noch Verschwörungen. Ein Animismus zweiten Grades durchdringt die revolutionäre Logik: Aus ihrer Sicht sind neutrale Ereignisse inexistent, sie sind vielmehr allesamt Taten von agierenden Subjekten. Es gibt keine objektiven Schwierigkeiten, sondern allein die Wirkungen eines feindlichen Willens. Wichtiger als die Lösung von Problemen wird die Frage, wer an ihrem Auftreten schuld sei – weswegen sich jeder Problem-Melder in Lebensgefahr begibt.

Bei der Suche nach Urhebern von Mißständen darf das System nicht wissen, daß es gegen sich selbst ermittelt. Es wäre andernfalls zur Einsicht genötigt, wonach die Regeln seines normalen Betriebs eben die Anleitung zu der Sabotage darstellen, die es überall – von außen kommend oder von inneren Feinden geplant – am Werk sieht. Sein Tagesgeschäft ist der magische Exterminismus: Wer beim Auslöschen von Rivalen zu langsam vorgeht, riskierte den Rückschlag des Schicksals. Die Attraktivität des neuen Systems bei der Masse der Interessenten besteht darin, unzähligen neuen Leuten Karrierechancen in stabilisierten Improvisationen zu bieten. Tatsächlich war der steile Aufstieg von Funktionären in der apparatisierten Bodenlosigkeit die bürokratische Version des Sturzes nach oben.

Als am 11. März 1938 der sowjetische Generalstaatsanwalt Andrei Januarjewitsch Wyschinski – ein kunstgerecht nach oben Gestürzter – beim dritten großen Moskauer Schauprozeß am Ende von 9tägigen Verhandlungen sein Schlußplädoyer hielt, in dem er die 21 Angeklagten, namentlich Bucharin, Krestinski, Rykow, Jagoda und Rakowski – alles Altgediente der Revolution – als verschwörerischen Abschaum beschimpfte und für alle bis auf zwei die Todesstrafe forderte, war das neo-animistische Syndrom bereits in seine abgeklärte Phase eingetreten. Wyschinski kamen hier seine beim ersten Schauprozeß im August 1936 (Prozeß der 16) und beim zweiten Prozeß vom Januar 1937 (Prozeß der 17) gesammelten Erfahrungen zugute. Ursprünglich an der Universität zuhause, später an die Spitze des anklagezentrierten sowjetischen Justizsystems berufen, hatte er, wie so mancher Systemjurist, die Rolle des angestellten Empörers gegen das Böse so gut verinnerlicht, daß ihm seine histrionischen Fabrikationen wie intime Überzeugungen von den Lippen gingen. Sprachbegabt wie ein Carl Schmitt an der Seite Stalins und kaum weniger als dieser an Überhöhungen einer suspekten Praxis zu anmaßenden Theorien interessiert,[1] verstand er sich perfekt auf die erwünschtesten Urteilsformen und die suggestivsten Floskeln des tagesaktuellen Machtsprachspiels. Er war einer der ersten, die fließend Stalinistisch sprachen – ein Idiom, das zwischen

---

1 Wyschinski vertrat die Ansicht, alles Recht sei der Ausdruck der herrschenden Klasse. Sein rechtstheoretisches Hauptwerk »Die Theorie der Beweisführung bei Gericht im sowjetischen Recht«, Moskau 1941, wurde 1947 mit dem Stalin-Preis ausgezeichnet.

den dreißiger und den siebziger Jahren des 20. Jahrhunderts den Status einer Weltsprache erlangte, bis es aus Mangel an Neuanmeldungen für kommunistische Kurse in der Bedeutungslosigkeit versank. Wyschinskis Fähigkeiten wurden später mit seiner Entsendung als Vertreter der Sowjetunion bei den Vereinten Nationen nach New York belohnt. Vier Lenin-Orden taten das übrige zu seiner Verklärung als Diener des Unhaltbaren.

Wenn Wyschinski in seinen drei großen Prozessen nie müde wurde, trotzkistische, rechtsabweichlerische und konterrevolutionäre Verschwörungen aufzudecken, abscheuerregende Sabotageakte zu enthüllen und die Angeklagten als Spione fremder Mächte zu entlarven – angeworben wahlweise vom kapitalistischen London oder vom faschistischen Berlin –, so bewegte er sich als Schauspieler von karrierewürdigem Talent, zugleich nervenstark und opportunistisch, auf der Bühne des neo-magischen Denkens. Dieses beruht auf dem immergültigen paranoischen Syllogismus: Ich unterstelle; der andere leugnet; also trifft der Vorwurf zu.

Vom Effekt des eigenen Plädoyers überwältigt, mit welchem er bewiesen zu haben glaubte, den Angeklagten sei alles zuzutrauen, dessen man sie beschuldigte – bis hin zu dem Vorwurf, einige von ihnen hätten mancherorts Glassplitter und Nägel in Butterfässer gemischt, um die Unzufriedenheit der Bevölkerung zu schüren –, schloß er seine Ausführungen am 11. März 1938 mit den Worten, daß alle anderen (er hatte für zwei der Angeklagten nur langjährige Lagerstrafen gefordert)

»wie räudige Hunde erschossen werden müssen! Unser Volk verlangt das eine: Zertretet das verfluchte Natterngezücht! Die Zeit wird vergehen, Unkraut und Disteln werden die Gräber der abscheulichen Verräter überwuchern ... Wir, unser Volk, werden weiter mit unserem geliebten Führer und Lehrer, dem großen Stalin, den vom letzten Abschaum und Unrat der Vergangenheit gesäuberten Weg beschreiten, vorwärts und immer weiter vorwärts, dem Kommunismus entgegen!«[1]

Der Rest des Schauspiels gehörte der Ironie oder, wie man es in jenen Tagen lieber ausdrückte: der Dialektik. Da alle Angeklagten wußten, daß das Urteil feststand, weil Stalin es bestellt hatte, blieb für sie in ihren Schlußworten am 12. März nur noch die Aufgabe, einen subjektiven Kompromiß zwischen der Evidenz ihrer Unschuld und ihrer persönlichen Loyalität gegenüber der Idee des Kommunismus zu formulieren. Christian Rakowski, vormaliger Sympathisant, dann Renegat der trotzkistischen Linie, gelang es, in seinem Schlußwort einen Punkt zu markieren:

»Ich gestehe alle meine Verbrechen. Was für eine Rolle würde es für die Bedeutung dieses Falles spielen, wenn ich hier vor Ihnen versuchen wollte, die Tatsache zu beweisen, daß ich von vielen der Verbrechen ... erst hier im Gerichtssaal etwas erfahren ... habe?«[2]

Wenn Ironie vorübergehend lebensverlängernd sein kann: Sie hätte es im gegebenen Fall bewiesen. Rakowski wurde in den frühen Morgenstunden des 13. März – nachdem sich das Gericht über Nacht für eine Komödie der Beratung zurückgezogen hatte – zu einer Strafe von 20 Jahren Arbeitslager verurteilt. Seine Erschießung war auf das Jahr 1941 vertagt: Auf das Räderwerk des Auslöschungsmechanismus jenseits der Prozeß-Farcen war auch in seinem Fall Verlaß. Man hätte sich über den Herrn des Kremls Illusio-

---

1 Zitiert nach: Robert Conquest, Der Große Terror. Sowjetunion 1934-1938, München 1992, S. 445.
2 Robert Conquest, a. a. O., S. 447.

nen machen müssen, um annehmen zu können, man würde in der Hölle vergessen. Wie sämtliche anderen Angeklagten war er in allen Punkten schuldig gesprochen worden. Immerhin, der gebürtige Bulgare Rakowski gewann nach dem Schauprozeß 1100 Tage Lebenszeit in Hunger, Kälte und Ungewißheit hinzu, bis Stalin seine Erschießung zusammen mit der von 150 anderen Überflüssigen anordnete. Daß Rakowskis Hinrichtungstag der 11. September des Jahres 1941 war, könnte späteren Jahrgängen auf den Schulbänken des Sarkasmus ein Zeichen geben. Am 11. September 2001 markierten die Einschläge von drei entführten Flugzeugen in die Türme des World Trade Center in New York und das Pentagon in Arlington eine Konfliktlinie des beginnenden 21. Jahrhunderts.

Eine höhere Stufe ironischer Selbstauslöschung hatte der Hauptangeklagte Nikolai Bucharin zu erklimmen, als er im Schlußwort sein wie damals üblich mit zermürbender Haft, »Förderband«-Verhören und anderen Druckmitteln erpreßtes Geständnis vortrug. Sein Kalkül zielte darauf, es könne gelingen, seine summarische Konfession mittels einer minutiösen Demontage sämtlicher Vorwürfe im einzelnen aus den Angeln zu heben. Er brachte Wyschinski zum Erröten, als er bemerkte: »Das Geständnis des Angeklagten ist seit dem Mittelalter ein Prinzip der Rechtsprechung.«[1] Er persiflierte damit die sowjetische Gerichtspraxis, die sachhaltige Beweisaufnahme durch das endlose Verhör zu ersetzen, das den Angeklagten gerne half, sich an Verbrechen zu erinnern, die in ihrem Gedächtnis nicht gespeichert waren. Offensichtlich setzte Bucharin auf die Hypothese, ein formales Geständnis, in Verbindung mit einer detaillierten Widerlegung der Vorwürfe, könne zu einer Aufhebung des Geständnisses auf einer höheren Ebene führen. Wie aber hätte

---

1 Zitiert nach Robert Conquest, a. a. O., S. 449.

er eine solche Ebene betreten wollen? Gab es denn noch ein Forum, auf dem eine »höhere Wahrheit« oder auch nur die faktentreue Ermittlung der Tatbestände formuliert werden konnte – jenseits von politischen Diktaten und strategischen Beugungen? Bucharin verwirrte die Beobachter des Prozesses aufs äußerste, als er in seinem Schlußwort erklärte, er hoffe, seine Hinrichtung werde zu einer Lektion für alle werden, die in ihrer Unterstützung der UdSSR schwankend geworden wären.

Naturgemäß enthielt Bucharins Schlußbekenntnis, neben seinem defaitistischen Anteil, ein Element von verzweifeltem Vabanque-Spiel: Es war an Stalin adressiert, der nie im Gerichtssaal erschien, doch über jedes Detail der Verhandlungen informiert war. Nach diesem abgründigen Loyalitätsbeweis, welcher der *resignatio ad infernum* eines Mystikers gleichkam, wollte Bucharin noch immer an die winzige Möglichkeit einer aus dem Kreml kommenden solidarischen oder auch nur pragmatischen Regung glauben. Hatte er nicht in seinem langen persönlichen Brief an Stalin vom 10. Dezember 1937 sein Ehrenwort gegeben, daß nichts von all dem, dessen er bezichtigt wurde, zutraf? Hatte er nicht darum gebeten, ihm im Ernstfall die Erschießung zu ersparen, indem man ihm eine Dosis Morphium zur Verfügung stellte? Hatte er nicht angeboten, nach einer möglichen Begnadigung zum entschiedensten Funktionär im antitrotzkistischen Kampf zu werden? Hatte er nicht die Vision entwickelt, im Fall seiner Verschickung in ein Straflager wie Petschora oder Kolyma »zumindest für 25 Jahre« dort Universitäten, Museen, technische Institute und ähnliches zu gründen und unermüdlich Pionier- und Aufbauarbeiten zu leisten?[1]

---

1 Bucharins letzter Brief an Stalin (1965 wiederaufgetaucht) ist vollständig wiedergegeben in: Karl Schlögel, Terror und Traum. Moskau 1937, München 2008, S. 674-677.

Bucharin durfte sich, als er seinen tragisch-grotesken Brief schrieb, zu Recht dem sehr kleinen Kreis der Personen zurechnen, die Stalin persönlich nähergekommen waren. Er hatte ihm immerhin das theoretische Rüstzeug zu seiner politischen Hauptdoktrin, dem »Sozialismus in einem Land«, an die Hand gegeben, nicht ahnend – vielleicht aber doch vermutend –, daß er ihm die Prämissen des »Terrors in einem Land«[1] erläutert hatte. Bucharins Brief liest sich heute als zentrales Zeugnis jenes »hermetischen Masochismus«, der sein Gegenstück im »hermetischen Sadismus« der amtierenden Revolutionsdiener fand.[2]

Daß Stalin nicht antwortete, lag in der Natur der Dinge. Bucharin, 50 Jahre alt, wurde am übernächsten Tag von dem gleichaltrigen »Mitarbeiter für besondere Aufgaben« Pjotr I. Maggo, einem Tschekisten lettischer Herkunft, einem notorischen Alkoholiker im Dienst der humanen Zukunft, im Lefortowo-Gefängnis von Moskau erschossen. Die Weltöffentlichkeit nahm hiervon nur zerstreut Kenntnis: Am 13. März jenes Jahres marschierte die deutsche Wehrmacht unter dem Jubel der Bevölkerung in Österreich ein. Auch die Bewohner von Moskau hatten Besseres zu tun, als Bucharin zu bedauern. Am Tag nach seiner Liquidierung wurde die neue Metrostation »Platz der Revolution« mit Pomp in Betrieb genommen.

Noch immer ist Bucharins Bereitschaft, sich seinem Mörder im Kreml zu unterwerfen, das stärkste Symbol für die Verdrehung der moralischen Konzepte, die der Oktober-Revolution vom ersten Tag an innewohnte. Sein Geständnis, ungewollt die schlimmsten Verbrechen gegen die reale,

---

1 Vgl. Arno J. Mayer, The Furies. Violence and Terror in the French and Russian Revolutions, Princeton 2000, S. 607-701: Chapter 15, Internalization of The Russian Revolution: Terror in One Country.

2 Beide Ausdrücke stammen aus: Timothy Snyder, Bloodlands. Europa zwischen Hitler und Stalin, München 2013, S. 403.

von Stalin verkörperte Umwälzung aller Dinge begangen zu haben, beweist, in welchem Maß sich die herkömmlichen Auffassungen von Sittlichkeit, Loyalität und Anstand in der großen Rotation verschoben hatten. Es dokumentiert das epochemachende Mißverständnis, wonach die hastige Improvisation der Sowjetmacht nach 1917 eine Gründung gewesen sei und Lenin ein Gründervater, aus dessen Samen wie aus dem von Abraham zahllose Geschlechter befreiter Menschenwesen hätten hervorgehen können.

Der Machtwechsel von Lenin zu Stalin hatte in Wahrheit nichts mit der Übergabe eines legitimen Erbes vom Träger eines Rechtstitels auf einen beglaubigten Nachfolger zu tun gehabt. Daß Lenin in seinem politischen Testament vor Stalins gefährlichen Prätentionen gewarnt hatte, erlangte für den Gang der Ereignisse keine Wirkung. Lenin war nicht Abraham, und Stalin hatte nie vorgehabt, die Rolle Isaaks zu spielen. Nach seinem Aufstieg zur Macht hatte er es verstanden, Lenins Testament zu unterdrücken, ja, es im Rahmen des Möglichen vergessen zu machen. Nachdem sich sein Inhalt bei einigen alten Kämpfern herumgesprochen hatte, wurde die Kenntnis des Schriftstücks als antisowjetische Propaganda unter Strafe gestellt.

Stalins seit den dreißiger Jahren inszeniertes Legitimitätstheater sollte vortäuschen, er habe die Revolution von Lenin legitim »geerbt«. Von Lenins Werk war freilich gegen Ende der zwanziger Jahre, trotz einer vorübergehenden ökonomischen Erholung in der Phase der NEP (*Novaja Economitschewskaia Politika*), einer aus Ratlosigkeit zugelassenen Form von *mixed economy*, nicht mehr als eine riesenhafte stagnierende Problem-Masse übriggeblieben – beginnend mit einem Landwirtschaftsdebakel von unvorstellbaren Ausmaßen und gesteigert durch chronische Defizite bei der Versorgung der Bevölkerung mit elementaren Industrieprodukten, ergänzt durch ständige Unstimmigkeiten bei der

»Integration« der zahlreichen Nationalitäten in das Sowjet-
reich, um von den Mißverhältnissen bei der Betreuung der
Kriegswaisen, der Veteranen, der Alten, der Kranken, der
Witwen und anderer Gruppen von Marginalen und Schwa-
chen innerhalb der russischen Republik und der übrigen
Unionsrepubliken zu schweigen.

Will man bei Stalin von einem Leninschen Erbe sprechen, so wäre ein solches nur als mimetische Kompetenz
zu deuten: Mit ihrer Hilfe hatte er bei seinem Vorgänger,
unter Absehung von inhaltlichen Aspekten der sozialen
Entwicklung, das putschistisch-terroristische Verhaltensmuster nachgeahmt. Allein dieses sollte bei der Iteration des
Leninismus auf nächsthöherer Stufe eine Rolle spielen. War
Stalin tatsächlich Lenins Nachfolger, so darin, daß er von
ihm die Geste des Bruchs mit dem Bisherigen übernahm.
Er übertrug sie auf die Verhältnisse der mittleren dreißiger
Jahre, wo sie auf einen semi-improvisatorischen Hyperstaat
mit leninistisch geprägter Nomenklatura traf, der trotz sei-
ner autohypnotisch erzeugten »optimistischen« Neigung
zum unbeirrbaren Gang nach vorn bereits Ansätze zur
Konsolidierung in postrevolutionären Routinen aufwies.

Stalins profundes Lenin-Verständnis manifestiert sich
im Großen Terror von 1934 bis 1938. Wenn Stalin im Lauf
beispielloser Operationen praktisch die gesamte ältere Par-
tei-Elite physisch vernichten ließ und mental annullierte,
wandte er die Schemata von *Was tun?* und von *Staat und
Revolution* in formaler Folgerichtigkeit auf die Situation der
mittleren dreißiger Jahre an. In der sowjetologischen Literatur wird der Große Terror üblicherweise als eine Maßnahme
Stalins zur Ausschaltung möglicher Konkurrenten gedeutet.
So plausibel das fürs erste erscheinen mag – die wirkliche
Raison von Stalins Verhalten ist darin zu suchen, daß er das
Leninsche Motiv des Fortsetzungskriegs aufnahm, um es
gegen all diejenigen zu wenden, die durch ihre Teilnahme

an den Anfängen der Sowjetunion vermeintlich einen Anspruch erworben hatten, bei der weiteren Gestaltung der
nach-revolutionären Dinge mitzureden. Was Stalin im Großen Terror auslöschte, war die Idee des Rechts auf Mitsprache der Älteren bei der Diskussion über den sozialistischen
Aufbau. Er zertrümmerte die Vorstellung einer revolutionären Filiation, indem er die älteren Träger der Umwälzung durch seine mit Grund so genannten »Säuberungen«
eliminierte. Es war seine quasi künstlerische Intuition, die
Uhr des revolutionären Prozesses nach dem Ablauf der ersten Generationszeitspanne wieder auf null zu stellen. Als
Avantgardist, der wußte, was er tat, schuf er das Gesamtkunstwerk Sowjetunion, indem er alle wichtigeren Akteure
des alten Parteiapparats liquidierte.[1] Sein Terrorsystem demonstrierte, warum die Idee der Revolution als solche mit
dem Gedanken an eine zweite Generation unverträglich
war – genauso wie es Lenin abgelehnt hatte, die Macht mit
Kräften von früher zu teilen, gleich ob es Sozialrevolutio-
näre, Menschewiki oder gar Mitglieder der Kadettenpartei
gewesen wären. Schon in der ersten revolutionären Welle
hatte die Iteration die Generation ersetzt.

Im Großen Terror machte Stalin deutlich, wie er die
Annäherung an den Nullpunkt des politischen Handelns
konzipierte. Nullpunkt-Politik bedeutet – neben der ursprünglichen Feind-Wahl – die Reindarstellung des Wesens von Macht als des Vermögens, andere zur Erfüllung
eines fremden Willens zu bewegen. Sie ist die Herstellung
von Gefolgschaft im Modus des Siegs über das entgegen-
gesetzte Interesse. Stalins Bedeutung in der Geschichte der
politischen Ideen besteht darin, das Cogito des politischen
Felds als reines Zwingen-Können zutage zu fördern: Ich

---

1 Vgl. die analoge Deutung von Boris Groys, Gesamtkunstwerk Stalin: Die
gespaltene Kultur in der Sowjetunion, München 2008 (Neuauflage).

erzwinge, also bin ich Macht. Sein Einsatz der psychischen Nötigung in den Schauprozessen zeigt, daß er sich nicht mit dem mechanischen Zwang begnügte. Die Kausalitäten der Schmerzzufügung durch Inhaftierung und Folter waren für ihn nicht ausreichend. Er wollte in das Innere der Genossen hineinregieren, um deren Subjektivität zu einem überraschungsfreien Raum zu formen – vergleichbar einer Zelle, in der Tag und Nacht das Licht brennt. Daher durfte er selbst einem Mann wie Bucharin nicht erlauben, ihn nicht in jeder Hinsicht zu fürchten. Nur ein aufs äußerste in Schrecken versetztes Gegenüber hört auf, unbeobachtbare Vorstellungen zu haben.

Was Lenin als mithelfenden Terror konzipiert hatte, wurde von Stalin zum prinzipiellen Terror weitergebildet, indem er den Tatbestand der Konterrevolution bis in die Hintergedanken seiner Untergebenen verfolgte. Dadurch wurden die alten Revolutionäre der Lenin-Generation unmittelbar in virtuelle Konterrevolutionäre verwandelt. In ihrem Inneren war durchwegs die Anmaßung zu vermuten, eigene Vorstellungen vom richtigen Fortgang der Revolution zu hegen – Trotzki hatte dieses Verbrechen aus Arroganz in aller Ausdrücklichkeit begangen, weswegen er Stalins Welt 1929 hatte verlassen müssen. Trotzki freilich hatte sich die epochale Fehldeutung der Stalin-Herrschaft als eines sowjetischen »Thermidor« zuschulden kommen lassen, unfähig, wie er war, zu begreifen, daß Stalins wie Lenins Unternehmungen nie etwas anderes bedeuteten als Maßnahmen zur Verhinderung des Thermidor. Hierin erwies Stalin sich als der einzige authentische Lenin-Interpret, der aus dem Tumult der zwanziger Jahre im Imperium der Sowjets hervorgegangen war. Trotzkis absurde Fehldeutung der Stalin-Politik als eines Thermidor-analogen Rückschlags verrät, wie sehr er Lenins Konzept des bloß vorbeugenden Terrors verbunden geblieben war – eines Konzepts, das auf purem Selbstbetrug beruhte, sofern bereits unter Lenin der Terror die Seele des revolutionären Unternehmens gewesen war. Stalin bewies zwischen 1934 und 1938, daß er der einzige wahre Leninist und der bessere Trotzkist war. Er hatte verstanden: Die permanente Revolution war nur als permanenter Terror durchzuführen.

Aus dem Krieg gegen die gestrigen Strukturen wurde dank Iteration des terroristischen Ansatzes ein Krieg gegen die zweiten Meinungen der bewährten Revolutionäre. Stalin ließ die gesamte ältere Generation büßen für Lenins Einbildung, er dürfe durch ein »Testament« in den Fortgang der Dinge eingreifen. Ein Revolutionär schreibt kein Testament, er wirkt in die Zukunft, indem er ein Beispiel für die Erzeugung eines Diskontinuums abgibt.

Weil die Revolution keinen durch die Generationen gehenden Bildungsroman darstellt, sondern stets hier und heute aus der Dezision des Führers entsteht, muß jeweils die ältere Garde der Eliminierung verfallen. Die reale Revolution geschieht nur zwischen jetzt und morgen. Auch ein Fünfjahrplan ist eine Form von improvisatorischem Aktualismus, kein genealogisch relevantes Vorhaben. Ihrer Logik gemäß ist die Revolution mit den Begriffen von Generation und Nachfolge unverträglich. Sie gleicht in gewisser Weise einem unwiederholbaren Kunstwerk – hierin der Performance-Ästhetik des 20. Jahrhunderts verwandt. Ihre Führer sind politische Gegenstücke zu den von Schumpeter beschriebenen Unternehmer-Persönlichkeiten, von denen der Verfasser zu Recht bemerkt, ihre Tatkraft sei »essentiell nur temporär, namentlich auch nicht vererbbar«.[1]

Stalin strafte den girondistischen Aktivisten der Französischen Revolution, Pierre Vergniaud, Lügen, der im März

---

1 Joseph Schumpeter, Theorie der wirtschaftlichen Entwicklung. Nachdruck der 1. Auflage von 1912, hg. von Jochen Röpke und Olaf Stiller, Berlin 2006, S. 529.

1793 – bevor er im Oktober jenes Jahres selbst auf die Guillotine geschickt wurde – das geflügelte Wort gesprochen haben soll: »Die Revolution, gleich Saturn, frißt ihre Kinder.« Das Gegenteil wird durch die russische Lektion bewiesen: Die Kinder der Revolution vertilgen ihre Vorgänger. Die Feindschaft des Leninschen Ansatzes gegen das Prinzip des Erbes macht Sukzessionen innerhalb der Revolution unmöglich. Vor uns das *ancien régime*, nach uns das Lager. Nur die neuen Philister im stagnierenden Staatsapparat entgehen bis auf weiteres dieser Alternative.

Von Stalins Tod bis zum Ende der Sowjetunion vergingen 37 Jahre – was beweist, auch Improvisationen werfen manchmal längere Schatten. Rechnet man die Zeit hinzu, in der das astrale Symbol der Oktober-Revolution, die 1986 errichtete Raumstation *Mir*, bis zu ihrem kontrollierten Absturz über dem Südpazifik im März 2001 ihre Bahnen zog, so ergeben sich für die Ära »post Stalin« insgesamt 48 Jahre.

Für eine Iteration des Stalinismus fehlten nach dem Tod »Kobas des Schrecklichen« im Jahr 1953 die Kräfte: Sie wäre die prozeßlogisch einzig mögliche Fortsetzung gewesen. Die nach-stalinsche Sowjetunion hätte ihre revolutionäre Dynamik allein in einem noch weiter forcierten Sturz nach vorn absichern können. Ein Subjekt für diese Wahnbewegung jedoch ließ sich nicht finden, ein drittes Stockwerk der Terror-Überbietung war nicht mehr zu errichten – es hätte den nuklearen oder chemischen Krieg gegen das noch immer unzufriedene Sowjetvolk erfordert. Als einziger kam Mao Tse-tung diesem Ansatz indirekt nahe, als er gegenüber Chruschtschow gelegentlich die Idee äußerte, er würde gern die Hälfte des chinesischen Volks, das damals 600 Millionen Menschen zählte, für einen siegreichen Atomkrieg gegen die USA opfern, wenn damit die Hegemonie des Kommunismus zu sichern wäre.

Da nach dem Ende des Zweiten Weltkriegs an weitere

Steigerungen der Gewalt nach innen nicht ernsthaft zu denken war, so intensiv auch in den Lagern die Routinen der Lebensvernichtung durch Arbeit weitergingen, zwang sich statt dessen die von Chruschtschow 1956 eingeleitete Wende in die Entstalinisierung auf. Sie trug schon das Ende der Sowjetunion in sich: Sie brachte einen verzögerten Thermidor hervor, indem sie den Vorrang der normalen Moral vor der Ethik der »Maßnahmen« im Fortsetzungskrieg wiederherstellte.

Der Kalte Krieg ließ sich während einiger Jahrzehnte als Ersatz für die ausbleibende Iteration des Stalinismus verwenden, doch taugte er nicht zur Fortsetzung des Mythos vom großen Oktober. Immerhin konnten sich Lenin und Stalin gemeinsam der Leistung rühmen, einen Thermidor zu ihren Lebzeiten unmöglich gemacht zu haben. Das »kommunistische Postskriptum« sollte freilich die Unvermeidlichkeit einer thermidorianischen Auflösung des Radikalismus erweisen. An der Aufgabe, ein System ohne Herkunftslegitimität und ohne Vermächtniskompetenz zu beerben, mußten die Generationen nach Stalin scheitern. Mit dessen Imperium versank 1990 die dritte weltgeschichtliche Groß-Improvisation – nach jener der Mongolen im 13. Jahrhundert und der Napoleons im frühen 19. Jahrhundert – in der Bodenlosigkeit, aus welcher sie sich im Herbst 1917 mit der Heftigkeit eines ideengetriebenen Amoklaufs erhoben hatte.

Posen, den 4. Oktober 1943

Der bekannteste Satz aus *Mein Kampf* von 1925: »Ich aber beschloß nun, Politiker zu werden«, belegt nicht nur den privaten Mythos eines Unruhestifters, der nach der Kapitulation der deutschen Armee im November 1918 während eines Aufenthalts im Lazarett von Pasewalk einen Rückfall in eine temporäre, möglicherweise hysterisch motivierte Erblindung erlebte. Hitler war, als er dies notierte, bereits mehr als ein bloßer Verursacher kommender Ärgernisse. Viel eher war er ein Träger, um nicht zu sagen ein exemplarischer Patient der Unruhe, die aus dem Weltkrieg in die folgenden Jahrzehnte übergriff. Sein Satz illustriert, wie ihr nachmals wichtigster österreichisch-deutscher Akteur sich die *idée-force* seines Jahrzehnts, die Zwangsvorstellung des Fortsetzungskriegs, einverleibte. Ähnlich wie zahllose Zeitgenossen von 1918 war Hitler von der Unmöglichkeit der Demobilisierung durchdrungen. Wenn er sich nach seiner Entlassung aus dem preußischen Lazarett, von der Schädigung seiner Sehkraft geheilt, an der Ablegung der Waffen und der Uniformen beteiligte, erfüllte ihn, nun als Scheinzivilisten, weiterhin die Entschlossenheit, dem Krieg ein anderes Gesicht – man würde heute sagen: ein anderes Format – zu geben. Als Epigone Lenins und Mussolinis suchte Hitler nach eigenen Mitteln und Wegen, den unterbrochenen Krieg in einen Fortsetzungskrieg umzuwandeln.

Mit der Gründung des national-sozialistischen Aufbruchs – in seiner obligaten Doppelgestalt als Bewegung und Partei – entwarf Hitler ein strategisches Konzept, das, im Rückblick betrachtet, einer deutschen Version des Langen Marschs gleichkam. Dieser führte, opportunistisch und unbeirrt, charakterlos und unbelehrbar, durch die labilen parlamentarischen Institutionen der Weimarer Republik bis in den Vorhof der Macht. Nach seiner Ernennung zum Reichskanzler im Januar 1933 waren die Voraussetzungen geboten, unter denen der Aufmarsch in Aufrüstung übergehen konnte. Vom Herbst 1939 an legte Hitler vor der Welt offen, auf welche Weise er das in *Mein Kampf* entwickelte Drehbuch des Fortsetzungskriegs zu inszenieren gedachte.

Es ist kein Zufall, daß der emblematische Satz Hitlers anläßlich des Überfalls der deutschen Armee auf Polen am

1. September 1939 die Behauptung enthielt, es werde von den frühen Morgenstunden an »zurückgeschossen«. Seit den Mobilmachungen der europäischen Mächte im Gefolge des Attentats von Sarajewo war alle große Politik ein immerwährendes Zurückschießen geworden. Der Feind bedeutete nicht mehr nur »die eigene Frage als Gestalt« – nach dem bekannten Vers Theodor Däublers, den Carl Schmitt hin und wieder zitierte. Die Pflege von Feindbeziehungen lieferte seit längerem die notwendigen und zureichenden Gründe, ein beliebiges Feuer mit Gegenfeuer zu erwidern. Die Hitlersche Form des Zurückschießens setzte der zeitgemäßen deutschen Variante des Fortsetzungskriegs, über die naheliegende Revanche für den November 1918 hinaus, das hochmütige Ziel, ein Weltimperium der Deutschen zu schaffen, regiert aus einer Reichskanzlei zu Berlin, deren Kuppel die des Kapitols von Washington und des römischen Petersdoms in den Schatten stellen wollte.

Nach der Niederwerfung ganz Nord- und Westeuropas durch die deutschen Truppen zwischen 1940 und 1942 hatte sich die entscheidende Front des vorgeblichen Gegenfeuers weit in den Osten verlagert, wo Hitlers Armeen im Bodenkampf erstmals auf ernsthaften Widerstand trafen. Die fünfmonatige Schlacht um Stalingrad – vom 23. August 1942 bis zum 2. Februar 1943 – markierte für das Deutsche Reich die Wende in die Niederlage, die 27 Monate später eine vollendete Tatsache war.

Am 4. Oktober 1943, acht Monate nach dem Verlust der 6. Armee im Kessel von Stalingrad, hielt der damalige Reichsinnenminister Heinrich Himmler, seit 1929 Reichsführer der nationalsozialistischen Schutzstaffel (SS) und seit 1936 Chef der Deutschen Polizei im Reichsministerium des Innern, zugleich seit 1939 »Reichskommissar für die Festigung des deutschen Volkstums«, im Rathaus der polnischen

Stadt Posen vor 92 SS-Leuten eine jener »Geheimreden«, durch die die Nachwelt in die Gedankenwelt deutscher Fortsetzungskrieger Einblick nehmen kann.

Von einem heutigen Standpunkt aus ist leicht zu erkennen, daß der Fiktion eines tausendjährigen »Dritten Reichs« das forcierte Mißverständnis zugrunde lag, seine Gründung beruhe auf filiationstauglichen Prinzipien. In Wahrheit hätte von Anfang an evident sein müssen, daß hier, ähnlich wie beim Sowjetismus, nicht mehr als eine hastige Improvisation auf den Weg gebracht wurde, deren rascher Zerfall im Modus ihrer Zusammenraffung angelegt war. Es handelte sich beim Hitlerismus faktisch um eine Form des politischen Somnambulismus, den seit der ersten Minute der Machtergreifung eine Dosis suizidalen Hazards durchzog. In der Sache war er ein Experiment zur Beantwortung der Frage, ob auch Staaten mitsamt ihren Gesellschaften zum Selbstmord fähig sind.[1]

Himmlers anhand von Stichworten weitgehend frei gehaltene dreistündige Rede – sie soll auch als Tondokument erhalten sein – liest sich heute wie ein Mustertext korporativer Rhetorik. In ihr geht die breitangelegte Situationsanalyse schulbuchmäßig zum Selbstbefund und das *mission statement* des Unternehmens über, um in eine pathetische Einschwörung von Redner und Publikum auf eine Zukunftsperspektive zu münden.

Himmler evoziert vor seinen Posener Zuhörern die Vision eines *clash of civilisations*, auf den sich Europäer spätestens gegen Ende des 20. Jahrhunderts gefaßt machen müßten: Dabei werde die asiatische »Masse Mensch« in einer Stärke von 1 bis 1,5 Milliarden auf das dann hoffentlich 200 bis 300 Millionen Menschen zählende »germanische Volk«

---

1 Über den wagnerianischen Faktor in diesem Experiment siehe S. 387 f. in diesem Band.

prallen, das im günstigsten Fall die übrigen europäischen Völker zum Endkampf um sich scharen könne – in einem Volumen von maximal 700 Millionen. »Wehe, wenn das germanische Volk ihn nicht bestehen würde. Es wäre das Ende der Schönheit und der Kultur ...« Wer auf dem Rücken starker Bilder reitet, kann sich und den Seinen effektvoller die Sporen geben: »Deswegen tun wir fanatischer denn je, gläubiger denn je, tapferer, gehorsamer und anständiger denn je unsere Pflicht.« Deren Erfüllung hängt von der bedingungslosen Bindung zu einem vom Schicksal auserwählten Manne ab: »Nun gedenken wir des Führers, unseres Führers Adolf Hitler, der das germanische Reich schaffen und uns in die germanische Zukunft führen wird.«

Man kann die autohypnotische Funktion dieser Sätze besser würdigen, wenn man einige vorangegangene Ereignisse in Betracht zieht: Himmler gehörte zu den NS-Exzellenzen, die seit dem Frühjahr 1943 verstanden hatten, daß der Krieg militärisch nicht mehr zu gewinnen war. Ein Vierteljahr *vor* der Posener Ansprache hatte er bereits Kontakte zu möglichen Hitler-Attentätern aufgenommen, mit denen er Perspektiven für das Reich und seine Rolle darin nach einer eventuellen Ausschaltung des »Führers« sondierte.

Das hinderte den Redner nicht daran, vor den SS-Offizieren von Posen zu dozieren, man müsse an Defaitisten im Heer und zuhause strenge Exempel statuieren: am besten, indem man von Zeit zu Zeit einem von ihnen den Kopf »vor die Füße legt«. Das bringe die übrigen Kampfmüden für eine Weile zum Schweigen. Bekanntlich hatte das NS-Regime die Guillotine in Deutschland solide eingemeindet und von ihr bei der Hinrichtung von Systemgegnern und anderen Unwillkommenen reichlich Gebrauch gemacht – man geht von circa 12.000 Exekutionen aus. Freilich wurde der französische Name des Geräts vermieden, man zog es vor, von der echt deutschen »Fallschwertmethode« zu sprechen.

Himmler ließ sich nicht anmerken, daß er in diesem Augenblick von seinen persönlichen Zweifeln am deutschen Endsieg redete. Mit einer Mischung aus Drohungen, Humoresken und Soldatenzynismen versuchte er, das gebannte und geduckte Publikum auf seine Seite zu bringen. Das wußte er wie jeder größere Chef: Führung ohne Verführung bleibt wirkungslos. Ihm stand vor Augen, daß Furcht die Hälfte des Gehorsams ist. Der Appell ohne ergreifende Einschwörung prallt an den Angesprochenen ab.

In der späteren Rezeption der berüchtigten Rede hat man sich fast ausnahmslos auf die skandalöse Passage konzentriert, in der von einem »Ruhmesblatt« deutscher Kämpfertugend die Rede ist, das leider nie offiziell geschrieben werden dürfe: Mit eigenen Augen habe man gesehen, wie nach Tötungsaktionen unter der jüdischen Bevölkerung Osteuropas hundert, fünfhundert oder tausend Leichen beisammenlagen, und die Ausführenden seien dabei, aller psychischen Belastung ungeachtet, aufs Ganze gesehen doch »anständig geblieben«. Der Passus stellt eine der wenigen Äußerungen dar, in denen ein hoher Funktionär des »Dritten Reichs« sich ohne Umschweife zur Judenausrottung bekannte, als wäre diese eine selbstverständliche Zutat des Fortsetzungskriegs, in den die Akteure des Nationalsozialismus sich einberufen wähnten.

Himmlers Rede wies aber einen viel allgemeineren Fokus auf: Sie könnte – von den Ausführungen zur geopolitischen Lage abgesehen – als ein Traktat über die Ethik für den vom »Schicksal« diktierten Krieg um die Weltherrschaft gelesen werden. Da Menschen mit authentisch germanischen Wurzeln – vor allem solche aus dem genetisch begünstigten westfälischen Raum – nach Himmlers Ansicht von der Natur selbst zu Krieg und Sieg berufen sind, liege auf der Hand, daß deren angemessenes Portrait zugleich das Idealbild des SS-Manns von heute und morgen ergebe.

Was Himmler in seiner ersten Posener Rede bietet, sind nicht weniger als wüste Prolegomena zu einer Kritik der Kollektiv-Moral im Zeitalter militärischer Massenaufgebote. Hochfliegende Spekulationen über kommende Expansionen schließen sich den kriegsmoralischen Thesen mühelos an: Die längerfristige Aufgabe der SS sei naturgemäß in der Nachzucht einer neuen Elite für die wachsenden deutschen Kolonien zu sehen.

»Wir müssen in 20 bis 30 Jahren wirklich die Führungsschicht für ganz Europa stellen können. Wenn die SS zusammen mit den Bauern, wir zusammen mit unserem Freund Backe, dann die Siedlung im Osten betreiben, großzügig, ohne jede Hemmung, ohne jedes Fragen nach irgendwelchem Althergebrachten, mit Schwung und revolutionärem Drang, dann werden wir in 20 Jahren die Volkstumsgrenze um 500 Kilometer nach Osten herausschieben.«

Die Bildungspolitik im Zeichen des Totenkopfs wollte einen an den Haaren herbeigezogenen Ahnenkult mit neu-sachlicher Hemmungslosigkeit vereinen. Den Verlust von Stalingrad könne die deutsche Armee verschmerzen, ja, dieser sei geradezu »notwendig« gewesen, wenn es auch grausam klinge, dergleichen auszusprechen, weil mit ihm eine kriegsentscheidende Frontverkürzung teuer, jedoch letztlich lohnend bezahlt worden sei. Auch die Landung alliierter Truppen bei Salerno bilde ein Indiz für den baldigen Zusammenbruch des Feindes, weil dieser sich eine Operation solcher Größenordnung nicht noch einmal leisten könne.

Ohne Umschweife nimmt Himmler für das deutsche Volk die höchsten Werte der Humanität in Anspruch. Es ist ihm nichts zu drastisch, um die Grenzen des eigenen Kollektivs als die Grenzen des Geltungsbereichs höherer Moral

eindeutig zu markieren. Er wählt nun den brutalen Ton, weil
er weiß, wie der den Hörern in die Knochen fährt. »Ob bei
dem Bau eines Panzergrabens 10.000 russische Weiber an
Entkräftung umfallen oder nicht, interessiert mich nur inso-
weit, als der Panzergraben für Deutschland fertig wird.« In
einer kämpfenden Welt dürfe es Pflichten ausschließlich dem
eigenen Volk gegenüber geben. Jeder Versuch, Ostmenschen
oder gar Juden in den Kreis der Humanität einzubeziehen,
läuft auf die Schwächung der nationalen Kampfkraft hinaus.
Wahrer SS-Mann könne nur sein, wer die Werte deutscher
Ethik mit freudiger Selbstverständlichkeit verkörpere. Sehr
ausführlich, als ob er endlos beim Thema bleiben wollte,
spricht Himmler dann von den Tugenden der kommenden
germanischen Elite: von Treue, Gehorsam, Tapferkeit, Zivil-
courage, Wahrhaftigkeit, Ehrlichkeit, Kameradschaft, Ver-
antwortungsfreudigkeit, Fleiß und alkoholischer Abstinenz.

Die Forschung hat bisher kaum wahrgenommen, daß
Himmler in der ersten Posener Geheimrede – er hielt zwei
Tage später eine weitere, etwa halb so lange Ansprache über
ähnliche Themen vor anders zusammengesetztem Publikum – Umrisse zu einer Ethik für die Bloodlands vortrug.
Er vollzog mit ihr eine Anpassung der moralischen Normen
für kämpfende Kollektive an die Erfordernisse des Dauer-
aufenthalts in der Massaker-Zone. Als ob er Lehrbücher der
Kultur-Anthropologie studiert hätte, entwickelte er die Intuition, daß es inmitten akuter Konflikte darauf ankommt,
eine hochgespannte Binnen-Ethik für die eingeschworene
Kampfgemeinschaft mit der brutalsten Enthemmung gegenüber dem »Außen« zu kombinieren. Die Bloodlands zwingen ihren Akteuren die strikte Trennung von Endo-Ethik
und Exo-Ethik auf. Hieraus ergibt sich ein rigoroses Empa-
thieverbot gegenüber den Opfern der »notwendigen« Auslöschungen, nicht zuletzt Kindern und Frauen, um von den
jüdischen Opfern nicht zu reden. Am strengsten muß jedoch

die Einfühlung in jene Teile der feindlichen Truppen verboten werden, denen sich die SS-Elite aufgrund ihrer teilweise
analogen Funktionen am meisten verwandt wissen konnte.
Dies mag einer der Gründe dafür sein, warum Himmler
seine Aufmerksamkeit an den empfindlichsten Stellen des
Vortrags auf die Politoffiziere in der sowjetischen Armee
richtete, jene »Kommissare«, die den regulären sowjetischen
Truppen als ideologische Kampfkraftverstärker beigeordnet
waren.[1] In ihnen erkannte er die Spiegelung der eigenen Organisation, die er als »politische Soldaten« bezeichnete.

Bei diesen Hinweisen erreicht Himmlers SS-Ethik den
kritischen Punkt: Hier mußte die alles entscheidende Differenz zwischen den noblen Exekutoren hier und ihrem
vulgären Double dort statuiert werden. Der Russe – »Er
macht eben den ganzen Krieg mit seiner brutal durchge-
bildeten Führungsschicht von politischen Offizieren, von
Offizier-Kommissaren oder Kommissar-Offizieren …«.[2]
Die stellen die knechtische Durchführung von Moskauer
Befehlen sicher. In ihnen ist die Verkörperung einer feindlichen Variante der mörderischen Exo-Ethik zu erkennen,
der man selbst, obschon unter anderem Vorzeichen, meint
gehorchen zu müssen. Der Deutsche darf freilich bei seinen
Exterminierungshandlungen äußerer Kontrolle nicht be-
dürfen. »Die Kontrolle darf bei uns nicht und niemals – wie

---

1 In den jüngeren Dokumentationen über die Verbrechen der Wehrmacht
  im Zweiten Weltkrieg wurde u. a. auf den sogenannten »Kommissarbefehl« Hitlers vom 30. März 1941 hingewiesen, nach welchem gefangen-
  genommene Politoffiziere ausnahmslos liquidiert werden sollten – ein
  Befehl, der nicht nur in die Kategorie »Kriegsverbrechen« fiel, sondern
  sich als kontraproduktiv erwies, weil er die Kampfmoral des Gegners intensivierte, so daß ihn Hitler auf Drängen der Generalität im Juni 1942
  aufhob. Vgl. Felix Römer, Der Kommissarbefehl. Wehrmacht und NS-
  Verbrechen in der Ostfront 1941-1942, Paderborn 2008.
2 Zitiert nach: Heinrich Himmler. Geheimreden 1933 bis 1945 und andere
  Ansprachen. Hg. von Bradley F. Smith und Agnes F. Peterson, Berlin
  1974, S. 162-183.

in Russland – der Kommissar sein. Der einzige Kommissar, den wir haben, muss das eigene Gewissen sein …« Das deutsche Gewissen bildet den Kampfplatz, auf dem die Grenze zwischen dem erhabenen Ethos fürs Innere und dem groben Ethos fürs Äußere mit den stärksten Mitteln zu befestigen war. Da man einem Feind gegenüberstand, der von seinem Standort aus eine analoge Grenzziehung praktizierte, war der Versuch, sich über ihn zu erheben, so unverzichtbar wie vergeblich. Der Feind war in der Tat »die eigene Frage als Gestalt«. Stärker als alle Differenzen zwischen den kremlgesteuerten sowjetischen Kommissaren und den gewissensgesteuerten »politischen Soldaten« der SS war ihre gemeinsame Funktion, sich als ideologische und operative Speerspitzen der Bloodland-Operationen ins Gefecht zu werfen.[1]

Die gewünschte Empathielosigkeit nach außen schlägt in der Krise nach innen durch. In einer der enthemmtesten Passagen seiner Skizze für eine Bloodlands-Ethik verfügt Himmler: »Wir müssen letzten Endes den Willen haben und wir haben ihn, denjenigen, der an irgendeiner Stelle nicht mehr mittun will in Deutschland … kühl und nüchtern umzubringen.« Diejenigen jedoch, die sich für die deutsche Sache kräftig ins Zeug legen, sollen eine »rassische Oberschicht« bilden, aus der »die zahlreichste Nachzucht hervorgeht«. Der pflichtbewußte SS-Mann habe darum stets in größeren Zusammenhängen zu denken. Den fernen Enkeln

---

1 Daß die emergente Bloodlands-Ethik – als Verfallsform des soldatisch-heroischen Kodex – sich nicht in der Symmetrie der Verrohungen zwischen den beiden Hauptkombattanten erschöpfte, sondern einen dritten Pol der Enthemmung erzeugte, zeigt die Äußerung des amerikanischen Präsidenten Harry Truman am Tag nach dem Überfall Hitlers auf die Sowjetunion: »Wenn wir sehen, dass Deutschland am gewinnen ist, müssen wir Russland helfen, und wenn Russland am Gewinnen ist, müssen wir Deutschland helfen, damit sie gegenseitig so viele Menschen wie möglich umbringen …« New York Times, 24. Juni 1941.

möge er das gereinigte, in kriegerischen Prüfungen zurück-
gekreuzte rassische »Erbe unserer Ahnen« weitergeben.

Himmler hatte inmitten der nationalsozialistischen Improvisationen bei sich schon früh ein Faible für etwas entdeckt, was er für »germanisches Ahnenerbe« hielt. Darum
erhob er den Anspruch, auch bei seinen Mitarbeitern ein
»Verständnis« für bio-historische Zusammenhänge wecken
zu dürfen. Die Wörter »Jahrhundert« und »Jahrtausend«
gingen ihm bei seinen Fabulationen von deutscher Zukunft
mühelos über die Lippen. In Wahrheit überdeckten seine
Vorstellungen über die Erblichkeit der rassischen Substanz
das von Grund auf artifizielle, psychodynamisch-morali-
sche und juristische Wesen der Filiation mit haltlosen pseu-
dobiologischen Fabrikationen.

Wie Himmler tatsächlich über die deutsche Zukunft
dachte, geht aus einem Hinweis seiner Witwe hervor, wonach er seit Beginn des Krieges stets eine Zyankalikapsel in
einer Zahnlücke des Unterkiefers mit sich führte. Er wird
sie wohl auch während seiner Posener Rede im Mund getragen haben. Anderthalb Jahre später, am 23. Mai 1945, beging
er mit ihrer Hilfe Selbstmord, nachdem er auf der Flucht
mit falschen Papieren von britischen Militärpolizisten aufgegriffen worden war und in einer Lüneburger Villa verhört
werden sollte.

Was eine explizite Ethik für die bis zum Ural entgrenzten
Bloodlands angeht – jener unglücklichen Zone Osteuropas,
in der die mobilisierten Massen zweier entgegengesetzter
Stürze nach vorn zusammenprallten –, war die sowjetische
Seite ihren Beitrag nicht schuldig geblieben. Sie hatte ihn
bereits sechs Jahre zuvor erbracht, am 20. Dezember 1937,
anläßlich der Feiern zum 20jährigen Bestehen des »Volks-
kommissariats für innere Angelegenheiten« (NKWD), dessen Vorläuferorganisation Tscheka seit dem 20. Dezember

1917 existierte.[1] Das Jubiläum fiel in eine Periode dienstlicher Vollbeschäftigung, da die Stalinschen Säuberungen seit dem Sommer 1937 ihren Höhepunkt erreichten. Noch am Vortag waren in Moskau auf dem stets intensiv genutzten Exekutionsfeld Butowo mindestens 152 Menschen erschossen worden.[2]

Bei dem Festakt waren die Logen des Bolschoi-Theaters in Moskau gefüllt mit den Verantwortlichen für die Massenliquidierungen der letzten Monate. Der *Who's who* des Vernichtungsapparats: Kaganowitsch, Redens, Andrejew, Schkirjatow, Woroschilow, Schdanow, Jeschow, Bratanowski, Molotow und Dimitroff, hatte auf der Bühne Platz genommen, bereit, das eigene Tun zu feiern. Stalin selbst erschien zum Konzert nach der Pause. Eine junge Arbeiterin aus den Stalin-Autowerken trat auf und versicherte, das NKWD könne sich stets auf die Unterstützung des Sowjetvolks verlassen. In allen Tonlagen wurde die Verbindung zwischen den Tschekisten und den werktätigen Massen beschworen. Wenn es galt, vorgebliche Saboteure dem Liquidationsapparat auszuliefern: der revolutionäre Staat sollte sich auf das wache Volk verlassen dürfen.

Die Hauptrede des Abends war dem armenischstämmigen Genossen Anastas Mikojan zugefallen, auch sie ein Muster der korporativen Rhetorik mit den obligaten Elementen: historischer Rückblick, Besprechung der aktuellen Lage, Selbst-Gratulation für Geleistetes und Einschwörung auf das Ethos der Institution. In einer Orgie von Härte-Vokabeln dozierte Mikojan die historische Notwendigkeit des gnadenlosen Kampfs gegen die widerspenstigen Kulaken, die sich mit wachsender Bösartigkeit und listiger Ver-

---

1 Siehe S. 152 f. in diesem Band.
2 Die hier wiedergegebene Schilderung des Festakts, insbesondere der Jubiläumsrede Mikojans, folgt der Darstellung in: Karl Schlögel, Terror und Traum, a. a. O., S. 653-657.

stocktheit der Kollektivierung widersetzt hätten. Nie habe
es eine größere Aufgabe gegeben als die von Stalin geleitete
Kampagne: Sie hatte sich zum Ziel gesetzt, 100 Millionen
bäuerliche Kleineigentümer, die jahrhundertelang nur für
sich selbst und die Ihren gewirtschaftet hatten, auf den Weg
der Kooperation im Kollektiv zu zwingen. Der rasche und
grandiose Erfolg in diesem Kampf habe freilich manche
Genossen zu vorschneller Siegesgewißheit verführt, so daß
der Feind, das »Abstumpfen der Klassenwachsamkeit« aus-
nutzend, in die Organe der eigenen Bewegung eindringen
konnte.

Jeder im Saal verstand die Anspielung: Im Herbst 1936
war der bisherige Chef des NKWD, Giengrich Jagoda, aus
dem Amt entfernt und durch Nikolai Jeschow ersetzt worden, einen kleinwüchsigen Verwaltungsbeamten mit authentisch sadistischen Obsessionen, der sich auf dem Höhepunkt
des Großen Terrors als Stalins beste Kraft hervortat, bis er
selbst im Februar 1940 dem System der Scheinanklagen mit
nachfolgender Erschießung zum Opfer fiel. Immer wieder
von stürmischem Beifall unterbrochen, erinnerte Mikojan
an die Erfolge des NKWD bei der Verhinderung von Sabo-
tage-Akten, die nicht zuletzt durch Hinweise aus dem Volk
rechtzeitig aufgedeckt wurden. In seinem von Applaus um-
tosten Schlußappell gratulierte der Redner allen Mitarbeitern des Terrorapparats dazu, daß sie stets auf der Höhe der
Zeit geblieben waren. Sie hätten der Versuchung widerstan-
den, »auf das Niveau politischer Spießbürger herab(zu)sin-
ken« – der Spießbürger schreckt ja vor dem Töten zurück.
Statt dessen seien sie jederzeit furchtlos gewesen im Kampf
gegen die Konterrevolutionäre, durchwegs erbarmungslos
»gegenüber den Feinden des Volkes« und dennoch »frei von
aller Panik«.

Den ersten, nie übertroffenen Kommentar zu den Denkfehlern, die den Ausführungen redelustiger Apologeten »notwendiger Gewalt« wie Mikojan und Himmler zugrunde lagen, hatte Arthur Koestler schon im Jahr 1940 in seinem Roman *Sonnenfinsternis* (*Darkness at Noon*) vorgelegt, den er
nach seiner 1938 erfolgten Lossagung vom Kommunismus
unter dem unmittelbaren Eindruck der Moskauer Schauprozesse verfaßte. In der Nacht vor seiner Hinrichtung
zieht der Held des Buchs, Nicolas Rubaschow, eine Nicolai
Bucharin nachempfundene Figur,[1] die Summe seines Leben
und seiner Prinzipien.

> »Wenn er jetzt auf seine Vergangenheit zurückblickte,
> schien es ihm, daß diese ganzen vierzig Jahre ein einzi
> ger Amoklauf gewesen waren – der Amoklauf der reinen
> Vernunft … Vierzig Jahre hatte er unter strikter Beach
> tung der Ordensgelübde der Partei gelebt. Er hatte sich
> an die Regeln des logischen Kalküls gehalten. Er hatte die
> Reste des alten unlogischen Moralgefühls mit der Säure
> der Vernunft aus seinem Bewußtsein gebrannt …«
> »Vielleicht war es unzuträglich, sich von allen Fesseln zu
> befreien, die Bremsen des ›Du sollst nicht‹ und ›Du darfst
> nicht‹ zu lockern und hemmungslos aufs Ziel zuzuge
> hen.«
> »Es war ein Fehler im System; vielleicht lag er in dem
> Satz, den er bisher für unwiderlegbar gehalten hatte, in
> dessen Namen er andere geopfert hatte und selbst geop
> fert wurde: in dem Satz, daß der Zweck die Mittel heiligt.
> Dieser Satz war es, der die große Fraternität der Revolu
> tionäre getötet hatte und sie alle Amok laufen ließ. Wie
> hatte er einst in seinem Tagebuch geschrieben? ›Wir ha
> ben alle Konventionen über Bord geworden, unsere ein-

---

1 Siehe S. 170 f. in diesem Band.

zige Richtschnur ist die der logischen Konsequenz; wir segeln ohne ethischen Ballast.‹«
»Vielleicht lag hier der Kern des Übels. Vielleicht war es den Menschen nicht bekömmlich, ohne Ballast zu segeln.«
»Vielleicht kam jetzt die Zeit der großen Finsternis.«
»Vielleicht wird erst später, viel später die neue Bewegung erstehen – mit neuen Bannern, erfüllt von einem neuen Geist, der von beidem wußte: von der ökonomischen Fatalität und vom ›ozeanischen Gefühl‹. Vielleicht werden die Mitglieder der neuen Partei Mönchskutten tragen, und ihre Lehre wird sein, daß nur die Reinheit der Mittel das Ziel heiligt.«[1]

Koestler vermochte noch nicht in Betracht zu ziehen, daß der Amoklauf der üblen Mittel zum besten Zweck, den er früher und hellsichtiger als die meisten Sympathisanten der kommunistischen Bewegung diagnostizierte, das Symptom einer von weit her kommenden Tendenz zur Erzeugung immer größerer, immer weniger kompensierbarer Asymmetrien im Zivilisationsprozeß war, freigesetzt durch die unermeßlichen Energien, die sich unter dem scheinharmlosen Begriff der »bürgerlichen Gesellschaft« und dem nicht mehr harmlosen, weil alles-legitimierenden Leitwort »Revolution« und seinem Postulat einer Gesellschaft Neuer Menschen verbargen. Diese Tendenz war für die Entsicherungen verantwortlich, die aus dem vormaligen »Du sollst nicht« ein vorwärtstreibendes »Du darfst«, ja geradewegs ein »Du mußt« erzeugten.
Den enthemmenden Imperativ trugen Individuen wie Jurowski, der Exekutor des Zaren, in sich; ebenso Maggo, der

---

1 Arthur Koestler, Sonnenfinsternis. Roman (1940), Coesfeld 2011, S. 210-212.

Mann, der Bucharin liquidierte; Wyschinski, der Advokat
der Säuberungen; Himmler, der Organisator der »Endlö-
sung«; Mikojan, der Laudator des Stalinschen Mordappa-
rats und Hunderttausende andere, die sich als Akteure im
klaffenden Hiatus hervortaten. Sie konzipierten sich selbst,
um mit Sartre zu sprechen, als Subjekte, die ihre Freiheit
»engagiert« hatten in Bindungen an improvisierte Heilsun-
ternehmen großen Stils. Sie waren ausnahmslos bereit gewesen, »ihre Seele zu opfern um der Seele willen«, wie es Georg Lukács schon 1915 in einem Gedankenexperiment zur
Rechtfertigung des Terrorismus erwogen hatte.[1] Für sie war
das Notwendig-Werden des Verbrechens der neue Geist der
Zeit. Ihrer Bereitschaft zur Kooperation mit den voranstür-
zenden Tendenzen ist es zu verdanken, daß in ihren Tagen
keine Infamie je befürchten mußte, unbegangen zu bleiben.

Im Jahr 1924 hatte Thomas Mann in dem Roman *Der
Zauberberg* das Prinzip der Exo-Ethik einer seiner düster-
sten Romanfiguren, dem Fanatiker Leo Naphta, *expressis
verbis* in den Mund gelegt. Von ihm hieß es, sie sei Georg
Lukács nachempfunden – was angesichts prägnanter Ähn-
lichkeiten zwischen der realen und der fiktiven Gestalt keine
bloße Unterstellung zu sein scheint. Thomas Manns Portrait
enthüllte die präzisen Züge des zeitgemäßen Typus extremi-
stischer Intellektueller. Es charakterisierte diesen, daß er der
angewandten Unmenschlichkeit die dogmatischen Grundlagen an die Hand gab. Tatsächlich hatte Lukács schon während des Ersten Weltkriegs über eine im Tötungsgebot fun-
dierte »Zweite Ethik« spekuliert. Auf dem Höhepunkt sei-

---

1 Georg Lukács, Briefwechsel, 1902-1917, Stuttgart 1982, S. 352. Vgl. ders.:
»Nur die mörderische Tat des Menschen, der unerschütterlich und alle
Zweifel ausschließend weiß, daß der Mord unter keinen Umständen zu
billigen ist, kann – tragisch – moralischer Natur sein.« In: G. Lukács, Ge-
schichte und Klassenbewußtsein, Werke, Bd. 2, S. 52. Was Lukács Zweite
Ethik nennt, ist in der Sache die geschichtsphilosophisch camouflierte
Exo-Ethik des Fortsetzungskriegs.

ner fortsetzungskriegerischen Verblendung könnte auch er gesagt haben, was der Romancier Leo Naphta in den Mund legt: »Nicht Befreiung und Entfaltung des Ich sind das Geheimnis und das Gebot der Zeit. Was sie braucht, wonach sie verlangt, was sie sich schaffen wird, das ist – der Terror.«[1]

Bretton Woods, 22. Juli 1944 / Washington, 15. August 1971

Seit dem späten 18. Jahrhundert formieren sich in Europa neue Disziplinen kritischer und prophetischer Theorie, die den Hiatus, der denken heißt, auszumessen versuchen. Von Adam Smith' Essay über den *Wohlstand der Nationen*, 1774, bis zum *Kommunistischen Manifest*, 1848, weiter zu Nietzsches *Die fröhliche Wissenschaft*, 1882, und Joseph Schumpeters *Theorie der wirtschaftlichen Entwicklung*, 1912, akkumuliert sich eine Reihe hochrangiger Unternehmen, die dem Vorsatz gewidmet sind, der Unruhe, die sich die »Moderne« ohne Beiwort nennt, auf den Grund zu gehen. In vielfältiger Weise reagiert die europäische Reflexionskultur auf die Evidenz, wonach das Weltalter der einfachen Wiederholungen seinem Ende entgegengeht. Es wird abgelöst durch eine Ära erweiterter Kreisläufe und kumulierter Innovationen, die eine Prozeßform wachsender Asymmetrien hervorrufen. Eine beispiellose Proliferation der Ambitionen und Projekte überrollt die alten Landschaften des »Ständischen und Stehenden«. Wenn sich der junge Goethe in Prometheus einfühlt, um sich im Namen des Titanen gegen die ewige Zumutung der Entsagung aufzulehnen; wenn Karl Marx in seinen reiferen Jahren die Kapitaldynamik beschreibt, die in rastlosen Kreisbewegungen die Erde erfaßt,

---

1 Thomas Mann, Der Zauberberg, Frankfurt am Main 2003, S. 507.

so antworten beide auf den neuen Imperativ, der den Drang nach »Ausdehnung und Bewegung«[1] ins Umfassendste wie ins Innerste implantiert.

Aus Intuitionen dieser Art hatten Autoren der Romantik den Begriff des »Zeitgeists« geschöpft: Er drückt so vage wie bestimmt die Überzeugung aus, der Weltlauf im Großen gehorche denselben Motiven und Motoren wie die intimsten Regungen des individuellen Lebens. Ein analoges Unruhe-Prinzip wäre somit am Werk, wenn die Einzelnen nach Entgrenzung ihres Selbst in Kunstwerken und die Staaten nach Ausdehnung ihres Machtradius streben. Das Prinzip Expression und das Prinzip Expansion bilden die *entente cordiale* des 19. Jahrhunderts: Sie manifestiert sich im Drang zur Errichtung von symbolischen und physischen Großreichen, die sich gegenseitig ergänzen und dementieren. Wenn Großbritannien, bereits gegen Ende des 18. Jahrhunderts Länder wie Kanada, Australien und Indien zu Kolonien macht; wenn Napoleon zeitweilig ganz Europa unter französische Kontrolle bringt; wenn Balzac die *Menschliche Komödie* Band um Band erweitert; wenn Richard Wagner seine Bayreuther Weihe-Festspiele gründet; wenn Pierre de Coubertin mit den »wiedereingesetzten« Olympischen Spielen ein tausendjähriges Reich des Sports begründet; wenn Andrew Carnegie sein Industrie-Imperium errichtet, um sein Vermögen zuletzt in eine philanthropische Stiftung umzuwandeln; wenn Theodore Roosevelt in einer hochfliegenden Adresse an die amerikanische Nation die Ethik

---

1 Goethe, Maximen und Reflexionen 643: »Wir Menschen sind auf Ausdehnung und Bewegung angewiesen; diese allgemeinen Formen sind es, in welchen sich alle übrigen Formen, besonders die sinnlichen offenbaren. Eine geistige Form wird aber keineswegs verkürzt, wenn sie in die Erscheinung hervortritt, vorausgesetzt, daß ihr Hervortreten eine wahre Zeugung, eine wahre Fortpflanzung sei. Das Gezeugte ist nicht geringer als das Zeugende, ja es ist der Vortheil lebendiger Zeugung, daß das Gezeugte vortrefflicher sein kann als das Zeugende.«

des *Anstrengenden Lebens* feiert[1] – so folgen sie alle in den verschiedensten Registern der gleichen expansiven Logik. Als Nietzsche in seinen Studien der achtziger Jahren für Phänomene dieser Art die Formel vom »Willen zur Macht« erprobte, war es für ihn eine klare Evidenz, das Leben als solches sei nichts anderes als eine ständige Freisetzung endogener Kraftüberschüsse mit nicht unterdrückbarer Ausdehnungstendenz. Aber was ist es eigentlich, was das Ich und die Industrie, das Gedicht in freien Rhythmen und das raumhungrige National-Imperium seit dem Beginn der Neuzeit zu analogen Bewegungen nach vorn und in die Weite vorwärtstreibt?

Man findet den gemeinsamen Nenner der frühen Expansionstheorien in einer Gruppe von Überlegungen, die man als Ansätze zum Verständnis der Effekte von positiven Rückkopplungen charakterisieren darf. Was man die Moderne nennt, ist in technischer, kognitiver, ökonomischer, juristischer, mediologischer und artistischer Sicht das Zeitalter der selbstverstärkenden Prozesse. Damit sind die Abläufe gemeint, bei denen ein nennenswerter Teil von freigesetzten Energien und Werken dazu verwendet wird, die Fähigkeit, Energien und Werke in Gang zu setzen, als solche zu erhöhen. In solchen Arrangements wird der wichtigste Teil des Produkts einer Tätigkeit in den Produzenten und seine Armaturen zurückgelenkt, um ihn zur Ausübung eben dieser Tätigkeit immer besser zu qualifizieren.[2] Was bis dahin auf der Ebene von Individuen als Selbstvervollkommnung durch Übung bekannt war, greift auf Gemeinwesen,

---

1 Theodore Roosevelt, The Strenuous Life, Rede in Chicago am 10. April 1899.

2 Peter Sloterdijk, Neuzeit als Mobilmachung, in: ders., Eurotaoismus. Zur Kritik der politischen Kinetik, Frankfurt am Main 1989, S. 30-81. Ders., Du mußt dein Leben ändern. Über Anthropotechnik, Frankfurt am Main 2009, Dritter Teil: Die Exerzitien der Modernen, S. 493-690.

Institutionen und Unternehmen über und weckt in ihnen den Geist der Expansion durch Selbstverstärkung.

Das Muster tritt während des 14. Jahrhunderts zuerst in der Kunst-Sphäre in Erscheinung. Die Renaissance entspringt aus der neuartigen Organisation des Kunstsystems, dank welcher sich die Fähigkeit zur Erzeugung von Kunstwerken zurückbeugt auf die intensivierte Erzeugung von Künstlern, die befähigt werden, Kunstwerke von ständig erhöhter Artifizialität hervorzubringen. Die Rückkopplung bewirkt eine aufsteigende Spirale entgrenzter Virtuosität, bis eine liminale Zone nicht weiter steigerbarer Meisterschaft erreicht ist. So entsteht der virtuose Zirkel, in dem sich die neuzeitliche Kunst glücklich bewegte, solange sie wesensmäßig Virtuosenkunst war.

Mit der Zäsur der Moderne werden im Bereich der bildenden Künste die erreichten Standards außer Kraft gesetzt und als »akademische« Hemmnisse kreativer Freiheiten verspottet. An die Stelle des selbstverstärkenden Könnens-Kreises tritt ein Regime selbstverstärkender Regelverletzungen, ja eine Meta-Regel der selbstverstärkenden Abweichungen vom Erwarteten, bis hin zur mutwilligen Unterbietung aller Erwartungen an das artistische Wesen der Kunst. Seither operiert das Pop-Segment des modernen Kunstbetriebs offensiv auf der Abfall-Stufe, als sollte die Doktrin eingeübt werden, nur das, was weniger als Kunst ist, könne noch wirkliche Kunst, ja mehr als Kunst sein.

Das zweite Paradigma, das den Eintritt Europas in den Wirkungskreis positiver Rückkopplungen markiert, umspannt die Sphäre der ökonomischen Transaktionen. Auch hier wird ein *circulus virtuosus* aktiviert, durch den aus der Verbindung von entrepreneurialer Energie und Kredit große Vermögen werden und aus bescheidenen Anfangskapitalen weitausgreifende ökonomische Komplexe. Seit dem 15. Jahrhundert beherbergt Europa eine Fülle von Unternehmen, in denen bewiesen wird, wie es möglich ist, aus lokalen Manufakturen Weltmächte zu machen, aus Händlern Fürsten, aus kreditgebenden Kaufleuten die rechten und linken Hände von Kaisern, Königen und Päpsten.

Die selbstverstärkende Tendenz der ökonomischen Aktivitäten wäre auch in diesem Teil der Welt, wie im klassischen China, auf dem Niveau einer entfalteten Manufakturwirtschaft zum Stillstand gekommen, hätte sie sich nicht an der Wende vom 17. zum 18. Jahrhundert mit einer dritten Dimension selbstverstärkender kognitiver und pragmatischer Kompetenzen verbündet, für die man gewöhnlich summarische Namen wie Maschinenbau, Ingenieurwesen oder einfach Technik anbietet. Die Allianz der beiden Selbstverstärkungssysteme aus kreditbasiert-zinsgetriebener Wirtschaft und innovations-getriebenem Maschinenbau resultierte in dem bis heute mächtigsten Komplex halbblind vorwärtsstrebender Tendenzen, die man noch immer unter dem ungeschickten Terminus »Kapitalismus« zusammenfaßt, obschon es, wäre es um einen wahren Namen gegangen, von Anfang an Techno-Kreditismus hätte heißen müssen. Da die Dynamik des Prozesses ausschließlich endogenen bzw. systemeigenen Impulsen entspringt, namentlich der Selbstirritation durch unerwartete »neue Kombinationen«, die von kreativen Unternehmern erzwungen werden, läßt sich von ihr zu Recht bemerken: »Die Entwicklung erzeugt immer weitere Entwicklung.«[1]

In ihren Gründungs- und Stabilisierungsphasen zwischen dem 15. und 18. Jahrhundert bewegten sich die primären, auf Merkantilismus und militärischer Drill-Revolution gegründeten europäischen Nationalstaaten ihrerseits in einem eigentümlichen *circulus virtuosus*: »je größer sie wurden,

---

1 Joseph Schumpeter, Theorie der wirtschaftlichen Entwicklung. Nachdruck der ersten Auflage von 1912, hg. von Jochen Röpke und Olaf Stiller, Berlin 2006, S. 189.

um so leichter war es, noch größer zu werden«.[1] Solange die modernisierenden Nationen die wichtigsten »Standorte« der Allianz von Eigentumsökonomie und Maschinenbau bildeten, war es für sie unvermeidlich, als die politischen Hauptakteure der systembedingten Expansionstendenzen in Erscheinung zu treten. Daher fielen die industrialisierten Nationen als die quasi natürlichen Wirte neuzeitlicher Selbstverstärkungsprozesse ins Auge – bis ihnen transnationale Bündnisse und multinationale Unternehmenseinheiten den Rang als Piloten der Wachstumsdynamik abliefen. Sie bildeten die Unruhe-Zentren der Expansionsbewegungen, die man seit der Wende zum 20. Jahrhundert Imperialismen nennt. Wer ökonomische Expansion sagte, sagte seither *eo ipso* Imperium. Sprach man von Imperien im Plural, redete man von Welten im Zusammenstoß.

Der Natur solcher Prozesse kam Joseph Schumpeter relativ am nächsten, als er in einem 1919 publizierten Aufsatz den Imperialismus als die »objektlose Disposition eines Staates zu gewaltsamer Expansion ohne angebbare Grenze«[2] definierte. Er verkannte allerdings die spezifisch moderne Qualität der aus rückgekoppelten Selbstintensivierungen entspringenden Expansionstendenz, da er in ihr vor allem einen »Atavismus« sehen wollte, sprich ein archaisches Relikt von funktionslos gewordenen Bestrebungen nach Vorsorge durch Selbstvergrößerung, wie man es nur noch in historisch überholten Oberschichten Alteuropas antreffe.[3]

---

1 J. R. McNeill & William H. McNeill, The Human Web. A Bird's Eye View of World History, New York–London 2003, S. 189. »the bigger they got, the easier it was to get bigger still.«

2 Joseph Schumpeter, Zur Soziologie des Imperialismus, 1919.

3 In ihrem Werk »Warum Nationen scheitern. Die Ursprünge von Macht, Wohlstand und Armut«, Frankfurt am Main 2013, S. 364 f., kehren Daron Acemoğlu und James A. Robinson zudem die Wirksamkeit eines ethisch-juristischen »Tugendkreises« hervor, in welchem sich ihrer Auffassung zufolge, von einem Kern allgemein anerkannter rechtsstaatlicher Prinzi-

Was zeigt, daß selbst der neben Keynes bedeutendste Wirtschaftsdenker des frühen 20. Jahrhunderts dazu neigte, die motorischen Quellen der zinsgetriebenen Ökonomie zu unterschätzen.

Die zeitgenössischen Wahrnehmungen der Expansion gehen schon früh in Krisentheorien über: Sie liefern Antworten auf die Frage, was geschehen werde, wenn eine Ausdehnungstendenz ihr Maximum erreicht? Welche Dramen entrollen sich, wenn Expansionismen kollidieren? Wie sind die Implosionen, die Explosionen, die Kollisionen dramaturgisch ineinander verfugt? Aus Krisentheorien gehen folgerichtig Zusammenbruchstheorien hervor: Hat ein imperiales System den Spielraum seiner Expansionsfähigkeit ausgeschöpft, fällt es gemäß einer dunklen prozessualen Gesetzmäßigkeit in sich zusammen. Rosa Luxemburg sieht im Kapitalismus als ganzem einen einzigen Expansionszusammenhang, der zum Zusammenbruch verurteilt sei, sobald ihm kein äußerer Raum mehr zur Verfügung stehe, in den er weiterwachsen könne. Sie meinte, der Moment der Implosion stehe unmittelbar bevor, seit die ganze Erde von dem wachstumshungrigen Ungeheuer des Monopol-Kapitals umschlungen sei.[1] Andere Theoretiker der Linken, namentlich Lenin und Bucharin, hielten den erwarteten Zusammenbruch für eine zwingende Konsequenz der militärischen Kollisionen von regionalen Imperien – weswegen sie den Weltkrieg als triumphale Bestätigung ihrer Weltsicht erlebten. Sie erwarteten proletarische Revolutionen in westlichen Ländern für morgen oder übermorgen.[2]

---

pien ausgehend, eine stetige Ausweitung der von fairen Prozeduren regulierten inklusiven und pluralistischen Sphäre vollzieht.

1 Rosa Luxemburg, Die Akkumulation des Kapitals, Berlin 1913.

2 Was im marxistischen Sprachspiel die »erweiterte Reproduktion der Produktionsverhältnisse« genannt wird, muß sich nach Bucharins Ansicht

Doch gleichgültig, ob man das »unaufhaltsame« Finale
der Expansionen durch Implosion nach Überdehnung erklären möchte oder aus Kollisionsfolgen aufgrund von
Kriegen und deren Verstärkung durch soziale »Zersetzung«
und »Demoralisierung«: In beiden Fällen ist die Zusammen-
bruchserwartung mit überschwenglichen Wertungen hinter-
legt. Man verspricht sich vom Kollaps der bisherigen Ordnung nicht weniger als den Übergang des Gesamtsystems
in ein kollisionenfreies Regime, frei von malignen Expansionstendenzen. Die Zusammenbruchs-Euphoriker postulierten die Umwandlung des bisherigen Wirtschaftsgesche-
hens vom Zustand anarchischer Konkurrenz und blinder
Überproduktion in einen harmonisierenden Planungs- und
Verteilungskomplex, der Sozialismus heißen sollte. Sie gaben in der Regel nicht zu, daß sie den Sonderfall der Kriegs-
wirtschaft, die faktisch überall der politisch-zentralistischen
Steuerung gehorchte, zum Normalfall des ökonomischen
Geschehens überhöhen wollten.

Nach der Wende vom 19. zum 20. Jahrhundert werden
die Konzepte von Implosion und Kollision bzw. Explosion
und Zersetzung im linken Lager epidemisch: Mit ihnen entstehen Deutungen des Hiatus, in denen der Sturz nach vorn
als die große Chance für die Zeit »danach« begriffen wird.
In psychopolitischer Sicht macht es die Definition der radikalen Linken aus, daß sie mit dem Begriff »Zusammen-

---

durch die Folgen des Weltkriegs in eine schrumpfende Reproduktion ver-
kehren – mit der unvermeidlichen Folge, daß die Proletariate der westlichen Industrienationen das unerträglich gewordene System der »er-
weiterten negativen Reproduktion« abschütteln werden. Der Weltkrieg
liefert den marxistischen Theoretikern nicht nur eine vermeintliche Bestätigung ihrer Imperialismus-Theorien, er bietet auch eine Chance, das
unplausibel gewordene Verelendungsdogma zu restaurieren. Vgl. Nikolai
Bucharin, Ökonomik der Transformationsperiode, Reinbek bei Hamburg, 1970, 3. Kapitel »Zusammenbruch des kapitalistischen Systems«,
S. 30-55.

bruch« konstruktive Hoffnungen verknüpft: Sie wurden in der kommunistischen Rhetorik der zwanziger und dreißiger Jahre durch Wörter wie »Plan« und »Aufbau« symbolisiert.

Keynes bezeichnete diese Strömung spöttisch als die »Zusammenbruchspartei«: Ihren schwärmerischen Erwartungen an die Katastrophe stellte er eine Antikrisen-Technik entgegen, deren Grundregeln, so wirksam wie umstritten, bis heute in Erinnerung und Anwendung geblieben sind. Tatsächlich konvergieren noch immer alle nicht-linksradikalen Positionen in der Überzeugung, ein umfassendes Scheitern der seit dem frühen 18. Jahrhundert eingespielten, wenn auch von Krisen rhythmisierten Expansionsökonomie stelle das größte, um jeden Preis zu meidende Übel dar.

Als sich im Juli 1944 730 Vertreter der 44 alliierten Nationen im Mount Washington Hotel des Badeorts Bretton Woods im amerikanischen Bundesstaat New Hampshire zur »Geld- und Finanzkonferenz der Vereinten Nationen« versammelten, um nach dreiwöchigen Beratungen unter dem Präsidium des amerikanischen Finanzministers Henry Morgenthau das nach dem Tagungsort genannte Abkommen über eine neue Welt-Währungsordnung zu unterzeichnen, waren alle Anwesenden von der Notwendigkeit eingreifender Maßnahmen zur Vorbeugung gegen aktuelle und künftige Zusammenbruchsgefahren überzeugt. Kein Teilnehmer der Konferenz hatte die Lektion der *Great Depression* von 1929 bis 1933 vergessen: Den Akteuren waren die destruktiven Wirkungen des generalisierten Währungskriegs der Zwischenkriegszeit in frischer Erinnerung. Während jener Jahre hatten sich die nationalen Regierungen einen erbitterten Kampf um Marktvorteile geliefert, indem sie von dem Instrument einseitiger Währungsabwertungen Gebrauch machten, um von neo-merkantilistischen und isolationisti-

schen Maßnahmen wie Importblockaden und anderen Erschwerungen des freien Verkehrs von Gütern und Kapitalen
nicht zu reden. Auch war den meisten Delegierten bewußt,
wie sehr die Austeritätspolitik der kritischen Jahre zum Zusammenbruch großer Volkswirtschaften und zu den despe-
raten Wahloptionen der desorientierten Massen in Europa
beigetragen hatte.[1]

Harry Dexter White, der Verhandlungsführer der Amerikaner in Bretton Woods und neben John Maynard Keynes
der wichtigste Architekt des neuen Systems, brachte die Zustände der dreißiger Jahre auf den Begriff, als er die ökonomische Kriegführung der Industrienationen als obliga-
tes Vorspiel zu den militärischen Entladungen charakterisierte. Folgerichtig sollte die neue Finanzpolitik über ihre
wirtschaftlichen Wirkungen hinaus die Grundlage für eine
dauerhafte Weltfriedensordnung liefern. Hierzu gehörte der
vor allem von Keynes befürwortete Beschluß, nach der ab-
sehbaren Niederlage des Deutschen Reichs auf Reparatio-
nen zu verzichten: Allzu klar standen den Verantwortlichen
die destruktiven Konsequenzen der Reparationsforderun-
gen des Versailler Vertrags noch vor Augen.

In Bretton Woods sammelte der »Kapitalismus« seine
regenerativen Kräfte, indem er sich in ein »lernendes System« verwandelte. Der wichtigste Lernschritt im Gang der
Selbstreform bestand in der Neu-Schaffung einer stabilen
Leitwährung, an welche die übrigen Währungen durch feste Wechselkurse gebunden würden – mit einer Marge an
Schwankungen von plus oder minus ein Prozent in bezug
auf die festgesetzte Parität. Da die USA als einzige unter den
alliierten Nationen ökonomisch massiv gestärkt aus dem
Zweiten Weltkrieg hervorgehen würden, war den Beteiligten

---

1 Liaquat Ahamed, Die Herren des Geldes. Wie vier Bankiers die Weltwirtschaftskrise auslösten und die Welt in den Bankrott trieben, München
2012.

der Konferenz klar, daß hier zugleich eine neue Hegemonialordnung zu konsekrieren war: Die Beschlüsse von Bretton Woods brachten die förmliche *translatio imperii* vom Vereinigten Königreich von Großbritannien auf die Vereinigten Staaten mit sich: Sie nahmen dem britischen Pfund seine Rolle als Königswährung, um sie dem US-Dollar zuzuweisen. Der britische Chefunterhändler Keynes, der eher eine neutrale Weltreserve-Währung und eine geldschöpfungsberechtigte Weltbank favorisiert hätte, war machtlos gegen das Diktat der amerikanischen Vorstellungen. Er mußte seinem Gegenspieler White in wesentlichen Punkten nachgeben, nicht nur bei der Schaffung und Ausstattung des *International Monetary Fund*, über dessen künftige Leistungen am intensivsten gerungen wurde, sondern mehr noch bei der Durchsetzung der amerikanischen Sicht auf das vorhersehbare Problem der Handelsungleichgewichte: Während Keynes prophetisch darauf insistierte, Länder mit Exportüberschüssen sollten selbst für einen Ausgleich der Balance mit den Partnerländern sorgen, weil andernfalls der schwächere Teil in eine Deflationsspirale gerate, pochte die amerikanische Seite auf das Recht des Stärkeren. Sie bestand darauf, vorhersehbare Defizitprobleme einseitig als eine Sorge des Schuldnerlandes zu definieren – ein Standpunkt, von dem sie erst abrückte, nachdem die USA selbst in die Schuldnerposition geraten waren. Einig waren sich White und Keynes darin, den neu zu schaffenden Internationalen Währungsfonds sowie die Bank für Wiederaufbau und Entwicklung, später Weltbank genannt, mit der Aufgabe zu betrauen, fatale Liquiditätsverknappungen, wie sie während der Großen Depression aufgetreten waren, künftig durch kurzfristige Finanzhilfen an notleidende Volkswirtschaften zu verhindern.

Die historische Bedeutsamkeit der Beschlüsse von Bretton Woods ist nicht nur in der Tatsache zu sehen, daß sie nahezu ein Vierteljahrhundert lang als belastbares Rahmenwerk der Weltwirtschaft wirksam blieben – die besten Jahre des deutschen und des japanischen Wirtschaftswunders nach dem Zweiten Weltkrieg koinzidieren weitgehend mit der goldenen Ära jener Regeln. Hier lag einer der Fälle vor, in denen es die Improvisation zu einiger Dauer brachte, wenn sie schon nicht eine generationenübergreifende Gründung werden konnte.

Mehr noch fällt im Rückblick die psychopolitische Zäsur ins Auge, die sich in dem ausgehandelten Währungssystem vollzog. Mit den Beschlüssen von Bretton Woods war eine neue Spielregel manifest geworden: Man hatte begriffen, in welchem Ausmaß auch das scheinbar rationalste Feld menschlicher Aktivitäten, das des ökonomischen Verhaltens, von außerrationalen Größen dominiert wird – vor allem von den schicksalhaften Zyklen verlorenen und wiedergewonnenen Vertrauens sowie von den nicht leicht steuerbaren Schwankungen der ökonomie-treibenden Psyche zwischen den Polen von Gier (imitativer Appetit-Panik) und Furcht (imitativer Verlustvermeidungs-Panik). War nicht die Große Depression von 1929 bis 1933 die Konsequenz einer Vertrauenskatastrophe gewesen, die weltweit zu einer Stagnation der Kapitalflüsse führte und bei den frustrierten Massen die Neigung zu extremen politischen Reaktionen nach sich zog? Folgerichtig mußte künftig alle Finanz- und Wirtschaftspolitik, ja, gut beratene Politik schlechthin, mit einem Akt der Vertrauensschöpfung beginnen – auf wie auch immer labile Ausgangsbedingungen gestützt. Aus dieser Sicht kam die Konferenz von Bretton Woods einer verfassunggebenden Versammlung für die Nachkriegswelt gleich – ihre Lektionen sind bis heute nicht ausgeschöpft.

Die kollegiale Atmosphäre, die während der arbeitsintensiven drei Wochen in der Abgeschiedenheit von New

Hampshire geherrscht haben soll, spricht für den Geist des Neubeginns.[1] Die neue ökonomische Konstitution sollte den Weltbürgern der Nachkriegszeit die Zuversicht geben, sich inmitten der oft von Turbulenzen heimgesuchten Sphäre wirtschaftlicher Transaktionen auf einige Axiome verlassen zu können.

Die systemische Bedeutung von Bretton Woods ist vor allem darin zu sehen, daß dort die Primärgeste konstruktiver Psychopolitik, die Aufrichtung des Wert-Glaubens, mit prototypischer Ausdrücklichkeit ausgeführt wurde. Sie war verbunden mit einer Kräftigung der systemtragenden Stabilitäts-Illusion, deren selbstwahrmachende Wirkungsweise sich seither immer weiter verdeutlicht. Als die Vertreter der Alliierten im Juli 1944 den US-Dollar *de iure* zur Welt-Leitwährung erhoben, errichteten sie ein Glaubenssystem, das der Erosion durch Mißtrauen, Furcht und Pessimismus für eine Weile zu widerstehen vermochte. Die Erhebung des Dollars zum Maß der monetären Dinge glich einer Investitur – sollte sich das Konstrukt auch bereits zwanzig Jahre später als nicht länger haltbares Provisorium erweisen. Indem die übrigen Währungen in festen Paritäten auf die neue Mitte hin geordnet wurden, erhielt jede von ihnen eine wohldefinierte Position im Umfeld der macht-besicherten Leitgröße. Der Geldwertglaube fand Schutz unter dem Mantel des Machtglaubens. Dieser war im Jahr 1944 kein blindes Fürwahrhalten, sondern wurde durch Beobachtung faktischer Machtverteilungen bestätigt.

Bezeichnend für den autosuggestiv wirksamen Geist von Bretton Woods war, daß seine Akteure die Gewährleistungsfunktion des Dollars nicht nur auf das ökonomische und politische Übergewicht der Vereinigten Staaten gründeten. Sie verankerten den Glauben an die Werthaltigkeit des Dol-

---

1 Liaquad Ahamed, Die Herren des Geldes, a.a.O., S. 551 f.

lars zusätzlich durch dessen Bindung an die Goldreserven der USA, die damals mehr als die Hälfte der Weltbestände umfaßten. Wie vor dem Ersten Weltkrieg das britische Pfund die Unwahrscheinlichkeit massenhaften Vertrauens zu Papiergeldwährungen mit Hilfe der Golddeckung kompensiert hatte, die dem stets skepsis-anfälligen Wertglauben den Rücken stärkt, sollte nun der US-Dollar dieses konstitutive Wunder wiederholen: Indem er den Geldwertglauben mit dem Machtglauben und dem Goldfetischismus zusammenschloß, stellte er – für zwei glorreiche Jahrzehnte – nicht weniger als ein säkulares Äquivalent zu dem religiösen Konzept der Unfehlbarkeit dar. Wenn je eine höhere Wirklichkeit namens »Wert« existiert hatte, offenbarte sie sich in der Autorität des Dollars, besichert durch die Arsenale der Weltmacht und ihre von Barren überquellenden Tresore. Mit den am 22. Juli 1944 geleisteten Unterschriften der Alliierten unter das Abschlußdokument kamen das magische Wertsicherheitsversprechen des Edelmetalls und das Zinsversprechen der realen Währung zusammen, um eine willkommene, dringend erwartete Botschaft zu verkünden: daß die beiden stärksten Forderungen an das werttragende Medium Geld, gesicherte Wertaufbewahrung und mögliche Wertvermehrung, in ein und demselben Artefakt, dem Dollarzeichen, vereinigt seien. Obschon die Doktrin der »Deckung« von Währungen durch knappe Goldreserven sich in der Zwischenkriegszeit als ein gravierendes Hindernis für das »Funktionieren« des globalen Finanzsystems erwiesen hatte, ja sogar – aus der Sicht der Monetaristen – eines der ursächlichen Motive der Weltwirtschaftskrise gewesen war, spielte die Goldmagie in den ersten Jahrzehnten nach dem Zweiten Weltkrieg zum letzten Mal ihre stabilisierende Kraft aus.

Was Keynes betraf, stand er der biedermännischen Idee einer goldgedeckten Währung von Anfang an ironisch gegenüber. Schon 1924 hatte er den Goldstandard als ein »barbarisches Relikt« kritisiert und die Abkopplung des Pfunds Sterling vom Gold durch die Bank von England im Jahr 1931 als überfälliges Ende der monetären Romantik begrüßt. Wenn er die Regelungen von 1944 gegen seine persönliche Überzeugung mittrug, so im Vertrauen darauf, daß sich der moderne Liquiditätszauber auf die Dauer gegen die beengenden Wirkungen der konservativen Sorge um die goldbesicherte Geldwertstabilität durchsetzen werde.

Das weitere Schicksal des Stabilitätsversprechens läßt sich indirekt an der Entwicklung des Goldpreises zwischen 1945 und der Gegenwart ablesen. Während sich die amerikanische Zentralbank nach dem Ende des Zweiten Weltkriegs verpflichtet hatte, eine Unze Gold gegen 35 Dollar zu tauschen (ein Wert, der in den USA seit 1934 galt), mußte man auf freien Märkten in den sechziger und siebziger Jahren schon durchschnittlich das 10- bis 20fache dieses Werts aufwenden, um dieselbe Goldmenge zu erwerben, im April 2013 mit circa 1420 Dollar das 45fache. Im unmittelbaren Gefolge der Lehman-Brothers-Krise war der Goldpreis zeitweilig bis auf Werte zwischen 1600 und 1900 Dollar gestiegen. In der Spanne zwischen den Preisen von einst und jetzt verrät sich das Scheitern des Bretton-Woods-Systems, das sich seit dem Ende der sechziger Jahre abzeichnete. Zur vollendeten Tatsache wurde es nach der im Februar 1972 erfolgten Preisgabe der bis dahin gültigen Umtauschregeln. Durch die Aufhebung der Golddeckung im Jahr 1971 war schon zuvor demonstriert worden, wie wenig die USA gesinnt waren, ihren Drang zur Überdehnung ihrer Ausgaben zu zügeln – ihr Leitwährungsprivileg bot ihnen auch ohne Goldmagie weiterhin die Chance zu Kontoüberziehungen ohne Limit.

Daher kann der 15. August 1971 als das zweite Schick-

salsdatum der jüngeren Wirtschafts- und Sozialgeschichte
gelten. Damals gab der amerikanische Präsident Richard
Nixon (1913-1994) die Abkehr der Vereinigten Staaten vom
Prinzip der Golddeckung des Dollars bekannt. An eben
dem Tag, an dem die katholische Kirche die Aufnahme
der Mutter Gottes in den Himmel feiert, begann vor den
Augen der ganzen Welt die Höllenfahrt des postmodernisierten Geldes, das sich im Lauf der folgenden Jahrzehnte
nicht nur von der Bindung an Edelmetalle losmachte. Es
ließ auch mehr und mehr die Grundlage in der Besicherung
durch verpfändbares Eigentum hinter sich,[1] um sich einem
phantomhaften System von Erwartungs-Erwartungen und
Brutto-Inlandsprodukt-Prognosen anzuvertrauen – was
man den makroökonomischen Stil des kontrollierten Sturz-
flugs nennen könnte.

Die Kluft zwischen dem Goldpreis von einst und dem
von jetzt verrät nicht nur die Machtergreifung des Inflatio-
nismus, der von der Mainstream-Ökonomie gern bagatelli-
siert wird, sofern man seine Existenz nicht rundweg leugnet;
auch bringt sie nicht bloß das stetige Mißverhältnis zwischen knappen Beständen und hoher Nachfrage zum Ausdruck. Die wahre Bedeutung der Erhöhung des Goldpreises
um das fast 50fache des garantierten Anfangswerts binnen
weniger Jahrzehnte liegt darin, daß sie einen abgründigen
Wandel der Glaubensverhältnisse hinsichtlich ökonomischer Wertbestände bezeugt. Der Wertglaube selbst ist seit
geraumer Zeit in die inflationäre Drift einbezogen.

Das geschichtemachende Novum, das mit der Schaffung
des Bretton-Woods-Systems besiegelt und durch seine Au-
ßerkraftsetzung nach einem Vierteljahrhundert um so mehr
offengelegt wurde, bestand nicht so sehr in dem Regelwerk

---

1 Gunnar Heinsohn, Otto Steiger, Eigentum, Zins und Geld. Ungelöste
Rätsel der Wirtschaftswissenschaft, (zuerst 1996) fünfte Auflage, München 2009.

als solchem. Es lag in der Entdeckung, wie es gelingt, ökonomische Expansion – in aktueller Terminologie »permanentes Wachstum« – vorübergehend auf Dauer zu stellen, ohne sich über die Möglichkeit globaler Rückschläge vom Typus der Großen Depression größere Sorgen machen zu müssen. Erreichbar wurde dies durch Maßnahmen, die der natürlichen Risiko-Aversion der Geldbesitzer den Wind aus den Segeln nahmen. Sie wurde überspielt durch das beflügelnde Amalgam aus Leichtsinn und Gewinn-Enthusiasmus, das Analysten so gern als das »Vertrauen der Märkte« in die Konjunktur beschreiben.

Die Wirtschaftspolitik der Nachkriegsära verdankte John Maynard Keynes die nicht ungefährliche Intuition, wonach es eine fast jederzeit praktikable Alternative zum *crash* der Expansionskreisläufe gibt. Sie besteht in der Umwandlung der Zusammenbruchstendenz in den staatsschuldengestützten Gleitflug. Zu diesem Zweck muß, sobald Krisen am Horizont auftauchen, das Universalheilmittel zum Einsatz gebracht werden, das dem Zeitalter permanenten Gleitens den Stempel aufprägt: Seit geraumer Zeit gleichen die Notenbanken, an erster Stelle die der USA, in deren Gefolge die meisten anderen, die Unebenheiten des Marktgeschehens mit Hilfe von Liquiditätsvermehrungen aus, die in der Regel auf nichts anderem als auf Geldschöpfung *ex nihilo* beruhen. Was in dem zunehmend volatilen Goldmarktgeschehen zwischen 1944 und 2013 sichtbar wird, ist – neben nachfragegetriebenen Preiserhöhungen und Auswirkungen der allgemeinen Wohlstandsvermehrung – ein Effekt der extensiven Liquiditätspolitik, deren Rechtfertigung ihren Befürwortern nie schwerfiel: Hat man erst einmal Deflation und Rezession als die größten aller möglichen Übel identifiziert, verliert das kleinere Übel, als welches die Inflationstendenz erscheint, das meiste von seinen Schrecken. Ja, es wandelt sich geradezu zu einem Bonum, von dem es selten genug geben könne: So erhebt der forsche Neo-Keynesianer Paul Krugman, eine der lautesten Stimmen im dissonanten Chor der Makro-Ökonomen zu Beginn des 21. Jahrhunderts, neuerdings die Forderung nach einer Wiederanhebung der Inflationsrate auf mindestens 4 Prozent jährlich, um den USA und dem Rest der manipulierten Welt auch künftig die Wohltaten des Liquiditätszaubers zu sichern.

Was im anfänglichen Keynesianismus der dreißiger Jahre als temporär anzuwendendes Heilmittel gegen kollabierende Nachfrage und Stagnation entworfen worden war – der Einsatz zusätzlicher Ausgaben durch konjunkturpolitisch engagierte Regierungen um den Preis öffentlicher Schulden –, ist inzwischen zu einem nicht mehr wegzudenkenden Bestandteil des Übels selbst geworden. Die wirtschaftspolitische Praxis hat aus der Überschuldung der Staatshaushalte eine neue Normalität gemacht, ohne dem Hauptziel der Keynesschen Rezepte, der Vollbeschäftigung, auch nur von ferne nahezukommen.

Indem der Wertglaube die Wende zum Primat der Liquidität mitvollzieht, wird er *nolens volens* zum Komplizen eines nicht ungefährlichen Manövers. In ihm wird der gekonnte Sturz nach vorn als scheinbar unumgänglicher *modus operandi* der Wirtschaftspolitik verordnet. Die permanente, wenn auch meist camouflierte Inflation ist offensichtlich nur eine der Ausdrucksformen des Hiatus, durch dessen Aufklaffen die moderne Welt in das permanente unbestimmte Vorwärts übergeht.

Deutlicher als irgendwo sonst zeigt sich in den makroökonomischen Prozessen des letzten halben Jahrhunderts, wie es möglich ist, daß ein dynamisches System in der chronischen Flucht nach vorn eine neue Art von Stabilität sucht und – zeitweilig – findet. Die in ihm agierenden Spieler werden mehr und mehr zum Abschied von herkömmlichen

Symmetrie- und Gleichgewichtsvorstellungen gedrängt. Je höher die Zahl der durchlaufenen Spielrunden, desto riskantere Formen der Futurisierung zwingen sich auf. Die diskret dosierte Korruption des Geldwerts durch Liquiditätsausweitung stellt den Preis für den Fortgang des globalen Gewinnspiels dar. Dagegen macht die bloße Vorstellung von ausgeglichenen Haushalten oder gar reeller Schuldentilgung einen altväterlichen Eindruck.

Da aber ein Wirtschaften jenseits der altehrwürdigen Gleichgewichtskonzepte logisch und moralisch immer noch nicht denkbar erscheint, obschon es praktisch längst vollzogen wird, erlebt sich die Welt im ganzen, ökonomisch, politisch, kulturell und alltäglich, in einer chronischen Drift zu schwindelerregenden Zuständen.[1] Intelligenzen, die an der vorderen Front der Entwicklung operieren, befinden sich seit geraumer Zeit in einer Verfassung, die den Unterschied zwischen Stabilität und Taumel nicht mehr kennt. Kaum einhundert Jahre nachdem Schumpeter von der »stetigen Umwälzung« der Wirtschaftswelt durch die Offensivkraft des schöpferischen Unternehmertums gesprochen hatte, redet ein Autor wie Joseph Stiglitz schon ohne Reserve von dem »freien Fall«, in dem sich das System befinde.[2] Als Metapher für bodenlose Zustände in der aktuellen Drift mag die Rede von *free fall* gut gewählt sein; als Diagnose über Fehlfunktionen »der Märkte« ist sie zugleich die pure Irreführung, da sie die Komplizenrolle der Staaten beim Übergang in den Fall-Modus außer Betracht läßt: Das polit-ökonomische System befand sich seit dem Ende der Bretton-Woods-Ära

---

1 Vgl. hierzu Peter Sloterdijk, Zorn und Zeit. Politisch-psychologischer Versuch, Frankfurt am Main 2006, insbesondere den Abschnitt: »Realer Kapitalismus: Kollapsverzögerung in gierdynamischen Systemen«, S. 302 f.

2 Joseph Stiglitz, Im freien Fall. Vom Versagen der Märkte zur Neuordnung der Weltwirtschaft, München 2011, S. 63.

nicht im freien, sondern im politisch gewollten, vielleicht sogar kalkulierten Fall.

Einen angemesseneren Begriff für die aktuellen Zustände hat jüngst der Publizist Gabor Steingart in die Debatte geworfen, als er zur Charakterisierung der überspannten Ungleichgewichtswirtschaft den Terminus »Bastardökonomie« vorschlug: Er bezeichnet die zutiefst illegitime, von den Akteuren regelmäßig geleugnete, sachlich jedoch evidente Komplizenschaft zwischen Regierungen, Notenbankgouverneuren und Hochfinanz-Agenturen, die – wahrscheinlich ohne einem Masterplan zu folgen – kein anderes Ziel verfolgt, als den erreichten Grad an Unhaltbarkeit durch den Übergang zu einem noch höheren Grad derselben Verlegenheit zu »stabilisieren«. Der »Bastard« ist in diesem Fall der *circulus vitiosus*, der aus der pervers-intimen Beziehung eines enthemmten Staatsausgabensystems mit einem aus den Fugen geratenen Bankensystem entsprang.[1]

Akuter denn je prägt sich die Kluft zwischen Verlierern und Gewinnern im großen Spiel der immer riskanteren Instabilitätskonstrukte aus. Die Trennung der Lager wird während der Partie nach dessen immanenten Regeln vollzogen: Auf der Sonnenseite des Tals befinden sich bis auf weiteres immer noch die politisch-ökonomischen Machtkomplexe, die wie die USA, die Europäische Union und Japan, stark genug sind, sich selbst ständig neuen, aus nichts geschöpften Kredit zu gewähren, ohne nach altbackenen Kriterien wie Deckungen und Sicherheiten zu fragen. Erwartungen von Erwartungen sind der Stoff, aus dem die jüngeren Sicherheiten sind – ein Grund, warum »Vertrauen« zum Leitwort der Ethik in kollaps-nahen Weltzuständen werden mußte.

---

1 Gabor Steingart, Unser Wohlstand und seine Feinde, München 2013, S. 135 f., besonders S. 203.

Im Lager der Verlierer begegnet man den schwächeren Spielern, die zum Zurückzahlen von Schulden in realer Höhe, ja sogar zum Sparen gezwungen werden können, ohne daß ihnen das Ausweichen in die Währungsabwertung oder andere Maßnahmen zur Minderung der Schuldenlast offenstünden.

Im Gegenzug hat die weltweite Verschachtelung der Kreditarchitekturen eine so enorme Ausweitung der Fragilitätszone bewirkt, daß sich die Starken gezwungen sehen, die Schwächeren an ihrem Liquiditätszauber teilnehmen zu lassen. Hierdurch gewinnt die hektische Fabrikation von Rettungsschirmen über zusammenbruchsgefährdeten Volkswirtschaften, wie sie kürzlich in Europa für Griechenland, Irland, Zypern, Portugal und Spanien herbei-konstruiert wurden, eine »historische« Bedeutung: Im Modus der ständigen Improvisation dringen Probebohrungen des Bodenlosen zu unbekannten Tiefen vor. Was früher Haushaltspolitik hieß, läuft heute als »Schuldenumwälzanlage«.[1] Indem sich die Wirtschaftspolitik in Schulden-Design verwandelt, verbannt sie den Gedanken an einen möglichen »Boden«, auf dem man nach langem Flug in kreditgespeisten Höhen wieder landen könnte, aus dem Repertoire der erlaubten Ideen: Ein realer Boden – das wäre ja nichts anderes als die Rückkehr zur Symmetrie zwischen Schulden und Tilgungen. Eine Berührung mit ihm käme dem Rückfall in die alte Welt der Gleichgewichtsmodelle gleich. Mochten diese vorzeiten als Grundlage aller Rationalität gegolten haben, muten sie heute an wie Spuren einer versunkenen Ära – Relikte einer Kultur, in der das Zurückzahlen nach geholfen hat.

---

1 Gabor Steingart, Unser Wohlstand und seine Feinde, a.a.O., S. 242.

Es war Joseph Schumpeter, der in seinem frühen Werk *Die Theorie der wirtschaftlichen Entwicklung* von 1912 (Neufassung 1926) als erster mit Nachdruck auf die bastardisierende Dynamik des Kredits aufmerksam machte: Da der Kredit *per se* die Antithese zu den »ererbten Vermögen« verkörpert, emanzipiert er den kühnen Schuldner von der meistens unerfüllbaren Bedingung, über erfolgreiche Vorfahren zu verfügen. Während das Ethos der aristokratischen Familien zur Gleichgültigkeit gegen Schulden tendierte, weil in der Welt des Prestiges die standesgemäße Verschwendung den Vorrang vor der Haushaltung behauptete, indes die herkömmlichen bürgerlichen Häuser vor Schulden zurückschreckten wie vor bedrohlichen Boten des Untergangs, erweisen sich Schulden in der Regie eines unternehmerisch begabten Individuums oft als Stimulans erfolgreichen Handelns. Ein Herkunftsbonus ist für den angreifenden Unternehmer nicht mehr nötig. Der Kredit gibt dem *homo novus* die Mittel an die Hand, sich selbst zum Geschöpf seiner Tüchtigkeit zu formen. Der »wahre Hebel zur Durchbrechung aller Bindungen« liege beim typischen Unternehmer darin, daß er oft »ganz besonders traditions- und beziehungslos« sei. Er schaltete sich nicht als Erbe eines Vermögens ins Spiel der Märkte ein, sondern als Besitzer eines »Kraftüberschusses«, der sich in dem Willen manifestiere, »ein privates Reich zu gründen«. »Auf seinen Schulden«, so der Pferdefreund Schumpeter, reitet das Talent zum Erfolg.

In der Allianz zwischen dem »neuen Mann« und seinem »Geldgeber« liegt das Geheimnis der Offensive, die die Gesamtbewegung in ihre Richtung zwingt. Nur indem er zuvor Schuldner wird, kann der Anreger der Entwicklung zum maßgeblichen Unternehmer werden. Da der Wirtschaftsprozeß insgesamt nichts anderes darstellt als die Summe aller »Ritte« in die Gesamtheit der Wagnisse, die Zukunft heißt, sind die althergebrachten Gleichgewichtsmodelle zu seiner Beschreibung ungeeignet. Was Schumpeter später die »schöpferische Zerstörung« nennt, ist der *modus operandi* einer unaufhörlichen Kampagne auf der schiefen Ebene der »Entwicklung«. Wer der Bewegung folgt, macht die Erfahrung, wie aus bestehender Asymmetrie erhöhte Asymmetrie entsteht. Kein Wunder also, wenn im Verlauf des Feldzugs ins reine Futur der Unterschied zwischen Krise und Nicht-Krise unerkennbar wird.

Wie der Kredit den versierten Schuldner von der Notwendigkeit befreit, ein Familienerbe mitzubringen, indem er ihm die Chance eines Beginns *ex nihilo* gewährt, bindet er gleichwohl die Nachkommen des Schuldners – falls er leichtsinnig genug war, solche in die Welt zu setzen – um so mehr an die Ergebnisse seines Handelns. Für die aktuelle globale Krise ist charakteristisch, daß in ihr das Augenmerk sich mehr und mehr von den heiteren Erben riesiger Vermögen zu den besorgten Erben kollektiver und privater Schulden verschiebt. Manche Autoren gehen bei ihren Analysen der aktuellen Krise so weit zu behaupten, die klassische lokale Ausbeutung von Arbeitskraft habe sich unter dem Regime des Finanzkapitalismus in die globale Ausbeutung der Rückzahlungskraft von Schuldnern weiterentwickelt.[1] Dieser »Ausbeutung« ließe sich durch die Erklärung von Zahlungsunfähigkeit der Schuldner mühelos ein Ende setzen. Bei kleinen und mittleren Einheiten tritt dieser Zustand in zahllosen Fällen tatsächlich ein, allein Staaten und Großbanken bleiben der systemischen Effekte wegen bis auf weiteres von der Flucht in den Zusammenbruch ausgenommen. Es ist nicht überraschend, wenn in jüngster Zeit auf dem neu-linken Flügel ungeduldiger Zukunftstheorien Stimmen auftauchen, die dem Bankrott als Äquivalent von »Revolu-

---

1 Maurizio Lazzarato, Die Fabrik des verschuldeten Menschen. Ein Essay über das neoliberale Leben, Berlin 2012.

tion« das Wort reden. Noch immer ist die Sympathie für den Zusammenbruch die beliebteste Antwort, sobald die Frage aufkommt, was an die Stelle des Vorhandenen treten sollte.

Die wirkliche Krise des Systems zeigt sich in dem Umstand, dem zufolge die zukunft-eröffnende Kraft des authentischen Kredits mehr und mehr von den Zwängen chronischer Umschuldung überlagert wird. Immer häufiger erreichen Staaten, Unternehmen und Privathaushalte den Punkt, von dem an der Kredit auch dem Tüchtigen die Zukunft nicht mehr erschließt, sondern versperrt: Wachsende Schuldendienste zehren immer größere Teile aktueller Einkünfte auf – bis die Linie überschritten ist, jenseits welcher ältere Schulden nur noch durch eine Kaskade neuer Schulden in ein auf Dauer paralysiertes Morgen verschoben werden. Diese Situation verdient es, »posthistorisch« genannt zu werden: Von ihr wird Arnold Gehlens klassische Definition der Posthistoire als Zustand hoher »Beweglichkeit über stationären Grundlagen« vollendet erfüllt – indes man das Wort »stationär« gern durch das Wort »unhaltbar« ersetzen möchte.

Man hat John Maynard Keynes des öfteren für sein zynisch klingendes Bonmot getadelt, wonach es in der Talsohle einer ökonomischen Krise für das aktuelle Handeln irreführend sei, die Dinge unter dem Aspekt der langen Dauer zu betrachten. Denn: *in the long run we are all dead.* Gemeint war damit, inmitten der Depression müsse man rasch Gegenmaßnahmen ergreifen und dürfe nicht auf die Selbstregulierung des Marktgeschehens warten. Es sei im Sturm ein schwacher Trost zu denken, daß die Wogen sich irgendwann von selber glätten. Das Schiff könnte bis dahin gesunken sein. Schumpeter war, wie es heißt, durch den Ausspruch Keynes' so verstimmt, daß er ihn als Ausfluß einer »kinderlosen« Einstellung kritisierte – wobei eine Anspielung auf

Keynes' homoerotische Orientierung mitgeklungen haben könnte.[1] In Wahrheit waren sich Schumpeter und Keynes in ihren positiven Wertungen bastardischer Qualitäten viel näher, als ersterem bewußt sein mochte. Für den Aufstieg der *homines novi* im modernen Wirtschaftsgeschehen war Keynes genauso aufgeschlossen wie sein österreichischer Gegenspieler, ja, er ging weiter als dieser, als er statuierte: »Nichts führt eine gesellschaftliche Einrichtung mit größerer Sicherheit zum Verfall als ihre Fesselung an den Grundsatz der Vererbung.«[2]

Wie Keynes in ernsthafteren Momenten über das Schicksal der modernen Gesellschaft *in the long run* dachte, geht aus seinem Essay über *Wirtschaftliche Möglichkeiten unserer Enkelkinder* aus dem Jahr 1930 hervor, in welchem er, der sonst den nüchternen Ton bevorzugte, seinem visionären Talent freien Lauf ließ, sofern er nicht zugleich von seiner Begabung zu ironischer Formulierung Gebrauch machte. An diesem Dokument läßt sich ablesen, daß Keynes wie sein Widersacher Schumpeter von der langfristigen Nicht-Fortsetzbarkeit der kapitalistischen Wirtschaftsweise überzeugt war, obschon er für sie noch eine Laufzeit von mindestens einhundert Jahren postulierte. Nach einem summarischen Rückblick auf die Entwicklung der europäi-

---

1 Joseph Schumpeter, Ten Great Economists. From Marx to Keynes, Sydney 1952, S. 52. Niall Ferguson löste im Frühjahr 2013 eine kurze, doch heftige mediale Reaktion aus, als er aus Keynes' Kinderlosigkeit und Homoerotik dessen Desinteresse an Langzeitaspekten der Ökonomie herleiten wollte. Fergusons Entschuldigung wurde umgehend gefordert und geliefert. Offen blieb die nur empirisch abklärbare Frage, ob Homosexuelle und Kinderlose ihr Engagement für das Längerfristige inzwischen glaubhafter gemacht haben oder ob es ihnen gelungen ist, ihr eigenes Interesse an »Respekt« effektiver zu organisieren.

2 J. M. Keynes, Bin ich ein Liberaler? (1925), in: Politik und Wirtschaft. Männer und Probleme. Ausgewählte Abhandlungen von John Maynard Keynes, übertragen von Eduard Rosenbaum, Tübingen und Zürich 1956, S. 246.

schen Ökonomie seit der Industriellen Revolution kommt
der Verfasser, indem er mit einer weiteren Vervielfachung
des kollektiven Lebensstandards rechnet, zu dem überschwenglichen Schluß: »Auf lange Sicht bedeutet all dieses,
daß die Menschheit dabei ist, ihre wirtschaftliche Aufgabe
zu lösen.«[1] Schon seien die Zeiten absehbar, in denen die
ökonomischen Themen ihre existentielle Vordringlichkeit
verlieren. Bald würden die Menschen für die »wesentlichen
Dinge« des Lebens, für Wahrheit, Liebe und Schönheit, frei
werden. »Nur noch« während der kommenden einhundert Jahre blieben sie dazu verurteilt, den falschen Göttern
»Geiz, Wucher und Vorsorge« Tribut zu leisten. Nach Ablauf dieser Zeitspanne werde die Menschheit aus dem »Stol-
len der wirtschaftlichen Notwendigkeit in das Tageslicht«[2]
gelangen. Bis dahin gelte es im System der Zwänge durchzu-
halten. Während dieser Zeit sind für die arbeitsamen Gesellschaften eher die Nervenzusammenbrüche unterbeschäf-
tigter Individuen zu fürchten als ein Zusammenbruch des
Gesamtsystems. Ihren augenfälligen Unvollkommenheiten
zum Trotz vermöge die bestehende Ordnung noch immer
für sich zu werben mit dem Versprechen von Wohlstand für
sehr viele Menschen, *in the long run* vielleicht sogar für alle.

Das Keynessche Jahrhundert nähert sich seinem Ende,
ohne daß die Erfüllung der Prophezeiung in greifbare Nähe
gerückt wäre. Statt dessen haben sich die öffentlichen wie
die privaten Schulden in Dimensionen gesteigert, die den
Gedanken an seriöse Tilgungen illusorisch machen. Doch
selbst wenn man die Zeitspanne des Versprechens verdop-
peln wollte – die Merkmale der Prozeßgangart im Großen
dürften sich in absehbarer Zeit nicht nennenswert verändern, obschon sich die Hinweise auf soziale, ökologische

---

1 J. M. Keynes, Wirtschaftliche Möglichkeiten unserer Enkelkinder, in: Politik und Wirtschaft, a. a. O., S. 267.
2 Ibid., S. 272.

und psychopolitische Grenzen des globalen Spiels ständig vermehren. Die *entente cordiale* zwischen dem Prinzip Expansion und dem Prinzip Expression löst sich auf, seit zunehmende Zahlen von Menschen in den saturierten Zonen ihr Augenmerk von Wachstumsinteressen auf Bewahrungsinteressen umstellen.

Mehr denn je gehorcht der Lauf der Dinge dem Gesetz der permanenten Improvisation, die sich mit dem *business as usual* verbündet hat. Der Umbau des Schiffs auf hoher See, von dem Otto Neurath zu Beginn der dreißiger Jahre des 20. Jahrhunderts gesprochen hatte, geht hektischer denn je voran – betrieben durch Teams von Ingenieuren, die sich untereinander offensichtlich nicht abgesprochen haben. Das *muddling through* hat sich als Philosophie an Bord durchgesetzt. Wer noch an fernere Ziele denkt, paßt nicht mehr auf die Kommandobrücke.

Es scheint inzwischen angemessen, von den nautischen zu aeronautischen Bildern überzugehen: von einer Navigation ohne Docks zu einer Luftfahrt ohne Landebahnen. Mehr und mehr gleicht der »Weltlauf«, optimistisch gedeutet, dem kontrollierten Sturz nach vorn, der unter Piloten Fliegen heißt. Die paradoxen Flüge der Gegenwart zeichnen sich durch das seltsame Merkmal aus, daß in ihnen der Gedanke an Landung verboten ist.

Kapitel 5

Das Über-Es: Vom Stoff, aus dem die Sukzessionen sind

1 *Im Copy-Shop der Evolution*

Frühe »Kulturen« – aufgefaßt als Ensembles von Obsessionen, die mehraltrige menschliche Kollektive im Griff halten, gleich ob es sich um Sippen, Stämme oder Ethnien handelt – erleben die unverhandelbare Notwendigkeit ihres Daseins in der von ihnen selbst generierten und ihren Teilnehmern ungefragt aufgedrungenen Überzeugung, daß die Lebensweise, die den Mitgliedern des Kollektivs eingeprägt wurde, es unter allen Umständen verdient, im Dasein der Nachkommen wiederholt zu werden. Wer einer Kultur in diesem Sinn »angehört«, muß sich früher oder später dazu bereit erklären, eine durch Elternschaft zu bestätigende Besessenheit weiterzureichen. Was man von den Alten selber empfangen und erlitten hat, soll um jeden Preis in den Jungen fortleben.

Kein Mensch der alten Welt hat dieses Axiom bezweifelt. Für die Angehörigen der älteren Fortpflanzungsketten sind Wiederholbarkeit und Wahrheit ihres *modus vivendi* ein und dasselbe. Eigene Kinder haben, das heißt zunächst nicht mehr und nicht weniger als dafür sorgen, daß hinreichend ähnliche Kopien der Älteren in den Jungen entstehen. Ähnlich genug scheinen die Nachkommen geraten zu sein, wenn die unvermeidlichen mutativen Variationen, genetisch wie kulturell, durch die konstanten Muster in Schach gehalten werden.[1]

---

1 Vor dem Zeitalter der Schriften wird dieser Effekt durch die Unduld-

In der frühen Ära menschlicher Reproduktionsgeschehnisse sind Eltern nie etwas anderes als Missionare, die, zusammen mit ihren Sippenangehörigen, den fremdesten Völkern: den eigenen Kindern, die Nachricht von der wahren Art und Weise zu leben überbringen. Sie bekehren ihren Nachwuchs, indem sie ihm ihre Lebensmuster aufnötigen. An Mut zur Erziehung hat es den Alten nie gefehlt. Die Heiden sind immer die eigenen Sprößlinge, und die Eltern, zusammen mit den Alten, die Verkünder des Worts. Deswegen konnten in jener fernen Welt nur Besessene, als Emissäre der geltenden Sitten, Eltern werden – falls besessen sein heißt als Vehikel von rituellen Imperativen existieren[1] und diesen zu weiteren Expressionen verhelfen. In den kulturspezifischen Imperativen fand alles wesentliche Sollen im Modus der Vorentschiedenheit Platz. Der größte Teil des relevanten Wissens ältester Tage war in obligatorischen Erzählungen niedergelegt. Von Urzeiten her galten die fortpflanzungsbereiten Besessenen als Inbegriff der normalen Menschen. Normalität ist Besessenheit ohne Trance. Was war *homo sapiens* in frühen Tagen anderes als ein von Silben, Jagdtechniken und Heiratsregeln bewohntes Tier?

Die Normalen der ältesten Zeiten hatten nie eine Wahl, indessen sie in der Neuzeit durchwegs Menschen sind, die anders könnten, indes sie vorgeben, der Notwendigkeit zu gehorchen. Während die Modernen sich darauf berufen, durch Arbeiten, Bedürfnisse und Projekte besessen – das heißt »beschäftigt« – zu sein, äußert sich die jede zweite

---

samkeit des »Habitus« bzw. der neuronal gefestigten Verhaltensmuster garantiert. Schrift erlaubt die Auslagerungen von Intoleranz ins äußere Medium bzw. in die »Institutionen«. Sie setzt die Flexibilisierungen frei, die man eines Tages als Navigation in den »Spielräumen des Verstehens«, das heißt als Hermeneutik bzw. als Ausübung des Rechts auf Subjektivität, beschreibt.

1 Thomas Macho, Das zeremonielle Tier. Rituale – Feste – Zeiten zwischen den Zeiten, Wien/Granz/Köln 2004.

Möglichkeit ausschließende Besessenheit der frühen Menschen in ihrer Sorge um die modellnahe Reproduktion ihrer ererbten Lebensweise. Für sie sind Fortpflanzung und Wirklichkeit dasselbe. Obsession und Beschäftigung sind für sie noch nicht zu unterscheiden. Wer damals nicht Vehikel seiner Kultur sein konnte, hatte keine »Wirklichkeit« zu vermitteln. Kulturvehikel wurde, wer seine Kinder aus der Ahnenwelt in die Nachkommenwelt beförderte – und so dafür sorgte, daß die Kette der Nachahmungen nicht reißt, weder genetisch noch didaktisch.

Bei den Alten ist die »Wirklichkeit« definiert durch die Tatsache, wonach die markanten Übernahmen und Weitergaben sich auf von ferneren oder näheren Ahnen gestiftete Muster beziehen. Die entscheidenden Nachahmungen haben ihre Quellen von jenseits der Gräber. Sie werden folglich vor allem durch Generationsprozesse abgesichert – seitlich Angelagertes und zufällig Aufgerafftes nicht mitgerechnet. Die Stabilität solcher Übergabevorgänge ist gewährleistet, solange sich der Ausbruch der Nachkommen aus dem Schwerefeld der Ahnen-Modelle verhindern läßt. Im Copy-Shop der ältesten sozialen Evolution werden die bestehenden Muster selbsttätig auf die Nervensysteme der Nachkommen überspielt, irreversibel, alternativlos und mit der Gewalt von Verhältnissen, in denen die Verneinung, die Auflehnung, die Innovation keine Brückenköpfe in unruhigen Einzelnen vorfinden.

Die frühe Kultur überwältigt die Ihren durch Alternativlosigkeit, und nur als überwältigende hält sie sich am Leben. Allein so wird begreiflich, wie sie sich, in Abwesenheit von staatlichen Strukturen, durch wirksame Selbstzwänge stabilisiert. Sie nötigt ihre Mitglieder zur Wahl zwischen harten Alternativen: totale Zugehörigkeit oder tödliche Ausschließung. Folglich existiert der Mensch von frühen Tagen an zwischen zwei Traumata. Das erste erleidet er durch die Dressuren, die ihn zu dem machen, was er wurde. Das zweite erwächst aus der Entdeckung, daß eine andere Welt möglich ist. Nichts verletzt so tief wie die Vermutung, alles könnte auch ganz anders sein. Es gibt keinen dunkleren Gedanken als den, die göttlichen Vorfahren, denen man verdankt, was man ist, seien nicht mehr gewesen als Tropfen im Ozean besserer Möglichkeiten.

Die »Wirklichkeit« der Modernen wird dagegen überwiegend aus der Nachahmung von modellgebenden Zeitgenossen bestimmt. Mit der Heraufkunft des Aktualismus geht im Zivilisationsprozeß die nicht-genealogische Nachahmung in Führung. Gabriel Tarde (1843-1904) war der erste Soziologe, der im unabwendbaren Sieg der Mode über die Sitte das starke Merkmal der zeitgenössischen Zivilisationsdynamik erkannte. Seit dem Erscheinen seines Werks *De l'imitation*, 1890, stünden der modernen »Gesellschaft«, wäre sie die lernende Kommune, die zu sein sie vorgibt, die Konzepte zur Verfügung, um die Ablösung der Nachahmung von den generativen Übermittlungen und ihre Umstellung auf außergenealogische, mehr oder weniger gleichzeitige Ausgangspunkte zu begreifen. Daß sie davon bis heute nichts hören wollte, zählt zu den Merkwürdigkeiten moderner Wissenskultur.

Mehr als jeder andere seiner Disziplin hat Tarde den Mechanismen der Modernisierung auf den Grund geschaut, indem er sie als ein Universum der synchronen Quer-Nachahmungen auslegte, von denen sich ein sehr großer Teil an Innovationen jüngeren Ursprungs ausrichtet. Diese werden in der Regel als Effekte von »Wettbewerben« aufgefaßt. Wie aber, wenn Wettbewerbe nur Nebenwirkungen der Urbegabung zur Nachahmung wären – und wenn Wettbewerb der Mechanismus wäre, durch den die Nachahmung des Neuen gegenüber der des Alten in Führung gehen kann?

Die kultur-ermöglichende Geste der Nachahmung bekommt in der gegenwärtigen Kulturtheorie unter physiolo-
gischen Namen wie »Spiegelneuronen« und pseudosozialen
Titeln wie »Empathie« ihre zweite Chance, nachdem sie aufgrund der Originalitäts-Ideologie einer individualistischen
Vulgär-Romantik lange zu einem Schattendasein verurteilt
war. Zusammen mit Gilles Deleuze ist Tarde der einzige
Denker, der das Spiel von Innovation und Nachahmung ins
Zentrum der Gegenwartsanalyse gestellt hat. Er portraitiert
die Moderne als eine Epoche, in der die lebenden Erfinder
den normensetzenden Toten den Rang ablaufen. Durch die
überwiegende Nachahmung des Neuen gerät das, was man
das »kulturelle Erbe« – die mehraltrig bewährte Nachahmung – nannte, in jähen Verfall und macht der einaltrigen
Nachahmung, der Orientierung an aktuellen und unerwiesenen Mustern, Platz. Dieser Effekt kulminiert in den Ju-
gendkulturen des 20. Jahrhunderts, in denen ein Publikum
von Adoleszenten gleichaltrigen Stars zujubelt: Man hat ein
Verfahren gefunden, wie junge Leute auf dem Umweg über
das Idol sich selbst zu ihrem Vorbild wählen dürfen.

Um zu erläutern, wie die Besessenheit von Menschen frü-
hester Epochen durch Habitus-Diktate sich am Beginn der
sogenannten Hochkulturen gelockert haben könnte, muß
man sich nach den Ursachen für die Schwächung der älteren Nachahmungsregime erkundigen. Die Frage, woher das
Neue kommt, ist falsch gestellt. Was da ist, ist immer von
Abweichung belagert und von Variation animiert. Viel mehr
geht es darum, in Erfahrung zu bringen, wie das moderne
Kulturmerkmal: »Innovationstoleranz«, in die Welt treten
konnte, ausgedrückt in Form einer wachsenden Nachgiebigkeit gegen die Unterwanderung der Sitte durch aktuelle
Nachahmungsmuster und vorangetrieben von der programmatischen Neophilie der jüngeren Forschungs-, Kunst-,
Konsum- und Lifestyle-Kulturen.

Hierbei fallen drei Hauptfaktoren des Mimesis-Wechsels ins Auge: zum einen die Preisgabe eigener Überlieferungen aufgrund des Anschlusses an eine überlegene Zivilisation (Ökumenismus), zum anderen die erzwungene Teilnahme an einer Hybridisierung von oben (Imperialismus), an dritter Stelle die Sezession einer Teilkultur von der Leitkultur unter dem Vorwand der Rückkehr zu den wahren Quellen (Reformation und Renaissance).

Alle drei Formen des Nachahmungswechsels erweisen sich in zivilisationsgeschichtlicher Sicht als Nährböden der Abweichung und der Mehrdeutigkeit. Aus ihm erwuchsen unter den Nachkommen entwickelterer Völker jene unvorhersehbaren, in Hegels Terminologie »welthistorischen« »Individuen«, die weder willens noch fähig waren, der prekär gewordenen Wiederholung aus subalterner Position zu dienen. *Nota bene*: »Individuum« im spezifischen, nicht bloß generischen Sinn ist, wer im eigenen Dasein einen Kulturwandel austrägt.

Jene unruhigen Einzelnen, die aufgrund imposanter »personaler« Inspirationen anderes im Sinn hatten als die unveränderte Weitergabe des Bisherigen – merke ebenso: Inspiration ist Resultat des Zusammenstoßes widersprüchlicher Codes in einer Psyche –, jene Beunruhiger also, die es wagten, an moralische Verwandlung, an kollektive Metanoia, an politische »Verwirklichung« philosophisch-kosmologischer Konzepte zu denken: Sie rückten seit früh-hochkulturellen Tagen ein in die Kohorten der »schrecklichen Kinder« – all dieser aus der Art Geschlagenen, der Verräter am Herkommen und Totengräber des Habitus, von denen moderne Zeiten behaupten werden, sie hätten die Menschheit vorangebracht. Sie waren es, die ihre Herkunftskulturen mit unwillkommener Variation in Unruhe versetzten: in der Antike selten, im Übergang zwischen Mittelalter und Renaissance bereits in höherer Frequenz, in der Moderne chronisch und mit unbeirrbarer Angriffslust, um nicht von Angriffspflicht zu reden.

Für die Kulturtheorie ist seit einigen Jahren, vielleicht schon Jahrzehnten, der Moment gekommen zu konstatieren, daß die Geschichte der Kulturen seit relativ langer Zeit immer auch die Geschichte des Nicht-Anschließens am Bisherigen war. Hatte nicht einer der Wortführer der Jugendbewegung um 1900 in Deutschland allen Ernstes davon gesprochen, daß die Menschheit von jeher ständig sich selbst einen Feind gebiert: »ihre junge Generation, ihre Kinder«?[1]

Sind die jungen Feinde der Zivilisation als Urheber von größeren Störungen erfolgreich – was seit der »Antike«[2] hin und wieder zu beobachten war –, steigen sie gelegentlich zu Gründern stabiler Wiederholungsreihen auf, die unter günstigen Bedingungen mit den bestehenden Sitten verflochten und zu neuen Quellen statthafter Wiederholung erklärt werden.[3] Was wir seit dem frühen 18. Jahrhundert die »Antike« nennen, im Singular oder im Plural, ist das Weltalter der erfolgreichen Häresien gegen die uralten Diktaturen des Herkommens. In ihnen formiert sich – zuweilen als »Philosophie« drapiert – ein neuer, undurchschauter Zusammenhang zwischen Schrift, Gedächtnis, Transmission, Variation und Revolte.

Die frühesten Störer werden noch durch die rigide Tradition zur Ordnung gerufen, bevor ihr Beispiel das alteingefleischte Ethos beschädigen kann.[4] Wenn die alten Stammes- und Stadtkulturen den Bürgern liberaler, variationsoffener

---

1 Gustav Wyneken, Schule und Jugendkultur, Jena 1919, S. 13.
2 Vgl. S. 255 in diesem Band.
3 Vgl. S. 278-311 in diesem Band.
4 Vgl. 5 Moses 21, worin dem Vater die Liquidierung seines mißratenen Sohnes vorgeschrieben wird.

und neophiler Spätkulturen[1] im Umgang mit ihren Dissidenten oft peinlich engstirnig, rätselhaft hartherzig und bedrückend »eindimensional« erscheinen, so deshalb, weil die Nachgeborenen, sofern sie nicht von historischer Phantasie Gebrauch machen, kaum begreifen, warum unwillkommene Variation – antik: Gottlosigkeit, modern: Originalität – vorzeiten nicht verziehen werden konnte.

Was man einen »Glauben« bzw. eine »Überzeugung« nennt, ist also aus evolutionärer Sicht die Voreingenommenheit kulturtragender Wesen zugunsten der Idee, daß ihr *modus vivendi* es verdient, von den später Lebenden, *en gros* wie *en détail*, übernommen zu werden. Erfahrung und Schicksal kommen darin überein, das so und nicht anders geregelte Leben, wie es für die Vorfahren gut war, müsse auch für die jetzigen Generationen gut sein und für deren Nachkommen gelte das gleichfalls. Dies schließt auch Opferanstrengungen ein, wie die harte Realität sie fordert und erhält – motiviert durch wirkliche oder imaginäre Bedrohungen und ihre Übersetzung in Härte erzeugende Kulte. Darum sind alte Völker – und viele jüngere nicht minder – nicht selten trauma-basierte Kommunen. Sie verletzen ihre Nachkommen so nachhaltig und so suggestiv, mit Klingen, die ins Fleisch schneiden, mit Erinnerungen an erbliche Erniedrigungen und mit neurotisierenden Rache-Mandaten, daß diesen kaum etwas anderes übrigbleibt, als in den Spuren ihrer identitätserzeugenden Verletzungen weiterzulaufen.

---

1 Der Ausdruck »Spätkultur«, der in der philosophischen Anthropologie des 20. Jahrhunderts, namentlich bei Arnold Gehlen, eine prägnante Rolle spielt, wird hier zur Charakterisierung einer zivilisatorischen Großwetterlage herangezogen, in der die kulturelle Reproduktion von generativen Transmissionen auf iterative Anknüpfungen umgestellt wurde.

Der *modus vivendi* wird bei den Alten in der Regel durch transzendente Stiftergötter gestützt: Götter der älteren Art sind Kraftlinien, die unbeobachtbar, doch wirkungsvoll von den Ahnen zu den Ungeborenen reichen. Sie sind das Wirklichste jeder Kultur, indem sie das magische Reservoir der Übermittlung in Bewegung halten. Das Wichtigste, was man von Göttern und Göttinnen dieser Stufe wissen sollte, ist, daß sie nie bewiesen werden müssen. Sie beweisen sich selbst in den geglückten Wiederholungen der Alten durch die Jungen. Ohne den Konsensus der Götter – die alten Frommen nennen ihn den Segen, die neuen Nüchternen den Erfolg – würde das Band zerreißen, das die Jüngsten mit den Ältesten verknüpft.

Was jeweils Recht ist, wurzelt in der Behauptungsmacht einer gegebenen, in unvordenklichen Riten besicherten Lebensform, wonach es so, wie es jetzt mit uns steht, auch morgen und für immer sein soll. Spätere, höhere, höchste Götter laden sich auf mit wachsender Jenseitigkeit, Unvorstellbarkeit und Unglaublichkeit. Je höher sie stehen, desto weniger beweisen sie sich in lokalen Fortpflanzungsreihen. Statt über Nachwuchs zu wachen, ziehen sie es vor zu missionieren. Sie bitten Fremde in die Reihen ihrer Gläubigen hinzu. Sie kennen keine Völker mehr, sie kennen nur noch »Menschen«. Ihre eifrigsten Adepten sind nicht selten Asketen, die sich der Fortpflanzung enthalten. Der Ein-Gott dieses Typs hat es *in puncto* Plausibilität schwerer. Er muß künftig durch logische Beweise seiner Existenz gegen die anschwellende Skepsis abgeschirmt werden.

Man kann diese Befunde in neurologischen Ausdrücken reformulieren: Die Evolution hat *homo sapiens sapiens* mit Gehirnen ausgestattet, die für tribale Standardsituationen optimal ausgerüstet sind. Wie Gehirne überhaupt sind humane Gehirne Prozessoren für lokal-ontologische Aufgaben. Sie bearbeiten Situationen mittlerer Weltoffenheit. Für diese ist nicht zuletzt die chronische Aufmerksamkeit für relevante Mitmenschen prägend, unter diesen auch mächtige Abwesende, die als Vorfahren gelten und die den Rohstoff zu Göttern liefern.[1] Es liegt im Design der Humangehirne, Probleme von steigender situativer und logischer Abstraktheit bewältigen zu können. Insofern läßt sich sagen, daß Gehirne »vorauseilen«.[2] In tribalen Kontexten entwickelt, nehmen sie auch post-tribale Herausforderungen an, obschon um den Preis von Zusatzanstrengungen. Sie treiben Mathematik, Dichtung, Musik und politische Theorie. Zuletzt, in Lagen hoher Entlastung, luxieren sie: Sie kehren sich vom praktischen Hier und Jetzt ab und verarbeiten nur noch kontemplativ die Hypersituation »In-der-Welt-Sein« bzw. In-Gott-Sein.[3]

Die Affirmation einer Lebensform *alias* Kultur setzt bei ihren Angehörigen eine Art von Ergebenheit in die Zwänge der totalen Mitgliedschaft voraus. Diese wird von Theologen seit Augustinus und Kulturwissenschaftlern seit Durkheim regelmäßig als »Religion« mißverstanden. Solche Ergebenheit impliziert die Unterordnung der Lebenden unter die Übermacht der Sitten, Gebräuche und symbolischen Handlungen, die vorgeblich »vor aller Zeit« etabliert wurden – in jener »Urzeit«, die immer schon in einer unbeob-

---

1 Michael Tomasello, Die Ursprünge der menschlichen Kommunikation, Frankfurt am Main 2009.
2 Dies wird durch das Konzept *runaway brain* zum Ausdruck gebracht, mit dem manche Gehirnforscher die vorauseilende Dynamik der neurologischen Evolution auszudrücken versuchen. Aus dieser Sicht sind Menschengehirne, als reale Ekstasen der evoluierenden Materie, die primären Organe der Utopie. Vgl. Christopher Wills, Das vorauseilende Gehirn, Frankfurt am Main 1996.
3 Über diesen Funktionswandel der sogenannten Religionen gibt Robert N. Bellah in seinem späten Hauptwerk Religion in Human Evolution. From the Paleolithic to the Axial Age, Cambridge–London 2011, souverän Rechenschaft.

achtbaren Vergangenheit versunken zu sein scheint, wäre sie
de facto auch nur wenig älter als zwei oder drei Generationen.[1]

Am Anfang war aus dieser Sicht weder das Wort noch die
Tat, sondern die Sitte. Solange das menschliche Leben aus
alt-verborgenen Kulturquellen fließt, hat die Vergangenheit
immer recht, so wie die Gemeinschaft stets befugt ist, auf
ihrem Vorrang gegenüber dem Einzelnen zu beharren. Der
Satz *there is no alternative*, der in moderner Zeit unter allen
Umständen falsch ist, ist für die Welt der Alten und Ältesten
und ihr sittengeprägtes Dasein so gut wie ausnahmslos immer richtig.

Von der bestehenden Kultur besessen sein heißt: keine
Alternative zu ihr sehen – und keine sehen wollen, können
und dürfen. Wer in den überlieferten Formen aufgeht, findet
außerhalb der Zwangsgemeinschaft des Eigenen kein Heil.
Das Leben in älteren Volksverbänden folgt zumeist dem
Gesetz der totalen Inklusion im Kollektiv, die, wie bemerkt,
seit langem in zuverlässiger Gedankenlosigkeit mit »Religion« verwechselt wird, obschon es sich in der Sache praktisch immer eher um totalitäre Vereinsregeln als um symbolische Verhandlungen mit dem Ungeheuren handelt. Allein
die letztgenannte Leistung böte die angemessene Definition
der »Funktion von Religion«.[2]

---

1 Über die Entstehung des Scheins von Transzendenz aus der Verkennung
der Langsamkeit in der kulturellen Evolution vgl. Heiner Mühlmann,
Die Ökonomiemaschine, in: 5 Codes. Architektur, Paranoia und Risiko
in Zeiten des Terrors, hg. von Gerd de Bruyn, Basel–Boston–Berlin,
2006, S. 227 f.
2 Vgl. Peter Sloterdijk, Im Schatten des Sinai. Über Ursprünge und Wandlungen totaler Mitgliedschaft, Berlin 2013. In dieser kurzen Untersuchung, die als Beitrag zu der von Jan Assmann ausgelösten neuen Mo-
notheismus-Debatte entstand, wird die These vorgetragen, »Religion«
als »Religion« sei in Wahrheit eine moderne Erfindung. Sie existiere in
Reinform erst von dem Moment an, in dem sie von der Funktion der
sozialen Synthesis, d. h. der ethnischen, politischen oder konfessionellen

Nietzsche hat den frühen quasi absoluten Gehorsam der Generationen aller Völker, alt und jung, gegen das Herkommen durch das gerechtfertigt, was er den »Ersten Satz der Zivilisation« nannte: »jede Sitte ist besser, als keine Sitte«.[1]

Hat man zugegeben, daß das Eigentümliche von Kultur in Replikationskompetenz besteht, wird der hartnäckige Konservatismus der frühen Völker unmittelbar verständlich. Whitehead: »Es ist der Anfang der Weisheit, wenn man begreift, daß die Routine das Fundament des sozialen Lebens ist.«[2] Ohne den Willen zur selbstähnlichen Wiederholung in nachkommenden Generationen und ohne die wache Sorge um die Eliminierung maligner Variation hätten die älteren Träger kultureller Lebensmuster, die man gemeinhin die Ethnien und in jüngerer Zeit eben die »Kulturen« nennt, ihre langen Reisen im Zeitenstrom nicht bewältigen können. Paläontologen wollen anhand von Knochenfunden herausgefunden haben, daß steinzeitliche Hirschjäger in Nordwesteuropa ihre Rituale bei der Opferung der Beute über zehntausend Jahre hin konstant wiederholten, was einer Reproduktionserfolgsreihe von vierhundert Generationen entspricht. Das würde beweisen: Die Prägungsmacht eines einzigen prä-neolithischen Ritual-Moduls – die Entfernung des Herzens aus dem getöteten Hirsch und seine Ersetzung

---

Zwangsvergemeinschaftung, entlastet wurde. Es »gebe sie« daher erst seit der Entstehung des neuzeitlichen Staates und seiner mentalen Abbildung in subjektiver »Aufklärung«. Was wir heute »Religion« nennen, sei ohne Freisetzung von ihren bis dahin unvertretbaren Aufgaben der Gemeinschaftsbildung nicht zu denken. Als »sie selbst« könne sie erst aufblühen, wenn sie, wie Goethe erkannte, dazu befreit ist, ihre wahre und unvermeidliche Aufgabe, die Hermeneutik des Ungeheuren, in intensiver Konkurrenz mit Kunst und Wissenschaft wahrzunehmen.

1 Friedrich Nietzsche, Morgenröte Buch 1, 16: »Erster Satz der Zivilisation«.

2 Alfred North Whitehead, Abenteuer der Ideen, Frankfurt am Main 2000, S. 207.

durch einen runden Stein mit anschließendem Versenken des Opfers in einem flachen Gewässer – wäre dreimal länger in Kraft gewesen als die ältesten Linien der bis heute bekannten Hochkulturkollektiven des Nahen und Fernen Ostens, denen man circa einhundertfünfundzwanzig geglückte Replikationen – alle Reformen inbegriffen – zurechnen kann. Vergessen wir nicht, daß das konstitutive Ritual der abendländisch-europäisch-amerikanischen Zivilisation, das Herrenmahl bzw. die Eucharistie, bislang knapp achtzig Wiederholungen erreicht hat, seit einem halben Jahrtausend oder fünfzehn Generationen von heftigen theologischen Auseinandersetzungen über den Sinn der feierlichen Handlung erschüttert.

An den wenigen Kulturen, die bis heute wiedererkennbar durch die Jahrtausende drifteten, namentlich an der chinesischen und der jüdischen, in eingeschränkter Form auch an der katholischen Kirche, die ja kein Fortpflanzungs-, sondern ein Rekrutierungssystem darstellt, sowie an einigen Linien des Hinduismus, läßt sich beobachten, was ein elastischer Konservatismus zu leisten vermag. Sie bezeugen, daß Langzeitstabilität nichts anderes zum Ausdruck bringt als die *success story* von streng überwachten Replikationen – ergänzt durch die Elaboration konzeptueller Gewißheiten in reflexiven Spätphasen.

Solchen Kulturen scheint es gelungen zu sein, über einen Zeitraum von circa dreitausend Jahren die erforderliche Zahl von Kopiervorgängen zwischen älteren und neueren Generationen zu realisieren, ohne daß die unvermeidlichen Kopierfehler die Grundmuster unkenntlich machten. Vor allem müssen sie sich darauf verstanden haben, die individualistische Erosion der Überlieferung einzudämmen. Von dieser wissen wir jetzt, daß und warum sie sich seit dem Aufkommen der achsenzeitlichen Weltbilder um die Mitte des ersten vorchristlichen Jahrtausends verstärkte – um in der europäischen Renaissance anzuschwellen und in der Moderne zu explodieren.

Ohne solche Anpassungsfähigkeit wäre es nicht zu erklären, wie die im ersten Jahrtausend vor unserer Zeitrechnung aufbrechende anarchische Originalität großer Einzelner mit den Schwerkräften der Kollektivethik *summa summarum* zum Ausgleich gebracht wurde. Hierbei kommt ohne Zweifel auch die konservatorische Wirkung erhabener Tafelgesetze und heiliger Schriften zum Tragen. Sie sorgen aufgrund skripturaler Fixierung für die Aufrichtung eines Kanons – mit der Nötigung zur Neu-Auslegung unverständlich gewordener Schriftstellen als Folgelast. Weswegen das Lesen die Kulturtechnik war, die immer der Bewahrung dienen sollte und nicht selten Revolutionen nach sich zog.

Wenn der amerikanisch-jüdische Literaturkritiker Leon Wieseltier in seinem unter dem Titel *Kaddisch* publizierten Bericht über das Trauerjahr für seinen 1996 verstorbenen Vater notiert: »Manchmal empfinde ich mich nicht als Erbe der Tradition, sondern als Marionette der Tradition«,[1] rührt er an das Grundgesetz jeder tief eingeschliffenen Überlieferung: Man muß Marionette gewesen sein, ehe man daran denken darf, Erbe zu werden. Ist man durch Unterwerfung, Automation, Übung und Verinnerlichung zum irreversibel durchgeformten Träger des Herkommens geworden, nähert sich der Moment, in dem der Nachkomme, endlich zum Aktivisten seiner Kultur bekehrt, bekennen kann: »Ich platzte vor Abstammung.«[2]

Andererseits gilt: Seit dem Auftreten der ersten großen Originellen in der Antike ist dem Zivilisationsprozeß das fortschreitende Riskantwerden der Kopiervorgänge inhä-

1 Leon Wieseltier, Kaddisch, München/Wien 2000, S. 51.
2 Ibid., S. 556.

rent. Man könnte auch sagen: Der neue Modus der Überlieferung – die Verdoppelung der Kultur durch die alpha-
betisierende Schule und die Infiltrierung erster Formen von
»Wissenschaft« – fördert die zunehmende Widerständigkeit
neuer Generationen gegen ihre Prägung durch die Autorität
der Vorfahren, bis schließlich in der Moderne mit den Su-
per-Institutionen von Forschung, Kunst, Design und Mode
prinzipiell innovationsorientierte Kräfte auftreten. Sie bieten der Parteinahme für die herrschende Sitte selbstgewiß
Paroli – wobei die Sitte jetzt »Tradition«, *ancien régime*, alter Zopf, Akademie, Reaktion, Paradigma usw. heißen kann.

Wer nach dem Agens der epochen-übergreifenden Ko-
pier-Kraft fragt und ihre Wirkungsweise näher begreifen
möchte, findet beim Gros der zeitgenössischen Kulturwissenschaften keine Aufklärung. Setzt man die von der
Akademia wenig rezipierten Beiträge jüngerer Forschung
zur »Genea-Logik«, die Programme einer bio-poetischen
Kulturtheorie sowie die Ansätze zur genetischen Rekonstruktion der »Natur der Kulturen«[1] beiseite, bleiben die
Antworten der heutigen *humanities* auf Fragen dieser Art,
vorsichtig gesprochen, wenigsagend.

Noch immer liefern Nietzsches genialische Intuitionen in
bezug auf die von ihm so genannte »Sittlichkeit der Sitte« einen Maßstab, an dem sich spätere Aussagen zu dem Gegenstand messen lassen müssen. Was Nietzsche in seinen unter
dem Titel *Morgenröte* (1881) gesammelten Notizen über die

---

1 Sigrid Weigel, Ohad Parnes, Ulrike Wedder, Stefan Willer (Hg.), Ge-
neration. Zur Genealogie des Konzepts – Konzepte von Genealogie,
München 2005; Sigrid Weigel, Genea-Logik. Generation, Tradition und
Evolution zwischen Kultur- und Geisteswissenschaften, München 2006;
Hans Eibl, Animal poeta. Bausteine der biologischen Kultur- und Litera-
turtheorie, Paderborn 2004; Heiner Mühlmann, Die Natur der Kulturen.
Entwurf einer kulturgenetischen Theorie, (Neuausgabe) München 2011;
ders., Die Natur der arabischen Kultur, München 2011.

»moralischen Vorurteile« mit dem anspielungsreichen Begriff »Sittlichkeit« bezeichnet, umschreibt ein halbbewußtes Amalgam aus Unterwerfungsforderungen und Gehorsamsbereitschaften, in dem die kulturprägenden Widersprüche zwischen dem Verlangen nach autoritärer Leitung und eigensinniger Selbstbehauptung der Nachkommen zu stabilen Formen des Ausgleichs gebracht werden.

So gut wie nie untersucht, selten wahrgenommen, kaum je gewürdigt, kommt diese mentale Disposition bei den Angehörigen früher Stämme und Völker, wie bemerkt, dem Tatbestand einer normalisierten Besessenheit gleich. Normalität ist die Matrix dessen, was später »Institution« heißen wird. Wie Institutionen mit kontrollierten Imitationen zusammenhängen, ist bislang nicht hinreichend durchdacht worden – das Totengespräch zwischen Gabriel Tarde und Arnold Gehlen wartet auf seinen Protokollanten.

Mit dem komplexen, leise ironischen Ausdruck »Sittlichkeit der Sitte« konzipiert Nietzsche eine fluidale, unmerklich allesdurchdringende Form von Autorität. Er entdeckt eine anonyme Befehlskraft, in der sich die Eigenregungen der Einzelnen von Jugend auf mehr oder weniger differenzlos auflösen, bis hin zur Bereitschaft zur Selbstaufopferung zugunsten des Herkommens, wenn kritische Momente im Kollektivleben es erfordern, namentlich in den durch heroische Codes gesteuerten Kriegerkulturen.[1] Bezeichnet »Sitte« die Existenz einer Norm oder einer Regel, so meint »Sittlichkeit der Sitte« die unbedingte Kommandogewalt der Norm. »Eine Norm ist ein Programm für möglichen Gehorsam.« (Hermann Schmitz) Solche Programm-Macht vermag *pro domo* nur zu empfinden, wer durch seine Sozialisation unter einem »befehlenden Gesamt an Lebensweisen« zur Unterwerfung unter das lokale Sittengebot disponiert

---

1 Vgl. Heiner Mühlmann, Die Natur der Kulturen, a. a. O.

ist. Dem entspricht eine soziale Ontologie, nach welcher
das Kollektiv, solange es noch als alternativlose Inklusions-
macht auftritt, jederzeit behaupten darf, um eine Dimension
»wirklicher« zu sein als jedes einzelne seiner Mitglieder. Der
NS-Slogan »Du bist nichts, dein Volk ist alles« stellt nichts
anderes dar als eine verspätete Explizitmachung der Grundregel im zehntausendjährigen Reich der Herkunftsordnun-
gen, allerdings formuliert zu einer Zeit, in welcher die Regel
schon ganz entschieden aufgehört hatte, allgemein zu gelten.

Es scheint, als habe Nietzsche die Bereitschaft der prä-
historischen und frühhistorischen Menschen zum moral-
gerechten Handeln in einem allgemeinen Apriori fundieren
wollen: der Unterwerfung unter das von der Sitte vorgege-
bene lokale »Gesetz«. Die Gesetzlichkeit als solche findet
ihren Rückhalt in der unanfechtbaren Imposanz einer kollektiven Befehls-Kraft.

Ob er will oder nicht, der von der Sittenmacht überwäl-
tigte Mensch küßt immer den Stiefel der Überlieferung. Die
Frage nach einem eigenen Wollen kann sich ihm anfangs
nicht stellen. Er findet seine Genugtuung darin, aus sich
selbst nichts anderes zu machen als das, was das Herkommen aus ihm gemacht hat. Die Ehre des Einzelnen besteht
in den älteren Kulturen darin, ein Sproß seiner Eltern oder
ein Exemplar seines Stammes zu sein. Du brauchst nur den
Namen deines Vaters oder deines Volks oder deiner Polis
zu nennen, und jeder weiß, mit wem er es zu tun hat. »Ich
bin Telemachos, des Odysseus Sohn.«[1] »*Moi, je suis Corse.*«
»Armenier bin ich.« »Du bist eine Buddenbrook.« Wem
eine solche Auskunft nicht genügt, dem ist fürs erste nicht
zu helfen. Das Verfehlen der ethnischen Norm wäre die

---

[1] Ironischerweise ist es der Sohn des Odysseus, der in Fénélons Roman Les
Aventures de Télémaque, 1699/1717, einem der meistgelesenen Bücher
des 18. Jahrhunderts, zum Objekt einer ansatzweise modernen, die Ähnlichkeit zwischen Vater und Sohn aufhebenden *paideia* wurde.

Schande, die das mißglückte Exemplar seines Stammes unter den Erdboden versinken ließe. Was man im europäischen Mittelalter als den Pranger kannte, war die juristische Inszenierung der von alters her evidenten Tatsache, daß Blicke töten können, wenn sie die Blicke der Normalen auf das aus der Norm gefallene Individuum sind.

Aus dieser Sicht ist alle Moral zunächst Sklavenmoral. Sie herrscht über eine Welt, in der es Nicht-Sklaven noch nicht geben kann. Die Bejahung der lokalen Präge-Gewalt ist das Wesen der ursprünglichen Ethik, sofern sie überall den impliziten Grundsatz: »Du sollst der Nachkomme deiner Vorfahren sein« ins Fleisch der nächsten Generation einbrennt – je impliziter, desto automatischer und wirksamer. Man sollte ihn als einen alternativen »ersten Satz der Zivilisation« lesen. Während es im *Codex Iustinianus*, 6, 59, 4 heißt: »Ein Sklave kann keine Erben haben«, lautet das nirgendwo explizit artikulierte Axiom aller Frühkultur: Nur Sklaven – im erläuterten Sinn des Worts – können erben und vererben. Ihr Herr und Besitzer ist die eigene Kultur. Von Freilassungen ist in ihr noch nicht die Rede.

Diese Gesetzmäßigkeiten hatte Nietzsche erfaßt, als er in dem beispiellosen Artikel 9 des Ersten Buchs der *Morgenröte* die Sezession des Individuums von der bis dahin alleinherrschenden Volksethik als die Quelle des ersten Bösen identifizierte. Böse ist zunächst und zumeist, was dem *common sense* des Herkommens den Rücken kehrt – sei es aus Eigensinn oder besserem Wissen oder vornehmeren Antrieben. Nur wer verstanden hat, daß das Individuelle, Eigene, Hohe, Vornehme und Unkonventionelle das erste Böse ist, kann die Dynamik der avancierten Zivilisation begreifen: Diese wird zum einen angetrieben von dem Bedürfnis des Neuen, sich durch rationale Prinzipien zu legitimieren – wie es im kosmopolitischen Humanitarismus der antiken philosophischen Rhetorik üblich wurde –, zum anderen durch das Verlangen des zurückgebliebenen guten Alten nach Rache an den Neubildungen des höheren Geistes.

Der Durchschnittsgeist Athens wußte nie besser, was er tat, als in dem Augenblick, in welchem er Sokrates, den Lehrer des individualisierenden Zweifels am dominierenden Polit-Ethos, zum Tode verurteilte. Der Austritt des geistreichen Einzelnen aus der Menge der vom Herkommen Besessenen ist aus der Sicht der alten Kollektivsorge-um-sich der Sündenfall selbst.

Im übrigen verfehlte Michel Foucault in seinen Studien zum antiken *souci de soi* die Pointe von Nietzsches ursprünglicher Einsicht, wonach die gute und allgemeine Form der »Selbst«-Sorge ursprünglich strikt auf das Kollektiv bezogen war, indes die Ausgrenzung eines individuellen Selbst nur durch die dem Bösen gleichkommende Sezession dissidenter Einzelner mit hochmütigen Allgemein-Ideen in Gang gesetzt wurde. Wo die Konvention diktiert, was gut und was böse ist, erscheinen die Verkünder post-konventioneller Ethiken – die die beginnende »individualistische« und »idealistische« Innensteuerung erlauben – unmittelbar als Apostel des Bösen. Ein solcher Böser war Sokrates, als er die Athener ironisch nach ihren Definitionen des Guten und Gerechten fragte. Nicht weniger böse war Jesus, wenn er sich die Freiheit nahm, am Sabbat Kranke zu heilen.

Der Kopierfehler zwischen den Generationen, gewollt und ungewollt, kommt dem Effekt gleich, den man nach Augustinus als die Erbsünde bezeichnete. Kopierfehler wiederholen und verstärken sich in der Folge – zunächst nur in der westlichen Welt, die vom 14. und 15. Jahrhundert als erste Zivilisation systematisch auf Neuerung ausgeht – so oft und so lange, bis das Kollektiv in seiner Mehrheit nur noch ein Aggregat aus Deserteuren aus dem älteren Herkommen darstellt – womit die Definition einer modernen »Gesellschaft«

geboten wäre. Modern ist diese in dem Maß, wie sie ihre Vorbilder und Verhaltensmuster im Einaltrigen und Gleichzeitigen findet.

Nach dem großen Einschnitt erst, der durch die Lehrer des Andersseins bewirkt wurde, kann die Polarisierung des ethischen Felds in den Hochkulturen einsetzen: Gemäß der Regel, daß Hochkultur auf Sezession nach oben beruht, lösen sich die Werte der neuen Vernunftkultur und der vornehmen Universalität von den lokalen Beständen an Sitte und Gewohnheit gewaltsam ab. Die konventionellen Lebensformen werden nun von den Gebildeten als abergläubisch, borniert und folkloristisch wahrgenommen. Sie scheinen den jüngeren Anhängern postkonventioneller Wertsysteme nicht mehr ernsthaft vertretbar. Nach Jesaia und Zarathustra, nach Heraklit und Platon, nach Buddha und Mahavira trennen sich im Osten wie im Westen für die kommenden zwei Jahrtausende die Wege der Wachenden und Wissenden von denen der im Herkommen Befangenen und im Kollektivleben Betäubten. Das Ich und das Man sprechen nicht länger dieselbe Sprache. Daß sie je wieder zusammenfinden, läßt sich allen Wiedervereinigungs-Phantasien zum Trotz, die seit dem 18. Jahrhundert als Aufklärung auftreten, vorerst nicht bestätigen.

Die neue ethische Theorie, wie sie im ersten Jahrtausend vor der christlichen Zeitrechnung in den Hochkulturen aufkam, hatte in der Folge keine andere Aufgabe, als zu demonstrieren, daß sich aus der Universalsklaverei der »Sittlichkeit der Sitte« eine vornehme, selbstbestimmte, individualisierte und vom lokalen Habitus losgelöste Moral emanzipieren kann. Sie zielt auf eine unbefohlene Verwirklichung des Richtigen durch den aufgeklärten Einzelnen und seine Meister – im Jargon der modernen Soziologie: Sie impliziert eine Ethik der »Innensteuerung« auf der Basis post-konventioneller Maximen und Reflexionen – sosehr es auch zutrifft, daß im »Volk« die Herstellung von Kopien des Gewohnten weiterläuft, als ob an der Spitze der ethischen Pyramide nie etwas geschehen wäre.[1]

Das »Zeitalter der vollendeten Sündhaftigkeit«, von dem Johann Gottlieb Fichte in seinen Berliner Vorlesungen zur Theorie der Geschichte von 1805 sprach, hatte in Wahrheit schon in der Antike begonnen. Seine Vorhersage eines Zeitalters der »beginnenden Rechtfertigung«, mit welcher die eigentliche Moderne einsetzen solle, bestätigt sich erst heute in den Anzeichen einer lokalen Konversion zu post-individualistischen Prinzipien von Anstand und Moral.[2]

2 Der Patriarchengeist und die Transmissionskette

Sobald die »Sittlichkeit der Sitte« sich nicht mehr damit zufriedengibt, das Leben des Kollektivs als anonymes Fluidum zu durchdringen, sondern ein personales Gesicht aufsetzt, entsteht, was nach einer jüngeren familiensoziologischen Sprachregelung das Patriarchat heißt.[3]

Die Aufrichtung der Väterwelt bildet eine zweite Phase im Kopierprozeß der Kulturen. Die evolutionäre Plausibilität des patriarchalischen Modus von Kulturweitergabe drückt sich in der Tatsache aus, daß er in zahlreichen lokalen Deklinationen spontan erfunden wurde, meist unabhängig von äußeren Mustern. Er ergab sich aus dem fast

---

1 Auf die Bedeutung des römischen Rechts für die Entwicklung des europäischen Personen-Begriffs, der den neuzeitlichen Individualismus ermöglicht, weist Philippe Nemo hin in seiner Studie: Was ist der Westen? Die Genese der abendländischen Zivilisation, Tübingen 2005, S. 21 f.

2 Michael Sandel. Gerechtigkeit. Wie wir das Richtige tun. Berlin 2013.

3 Der Ausdruck wird hier als genealogie-theoretisches und moralevolutionäres Konzept verwendet, indessen seine Instrumentalisierungen als Kampfbegriff feministischer Diskurse und sozialistischer Projekte unkommentiert bleiben.

überall gelingenden Kompromiß zwischen Strukturen der Verwandtschaft und Imperativen der Autoritätsverkörperung in vor-staatlichen und staatlichen Kollektiven. Man begreift die Funktion von Vätern und Vaterschaft in frühen Hochkulturen nicht, wenn man in ihr nicht das Verlangen wahrnimmt, der älteren, anonymen sitten-weitergebenden Befehlsgewalt ein »menschliches Antlitz« zu verleihen. Der personalisierende Imperativ wirkt nach bis in die Wahlkämpfe moderner Demokratien, in denen ein Gesicht ein Programm ersetzen kann.

Ob im alten China oder in Israel, in Griechenland, in Rom: Man wird Vater im anspruchsvollen Sinn nicht durch das Zeugen von Nachkommen, sondern als Träger des ethischen Mehrwerts, der an dieser Rolle haftet. Der Vater in den klassischen Patriarchaten ist die personhafte Maske der Sittlichkeit. Will das reine Befehlen-Dürfen sich personifizieren, ruft es Väter, Großväter, Überväter ins Leben, die *ex officio* Autorität ausüben. Patriarchen sind nötig, um der Beharrungskraft einer Ethnie ein menschliches Auge einzusetzen. In ihnen soll sich eine ehrwürdige Starre mit prokreativer Aktivität verbinden, Weisheit mit strafender Zornbereitschaft. Das wichtigste Attribut des Patriarchen ist das Streng-sein-Können – sofern man unter Strenge die Verkörperung der Strafandrohung bei abweichendem Verhalten versteht, begleitet von einem zur zweiten Natur gewordenen Widerwillen gegen Regelwidrigkeit und Ausnahme. Gewalt und Wahrheit reisen von da an auf denselben seelischen Vehikeln.

Das Vater-Auge verfügt nur über eine von der Sitte beschränkte Sicht – im Feld der Sitte sieht es jedoch scharf, je intoleranter, desto akkurater. Darum ist Vaterschaft im patriarchalischen Modus ohne einen Zusatz an Borniertheit nicht zu haben – wie Nietzsche wußte:

»Die Sitte repräsentiert Erfahrungen früherer Menschen über das vermeintlich Nützliche und Schädliche – aber das *Gefühl für die Sitte* (Sittlichkeit) bezieht sich nicht auf jene Erfahrungen als solche, sondern auf das Alter, die Heiligkeit, die Indiskutabilität der Sitte. Und damit wirkt dies Gefühl dem entgegen, dass man neue Erfahrungen macht und die Sitten korrigiert: das heisst die Sittlichkeit wirkt der Entstehung neuer und besserer Sitten entgegen: sie verdummt.«[1]

Bei den Anfängen der patriarchalischen Kulturen ist an »neue und bessere Sitten« noch nicht zu denken. Im weisen, strengen, starren Patriarchen ist ja die Fülle des Bewährten und Richtigen versammelt, an welche bis auf weiteres nicht gerührt werden darf.

Früh wächst der Patriarch in die Sphäre des Religiösen hinein, weil »Religionen« – um den dubiosen Begriff weiter undiskutiert zu verwenden – dieser Stufe mit der Überhöhung von sozialer Führung befaßt sind. Der gebietende Vater ist die Sitte, die immer recht hat. Er ist das Wahre und Bewährte, das seine Fahne vor dem Volk her trägt.

Alles tiefere Rechthaben kommt aus dem Altertum und von den Göttern. Als machthabender Sklave der Tradition ist der Vater-Herr dazu berufen, das Herkommen zu hüten und das Abweichende auszurotten. Mit seinem Dasein steht er dafür ein, daß nichts Neues unter der Sonne auftaucht, das ihn zu anderen als den üblichen Gesten bewegen könnte. Das Gewicht der Welt ruht auf seiner Unbelehrbarkeit. Weil Patriarchengeist nicht erfahrungsoffen sein darf, eignet er sich als Hülle für die Aufbewahrung der magischen Substanz, die man die Autorität nennt. In seiner ehrwürdi-

---

1 Friedrich Nietzsche, Morgenröte, Buch 1, 19: Sittlichkeit und Verdummung.

gen Verschlossenheit liegt die Bedingung dafür, daß das Mysterium der Autorität weitergegeben werden kann – so un-
versehrt und unvermindert, wie es vom aktuellen Träger aus
den Händen eines Vorgängers empfangen wurde. Übergeb-
bare Autorität bildet das dritte, das zwischen Tradenten und
Rezipienten die Brücke schlägt. Sie ist der Stoff, aus dem die
Sukzessionen sind.

Es genügt daher nicht zu sagen, das Patriarchat sei die
»Sittlichkeit der Sitte« mit männlichem Gesicht. In Wahrheit ist die Neigung der Vatermacht-Ordnung zur masku-
linen Seite hin nur eine bewährte List der kulturellen Evolution – so wie die Bevorzugung der weiblichen Seite bei
der Betreuung der Nachkommenschaft unter den Lebend-
gebärenden eine andere List der biologisch-präkulturellen
Evolution darstellt, um Fortpflanzungserfolge langfristig zu
optimieren. Der weisungsbefugte Vater verkörpert vielmehr
die Humanisierung der Wiederholung unter den Bedingungen der förmlichen Transmission. Für die Weitergabe einer
Kultur ist es von einer bestimmten Stufe der Evolution an
nicht mehr damit getan, wenn die Typen eines lokalen symbolischen Systems im Copy-Shop der Sozialisation auf die
Nervensysteme der nachfolgenden Generationen überspielt
werden, mitsamt den Härte-Dressuren, die in alter Zeit zur
psychischen Grundausrüstung der Nachkommenschaft gehörten. Der Kopiervorgang muß über die mechanisch-imi-
tative Dimension hinaus personalisiert werden: Er übersetzt
sich in ein Geschehen, das auf der Vaterseite die Geste der
Übergabe, auf der Sohnesseite die Geste der Übernahme ins
Spiel bringt.

Die weibliche Dimension von Nachfolge-Prozessen vollzieht sich während dieses Weltalters fast durchwegs im In-
formellen, doch nicht weniger prägend: Sie entfaltet sich in
einem von Resignationen, Konspirationen und Jubilationen
erfüllten Halbdunkel zwischen Müttern und Töchtern, in

dem Benachteiligungen und Privilegien unentwirrbar miteinander verflochten sind.[1]

Die humanisierte Wiederholung zwischen Vätern und Söhnen gerät zu einem Psychodrama, das nie ohne Risiko des Mißlingens aufzuführen ist. Nur die erbrechtlich *und* psychodynamisch komplette Figur der Weitergabe, die sich bei den juristisch begabten Römern aus *traditio* – wörtlich: der Aushändigung eines Guts – und *successio* – dem Nachrücken des Rechtssubjekts in die Würden, Rechte und Pflichten des Erben – zusammensetzte, erfüllt den Tatbestand der personalisierten Wiederholung, den man im starken Sinn des Worts die Überlieferung nennt. Ihr richtiger Name lautet Transmission – wörtlich: die Weitersendung. Durch Transmissionsrituale gelingt es älteren Hochkulturen, das Intervall zwischen den Generationen zu formalisieren und am schädlichen Aufklaffen zu hindern.[2]

In diesem Vorgang erweisen sich Positionierung und Person-Schöpfung als dasselbe. Es genügt für den Vater nicht, einen leiblichen Sohn gezeugt zu haben – er muß ihn auch als solchen »annehmen«. Ebenso kann sich der Sohn nicht mit der Vorstellung zufriedengeben, sein Vater habe ihn *in illo tempore* mit einer Frau, die er Mutter nennt, gezeugt – er muß sich darüber hinaus von ihm als authentischer Sohn angenommen und berufen wissen und sich aus eigenen Stükken zu diesem Angenommen-und-berufen-Sein bekennen.[3]

---

1 Elisabeth von Samsonow, Anti-Elektra. Totemismus und Schizogamie, Zürich/Berlin 2007.

2 Unter den Kulturtheoretikern der Gegenwart hat vor allem Régis Debray auf der Bedeutsamkeit der zeitübergreifenden Transmissionen im Gegensatz zu den Kommunikationen in Gleichzeitigkeit insistiert. Vgl. R.D., Einführung in die Mediologie, Bern – Stuttgart – Wien 2003.

3 Für dieses Verhältnis schlägt Dieter Lenzen in seinem Buch Vaterschaft. Vom Patriarchat zur Alimentation, Reinbek bei Hamburg 1991, S. 44, den Ausdruck »suszipitive Vaterschaft« vor – in Anlehnung an die römische Redewendung und rituelle Rechtshandlung *infantem suscipere*: ein Kind als das seine annehmen. Eine vergleichbare Annahme-Zeremonie kann-

Andernfalls träte der Fall ein, der in der Moderne chronisch und epidemisch wird: daß Söhne sich Vätern gegenübersehen, die zu hohl sind, um ihre Nachkommen ernsthaft annehmen zu können, und zu unansehnlich, um in den Söhnen den Wunsch nach Angenommen-Sein durch solche Erzeuger zu wecken.

Der Geist der »Annahme« – den die Sozialphilosophie nach Hegel bis zur Unkenntlichkeit verwässert, seit sie von »Anerkennung« redet, ohne noch zu ahnen, woher diese kommt – erscheint am förmlichsten und explizitesten in den römischen Adoptionsgesetzen. Sie stellen es dem Familienvorsteher, dem *pater familias*, frei, einen jungen Mann von beliebiger Herkunft »an Sohnes Statt« ins eigene Hauswesen aufzunehmen, sei es durch die *adoptatio* – wörtlich: die »Hinzuwünschung« –, die für den Angenommenen die Unterordnung gegenüber der *patria potestas* des Adoptivvaters einschließt, sei es durch den Sakralakt der *adrogatio* – die »Hinzufragung« –, aufgrund welcher der erwachsene Adoptivsohn, nach Billigung durch die senatoriale Kurie und das Priesterkolleg, dem nichtleiblichen Vater im Status eines Freien zur Seite treten durfte und sofort berechtigt war, Name, Vermögen und Klientel des Adopteurs zu übernehmen.

Bekanntlich hat sich dieses Verfahren bei den Römern als praktische Alternative zur dynastischen Familienpolitik bewährt, bei den Notabeln der späteren Republik nicht anders als bei den Staatspersonen der Kaiserzeit. Als die besten Jahre des römischen Prinzipats galten nicht zufällig

---

ten die Griechen in der Form des Amphidromien-Fests, bei welchem der Vater das Neugeborene am fünften und am zehnten Tag nach der Geburt um den Herd des Hauses herumtrug (*amphidromein*, herumtragen) – was ganz offensichtlich die Inanspruchnahme einer »Bedenkzeit« vor der Anerkennung des Kindes, seiner Benennung und seiner Aufnahme in die Familie voraussetzte.

jene der Adoptivkaiser (96-180), die von Nerva und Trajan über Hadrian, Antoninus Pius bis zu Marcus Aurelius und Lucius Verus reichte. Von diesen war keiner als leiblicher Sohn seines Vorgängers an die Macht gelangt. Die Römer hatten entdeckt, daß sich die Interessen der großen Familien durch ein Wahlsöhne-System oft besser ausdrücken ließen als durch den launischen Gang der leiblichen Nachfolge.

Doch gleich ob der Eintritt des Nachfolgers in die »Rolle« des Sohns durch gestische Annahme seitens des realen Vaters oder durch rechtsförmige Adoption erfolgt, erst dieser Schritt erzeugt jene positionale Subjektivität, die man herkömmlich als den angestammten »Platz in der Welt« oder modern als »Identität« bezeichnet. Was in der neuzeitlichen Philosophie das Subjekt heißt, erscheint seinem ersten Umriß nach in antiker Zeit als Ich einer Position in einer »Familienaufstellung« – wobei unter Familie hier vorerst nur die mindestens dreigliedrige, in Wirklichkeit oft vielgliedrige maskuline Linie zu verstehen ist, die vom Vater zum Sohn und vom Sohn zum Enkel und Urenkel reicht. In der Ausblendung der Frauen, Mütter und Töchter verbirgt sich naturgemäß ein Konfliktpotential, das wie jede systematische Verkennung die Rache des Verkannten heraufbeschwört – und nach der Rache die Neuverteilung der Gewichte.

Die erste Subjekttheorie enthält zugleich die erste Medientheorie. Subjekt – im positionalen Sinn – kann nur sein, wer der passiv-aktive Mittlere ist zwischen einem auftraggebenden Älteren und einem auftragnehmenden Jüngeren. Die chronologisch, psychodynamisch und juristisch relevante Reihe: Vater – Sohn – Enkel bildet (zumal in den unilinealen Verwandtschaftssystemen) die Urform einer Sukzessionsordnung, dank welcher die Autorität in die psychische Zeit eintritt. Das zeitliche Nacheinander spiegelt sich in den politisch und theologisch entfalteten Patriarchaten Alteuropas, namentlich dem römisch-christlichen, sowie gesteigert in dem des frühen Protestantismus. Sie wird überdies in der hierarchischen Stufenfolge dargestellt, die vom Vatergott im Himmel über den Monarchen zum Hausvater und Rechtsvorsteher der Familie absteigt.[1]

Die Verdoppelung der Sukzession durch die ins Jenseits reichende Hierarchie bringt die psychodynamisch plausible Tatsache zum Ausdruck, daß gebietende Autorität nie ganz ohne Überhöhung der genealogischen Reihe zu einer transzendent beglaubigten Wirklichkeit vermittelt werden kann. Der Vater ist die Optik, durch die der Sohn auf den König schaut – und vom König zurück auf den Vater; der König ist das Fernglas, durch welches der Untertan auf das Reich Gottes blickt – und von Gott wieder herab auf den König, den Vater. In dieser Autoritätskaskade findet das alteuropäische Subjekt die Hauptachse seiner Orientierungen.[2]

Das klassische Gemälde einer familialen »Aufstellung« hat Vergil (70 v. Chr. - 19. v. Chr.) bei der Schilderung der Flucht seines Helden Aeneas aus dem brennenden Troja vor den Augen der Nachwelt ausgebreitet. Dem Dichter war bewußt, daß er seinem Publikum den Ahnherrn der Römer durchaus als leidgeprüften Flüchtling präsentieren durfte. Als episches Orakel des beginnenden Prinzipats besaß er das Recht, zu berichten, wie sein Held dem Untergang der Vaterstadt in äußerster Not entging. Keinesfalls hätte Ver-

---

1 Vgl. Julius Hoffmann, Die ›Hausväterliteratur‹ und die ›Predigten über den christlichen Hausstand‹. Lehre vom Hause und Bildung für das 16., 17. und 18. Jahrhundert, Weinheim Berlin 1959, S. 45: »Der Hausvater ist nichts ohne Gott. Er vermag nichts ›von sich aus‹ …, weil Gott alles gibt.«

2 Robert Muchembled beschreibt in: Die Erfindung des modernen Menschen. Gefühlsdifferenzierung und kollektive Verhaltensweisen im Zeitalter des Absolutismus, Reinbek bei Hamburg 1990, S. 308 f. die letzte Kulmination dieses psychopolitischen Regimes zwischen dem 17. und dem 18. Jahrhundert.

gil einen Schiffbrüchigen schildern dürfen, der nicht mehr als das nackte Leben in die neue Heimat mitgebracht hätte. Was Aeneas aus den Flammen Trojas rettete, war, über das »nackte Leben« hinaus, der Quellcode der römischen Auffassung von Abstammung und familialer Kohärenz: Der eminente Flüchtling transponierte die komplette genealogische Triade von Vater, Sohn und Enkel – das Ur-Molekül einer maskulin-unilinealen Verwandtschaftsreihe – aus der kleinasiatischen Szene in die italische Landschaft, ergänzt um die glückspendenden Hausgötter, die in Gestalt der Penaten die Reise mitvollziehen. Als vierter Pol der Unversehrtheits-Einheit, die sich römisch korrekt im Bild des Hauses bzw. der *gens* zusammenfügt, stellen die Penaten als mobile *sacra* von starker talismanischer Energie eine metaphysische *green card* dar, die den Flüchtlingen das Recht auf Landung, Niederlassung, Paarung, Herdfeuer, Nahrung und Staatserfolg im Ankunftsland zusichert. Aeneas trägt den greisen und blinden (nach anderen Deutungen: lahmen) Vater Anchises, den vormaligen Geliebten der Venus, auf dem Rücken, den Sohn Iulius Ascanius an der einen Hand, die Penaten in der anderen. Diese Vierung: Vater – Sohn – Enkel – Glücksgötter bildet das über-biologische Basis-Molekül einer genealogischen Kette, die zu den längsten Fortsetzungen bestimmt ist. Sie soll sich bis in die Ära des Augustus und über diesen hinaus zu einem *imperium sine fine*[1] erstrecken. Daß ein göttlicher Konsensus über den Venus-Sohn Aeneas wacht – trotz bitterer Feindschaft der meistgekränkten Göttermutter Juno –, macht die Erwählung des Helden zur Rolle des ersten »Subjekts« im Reichs-Prozeß vollkommen. Sie qualifiziert ihn »von oben« zu seiner Ahnherrn-Stellung.

Diese notwendige Vierung bleibt in Europa *cum grano salis* bis in die Tage Edmund Burkes am Leben. Noch der Ver-

---

1 Vergil, Aeneis I, 279.

fasser des »revolutionären Buch(s) gegen die Revolution«
(Novalis), *Reflections on the Revolution in France*, 1790,
versteht unter einem wohlgegründeten Staat nicht nur die
»Gemeinschaft zwischen den Lebenden, den Toten und denen, die geboren werden«, sondern auch die Verkörperung
der genealogischen Grundsätze, die den Vorfahren halfen,
bis in die Gegenwart zu überdauern. Der gute Staat besitzt
in seinen Augen die Form einer talismanischen Kommune.

Für das weibliche Element ist in dem erbaulichen Flucht-
Gemälde kein Platz mehr: Krëusa, die trojanische Gemah-
lin des Aeneas, Tochter des Priamos und der Hekabe, bleibt
weinend vor den Mauern der zerstörten Stadt zurück, eine
hoffnunglose Penelope, zu der ihr Gatte nie mehr zurückkehren wird, indes Aeneas, als ein verbesserter Odysseus,
zu Fahrten ins Unbekannte aufbricht, zu neuen Fortpflanzungen bereit.

Geglückte positionale Subjektivität kommt dem Helden
zu, indem er, obschon als Initiator oder Anfang-Macher
wirksam, vor allem als Brücke zwischen Vorfahren und
Nachkommen auftritt. Die Botschaft liegt in dem Umstand, wonach auch der Erste schon ein Mittlerer ist. Das
stehende Beiwort *pius* drückt aus, daß Vergil die Kategorie
der Frömmigkeit ganz vom Phänomen der Sohnestreue her
begreift. In diesem Punkt reichen sich römische, chinesische
und jüdische Überlieferungen die Hand. Die erfolgreichsten
Traditionskulturen sind jene, die sich darauf verstanden, das
Sensibelste mit dem Stabilsten in eins zu setzen: Sie bauen
darauf, die Seelenarbeit der Söhne werde die Stärken der Väter integrieren und ihre Schwächen ausgleichen.

Nahezu zweitausend Jahre bevor römische Päpste im or-
ganisierten Trotz gegen Aufklärung und Moderne in Serie
auf den Gedanken kamen, den Namen Pius anzunehmen –
beginnend mit jenem Pius VI., der in einem Breve vom März
1791 die französische Erklärung der Menschen- und Bür-

gerrechte vom August 1789, namentlich die Behauptung
allgemeiner Freiheit und Gleichheit, als eine »sinnwidrige«
»Ungeheuerlichkeit« verurteilt hatte –, verleiht Vergil seinem Helden das höchste Prädikat der altlateinischen *religio*,
das die Synthese aus Anstand, Treue und gewissenhaftem
Biedersinn bezeichnet. Als *pius Aeneas* ist der römische
Odysseus nicht der listenreiche Seeheld und Stratege, als
welcher der griechische *polymetis* und *polymechanos* präsentiert worden war, er ist der vater- und *fatum*-fromme
Siedlungsheros. Er tritt als ein Held der Weitergabe auf die
Zivilisationsbühne. Durch ihn wird das Über-Es der römischen Kultur, die Einheit von Glückswürdigkeit, Macht und
Legitimität, an seinen aus Troja mitgebrachten Sohn Asca-
nius übermittelt, der seinerseits zum Gründer-König von
Alba Longa, der Mutterstadt Roms, werden sollte. Auch
Ascanius, der erste Erbe der mysteriösen Gabe, wird nicht
mehr als ein Glied in der Kette aus Trägern der legitimierenden Einheit von Pietas, Macht und Erfolg gewesen sein.[1] Als
Prozession des *imperium* – der vom Glück des Erwählten
besiegelten Befehlsgewalt – schreitet die exquisite Reihe fort
bis zu ihrem aktuellen Träger, dem Adoptivsohn Caesars,
Octavianus Augustus, dem von den höheren Mächten designierten Herrn der Welt.[2]

---

[1] Über die staatstragende Bedeutung der *pietas* in den römischen Vater-
Sohn-Beziehungen vgl. Ute Lucarelli, Exemplarische Vergangenheit. Va-
lerius Maximus und die Konstruktion des sozialen Raumes in der frühen
Kaiserzeit, Göttingen 2007, S. 106 f.

[2] Die mythisch-monarchische Periode der »römischen« Geschichte umfaßt die 14 Herrscher (nach anderen Listen 16) von Alba Longa und die
sieben römisch-etruskischen Könige, deren vorgeblich letzter, Tarquinius
Superbus, im Jahr 510 v. Chr. anläßlich des Lucretia-Skandals vertrieben
worden sein soll. Aus der Verbindung des Aeneas mit der italischen Kö-
nigstochter Lavinia geht Silvius hervor, der zum Nachfolger des Ascanius
wird und dessen Namen auch alle folgenden Könige von Alba Longa
tragen. Nachdem schon Aeneas von der mütterlichen Seite her mit dem
Olymp verbunden war, bringt die Verbindung der fernen Nachkommin

In welchem Maß Aeneas als ein Mann der genealogischen Mitte fungiert, wird deutlich, wenn sein bei Trapani auf Sizilien verstorbener Vater Anchises in der Unterwelt dem hörwilligen Sohn die Verheißung der künftigen römischen Weltherrschaft zusagt – in dieser Ankündigung hat auch das ominöse *tu regere imperio populos, Romane, momento* seinen Platz,[1] das in nach-augusteischer Zeit für das Imperium und seine europäisch-amerikanischen Übertragungen gültig blieb. Man muß sich vergegenwärtigen, daß der Tote aus Troja, mit der Hellsicht des Hades-Bewohners begabt, seinen Sohn bereits als Römer anredet, obschon die Stadt erst ein halbes Jahrtausend später durch seinen vierzehnten Nachfolger, den Mars-Sohn Romulus, gegründet wird. Mit

---

Rhea Silvia mit dem Romulus- und Remus-Erzeuger Mars auch noch den Kriegsgott in die Stammlinie ein.

Die Integration des neuen Princeps in diese Abstammungsreihe gelingt nur durch ein allegorisches Manöver, indem Octavian, der seit dem Jahr 27 v. Chr. den Ehrennamen Augustus trug, als ein neuer Romulus gefeiert wird. Die mythische Gleichung Augustus = Romulus wird von Vergil in der Aeneis bereits als stehende Assoziation vorausgesetzt. Sie hilft ihm bei seinem Versuch, über den Abgrund hinwegzudichten, der durch die in den römischen Gesetzen nicht vorgesehene Machtergreifung Octavians aufgerissen worden war.

Was man im Rückblick als die Kultur des augusteischen Zeitalters beschreibt, ist durchwegs als Verdeckung einer beispiellosen Usurpation zu charakterisieren. Wenn Augustus auf die »Macht der Bilder« setzt (vgl. Paul Zanker, Augustus und die Macht der Bilder, 5. Auflage, München 2008), so um die Illegitimität seiner Anfänge durch die Hyperlegitimität einer unablässigen Propaganda zu kompensieren. Der allesentscheidende Titel *pater patriae* wird Augustus erst im Jahr 2. v.Chr. verliehen – fast 25 Jahre nach seinem Putsch: Er ist der aussagekräftigste unter den Ehrennamen des Imperators, da mit ihm die Übertragung der *patria potestas*, der hausväterlichen Vollmacht, auf das Verhältnis des Princeps zum gesamten Staatswesen bekräftigt wird. Indem Octavian von diesem Jahr an die Monarchie des Hausvaters für sich beanspruchen darf, hat er das Äußerste erreicht: Er kann legitime Alleinherrschaft im Reich ausüben, ohne den Königstitel zu bemühen.

1 Vergil, Aeneis, VI, 847 f.: Bedenke, Römer, daß du berufen bist, durch deinen Befehl die Völker zu lenken.

der rückdatierten Prophezeiung wird nicht nur die erwiesene Zukunft vorhergesagt: Auch die Vergangenheit wird zu einem spirituellen Kontinuum zusammengezogen. Über eine Spanne von mehr als eintausend Jahren sollen alle dienend-herrschenden Väter-Söhne Roms nichts anderes als Medien einer ununterbrochenen Übertragungsreihe gewesen sein – bis die Tage der augusteischen Fülle anbrechen. Die Urenkel des Aeneas werden Männer der genealogischen Mitte gewesen sein, »Medien-Menschen« – empfangsbereit-sendebereite Lebende in Zwischen-Zeiten, die sich für die Erfüllung der Verheißung aus dem Totenreich verwendet haben werden: Aus der vergilischen Retrospektive sind sie allesamt Apostel der *res publica*: gezeugte Zeuger, gesandte Sender, ernannte Ernenner, gewürdigte Weitergeber von Würden: Ohne Ausnahme bilden sie Delegierte des römischen Genius, inspirierte Glieder eines ins Endlose reichenden Kettenbriefs transzendent legitimierter Macht.[1]

Nimmt man die vergilische Deutung so ernst, wie sie es ihrer Prägnanz und Wirksamkeit wegen verdient, erscheint Macht nicht mehr als dasjenige, wogegen die schrecklichen Kinder späterer Zeiten glauben sich auflehnen zu müssen; sie ist auch nicht das, wonach die schrecklichsten greifen, um sie unter dem Antrieb verwilderter Träume von eigener Geltung zu mißbrauchen. Wo die Macht nicht als Gelegenheit zur Selbstaufblähung oder zur Rache an widrigen Umständen mißverstanden wird, erweist sie sich als etwas, das die Wohlmeinenden, die Gutgeratenen, die Belastbaren auf sich nehmen, Bürde und Würde in einem, um sie eine Weile auszuüben, bis die Nachfolger gefunden sind, denen man sie übergeben kann, ohne von der zynischen Sorglosigkeit de-

---

1 Diese Struktur beschränkt sich nicht auf die alteuropäischen Dynastien, sie wird auch von den patrizischen Familien des 19. Jahrhunderts übernommen: Der Senator Jean Buddenbrook diktiert seiner Tochter Toni: »Wir sind ... wie die Glieder einer Kette.«

rer heimgesucht zu werden, die zu gegebener Zeit »nach uns die Sintflut!« sagen.

3 Monstren-Zeugungen im Hiatus: Schimären und Philosophenschüler

Was man seit der *Historia universalis* des Christoph Cellarius aus dem Jahr 1702 – in Entgegensetzung zu »Mittelalter« und »Neuzeit« – die »Antike« nennt, erscheint aus zivilisationstheoretischer Perspektive als die Epoche, in der die Kulturträger die grundsätzliche Gefährdung des Kulturprozesses durch Kopierfehler im Übergang von Generation zu Generation erstmals in aller Ausdrücklichkeit zur Kenntnis genommen haben.

Das Bewußtsein von der akuten Möglichkeit mißlingender Reproduktionen artikuliert sich vor allem bei den Griechen unter der Gestalt zweier »neuer Medien«, die vom Gang der alteuropäischen Überlieferung nicht mehr weggedacht werden können – der kosmogonischen Mythologie und der Kunstlehre von der Kinderaufzucht, *paideia* genannt –, ein Ausdruck, der, ähnlich wie das deutsche Wort »Bildung«, sowohl das Verfahren wie dessen Resultat bezeichnet. Es spricht einiges dafür, die kosmogonischen Mythen und die pädagogischen Regelwerke als sinnverwandte Symptome zu begreifen: In ihren dunkleren Aspekten handeln beide von der Entstehung monströser Geschöpfe aus der prekären Fortpflanzung bzw. aus der fehlgeschlagenen Kulturkopie. Als Angehörige einer Zivilisation von ausgeprägter Chaos-Sensibilität verfügten die Griechen über die nötige Hellsicht, um die Monstren der Natur – die aus titanischen Paarungen hervorgegangenen Kreaturen der Frühzeit – mit den Monstren der Kultur – den mißratenen Söhnen der Polis – in Beziehung zu setzen.

Das Drama der Monstren-Zeugung in den mythologischen Kosmogonien der Griechen beginnt nach der Auskunft Hesiods mit urzeitlichen tellurischen Produktionen, die in wüste morphologische Kompromisse aus Lawinen und Geburten münden. Während Geburten die Auskristallisation des Urmaterials zu gestaltfesten und fortpflanzungsfähigen Arten voraussetzen, vollziehen sich Lawinen als unspezifische Freisetzungen von gestaltfeindlicher Energie, die ziellos sich voran wälzt. In der Figur der Ur-Mutter Gaia denkt die Mythologie die primäre Energie als eine lawinenhaft-katastrophische Gebärkraft von titanoïden Ausmaßen. Diese Einheit aus Mutterschoß und Eruption kann keine Gestalten einer realen Spezies hervorbringen, sondern bloße Singularitäten freisetzen, in denen sich Stoff und Form okkasionell zu unwiederholbaren Figuren zusammenschließen.

Wenn Gaia sich mit dem »Abgrund« paart, geht aus der ersten Obszönität das Ur-Monstrum Typhon hervor, dessen angestammter Wirkungsbereich die Stürme und die Vulkanausbrüche sind. In diesen Äußerungen erkennt man seine Herkunft aus der amorphen Anfangs-Masse, obschon sich an seiner »Erscheinung« bereits eine erste Gestaltwerdung bemerkbar macht: Typhon wird als drachenartiges vielköpfiges Komposit-Ungeheuer geschildert mit Zügen hybrider Animalität, feuerspeienden Augen und riesenhaften Händen, die jeweils fünfzig Schlangen-Finger aufweisen.

Die mythologischen Monstren können keine Individuen im engeren Wortsinn sein – sofern Individuum sein bedeutet, als wohlgeratenes und klar ausgeprägtes Exemplar einer Spezies zu existieren.[1] Die Seinsweise der Monstren ist die von Singularitäten, die als einzige ihrer »Art« von vorneher-

---

[1] Diese generische Definition von Individualität ist durch die spezifische bzw. kulturdynamische Definition zu ergänzen – vgl. S. 227 in diesem Band.

ein jenseits von Art und Entartung stehen – in der Moderne
werden sich zahllose Individuen wieder auf das Privileg
berufen, »Einzige« bzw. Singularitäten zu sein, meist ohne
zu begreifen, daß sie damit den Status von Monstren reklamieren.[1] Obschon sie als »Kinder« archaischer »Eltern«
präsentiert werden, verkörpern »Kreaturen« vom Schlage
des Typhon eine unspezifische bzw. außerspezifische Pro-
kreativität, bei welcher Generation und Degeneration in-
einanderfallen. Solche Monstren pflanzen sich wohl gelegentlich »fort«. Sie zeugen eine bizarre Brut, bleiben jedoch
aufgrund ihrer eigenen Art-losigkeit unfähig, die Merkmale
einer gutdefinierten Spezifik weiterzugeben. Als wüste Singularitäten sind sie nur fähig, weitere wüste Singularitäten
zu produzieren.

Die sich paarenden Ungeheuer der griechischen Mytho-
logie bilden die Wunschmaschinen der Antike: Sie verwirk-
lichen bereits die postmoderne Definition des Unbewußten
als erzeugende Fabrik, nicht als bloß darstellendes Theater.
In ihrer Nachkommenschaft wirkt die von Katastrophe zu
Katastrophe fortschreitende Formlosigkeit des primären
Energieflusses weiter, der sich nie ganz unter das Gestalt-
Gesetz der Spezies und seiner Expression in gutgeratenen
Individuen beugen läßt. Auch wenn die stabilisierten Spezies und ihre wohlgeratenen Exemplare mit der Zeit an
Einfluß gewinnen und die Gestalt-Oberflächen zunehmend
bestimmen, der archaische Jazz vom Chaos her hört niemals
auf, seine Delegierten, die Ausnahmen, die Monstren, die
faszinierenden Scheußlichkeiten ins Gefecht zwischen Ordnung und Unordnung auszusenden.

Dies zeigt sich exemplarisch an den Nachkommen, die
Typhon in die Welt setzt mit der ihm ebenbürtigen, dra-

---

1 Vgl. die Bemerkungen zu Stirner und Deleuze/Guattari S. 454-478 in diesem Band.

chenhaften Echidna, einem »unsagbaren Scheusal, halb
schönäugiges Mädchen, halb grausige Schlange, riesig, bunt-
gefleckt und gefräßig«¹ – möglicherweise seiner »Schwester«. Echidnas und Typhons Kinder bilden eine Galerie
illustrer Monstren, die das Imaginäre der griechischen Kultur als Schaubilder von Unordnung und frühem Leid auf
dem Weg zur Gestaltwerdung bevölkern. Unter ihnen erfüllt jedes einzelne die formalen und die ontologischen Bestimmungen der Monstrosität: zum einen die erschreckende
Dysmorphie, zum anderen die Seinsweise einer unreprodu-
zierbaren Singularität, zum dritten die Entstehung aus dem
direkten Übergang vom Unmöglichen ins Wirkliche.

Die Bilder-Reihe der Monstergeburten wird durch den zwei-
köpfigen und schlangenschwänzigen Wachhund Orthros
eröffnet, den Herakles bei seiner zehnten Tat erschlug. Als
eine langlebigere und bedrohlichere »Kreatur« erwies sich
sein dreiköpfiger Bruder Kerberos, der als Hades-Wachhund
das Entkommen der Seelen aus dem Totenreich verhindert.
Den beiden hündischen Monstren steht die Sphinx zur Seite,
mordlustig, verschlagen und unbarmherzig, ein heterogenes
Wesen mit dem Körper eines Löwen, dem Kopf eines Menschen, den Flügeln eines Drachen und dem Schwanz einer
Schlange – sie wurde nachmals als die blutrünstige Stadtgöttin Thebens bekannt. Zur selben Brut gehören auch Phaia,
die riesenhafte krommyonische Sau, die von Theseus erlegt
wurde, und der unverwundbare eisenhäutige Löwe von Ne-
mea, dessen Fell der Zivilisationsheros Herakles als Trophäe
mit sich führte, nachdem er ihn im Ringkampf erwürgt und
gehäutet hatte. Obwohl Sau und Löwe Exemplare einer aus-
kristallisierten Spezies zu sein scheinen, weichen sie genügend weit von deren Normen ab, um als Monstren gelten zu

---

1 Hesiod, Theogonie, V. 295 f.

können. Zu den berühmtesten Nachkommen der Echidna und des Typhon rechnet die Lernäische Hydra, die neunköpfige Schlange, die für ihre Fähigkeit berüchtigt war, an der Stelle eines abgeschlagenen Kopfes zwei neue wachsen zu lassen, weswegen sie als Urbild einer unsterblichen Gefräßigkeit ins alteuropäische Gedächtnis einging; nicht zufällig wird sie noch heute gelegentlich als das Emblem des modernen Steuerstaats angeführt.[1]

Alle diese Un-Wesen – auf welche der Begriff des »Geschöpfs« nicht anwendbar ist, weil ja der jüdische Schöpfergott für das Urweltliche und Prä-Spezifische keine Zuständigkeit mehr besaß, seit er, nach wenigen grundlegenden Einteilungen, sofort mit regulären Artenschöpfungen begann, ohne sich mit monströsen Vorspielen aufzuhalten – werden hinsichtlich ihrer Rezeptionsgeschichte von der ominösen Chimaira in den Schatten gestellt, jener feuerspeienden Ziege, die mit ihrem Löwenkopf, dem Auswuchs eines Ziegenhaupts aus dem Rücken und der Mündung ihres Schwanzes in einen Schlangen- oder Drachenkopf die Vollendung der monströsen Zeugungen inkarniert. Auch sie repräsentiert die morphologische Mehrdeutigkeit, die von der Monstrosität untrennbar ist. Aufgrund ihrer Zusammengesetztheit aus drei diversen Spezies: Ziege, Löwe und Schlange – die es im übrigen zu titanischen Frühzeiten in Reinform noch nicht geben konnte –, brachte sie es dahin, als Prototypus der mythisch-poetischen Mischwesen ins Wörterbuch der okzidentalen Zivilisation einzugehen. Kraft allegorischer Verallgemeinerung wurde sie zum Synonym für sämtliche Erscheinungsformen des Fabelhaften, Trugbildartigen und Illusionären. Sie stellt die perfekte Inkarnation der Fortpflanzungskatastrophen dar, die sich infolge

---

[1] Paul Kirchhof, Das Gesetz der Hydra. Gebt den Bürgern ihren Staat zurück, München 2006.

der Überschreitung von Artengrenzen ereignen – Un-Art und Entartungsprodukt in exemplarischer Gestalt, daher unfähig zur analogen Reproduktion, erstes und letztes Exemplar einer unmöglichen Spezies, die nur an den Rändern des Arten-Universums ihr Dasein zu fristen vermag. Unter den vielgestaltigen Monstren der griechischen Mythopoesie ist es allein der Schimäre – genauer: dem Namen der Schimäre – gelungen, sich aus der ontologischen Sackgasse zu befreien, in der sich die übrigen Singularitäten oder Monstren verfangen. Nur ihr war es vergönnt, von der schlechten Einmaligkeit des »letzten Tiers« zur Ebene eines Gattungsbegriffs aufzusteigen. Seither fungiert sie als Mutter der Fabelgeschöpfe und Schutzpatronin der Illusionen.

Wenn es bis heute noch Gründe gibt, sich auf die Monstren aus der wüsten Familie Echidnas und Typhons zu besinnen, so deswegen, weil sie durch ihre Plazierung auf der prekären Grenze zwischen Gestalt und Mißgestalt illustrieren, in welchen Tiefen das genealogische Denken der Griechen das Problem der ältesten Zeugungsketten und das Risiko der verfehlten Fortpflanzung ansiedelte. An ihnen läßt sich ablesen, was Zeugung im Hiatus bedeutet: Sie ist nichts anderes als die Fortpflanzung halb gestalthafter Wesen in einem weit aufgerissenen Raum, in dem kein Prinzip hinreichender Ähnlichkeit die Möglichkeit von Sukzession und Erbe zwischen den Generationen sicherstellt. Ja, man könnte sagen, der Hiatus selber trete hier als generative Kraft in Erscheinung – als eruptive Energie, die vorwärts stürzt, und als störendes Element, das die adäquate Wiederholung von Eltern in Kindern unterwandert: Da die Erdmutter Gaia bei ihrer Paarung mit dem Tartaros, dem Abgrund, die Dynamik der Zusammenhangs-Aufsprengung in sich aufnahm, liegt es nahe, daß sie diese an ihre Nachkommen weitergibt. Kein Wunder, wenn diese Ausgeburten niemals wirklich ih-

ren »Eltern« gleichen, sondern als eine Prozession von abscheulichen Unähnlichkeiten durch die Zeiten ziehen. Ihre
Familienähnlichkeit besteht darin, daß kein Ungeheuer dem
anderen gleicht.

Die Botschaft des Mythos ist rational zu entziffern: Läßt
man den Abgrund zur Fortpflanzung zu, so legt er unvermeidlich sein stärkstes Wesensmerkmal, das Prinzip Diskontinuität, in seine Brut. Die setzt sich nicht umsonst aus
lauter vom Herkommen losgerissenen Mißgestalten zusammen, von denen die Mehrzahl zugleich die ersten, die einzigen und *eo ipso* die letzten ihrer »Art« sind. Der wahre
Name des väterlichen Tartaros ist Bodenlosigkeit: Nach
Hesiod würde ein eherner Amboß neun Tage und Nächte
im freien Fall stürzen, bevor er auf dem Grund aufschlüge.

Wenn der Abgrund Vater wird, tritt sein »Erbgut« in einer Nachkommenschaft aus Lebewesen zutage, die keinen
Halt in gattungs- und artgemäßen Formen finden. Allen
diesen Monstren, Abgrundwesen und grellen Schimären ist
ihre mahnende Funktion im Imaginären der griechischen
Kultur gemeinsam. Da die Selbstauffassung der Griechen
durchwegs auf der Entgegensetzung von Zivilisation und
Wildnis oder besser: von Stadt und undomestizierter Natur
beruht, verkörpern die monströsen Lebewesen der Urzeit –
nicht anders als die Mischgeschöpfe am Rand der Welt, von
denen Herodot soviel Seltsames zu berichten weiß – die
zivilisatorisch unverzichtbare Aufgabe, die Menschen der
kultivierten Zone unablässig an ihr Engagement zugunsten
des human-politischen *modus vivendi* zu erinnern.[1]

---

1 Dem vorsokratischen Philosophen Empedokles (ca. 495 - ca. 435) sind
  Ansätze einer Evolutionstheorie zu verdanken, in der hesiodische Motive
  rationalisiert werden. Ihm zufolge brachte die Erde anfangs zusammen-
  hanglose Glieder hervor: »Ihr entsprossen viele Köpfe ohne Hälse, Arme
  irrten für sich allein umher, ohne Schultern, und Augen schweiften allein herum, der Stirnen entbehrend.« (Die Vorsokratiker, Die Fragmente
  und Quellenberichte, übersetzt und eingeleitet von Wilhelm Capelle,

Ja, die Zivilisation selbst ist nach der Auffassung ihrer an-
tik-hellenischen Mitglieder nichts anderes als ein Bollwerk
gegen die Auflösung der Grenzen zwischen den Arten und
Ordnungen. Auch die ständige Warnung vor der Hybris –
jener kategorische Imperativ des griechischen *ethos* – verfolgt kein anderes Ziel, als die Sterblichen zur Respektie-
rung der Grenzen nach oben, nach unten und nach außen zu
ermahnen: Sie sollen sich weder mit den Göttern verwechseln noch mit den Tieren und den Barbaren vermischen. Das
Leben der Polis setzt die ständige Zurückweisung des Abgrunds voraus, der sich virtuell jedesmal auftut – bessser: der
immer dann seine Chance wittert –, sobald Individuen einer
wohldefinierten Spezies, namentlich ein Paar von Angehörigen des menschengestaltigen *zóon politikón*, den Versuch
unternehmen, ihre Art und ihre Lebensweise in eigenen
Nachkommen formkonstant zu wiederholen.

Mit diesem Hinweis vor Augen läßt sich die Frage untersu-
chen, ob nicht auch in den geglückt scheinenden Generationsprozessen traditionsgerecht hervorgebrachter Menschen
ein monströses Moment zum Vorschein kommen kann,
sobald die sozialen Verhältnisse es zulassen, daß der unter

Stuttgart 1968, S. 216). Empedokles führt die hesiodischen Komposit-
Monstren auf *disiecta membra* zurück, die alle möglichen Zusammenset-
zungen erproben, ehe sie sich zur stimmigen Gestalt fügen. Man könnte
in seinen isolierten Gliedern eine organische Vorübung zum Elementaris-
mus sehen. Die wohldefinierte Spezies ist auch bei diesem Denker spätes
Resultat, nicht Ausgangspunkt der Entwicklung. – Noch in Johann Gottlieb Herders Werk Ideen zur Philosophie der Geschichte der Menschheit
(1784/1791), Berlin und Weimar 1965, Band 1, S. 273 f., wirkt das vorso-
kratische Motiv einer experimentierenden Natur weiter, in welcher die
»Buchstaben« der organischen Gestalten sich schließlich zu einem »natürlichen Consensus der Formen« bzw. zu wohldefinierten Spezies und
Gattungen zusammensetzen, indes Mißgestalten oder »Bastardarten« wie
der Centaur, der Satyr, die Scylla, die Meduse nicht reproduktionsfähig
sind.

allen Umständen zu verdeckende Hiatus sich im Übergang von Vätern zu ihren Söhnen erneut in aggressiveren Formen manifestiert.

Mögen die Väter in der Polis scheinbar wohlgeratene Nachkommen in die Welt setzen – gegen das Risiko der psychischen und moralischen Monstrosität bei ihren Kindern bleiben sie nur unzulänglich geschützt. Gerade in der riskanten Lebensform der großen Macht-Stadt, in der sich Völker, Mythen, Finten und Ambitionen mischen, macht sich das zivilisationsdynamische Grundgesetz bemerkbar, wonach durch den aktuellen *modus vivendi* unvermeidlich mehr unvorhersehbare Energien, mehr unbekannte Unruhen und mehr neuartige Störungen der bestehenden Ordnung freigesetzt werden, als diese mit ihren bordeigenen Mitteln unter Kontrolle bringen kann.

Zur Bewältigung dieser Herausforderung hatten die Griechen die in ihrer Zeit neuartige Disziplin der *paideia* geschaffen, die als die Matrix der okzidentalen Pädagogik gilt. Das Wort *paidagogós* weckte im athenischen Altertum durchaus keine noblen Vorstellungen: Es bezeichnete den Sklaven, der dafür zu sorgen hatte, daß sich die Jungen auf dem Weg zur Schule anständig benahmen. Sie sollten mit gesenktem Blick zum Unterricht streben, ohne den lüsternen Augen der erfahrenen Päderasten mit Gegenblicken zu antworten. Die *paidagogoi* waren in erster Linie Aufseher und Dompteure, damit beauftragt, die Knabenwildheit zu dämpfen – wobei häufige Schläge als das allgemein empfohlene Mittel zur Erzeugung tugendhafter Verhaltenheit geschätzt waren. Die wirklichen Lehrer der Jugend, die *didáskoloi*, traten hingegen als »Sophisten«, sprich als Weisheitsvermittler oder »Klugmänner«, auf, bevor sie von ihren Konkurrenten, die sich in plakativer Bescheidenheit »Philosophen«, Liebhaber der Weisheit, nannten, in die Schranken gewie-

sen wurden. Der Wettbewerb zwischen den beiden Typen
von Lehrern um ihre junge Klientel und deren schwankende
Eltern wurde auf kürzere Sicht von den Sophisten zu ihren
Gunsten entschieden, da sie ihre Kunst der Knabenlenkung
plausibler und ohne Rücksicht auf die Herkunft der Kinder,
wenn auch teurer, anzupreisen wußten, während in ideengeschichtlicher Perspektive die Philosophen aus ihm als Sieger hervorgingen. Erst in jüngerer Zeit erlebt die Sophistik
ein diskretes Comeback, bei dem sie als Quelle von Design,
Rhetorik, Reklame und Demokratie rehabilitiert wird.

Erziehung beruhte in den griechischen *poleis* der klassischen Zeit auf dem Konzept der gespaltenen Vaterschaft,
wonach der leibliche Vater den Knaben in einem geeigneten
Alter der Lenkung durch einen »Lehrer« zu übergeben hatte.[1] Dieser sollte von da an die Funktionen geistiger Vaterschaft ausüben und die Jungen bis zum Epheben-Alter von
18 Jahren in die Künste des polis-gemäßen Erwachsenen-
lebens initiieren – dem schloß sich eine teils militärische,
teils musische Weiterbildung an.

Paideia bedeutete an erster Stelle die höhere Kultivie-
rung der Redefähigkeit, ohne welche die Existenz des *zóon
politikón* nicht zu denken war. Auf dem Umweg über das
hellenisierte Rom, das vorchristliche wie das christianisierte, wurde das griechische System der Doppelvaterschaft
für die alteuropäische Erziehungskultur folgenreich: Die in
der athenischen Antike erprobte Arbeitsteilung zwischen
Vätern und Lehrern behielt ihre Kraft bis zum Beginn der
Moderne nahezu ungebrochen, von den seltenen Fällen ab-

---

1 Dieter Lenzen, Vaterschaft, a. a. O., S. 76 f. Die antike Übergabe des
  Zöglings an den Lehrer präfiguriert von ferne die in der Neuzeit sich
  aufzwingende Arbeitsteilung zwischen Elternhaus und Staat, wobei der
  letztere die Tendenz erkennen läßt, immer mehr vormals familiäre Aufgaben an seine Funktionäre, namentlich Erzieher, Lehrer, Therapeuten und
  Sozialarbeiter, zu übertragen.

gesehen, in denen Vaterschaft und Lehramt konvergierten – wie in den rabbinischen Familien und den protestantischen Pfarrhäusern. Funktionslos wurde das klassische Arrangement erst in der zweiten Hälfte des 20. Jahrhunderts, als die Feminisierung der Lehrberufe die männlichen Lehrer marginalisierte und ihren Zweitväterstatus zerstörte – um von der allgemeinen Degradierung der Vaterposition in den modernen »Gesellschaften« noch nicht zu reden.

Daß sich die Bevölkerung der griechischen Städte schon um die Mitte des fünften vorchristlichen Jahrhunderts über die ethischen Risiken und politischen Nebenwirkungen des neuen sophistischen *paideia*-Betriebs Gedanken machte, läßt sich unter anderem an den Produktionen des athenischen Theaters ablesen. In seiner Komödie *Die Wolken*, im Jahr 423 erstmals aufgeführt – ohne Erfolg im Dramatiker-Wettbewerb –, bringt Aristophanes den Betrieb einer Sophisten-Anstalt auf die Bühne, wobei er sich auf Kosten des Erz-Sophisten Sokrates über die amoralischen Tendenzen der Rhetorik- und Dialektik-Schulen in der aggressivsten Weise lustig macht. Für den unerbittlichen Komödiendichter steht fest, daß die neuerdings so erfolgreiche Zunft der Lehrer nichts anderes ist als eine Organisation von Profiteuren der Krise, die aus dem raschen Zerfall der städtischen Sitten Vorteil ziehen: Sie unterweisen ihre Schüler in der bedenklichen, um nicht zu sagen korrupten, gleichwohl zeitgemäßen Kunst, als Anwälte einer schlechten Sache vor Gericht und in der Volksversammlung zu siegen.

Aristophanes gelingt in seinem Stück eine Entdeckung, die man im Licht heutiger Erfahrungen als prophetisch bezeichnen kann: Er legt den inneren Zusammenhang zwischen dem urbanen Kreditsystem und den ideologischen Künsten seiner Zeit offen, die in der Verdrehung überlieferter Kulturmuster gründen – in der Tradition Brechts wäre hier von ei-

ner »Umfunktionierung« zu sprechen. Bei dem athenischen
Komödiendichter fragen an erster Stelle die zahlungsunwilligen Schuldner nach den Diensten der Sophisten, um sich
ihrer Pflichten gegen die Gläubiger zu entledigen. Wenn sie
jedoch – wie der attische Bauer Strepsiades, die Hauptfigur
der genannten Komödie –, außerstande sind, die Kunst der
Wort- und Sinnverdrehung im Rechtsstreit noch selber zu
erlernen, so schicken sie eben ihre Söhne, im gegebenen Fall
den jungen Pheidippides, in die Sophisten-Schule, damit sie
sich dort zu unbesiegbaren Advokaten ausbilden lassen.

Es sind demnach zwei Arten von Unredlichkeit, die in
der Komödie dem Spott der Öffentlichkeit preisgegeben
werden – die des betrügerischen Schuldners, der seine Gläubiger täuschen möchte, und die des skrupellosen Rhetorik-
lehrers, der die legitimen Ansprüche der Gläubiger durch
Verfahrensfinten und Wortverdrehungen wirkungslos machen soll. Der junge Mann erscheint somit – über seine eigenen Tendenzen zur Verwahrlosung hinaus – als das Opfer
und Medium von zwei gleichzeitigen Korruptionen, die sich
in ihm zu einer monströsen Individualität vereinen.

Was Aristophanes in *Die Wolken* vorführt, ist nicht nur
eine »wertkonservative« Satire über das moralische Abdrif-
ten der Polis, das augenfällig wurde, seit vor Gericht wie
in der Volksversammlung die offensichtlich schlechte Sache
die erfolgreiche wurde – eine Beobachtung, die als frühes
Indiz für die zunehmende Abspaltung des förmlichen Pro-
zeßrechts von den alltäglichen Gerechtigkeits-Intuitionen
streitender Parteien gewertet werden kann. Das Bühnenge-
schehen reflektiert darüber hinaus die Auflösung des griechischen Patriarchats im Verlauf städtischer Aufklärung, zu
der die neuen Erziehungsangebote aus der »Denkerei« der
Sophisten das Ihre beitragen.

In ihren letzten Szenen legt die bittere Komödie den Hiatus inmitten der bürgerlichen Gesellschaft ohne Umschweife

offen: Der Abgrund zwischen dem zeugenden und dem gezeugten Element klafft unter zivilisierten Menschen wieder auf, als ob erneut die Monstren-Generierung auf dem Plan stünde, nicht eine humane Filiation in der kulturstolzesten der Städte Attikas.

Um den Einbruch des diskontinuierlichen Faktors in das generative Geschehen zu demonstrieren, stellt Aristophanes dem Publikum Athens zunächst die basale pädagogische Triade vor: den Vater Strepsiades, den Lehrer Sokrates und den Sohn Pheidippides. Hierbei achtet er darauf, daß es der Vater ist, der seinen Sohn dem Lehrer in aller Form zuführt, damit dieser an ihm die im häuslichen Milieu begonnene Erziehungsarbeit vollende. Freilich werden Vater *und* Lehrer von Anfang an als selbstsüchtige Parteigänger der schlechten Sache präsentiert – weswegen die Aushändigung des Sohns an den Lehrer kein anderes Resultat erbringt, als daß dieser seinerseits in die Korruption initiiert wird.

Aus diesen Ausgangsbedingungen folgt nicht bloß die gewöhnliche Schlechtigkeit, wie sie vom unredlichen Schuldner verkörpert wird, es entsteht eine Kunstform der Korruption, die nur als Ergebnis der sophistischen Rhetorik erlangt werden kann: Die wortverdreherische Ungerechtigkeit wird zur Grundlage eines ertragreichen Berufs. Bei diesem Erziehungsversuch erweist sich der junge Pferdenarr Pheidippides als Naturtalent: Hatte er bis dahin sein Leben als Tagedieb und Verschwender des väterlichen Vermögens zugebracht, so entwickelt er sich in der Schule des Sokrates über Nacht zu einem diplomierten Monstrum, entschlossen, die neuerworbene Kunstfertigkeit am eigenen Vater zu erproben.

Pheidippides hatte die Quelle der Ungerechtigkeit durch den Anschauungsunterricht seines Vaters erfaßt – sein Sprung an die Mündung jedoch setzt eine Beihilfe zum höheren Betrug voraus, wie nur die neue »Bildung« sie liefert:

Wenn der alte Strepsiades seinem Sohn vorgemacht hatte, wie das erste Unrecht aus der Gesinnung des zahlungsunwilligen Schuldners entspringt, so wird Sokrates dem verblüfften Zögling erklären, wie Unrecht sich vollenden läßt, indem man die Idee der Zurückzahlung als solche mit den Mitteln sophistischer Umkehrung unterwandert. Durch solche Nachhilfe gewitzt, wendet der junge Mann seine neuen Erkenntnisse unmittelbar auf sein persönliches Verhältnis zum Vater an, indem er sich zynisch als dessen loyalen Schuldner präsentiert:

> Wohl ist's ein Glück, vertraut zu sein mit dem
> System des Tages,
> Und hoch herabzusehen auf den Quark der alten Sitte:
> Solang ich die Gedanken nur auf Roß und Wagen lenkte,
> Vermocht ich ohne Anstoß nicht drei Worte
> vorzubringen.
> Seit mich mein Vater selbst von all den Possen
> abgezogen,
> Und ich mir Dialektik und Rhetorik angeeignet,
> Da zeig ich klar: der Sohn hat recht, der seinen Vater
> prügelt!
> ... Ich ... frage dich vor allem: hast du mich als
> Kind geschlagen?
> *Strepsiades*: Nun ja, aus Lieb und Sorge nur für dich!
> *Pheidippides*: Aha! Nun sage,
> Ist's da nicht billig, daß auch ich dir meine Liebe zeige,
> Und prügle dich, da offenbar dies Lieben heißt:
> das Prügeln?

Gegen den Einwand des Vaters, es sei in aller Welt verboten, daß Kinder die Hand gegen die Eltern erheben, plädiert Pheidippides in bestem sophistischem Stil dafür, dieses veraltete Gesetz durch ein Gesetz von heute abzulösen, wonach der Sohn dem Vater künftig die Schläge heimzahlen solle, die er in seiner Kindheit von ihm erhalten hat. Ganz unverkennbar parodiert der bedenkliche Sohn die in der Zurückzahlungspflicht gegründete Idee des Kredits, indem er an falscher Stelle zurückzahlen möchte. Auch läßt er das Argument des Vaters nicht gelten, er, Pheidippides, besitze ja seinerseits das Züchtigungsrecht, falls ihm einmal ein Sohn geboren werde: Sollte er nämlich kinderlos bleiben, so habe er in seinen jungen Tagen »ganz umsonst geheult«.

Zu guter oder schlimmer Letzt läßt Pheidippides den Vater wissen, es sei mit der Androhung von Schlägen für ihn selbst nicht genug: Er habe vor, ebenso die Mutter zu verprügeln wie den eigenen Erzeuger.

> *Strepsiades*: Wie, was? Was sagst du? Noch einen
> ärgern Frevel!
> *Pheidippides:* Wie? Und wenn ich nun als Anwalt
> Der schlechten Sach erhärten kann, Pflicht sei's, die
> Mutter durchzubleun?
> *Strepsiades*: Vermagst du das, dann bleibt dir nichts
> Mehr übrig, als vom Felsen dich zu stürzen ins
> Verbrecherloch, mit Sokrates und deiner schlechten
> Sache![1]

Daß der Komödiendichter nicht eine bloße Satire auf das Schulwesen seiner Zeit im Sinn hat, ist kaum zu bezweifeln. Er bringt das Resultat einer mißlungenen Filiation zur Anschauung, indem er den sophistisch aufgeklärten Sohn metaphorisch unter die Monstren versetzt: Das Geschöpf, das sich, seinem Schicksal gehorchend, vom Felsen in die Tiefe stürzen soll, ist ja kein anderes als die Sphinx, die Tochter

---

1 Aristophanes, Die Wolken, in: Sämtliche Komödien, München 1980, Neubearbeitung der Übersetzung von Ludwig Seeger (1845-1848), S. 166-168.

der Echidna und des Typhon, die einst als Stadtgöttin Thebens ihre Tyrannei ausübte und vom Rätseldeuter Ödipus überwunden worden war. Strepsiades begreift, daß sein Sohn zu einer Kreatur des Abgrunds geworden ist, seit er ihn der Sophistenschule ausgeliefert hatte. Die erwies sich nicht nur als ein Seminar der Respektlosigkeit, vielmehr geradewegs als ein Treibhaus genealogischer Verwirrungen. In ihm wird der Sinn für Transmission und Erbe durch eine unangebrachte Konzeption von symmetrischen Transaktionen zwischen Vorgänger und Nachfolger verdrängt.

Zugleich dürfte Aristophanes einer der wenigen Zeugen sein, die den latent muttermörderischen Grundimpuls der Philosophie als solcher in deren Entstehungszeit bemerkten und komödiantisch zu Protokoll gaben: Der Sohn, der beweisen kann, daß er jetzt auch die Mutter schlagen müsse, hat das Geheimnis der Schule im Schnelldurchgang begriffen. Nachdem der unbußfertige Schuldner den Ur-Meter der Polis-Gerechtigkeit, die Zurückzahlung des Kredits, in Gefahr gebracht hat, unterhöhlt die Sophistik den Archetypus der Moral, die Kindestreue zu den Eltern – die im übrigen auch in der konfuzianischen wie in der römischen Ethik den Grundpfeiler alles Wohlverhaltens bildete. Über dem Portal der platonischen Akademie hätte nicht nur die bekannte Ausladung an die Adresse der mathematisch Ungebildeten (*ageometroi*) stehen können, sondern ebenso die Devise: »Willkommen im Muttermord-Labor!«

Beobachtungen dieser Tendenz bilden den harten Kern des Vorwurfs der »Gottlosigkeit« – *asébeia* –, der gut zwanzig Jahre später im Prozeß gegen Sokrates (399 v.Chr.) erhoben wird. Der Vorwurf ist nicht ganz unbegreiflich, wenn man weiß, daß die athenische öffentliche »Religion« (*eusébeia*) auf der Ehrfurcht vor den Göttern, den Eltern und den Vorfahren beruhte. Wurde eines dieser Elemente angegriffen, rückte der Sturz der übrigen Größen in drohende

Nähe. Von nichts anderem handeln die aristophanischen *Wolken*: Sie stellen der Sache nach einen theatralisierten Asebie-Prozeß dar, an dessen Ende die Höchststrafe: Gelächter gegen die Schuldigen, verhängt wird.

Wie tief die Griechen bereits in klassischer Zeit das Aufklaffen des Hiatus in den generativen Prozessen verspürten, drückt sich in einer Vielzahl von mythischen und anekdotischen Motiven aus, die das prekäre genealogische Band zwischen der Stadtkulturfamilie und ihren schrecklichen Kindern umkreisen. Waren nicht auch die zahlreichen Geschichten, die über Alkibiades, den glänzendsten und unberechenbarsten der Söhne Athens, im Umlauf waren, im Grunde nur besorgte Hinweise auf den Einbruch des Monströsen in die biedere Stadt – in diesem Fall des Genialisch-Monströsen, das in der Gestalt eines überbegabten jungen Mannes über die bestehende Ordnung hinausdrängte? Nichts bezeugt die zivilisationsdynamische Verwandtschaft zwischen Sokrates, dem beunruhigenden Sophisten, und Alkibiades, dem übermobilen Strategen, nachdrücklicher als die Tatsache, daß gegen beide von ihrer Vaterstadt der Vorwurf religiöser Unkorrektheit erhoben wurde. Alkibiades selbst hatte zudem die Monstrosität des Sokrates durch den Vergleich mit den Silenen offengelegt. Es scheint plausibel zu vermuten, Sokrates sei nach dem über ihn verhängten Todesurteil auch deswegen in Athen geblieben, weil er sich auf keinen Fall nachsagen lassen wollte, er habe sich seinen hochverräterischen Schüler zum Vorbild genommen, der nach seinem mit einem Schuldspruch beendeten Asebie-Prozeß (415 v.Chr.) aus der Stadt geflohen und ins Lager des spartanischen Erzfeinds übergelaufen war, um von dort aus, *horribile dictu*, auf die Seite des Überfeindes aller Griechen, der Perser, zu wechseln.

In Alkibiades war für die Hellenen das Problem der

»Spätkultur« spürbar geworden: Diese bringt unvermeidlich das Herauswachsen der schrecklichen Kinder aus den *patrioi nomoi* mit sich. Alkibiades tauchte als Vorbote des »freien Individuums« unter seinen Landsleuten auf – frei nicht nur von den vergilbten Vätersitten, sondern auch von den Loyalitätspflichten gegenüber der eigenen Polis. Seine verheerende Modernität zeigte sich in dem Umstand, daß er über die Gabe verfügte, allen alles zu sein – ein inspirierender Redner, solange er zu Athenern sprach, ein frugaler Kriegsmann, wenn er mit Spartanern ins Feld zog, ein prunkvoller Asiate, sobald er inmitten von Persern tafelte. In ihm kündigte sich der Sieg der Mode über die Sitte an: Schon im 5. Jahrhundert vor Christus begann in der polyvalenten Stadt die Nachahmung des Gegenwärtigen die Nachahmung des Alten zu übertreffen. Gegen einen Mann von solcher Statur und Tendenz sollte den Geistern von gestern allein noch der Auftragsmord Abhilfe schaffen: vollstreckt im Jahr 404 im Namen der herrschenden Biederkeit Athens.

Der erzwungen-freiwillige Tod des Sokrates im Jahr 399 hingegen bezeichnet die Schwelle, von welcher an die neuen »freien Individuen« den Auftrag verspürten, die von alters her bestehenden Sitten im Namen von empirisch unerwiesenen, doch schon allgemein Geltung beanspruchenden Prinzipien zu unterwandern. Nichts anderes war der soziale Effekt der post-sokratischen Aufklärung und ihrer Konsolidierung in den kanonischen Philosophenschulen. Was man in römischer Zeit das »Abendland« und später »Europa« nennen wird, ist die politische Konsequenz des individualistischen Martyriums, das ein gesprächsfreudiger Stadtstreicher auf sich nahm, um die Legitimität des im universalistischen Dialekt vorgebrachten Neuen gegen die entkräfteten lokalen Sitten zu demonstrieren.

Der Name Platons erinnert daran, daß nach 399 v. Chr. der »wahre Schüler« seines Meisters zur Schlüsselfigur des weiteren Kulturprozesses werden sollte: Er zeigte seine souveräne Lehrbefugnis aus der Position des Schüler-gewesen-Seins vor, indem er die eigene umstürzend neue Lehre von den Ideen dem Lehrer Sokrates unterschob. Als Paulus fast ein halbes Jahrtausend später die Figur des »Apostels« erfand, um seine Botschaft vom Kreuz in die Welt hinauszutragen, war die rebellisch umgebaute Autoritätsmaschine komplett, um die zivilisatorische Ausnahme, die Europa heißt, auf ihre unverwechselbare Weise in Gang zu setzen. Europa ist das Resultat einer Jahrtausende währenden Unterwanderung väterlicher Transmissionen durch die kombinierten Wirkungen von machthabenden Schülern und etablierten Aposteln – mithin von Söhnen, die aus dem Schatten der Väter treten, um die Überlieferung in unvorhergesehene Richtungen zu lenken. Was man heute das »freie Individuum« nennt, ist der Endverbraucher von Subversionen, an deren Anfänge sich niemand erinnert. Ob der Apfel nicht weit vom Stamm fällt, ist nicht wichtig, solange er ins Bodenlose fällt.

Auch der wirkungsmächtigste Mythos des griechischen Theaters, die Geschichte vom König Ödipus, läßt sich unter dem Licht der Sorge um die drohende genealogische Deregulierung mit erneuertem Verständnis wiederlesen: Sie spiegelt das Monströs-Werden des Helden wider, dem es durch eine Laune des Schicksalsloses bestimmt worden war, mit seiner ihm unbekannten Mutter Nachkommen zu zeugen. Hierdurch verletzte er, ohne es zu wollen und zu wissen, die sakrale Asymmetrie zwischen den Generationen, die eine rückwärtsgewandte Paarung als Rückfall in den Abgrund der Animalität untersagt, mehr noch: Er ließ die Diskretion vermissen, die praktisch jede Zeugung zwischen Verwandten ersten Grades als Sturz in den Höllenschlund einer titanischen Chaotik verbannt. Wo man die konstitutive

Asymmetrie des Generationsgeschehens mißachtet, werden die zur falschen Fortpflanzung verführten Individuen in die Position von letzten Menschen katapultiert, die sich in perverser Gleichzeitigkeit nebeneinander positionieren und miteinander paaren, statt nach den heilsamen Gesetzen der Filiation aufeinanderzufolgen.

Die Paarung von Mutter und Sohn ist weit davon entfernt, nur eine erotische Aberration zu bilden – sie steht für eine Mesalliance von ontologischer Mächtigkeit: Sie zieht Wahnsinn, Reue und Irrfahrt nach sich, weil sie das Subjekt aus der positionellen Ordnung des Lebens entwurzelt. Indem sie die genealogische *consecutio temporum* auf den Kopf stellt, lädt sie das Anfangschaos ein, sich inmitten der humanen Ordnung einzunisten.

Auf Ödipus selbst fällt freilich nur soviel Schuld, wie ihm durch die tragische Verstrickung zugemessen wurde. Der wahrhaft Schuldige an seinem Drama ist niemand anders als sein Vater Laios, als er in seiner blinden Angst vor dem vom delphischen Orakel vorhergesagten Schicksal den neugeborenen Sohn verriet. Das Verbrechen des Laios – und die Anstiftung zu ihm durch eine orakelpriesterliche List – steht am Anfang des Unheilszusammenhangs. Der Vater war es, der den Säugling Ödipus, dem Tod geweiht, im Gebirge aussetzen ließ – das Einverständnis der Mutter zum Verrat des Vaters am Sohn erzwingend.

Die tiefste der Filiationskatastrophen, von denen Griechen zu erzählten wußten, handelt nicht nur vom Lebensweg eines verratenen Kindes – in welchem die narrative Universalie der bastardischen Rückkehr zu den Quellen sich strukturmächtig geltend macht.[1] Vor allem berichtet sie vom Monströs-Werden eines Elternpaares, das durch sein

---

1 Ein Schema, das in der erzählenden Literatur häufig auch mit Findelkindern, scheinbaren Waisenkindern und vertauschten Kindern durchgeführt wird.

Verhalten gegenüber dem eigenen Sprößling das Ethos der genealogischen Kontinuität korrumpierte. Nachdem das perverse Paar auf dem Thron von Theben den tragischen Mechanismus gegen sich selbst in Gang gebracht hatte, wurde es von den Folgen seiner Untat verdientermaßen eingeholt.[1] Die Erzählung vom wundersamen Überleben des ausgesetzten Kindes inszeniert nicht nur die Kreisgestalt der Fatalität, die in vielen antiken Stücken beschworen wird, sie erinnert auch an eine Zeit, in der den Eltern die Kindestötung noch leicht von der Hand ging, inbesondere bei Mißgebildeten und Neugeborenen weiblichen Geschlechts. Wenn Laios in einem Hohlweg den Tod findet und Jokaste sich erhängt, drücken diese Schicksale keineswegs den Gedanken an Strafe aus: Ihr übles Ende soll allein für die Autorität des Orakels und die unentrinnbare Macht des Schicksals Zeugnis ablegen.

Was entdeckt man also, sobald man sich – abseits der augustinischen Suggestionen – auf die Suche nach den ersten Quellen der Korruption begibt? Man wird auf eine Form des pathologischen Voraus-Wissens bei geängstigten Eltern aufmerksam, das sie dazu antreibt, sich von ihren Nachkommen loszusagen. Es ist die vorauseilende Furcht vor dem unberechenbaren Kind, die das genealogische Kontinuum von innen zerstört. Bei Charakteren vom Typus Laios und Jokaste zieht korrumpierendes Halbwissen, aus Angst und Unbehagen gemischt, ein destruktives Vermeidungshandeln nach sich, dessen Folgen auf sie zurückfallen. Es ist letztlich die Selbsterhaltung des Vaters auf Kosten des Sohns, die als Agens des Unheils die Verkehrung natürlicher Bezüge auf die Spitze treibt.

---

1 Vgl. Manès Sperber, Vom Elend der Psychologie, in: Essays zur täglichen Weltgeschichte, Wien/München/Zürich 1981, S. 193: »Ödipus hätte seinen Vater niemals getötet, wenn dieser nicht die unerläßlichen Bande der Solidarität zwischen den Generationen zerstört hätte.«

Griechische Dichter waren es, die das Wesen der »Erbsünde« tiefer erfaßten, als es jüdischen und christlichen Er-
zählern je gelang. Sie wußten mehr als irgendwer vor und
nach ihnen, den Shakespeare des *King Lear* ausgenommen,[1]
von den verblendeten und instabilen Vätern, die durch ihren
Verrat am Kind den zerstörerischen Schicksalsmechanismus
in Gang setzen. Sie und zunächst nur sie, die vagen Väter, die
illoyalen, panischen, selbstsüchtigen, glaubenlosen und lie-
besunfähigen Zeuger einer beliebigen Nachkommenschaft,
sind es, die den Hiatus aufklaffen machen, der eines Tages
bis an die Schwelle der Auflösung alles Herkommens reicht.
Ist die augustinische Fiktion der Erbsünde im ganzen als
Spur des progressiv aufklaffenden generationellen Intervalls
zu übersetzen, so hat die Illoyalität der Väter gegenüber ihren Kindern als das dunkelste Agens bei der Aufspreizung
des Intervalls zwischen Alten und Jungen zu gelten.

Es besteht kein Zweifel, daß man eines Tages begreifen
wird, wodurch Sigmund Freuds epoche-machende Fehl-
lektüre des Ödipus-Mythos bedingt war. Sie wird die *lectio
iudaica* eines griechischen *mythos* über das genealogische
Intervall gewesen sein. Das Mißverständnis war seit dem
Altertum kunstvoll programmiert, und noch Freud war
gern bereit, der klug arrangierten Orakel-Täuschung von
einst zu erliegen. Die Griechen selbst, die ersten Opfer und
Konsumenten der ödipalen Irreführung, hätten es mit einer
kleinen Wende zur Nüchternheit durchschauen können:
Ödipus hatte aus seiner Sicht nicht seinen »Vater« ermor-
det, er hatte einen anmaßenden Verkehrsteilnehmer, der die
Vorfahrt mißachtete, aus dem Weg geräumt. Er hatte nie
seine »Mutter« geheiratet, er hatte eine politisch attraktive
Witwe zur Frau genommen und an ihrer Seite den vakanten
Platz in einer Dynastie eingenommen. Längst waren seine

---

1 Vgl. S. 415-422 in diesem Band.

Zieheltern die wahren Eltern geworden, und die leiblichen Erzeuger substanzlose Schatten. Zu keiner Zeit hatte er in Betracht gezogen, den eigenen Vater zu liquidieren oder mit der eigenen Gebärerin Nachkommen zu zeugen, die nicht nur seine Kinder, sondern auch seine Geschwister wären. Ödipus selbst, bei Licht betrachtet, war schon der vollendete Anti-Ödipus: Eine jahrtausendelange Verschwörung des Falschlesens hatte seine Fixierung in der Falle bewirkt, die im 20. Jahrhundert als Ödipuskomplex klassisch wurde. Ohne Zweifel war der fatal erfolgreiche Mythos von Anfang an eine von delphischen Priestern in Umlauf gebrachte Fiktion, mit deren Hilfe die sinkende Autorität des Orakels wiederaufgerichtet werden sollte. Was war der Mythos von Ödipus anderes als eine Machination, um zu beweisen, daß das Orakel immer recht behält? Er vollzog zudem eine Finte der ersten Gegenaufklärung, die in der Morgendämmerung der griechischen Rationalitätskultur die dunkle Majestät des Schicksals restaurieren wollte.

Überschattet war das Dasein des thebanischen Kindes ausschließlich von der Tatsache, daß sein abergläubischer Vater es hatte töten wollen. Ein »Ödipuskomplex«, hätte es ihn je gegeben: Er hätte in der Sorge des hilflosen Kindes bestehen müssen, von seinem illoyalen Erzeuger ermordet zu werden. Auf das 20. Jahrhundert zurückblickend, das als historisches Eldorado der Halbwahrheiten auch die Ära der Psychoanalyse war, stellt sich die Frage, welche Verbrechen alle diese zahllosen Analysanden begangen haben könnten, um so viele mit der Fahndung nach den Tätern unbegangener Untaten verbrachte Stunden zu rechtfertigen.

4 Der Bastard Gottes: Die Jesus-Zäsur

> *Christ was a bastard and his mother dishonest.*
>
> Christopher Marlowe

Der folgenreichste Angriff auf die patriarchalische Ordnung der Dinge ging jedoch nicht von der sophistisch-theatralischen Aufklärung der griechischen Städte im 5. und 4. vorchristlichen Jahrhundert aus, sondern von einer anfangs kaum bemerkten, in Jerusalem und Damaskus aktiven jüdischen Sekte, die sich auf einen von den Römern – höchstwahrscheinlich im Jahr 30 unserer Zeitrechnung – hingerichteten Wunderheiler und Reich-Gottes-Verkünder namens Jeschua ben Josef berief. Ob dieser Mann ein Rom-feindlicher Widerstandskämpfer gewesen war oder sich mit der Verkündigung einer spirituellen Umwälzung begnügte, den Status eines Unruhestifters hatte er zweifellos erlangt. Dem exzeptionellen Prediger wurde nach seiner Auslöschung der jüdische Messias-Titel beigelegt, aus dessen Hellenisierung die Bezeichnung *Christós*, der Gesalbte, entstand. Auf sie gründete sich der Name der Religionsbewegung, die bis heute – bei ca. 2,2 Milliarden nominellen »Gläubigen« aller Denominationen – etwas mehr als ein Viertel der aktuellen Population der Erde spirituell beeinflußt.

Da bei der Abfassung der ältesten Urkunden über Existenz und Lehre des besagten *Christós*, in den Paulus-Briefen, in den Evangelien des *Neuen Testaments* und in der Apostelgeschichte, bereits ein Interesse an heiliger Täuschung und frommer Stilisierung die Feder führte, wird es für alle Zeit unmöglich sein, sich vom »Original« der jesuanischen Erscheinung ein realistisches Bild zu machen – ungeachtet der Tatsache, daß der Fachbereich der »Neutestamentler« bis heute seine Daseinsberechtigung auf die Überwindung des philologisch Unmöglichen gründen möchte,

um von den jüngsten Wanderungen des Theologen-Papsts
Benedikt durch das Reich des reinen Ungefähr in drei Bän-
den nicht zu reden.[1]

Angesichts der Tatsache, daß die Nachwelt kein authenti-
sches Bild von Herkunft, Aussehen, Dasein und Wirken des
Christós besitzt und nie besitzen wird, sondern nur Übermalungen einer alten Schicht von »Daten« und Übermalungen von Übermalungen, besteht der einzige Weg zur Rekonstruktion des Primärmaterials im vorsichtigen Aufweis
jener wenigen Stellen in den kanonischen Dokumenten, an
denen durch die erbaulich tendenziösen Deckbilder etwas
vom Pigment des anfänglichen Stoffs hindurchscheint.[2]

Unter diese sind in erster Linie die Hinweise der Evangelisten auf die ungeklärten familiären Herkunftsverhältnisse
des Kindes Jeschua zu rechnen. Die genealogischen Unre-
gelmäßigkeiten, die seine Erscheinung begleiteten, waren
offensichtlich schon zu seinen Lebzeiten landesweit im
Modus des Gerüchts bekannt geworden, seit er durch Wun-
derheilungen und Skandalpredigten von sich reden machte.
Jahrzehnte später bildeten sie ein derart feststehendes Element in der Imago des *Christós*, daß sie in die ungezügelten
Mythen-Erfindungen einbezogen werden mußten, die nach
dem Tod des Mannes die Erinnerungen an ihn überwucher-
ten – in den Binnengesprächen der ersten Gemeinden nicht

---

1 Joseph Ratzinger, Benedikt XVI., Jesus von Nazareth, Prolog. Die Kind-
heitsgeschichten, Freiburg i. Br. 2012; Erster Teil, Von der Taufe bis zur
Verklärung, Freiburg i. Br. 2007; Zweiter Teil, Vom Einzug in Jerusalem
bis zur Auferstehung, Freiburg, 2011.

2 Diese Spuren-Lese meidet invasive psychoanalytische Annahmen, wie sie
Christoph Türckes bemerkenswertem Buch »Jesu Traum. Psychoanalyse
des Neuen Testaments«, Springe 2009, zugrunde liegen. Sie orientiert sich
ausschließlich an genealogischen Indizien. Zwar kommt auch diesen der
Status von »Realitätsresten« zu, die im Prozeß der Konfabulation weiter-
transportiert wurden, jedoch wird durch den Hinweis auf sie nicht der
Anspruch erhoben, die »Traumarbeit« von Jesus oder gar die Halluzina-
tionsarbeit seiner Jünger zu rekonstruieren.

anders als in späteren schriftlichen Niederschlägen und
missionarischen Ausmalungen. Durch die mythopoietische
Arbeit gläubiger und glaubenwollender Generationen von
Golgatha bis Nizäa lassen sich die Spuren der Herkunfts-
anomalie verfolgen – von dem ominösen Engelsgruß, der
eine alternative Methode der Empfängnis indiziert, über die
spöttische Frage von Zeitgenossen: »Was kann aus Nazareth
schon Gutes kommen?« (Johannes 1,46) bis zu den myste-
rientheologisch aufgeladenen Sätzen des Symbolum: *et ex
patre natum ante omnia saecula* – geboren aus dem Vater
vor aller Zeit. Ja, man darf behaupten, das frühe Christentum insgesamt, vom jesuanischen Zentrum bis an die philo-
sophisch-dogmatische Peripherie, stelle eine einzige Arbeit
am Ärgernis der genealogischen Anomalie dar, welche der
Schlüsselgestalt anhaftete – beginnend mit der Umwandlung
von realer Vaterlosigkeit in ein von imaginärer Vaternähe
stimuliertes Sendungsbewußtsein und kulminierend in den
logischen und ontologischen Kühnheiten der Trinitätstheo-
logie von den kappadozischen Vätern über Augustinus und
Thomas bis zu Hegel und Barth. Durch sie wurde die Idee
der fugenlosen Abstammung aus Gott zu einem rätselhaften
Dreipersonen-Haushalt sublimiert.[1]

Zu den authentischen Pigmenten im Jesus-Bild der Evangelien rechnen aller Wahrscheinlichkeit nach all jene Passagen, in denen sich der anti-familiale Affekt verrät, den der
Prediger Jesus seit dem Beginn seines öffentlichen Auftretens an den Tag legte – angefangen bei dem verheerenden
Ausspruch: »Weib, was habe ich mit dir zu schaffen« (Johannes 2,4), mit dem er seine Mutter bei der Hochzeit zu Kana
abfertigte, bis hin zu dem Stillschweigen, das der Prophet
zeitlebens in bezug auf seinen leiblichen Vater wahrte, ein

---

[1] Vgl. Gisbert Greshake, Der dreieine Gott. Eine trinitarische Theologie.
Freiburg i. Br. 1997.

Schweigen, bei dem das verbrauchte Prädikat »vielsagend«
ausnahmsweise am Platz ist.

Ein Mann namens Joseph, der im Dunkel einer jüdischen
Nacht den Heilsbringer gezeugt haben soll, kann in der jesuanischen Selbstpräsentierung unmöglich vorkommen –
obschon die spätere christliche Imagination über fast zwei
Jahrtausende hinweg nichts unversucht ließ, diese Auslassung mit Bildern vom Leben der Heiligen Familie zu füllen.[1]
In die Anfangslücke schreiben die synoptischen Evangelisten ein dreiviertel Jahrhundert später phantastische Ergän-
zungen – am skrupellosesten Matthäus, der zu wissen vorgibt, dem Joseph sei im Traum der Engel des Herrn erschienen, um ihm die heikle Lage zu erklären: Seine Frau Maria
sei schwanger, er möge sich darüber aber keine Gedanken
machen: »denn was in ihr geboren ist, das ist von dem heiligen Geist« (Matthäus 1,20) – woraufhin Joseph sich zum
ersten Gläubigen wandelt, indem er demonstriert, wie man
keine weiteren Fragen stellt.

Hingegen sprechen verstreute Indizien dafür, daß Jesus
– als ein widerstrebender Muttersohn heranwachsend und
einem jüdischen Parsifal gleich den eigenen Fragen an das
Dasein nachhängend – sich von relativ frühen Jahren an einer idiosynkratischen Form von Patro-Poesie hingegeben
hatte. Es scheint dies schlaglichtartig auf in der bizarren
Szene, in welcher er als Zwölfjähriger den Jerusalemer Tem-
pel gegenüber den besorgt umherirrenden Eltern als sein
»Vaterhaus« bezeichnet haben soll. Auch diese Geschichte
birgt vermutlich einen anekdotischen Nukleus, der trotz der
unverkennbaren erbaulichen Überzeichnung eine reale Er-
innerungsspur enthält. Dies würde bedeuten, daß der junge
Jesus bei seiner leiblichen Mutter und ihrem späteren Le-

---

1 Albrecht Koschorke, Die Heilige Familie und ihre Folgen, Frankfurt am
  Main 2000.

bensgefährten, dem ominösen »Zimmermann«, der eigentlich ein Baustellenarbeiter (*tekton*) war, eher wie ein Pfle-
gekind gelebt hätte, das keinen Grund sah, warum es sich
auf die kaum vorzeigbaren Eltern näher einlassen sollte. In
dieser Zeit hätte er sich selbst einen adäquaten Vater erdich-
tet, einen repräsentativen, obschon unsichtbaren Vater, der
den Vorzug aufwies, über jede üble Nachrede erhaben zu
sein. Gleichsam als Zugabe zu dem glänzenden jenseitigen
Erzeuger hätte er später für sich ein Verwandtschaftssystem
aus gleichträumenden Brüdern und Schwestern ins Leben
gerufen, die ihm bei seinem Bemühen assistierten, den Verlegenheiten seiner realen Herkunftsdunkelheit ein für alle
Mal ein Ende zu bereiten.

Die theopoietische Synthese des jungen Jesus wäre lebens-
geschichtlich ebenso plausibel wie ideendynamisch ko-
härent gewesen. Wo der reale Vater in unklaren Konturen
verschwimmt oder völlig fehlt, kann im Sohn ein Prozeß in
Gang kommen, der die unbesetzte Position im psychischen
Raum mit den Gebilden der eigenen patro-poietischen
Energie ausfüllt. Für Jesus mag bereits gelten, was Pierre
Legendre von der Elternfunktion des klassischen alteuropäischen Staats behauptet hat: Er war kraft eigenmächtiger
Aufnahme der heiligen Bücher ein »Kind des Textes«[1] geworden. Man könnte sagen: Er entwarf für sich ein Leben
als autodidaktischer Sohn.

Zahlreiche Kommentatoren, die Philologen wie die Frommen,[2] haben sich mit dem in den Evangelien überlieferten
Detail aufgehalten, wonach Jesus den »Vater im Himmel«
mit dem aramäischen Kinderwort *abba* angesprochen haben
soll, insbesondere in dem Gebet von Gethsemane, wie es in

---

1 Pierre Legendre, Die Kinder des Textes. Über die Elternfunktion des
  Staates, Wien/Berlin 2011
2 So etwa Johannes Paul II. in einer Generalaudienz in Rom am 3. März
  1999.

Markus 14,36 geschildert wird – um in der Regel hieraus zu
folgern, der junge Prophet habe sich in einem »Nahverhält-
nis« zu Gott geglaubt. Da man einen idiosynkratischen Zug
dieser Art schwerlich erfindet, ist es plausibel, auch hier eine
Spur authentischer Beobachtung gelten zu lassen. Der In-
fantilismus der Gottesanrede würde dafür zeugen, daß Jesus
den Eintritt in die vom jüdischen Gotteskonzept untrenn-
bare Majestätssphäre weitgehend gemieden hätte, um sich
statt dessen in eine quasi benjaminische oder josephische
Intim-Position gegenüber dem Vater im Himmel zu versetzen. Dank dieses Manövers wäre er in die Lage des bevorzugten Jüngsten geraten, ja, in die des einzigen Sohns, der
von der väterlichen Güte, die einer Schwäche gleichkam, im
Übermaß profitieren durfte. Die hoheitlichen und furchter-
regenden Attribute des Höchsten blieben wohl im inneren
Dialog des exzentrischen Sohns mit dem Vater ausgeblen-
det; sie traten erst später in den apokalyptischen Drohreden
des Propheten in Erscheinung, nun aber unter den Zügen
einer nach außen gekehrten, alle Bestände der Welt erschüt-
ternden Gewaltsamkeit.

Analoge Überlegungen können an den Wendungen der
Tauflegende nach Markus 1,11 anknüpfen. Dieser zufolge
soll über dem soeben dem Jordanwasser entstiegenen Täuf-
ling Jesus eine Stimme ertönt sein: »Du bist mein lieber
Sohn, an dem ich Wohlgefallen habe.« In dieser Szene ist die
Rücksicht der späteren Erzähler auf die jesuanische Vater-
nervosität bereits so weit gediehen, daß man Gott in Person
zu einer Geste der »Adoption« des jungen Mannes heran-
zog – wie anders wäre die Anrede »lieber Sohn« zu deuten?

Tatsächlich war das Jesus-Phänomen aus der Sicht der
Mitwelt wie auch der unmittelbaren Nachwelt ohne Rück-
griffe auf das im älteren Judentum sonst kaum bekannte
Muster der Adoption nicht begreiflich zu machen. Dieses
schien am ehesten geeignet, die Hybridität des hier vorlie-

genden Sohn-Vater-Verhältnisses zu erfassen. Die weitere
Entfaltung des irritierenden Motivs läßt darauf schließen,
daß die anfängliche genealogische Anomalie nie zur Ruhe
gebracht werden konnte. Sie manifestierte sich in den seit
dem 2. Jahrhundert unter »interessierten Kreisen« des Ju-
dentums zirkulierenden »realistischen« Legenden, denen
zufolge ein in Israel stationierter römischer Soldat namens
Panthera der Erzeuger Jesu gewesen sei – eine Unterstellung, die aus der Mutter eine Kollaborateurin, ja eine Sol-
datenhure machte. Sie steigern sich auf der theologischen
Seite bis in die Ungeheuerlichkeiten der trinitarischen Beziehungen zwischen Gott Vater und Gott Sohn und ihrer
gemeinsam gehauchten Emanation, dem Heiligen Geist. Die
primitiven Kolportagen sind wie die subtilen Konstrukte
Destillate der Ausgangsverlegenheit um Jesu Herkunft,
teils aus Animosität geboren, teils auf Überhöhung zielend.
Während das Panthera-Gerücht dem Bedürfnis der Herabsetzung entgegenkommt, schwingt sich der überhöhende
Elan in der Dreieinigkeitslehre zu unbekannten Gipfeln auf.
Tatsächlich kann in der trinitarischen Christologie der Sohn
dank einer neuartigen Metaphysik der Relationen zu einem
konsubstantiellen Pol des göttlichen Binnenlebens erhoben
werden – was, der philosophischen Verfremdung der primären Botschaft ungeachtet, mit den durchaus untheoretischen
Selbstaussagen Jesu auf dem Höhepunkt seines prophetischen Vollmachtglaubens von ferne verträglich scheint.

Die Einblendung eines adoptionistischen Motivs in den
jesuanischen Vaterkomplex bei der Jordan-Szene ist aus ideengeschichtlicher Sicht nicht unplausibel. Man darf bei Markus wie bei den übrigen Evangelien-Verfassern nach hun-
dertjähriger römischer Präsenz in Judäa[1] eine gewisse Be-

---

1 Von Pompeius im Jahr 63. v. Chr. erobert, war die unruhige Provinz zur
  Zeit Jesu schon rund einhundert Jahre lang dem Römischen Reich ein-
  gegliedert; der jüdische Herrscher Herodes (»der Große«) übte in ihr ab

kanntschaft mit dem Adoptionswesen Roms voraussetzen.
Zudem ist ihnen die Vertrautheit mit dem zweiten Psalm zu
unterstellen, in dessen siebentem Vers es heißt: »Mein Sohn
bist du, ich habe dich heute gezeugt.«[1] Mit diesem Jahwe
in den Mund gelegten Satz hatte die Denkfigur der Zweit-
Zeugung einen festen Platz im jüdischen Ritualwesen gewonnen, und wenn der Spruch, wie Judaisten vermuten, bei
jüdischen Königskrönungen vom Hohenpriester rezitiert
wurde, um Jahwe selbst als Vater und Adopteur des Herrschers zu markieren, so kann er auch bei einer in die Wüste
versetzten täuferischen Initiation ins nahende Gottesreich
Verwendung gefunden haben. Womit die Beobachtung bestätigt wäre, daß der Himmel, wenn er sich schon öffnet, am
liebsten sich selbst zitiert.

Wer Belege für Tonart und Tragweite des jesuanischen Anti-
Familialismus sucht, wird trotz der mehrfachen Übermalungen der evangelistischen Erinnerungen an den Gesalb-
ten ohne größeren Aufwand fündig. Es sind vor allem die
gleichsam fälschungssicheren Bizarrerien in den Reden Jesu,
die für hinreichenden Aufschluß über die Stoßrichtung der
ursprünglichen Botschaften sorgen. An erster Stelle ist hier
der symptomhafte Ausspruch zu nennen, den Jesus Matthäus 13 zufolge in seiner großen Pharisäer-Schelte geäußert
haben soll:

---

dem Jahr 40 v. Chr. bis 4. v. Chr. die Funktion eines Vasallenkönigs aus.
Sollte es jemals so etwas wie einen »bethlehemitischen Kindermord« gegeben haben, müßte diese Operation kurz vor dem Tod des Herodes und
in Zeitnähe zur Geburt des auserwählten Kindes stattgefunden haben.

1 »Den Beschluß Jahwes will ich künden: Er sprach zu mir: ›Mein Sohn
bist du, ich habe dich heute gezeugt. 8 Verlange von mir und ich will
zum Erbe dir geben die Völker, zu deinem Eigentum die Enden der Erde.
9 Du magst sie zerbrechen mit eisernem Zepter, wie irdene Krüge zerschlagen.‹«

»Und ihr sollt niemand Vater heißen auf Erden; denn einer ist euer Vater, der im Himmel ist.«

Da diese Abmahnung gegen die Verwendung der Anrede »Vater« in enger Nachbarschaft zum Bann gegen den Rabbi- und den Meister-Titel erscheint, dürfte evident sein, daß diese Einsprüche eine anti-autoritäre Haltung vermitteln. Die herkömmlichen Anreden sollen – wie namentlich Johannes betont – künftig verboten bleiben, weil von nun an nur noch einer, der Gesalbte selbst, diese Benennungen verdiene. Hier macht sich natürlich wieder die fälschende Intention im Modus nachträglicher Prophezeiung bemerkbar: Der Evangelist, der seinen Meister nie gesehen hat, unterstellt dem Propheten Jesus, er habe schon zu Lebzeiten den später beigefügten *Christós*-Titel getragen.

Die Pointe der matthäischen und johanneischen Aussagen ist unverkennbar: Die Anrede »Vater« muß aus dem irdischen Gebrauch verbannt werden, nachdem Jesus seine überirdische Vater-Konzeption auf den Kreis seiner Anhänger ausgedehnt hatte. Alle autoritätanzeigenden Namen – Vater, Rabbi und Meister – sind von da an blockiert, weil die vormaligen väterlichen Vorrechte: zu erziehen, zu lehren und die Schrift auszulegen, ganz auf den bevollmächtigten Sohn, den Intimus des Vaters, übergegangen sind. Das theologisch offensivste Evangelium, das des Johannes, spitzt die Autoritätsübertragung in die Wendung zu: »Ich und der Vater sind eins« (Johannes 10,30); es intensiviert die jesuanische Kritik an den Pharisäern zur offenen antijüdischen Polemik. Tatsächlich heißt es bei Johannes, empörte Juden hätten Steine aufgehoben, um Jesus für das gesprochene Frevelwort zu steinigen. Die Pointe des »Berichts« ist evident: Wer das sich selbst aussprechende »Wort« töten will, ist Opfer der fatalsten Verblendung.

Aus dem Gesagten erhellt, warum der patro-poietisch

überkompensierte Herkunftskomplex des neuen Predigers
eine anarchische Unterwanderung der im jüdischen Kult
gängigen Sprachspiele nach sich ziehen mußte. War das
bisherige Judentum stets auf das Exerzitium des Diskreti-
onsabstands zwischen Gott und Mensch gegründet, soll mit
einem Mal die Frage des richtigen Abstands nachverhandelt
werden – und dies im Sinne einer neu-innigen Distanzver-
ringerung, die bis zur Fusion zwischen dem hohen und dem
menschlichen Pol reicht. Die psychopolitisch-theologische
Institution des Prophetismus, die in der jüdischen Schrift-
tradition von Moses bis Jesaia und von Jeremia bis Maleachi
in konsolidierter Vielfalt beheimatet war, hatte zwar eine
Durchdringung des menschlichen Rede-Mediums durch
den göttlichen Sprechauftrag zugestanden. Diese Form der
Verwendung von Menschen als Überträgern transzendenter
Botschaften schloß stets das Bewußtsein eines abgründigen
Abstands ein, der das menschliche Medium vom Sender
trennen sollte. Bislang schreckte man vor der Versuchung
zurück, dem Medium den Gegenverkehr ins Göttliche zu
gestatten.

Der jesuanische Abba-Gott bringt – erstmals, wie es
scheint – in der Geschichte des reifenden Monotheismus
die Option für einen psychotheologischen Zwei-Wege-Ver-
kehr ins Spiel. Das Wort »Sohn« wandelt sich zur Chiffre
für die unbeschränkte Zugangsberechtigung des Gesandten
zum Absender – mehr noch, es entwickelt sich zum Index
für die reale Präsenz des Absenders im Boten und in seiner
Botschaft. Demnach ist der gotterfüllte Bote berechtigt, die
Schriften nach dem Geist, nicht nach dem Buchstaben, auszulegen – was eine Kaskade gesetzesbrecherischer Interventionen nach sich zieht. Doch was ist das alte Gesetz – aus der
Sicht des Inspirierten –, wenn nicht eine Sammlung misero-
gener Regeln, deren wahrer Sinn längst nicht mehr faßbar
ist? Sie bieten den Praktikanten der jüdischen Form von Iro-

nie, den Pharisäern, Gelegenheit, ihre doppelsinnigen Reden
endlos zu führen: Sie dienen dazu, das längst unverständlich
und unlebbar Gewordene als aktuell befolgbare Richtlinie
vorzugeben – bis schließlich die Vortäuschung des Sinns
selbst den Sinn ausmacht.

Das Neue Testament, wenn es auch nichts anderes be-
wiese, beweist dies eine unmißverständlich: Schon im Altertum war »Religion« ohne die Selbstverwaltung des Absur-
den nicht zu haben. Nicht jeder Nachgeborene jedoch war
bereit, in die ermatteten Spiele ohne eigene Revisionsvor-
schläge einzutreten. Was später Christentum hieß, war am
Anfang eine Revolte gegen die schriftgelehrte Ironie.

Mit dem Auftritt des vaterlosen Jesus von Nazareth, des
schrecklichsten Kindes der Weltgeschichte, verbindet sich in
psychohistorischer Sicht eine neue Form von Personalisation, die von der direkten Einwohnung des patro-poietisch
erzeugten Vaters im inspirierten Sohn ausgeht. Das christliche Muster medialer Personhaftigkeit zielt auf die Real-
präsenz des Übervaters im Übersohn. Was auch immer der
Sohn sagt und tut, sagt und tut nach dessen eigener Überzeugung der Vater präsentisch aktuell durch ihn. Johannes
faßt den Sachverhalt in die Formel, wonach das Wort Fleisch
geworden sei und unter uns gewohnt habe.[1]

Unter den Akteuren der folgenden Generation hatte keiner
den Wandel der Personalisation durch die jesuanische Patro-
Poesie und ihr zukunftweisendes Potential besser begriffen
als der vormalige anti-christliche Zelot Paulus, als er seinen

---

1 Johannes 1,14. Die Wendung *monogenetos hyos* aus dem ersten Johannes-
brief (4,9) unterstreicht die privilegierte Beziehung zwischen dem göttlichen Vater und dem menschlichen Sohn, gleich, ob man *monogenetos* mit
»eingeboren« (Luther) oder »einziggeboren« (Jerusalemer Bibel) übersetzt. An ihr kann die spätere gnostische Wesensgleichheits-Theologie
anknüpfen, die noch später durch die klassische Trinitätslehre überboten
wird.

Briefen an die neuen mittelmeerischen und kleinasiatischen Christengemeinden das soeben entwickelte Einwohnungs-schema – ältere Formen des personalen Mediumismus auf-nehmend – umstandslos auf die Beziehung zwischen dem *Christós* und sich selbst als dessen privilegierter Apostel übertrug. Die Gipfelformulierung des veränderten Person-Schemas scheint in dem beziehungsreichen Satz des Gala-terbriefs auf:

»Ich lebe aber: doch nun nicht ich, sondern Christus lebt in mir.«[1]

Mit einem kühnen Sprung in die freie Nachahmung wird der auferstandene Übersohn zur Einwohnung im Überapostel heranzitiert. In diesem *locus classicus* des christlichen Me-diumismus manifestiert sich deutlicher als irgendwo sonst der Strukturwandel des Seelischen, der mit der Kehre zum christlichen *modus vivendi* einhergeht.

Wer danach Anspruch auf Teilhabe an einem auf Wahr-heit zielenden Leben erhebt, soll hierzu durch die vollstän-dige Umbeseelung Zugang erlangen. Seine sakramentale Garantie findet der Wandel im Akt der Taufe. Wo diese nicht genügt, um die Umbeseelung zu besiegeln, steht den Gläubigen, namentlich seit dem Auftreten der ägyptischen Wüstenväter, der Eintritt in den anachoretischen oder klö-sterlichen *modus vivendi* offen, der im Sprachgebrauch des frühen westlichen Christentums *religio* heißt – wobei ein *terminus technicus* römischer Kult-Korrektheit zugunsten christlicher Interessen an überlegener theologischer Selbst-aussage umfunktioniert wird. In jedem Fall impliziert die Umbeseelung *more christiano* einen vollständigen Subjekt-wechsel, bei dem das profane Subjekt sein unter immanen-

---

1 Galater, 2,20.

ten psychologischen Gesetzen geformtes Ich gegen ein tran-
szendentes Selbst austauscht – eine irdische Besessenheit
gegen eine metaphysische Passion.

Hier löst sich der Generationenprozeß auf westlichem
Boden in zivilisationsgeschichtlicher Sicht erstmals[1] von
der physischen Fortpflanzung und von der klassischen Rei-
hung legitimer Vater-Sohn-Transmissionen ab und wandelt
sich zu einer rein geistigen Nachfolge-Ordnung, in welcher
Söhne auf Söhne folgen, ohne daß ein realer Vater interve-
nieren könnte oder dürfte. Mit dieser spiritualisierenden
Geste wird eine neuartige Traditionsreihe ins Leben gerufen.
Indessen liegt auf der Hand, daß der Begriff »Tradition« hier
fürs erste sinnwidrig verwendet wird, da es bei der apostolischen Sukzession immer viel mehr um iterative Anknüpfungen als um eine Weitergabe auf der Basis eines generativen
Bandes gehen wird. Unter dem Einfluß des jesuanischen
Musters verlieren bei dem Erfinder des Christentums die
physische Zeugung und ihr psycho-juristisches Supplement,
die förmliche Anerkennung des Sohns durch den Vater, ihre
bisherige Autorität – ja, sie werden völlig um ihre volks-
konstituierende Macht gebracht. Der paulinischen Vision
zufolge soll ein neues Volk aus Getauften entstehen, dessen
Mitglieder zumindest virtuell aus dem Bann ihrer bisherigen
Zugehörigkeiten befreit wären.[2] Sowenig Werk und Gesetz

---

1 Um für den Augenblick von der Kette aus Lehrenden und Lernenden
  in der buddhistischen Sphäre nicht zu sprechen, die zum Zeitpunkt des
  Jesus-Dramas seit mindestens 400 Jahren eigengesetzliche Sukzessions-
  Kaskaden erzeugte.
2 Bei den ersten christlichen Taufhandlungen soll die paulinische Formel:
  »Hier ist weder Jude noch Grieche, weder Sklave noch Freier, weder
  männlich noch weiblich« (Galater 3,28) gesprochen worden sein. Man hat
  die Aufhebung der Zugangsschranken zur paulinischen Kommune des
  öfteren als Gründung eines »christlichen Universalismus« gedeutet (zuletzt wieder: Alain Badiou, Saint Paul – la fondation de l'universalisme,
  Paris, 1997). Indessen könnte es kein größeres Mißverständnis geben. Was
  Paulus ins Leben rief, war gerade kein universalistisches Projekt, sondern

allein von jetzt an zum Heil verhelfen, so wenig kann der Eintritt in die althergebrachte, von Vätern zu Söhnen fortgereichte Traditionsreihe die Erlösung bewirken.

Das gesamte Schriftwerk des Paulus kann gelesen werden, als habe er unablässig den für ihn nicht aussprechbaren Satz umkreist: »Wo Generation war, soll imitative Nachfolge werden.« Wir zeugen nicht mehr, wir taufen und rufen hervor. Wir pflanzen uns nicht fort, wir lehren und bekehren. Wir glauben nicht mehr an eine Zukunft, die in eigenen Kindern liegt, wir bereiten uns für eine völlig andere Welt vor, die sich uns durch das baldige Ende des aktuellen Äons erschließen wird.

In dem halbdunklen Übergang vom jesuanischen zum paulinischen Modell zeichnet sich eine grundstürzend veränderte Sukzessionslogik ab, wonach nicht mehr empirische Söhne auf empirische Väter und Großväter folgen. Jetzt sollen geistliche Söhne auf metaphorische »Väter« folgen, die ihrerseits nur noch aus der Position von Nachfolgern eines bevollmächtigten Sohns agieren können. Aus anthropologischer Sicht vollendet sich in der apostolischen Sukzessionsordnung die alte Verwandtschaftslogik der Unilinealität, die von der heute selbstverständlichen Bilinealität – die Zurechnung der Nachkommen der Nachkommen zur väterlichen *und* mütterlichen Linie – verdrängt wurde. Indem Paulus die Empfänger seiner Briefe gelegentlich als ihr »Vater« anspricht, setzt er für sich und seine Leser das neue Sukzessionsschema in Kraft. In diesem folgen, recht besehen, immer nur Söhne auf Söhne, wobei ein zeugender Vater alten Stils nicht mehr dazwischentreten darf. Das klassische Patriar-

---

eine größer formatierte Auserwählungsgemeinde. In diese durften Nicht-Juden sowie Sklaven und Frauen eintreten, ohne daß die pneumatische Kommune ihr starkes Merkmal, eine hoch selektive Zufluchtsorganisation für die vor dem nahen Ende noch rettbaren Wenigen zu bilden, hierdurch im geringsten aufgegeben hätte.

chat löst sich durch die Intervention des inkommensurablen Sohns und seines sprungbereiten Apostels auf, um in eine beispiellos neue genealogische Ordnung überzugehen. Was aus dieser katastrophischen Wende entspringt, ist nicht weniger als das altabendländische spirituelle Filiarchat – besser bekannt unter dem Namen Ekklesia *alias* christliche und katholische Kirche.

Die paulinisch-petrinische Gemeinde ist in der Tat fürs erste nichts anderes als eine paradoxe soziale Neubildung, die aus dem anti-familialen Furor des vaterlos-vaterseligen Predigers Jesus und seiner Dämpfung durch den späteren ekklesialen Apparat erwuchs. Das Verbot, einen irdischen Menschen als »Vater« anzusprechen, war offensichtlich nur die punktuelle Bekundung eines umfassenden anti-autoritären Affekts, den man im Jargon des 20. Jahrhunderts als eine »Große Weigerung« oder als Abkehr von der Ordnung des »Bestehenden« charakterisiert hätte. Jüngere Versuche, die Auftritte Jesu als Provokationen eines anti-imperialen Zeloten zu erklären, erhellen einzelne Züge seiner Physiognomie, sind aber in der Summe irreführend, da die Stoßrichtung der jesuanischen Reden, sollten sie auch »eifernd« klingen, apokalyptisch und anti-pharisäisch ist, nicht anti-römisch oder machtkritisch.

Zu den zu überwindenden Beständen rechneten aus der Sicht des von seiner eigenen Heilsmacht und Redegewalt Entflammten ohne Zweifel die Alltagsberufe seiner Anhänger – wie hätte er es anders wagen können, sie aufzufordern, alles Bisherige liegen und stehen zu lassen und sich seiner anarchischen Wanderkommune anzuschließen? Hegel bringt die Zumutung lakonisch auf den Punkt: »Die Arbeit für die Subsistenz ist so verworfen.«

Die übrigen familiären Bindungen seiner Hörer fielen ebenfalls dem prophetischen Verdikt über bestehende »Verhältnisse« zum Opfer. Es wäre sonst nicht vorstellbar, mit welcher Berechtigung Jesus zu seinen Getreuen sagen durfte – und auch hier klingt das Ur-Pigment einer verstörenden Aggression durch die späteren Übermalungen hindurch:

»Meinet ihr, daß ich hergekommen bin, Frieden zu bringen auf Erden? Ich sage: Nein, sondern Zwietracht (*diamerismon*) ... Es wird sein der Vater wider den Sohn, und der Sohn wider den Vater; die Mutter wider die Tochter, und die Tochter wider die Mutter ...« (Lukas 12,51)

In keinem der Jesus-Worte vernimmt man die Frequenz der *Counter-Culture*-Ekstase deutlicher als in dem bei Lukas festgehaltenen Spruch, der seiner Exzessivität und moralischen Abnormität wegen zu dem Wenigen an Authentischem gehört, das aus der Werkstatt evangelischer Tendenzliteratur halbwegs unverzerrt hervorgegangen sein dürfte:

»So jemand zu mir kommt und haßt nicht seinen Vater, Mutter, Weib, Kinder, Brüder, Schwestern und dazu sein Leben, der kann nicht mein Jünger sein.« (Lukas 14,26)

Dem korrespondiert die von Matthäus kolportierte Aussage:

»Wer Vater oder Mutter mehr liebt denn mich, der ist mein nicht wert; und wer Sohn oder Tochter mehr liebt denn mich, der ist mein nicht wert.« (Matthäus 10,37)[1]

---

1 Diesen Zitaten liegt die modernisierte Übersetzung Luthers in der Ausgabe der Württembergischen Bibelanstalt nach dem Text von 1912 zugrunde.

Mit solchen Aussagen von beflügelter Gewaltsamkeit werden sämtliche familial und genealogisch geprägte »Traditionen« aus den Angeln gehoben. Ihre Aufgabe ist es, Platz zu schaffen für ein neues Motiv zur Assoziation, das ausschließlich in der präsentischen Teilhabe der Anhänger an der jesuanischen Ekstase besteht. Wenn es auch weiterhin Kollektivgrößen wie Sippe, Volk und Imperium geben wird, so nur in der Form von Hintergrund-Trivialitäten, die mit der immer aktuellen Sammlungsbewegung nur noch von ferne zu tun haben – sosehr ihr Rückschlag den Gang der späteren Kirchengeschichte prägen wird.

Was Jesus in der kurzen Zeitspanne seines öffentlichen Auftretens um sich scharte, um sie in sein »Reich« mitzunehmen, waren in der Mehrzahl hastig aufgesammelte Gestalten, die bereit waren, mit ihrem Meister die apokalyptische Grundstimmung in der vitalistischen Wander-Sekte zu teilen – bewegt durch eine drogenanaloge Mischung aus Verzweiflung am alten Leben und Faszination durch nie geschaute Perspektiven. Auf dieses labile Gefolge konnte das Fieber endzeitlicher Aufgeregtheit filterlos überspringen. Gleich ihrem Führer hatte die animierte Gruppe den überflüssig gewordenen Realitätssinn ausgehängt, um sich dem völlig Anderen hinzugeben, in einem tonisierten Hier-und-Jetzt und einem berauschenden Dann-und-Bald.

Im Blick auf die erste Kohorte von Mit-Erregten, Mit-Entwurzelten, Mit-Beflügelten wird das anti-familiale, anti-autoritäre und anti-realistische Jesus-Wort erst ganz verständlich: »... wer den Willen tut meines Vaters im Himmel, der ist mein Bruder, Schwester und Mutter« (Matthäus 12,50) – gesprochen in einer Situation, in der die wirkliche Mutter samt den leiblichen Brüdern vor der Tür gestanden haben sollen und von dem Propheten keines Blicks gewürdigt wurden – auch dies ein Detail, von dem aufgrund seiner antihumanen Befremdlichkeit kaum anzunehmen ist, es könnte nachträglich erfunden worden sein. Es gehört zu dem kleinen Bestand an Realitätsresten im Strom der evangelischen Fiktionsarbeit, der auf das Bestehen einer gravierenden Familiensinn-Störung bei dem jungen Kandidaten für den Messias-Titel hindeutet. Wenn diese sich bei seiner Gefolgschaft in eine analoge Lockerung der Zugehörigkeitsgefühle übersetzte, liegt dies ganz auf der Linie normalpsychologischer Plausibilität.

Die Anhänger des Propheten müssen sich schon bald mehr der neuen Brüdergemeinde als ihren bisherigen Familien angehörig gefühlt haben. Sie waren die resolutesten Anhänger der Nachahmung eines fast gleichzeitig hervorgetretenen Modells – und zählten in dieser Hinsicht unter die ersten Modernen. Mit ihnen beginnt der Einbruch des Aktuellen in die unvordenklichen mehraltrigen Überlieferungen. Nicht wenige unter ihnen müssen davon überzeugt gewesen sein, das befreiende Ende werde noch zu ihren Lebzeiten eintreffen – weswegen sie der Idee anhingen, sie würden weder sterben noch auferstehen, sondern in das bald anhebende Reich Gottes *in vivo* übernommen.

Völlig außerhalb jeder Normalpsychologie geschah hingegen die Formung der neuen Kommune unter ihrem singulären pneumatischen Grundgesetz. Die Jüngergemeinde war durch das Ereignis von Golgatha fürs erste mental tief verletzt. Es mußte eine Weile vergehen, ehe sie sich in eine posttraumatische Gegenoffensive vorwagte, die sie zu grandiosen Neudeutungen der Geschehnisse in Jerusalem beflügelte. Die allmähliche Transformation der verlorenen Truppe in eine auf Dauer gestellte Einrichtung führte unvermeidlicherweise auf psychosoziales Neuland.

Die Bildung eines spirituellen Kollektivs *post jesum Christum crucifixum* hatte nicht nur die Umformulierung des Golgatha-Schocks in eine vorbedachte Erlösungstat zur

Voraussetzung. Sie machte auch die Schaffung eines innovativen Typus apostolischer Subjektivität nötig, von welcher soeben, mit Blick auf Paulus, notiert wurde, daß sie auf einer Neuprägung der Personalisierung beruhte: Der Apostel bzw. das priesterliche Subjekt sieht sich durch eine persönliche Vision, später durch die Weihe, aktuell umbeseelt. Er begreift sich von da an als Medium einer göttlichen Rede- und Wirkungskraft, in welcher der zum Himmel aufgefahrene Sohn gegenwärtig bleibt. Infolge der Umbeseelung entsteht der alternative Typus von positionaler Subjektivität, den die Kirche unter den Begriff »Nachfolge« faßt.

Zu deren Bedenklichkeiten gehört der Umstand, daß der maßgebliche Apostel fürs Äußere, Paulus, den »Herrn« nicht persönlich gekannt hatte und nur durch eigenmächtige Anknüpfung – zu einer privilegierten und unbeobachtbaren Bekehrungsvision stilisiert – in die Position des Berufenen gelangte. Der tonangebende Apostel im Inneren, Petrus, war hingegen nach dem Abend von Gethsemane mit dem Stigma der Verleugnung belastet – auch dies ein Realitätspartikel, das seiner Verbreitung innerhalb der ersten Kommune wegen selbst in den zu jeder frommen Lüge bereiten Redaktionen der synoptischen Evangelisten nicht wegzuretuschieren war.

Was an diesen Geschichten kulturdynamisch ins Gewicht fällt, ist der Umstand, daß der Impuls zur Weitergabe der Jesus-Nachricht in keiner Weise dem kulturellen Normalfall einer genealogischen Folge angeglichen werden konnte. Der mit Jesus ungefähr gleichaltrige Petrus mag alles mögliche gewesen sein, nur kein legitimer Sohn seines dahingegangenen Meisters. Der um eine halbe Generation jüngere Paulus stellte vollends den Prototypus des zugelaufenen Nachfolgers dar, der gleichwohl in seinem sohnhaften Vorgänger die Chance zu neuen indirekten »Vater«-Rollenspielen erkannte. Aufgrund dieser Umstände konnte die apostolische

»Filiation« anfangs nur als Aussendung in enger zeitlicher Nachbarschaft stattfinden, ohne daß reelle Vater-Sohn-Beziehungen ins Spiel kämen. Später freilich mußte sie mit der verrinnenden Zeit – und beim Ausbleiben der Wiederkehr des Herrn in Herrlichkeit – in eine Sukzession von Boten-Söhnen übergehen.

In der Subjektbildung aus der Position der »Nachfolge« *post Iesum Christum crucifixum* verbargen sich zugleich die Anstöße zur Stiftung einer bis dahin unbekannten Form von Zeitlichkeit. Erst durch den Aufbau einer Nachfolge-Kette in nicht-genealogischer und post-apokalyptischer Situation konnte sich die Matrix dessen herausbilden, was in Europa eines Tages »Geschichte« heißen würde: Laut der christlichen Nachfolgelogik mußte alle »Geschichte« fürs erste Apostelgeschichte sein. Sie hatte ihren Inhalt im Referat von den durch die Boten erlebten Schwierigkeiten bei der Expansion des Evangeliums über die bewohnte Erde. Dieses Schema blieb auch dann in Kraft, als sich die Apostelgeschichte zu einer scheinbar neutralen »Kulturgeschichte« abklärte, die aus dem Aggregat von Kirchengeschichte und Reichsgeschichte entsteht.

Die Zeitstruktur der essentiellen »Geschichte« wird grundlegend durch den Wahrheits-Verkündigungsauftrag der »guten Botschaft« bestimmt. Mit dessen Hilfe gewinnt sie ihre futurische Spannung. Was später »Geschichte« heißt, entsteht infolge der Auskühlung der Apokalyptik zur Zeit des Wartens – wobei sich alle Zeit in eine befristete Zwischenzeit wandelt. Dieses Schema wird zu Beginn der Neuzeit durch die Umformung von Wartezeit in entfristete Fortschrittszeit aufgehoben. So gründlich aber sich die »eigentliche« Geschichte im Inkognito der Reichsgeschichten, der Volks- und Staatsgeschichten, der Revolutionsgeschichten und der Zivilisationsgeschichten verbergen wollte, für den Heilshistoriker oder Wahrheitshistoriker bleibt die List der apostolischen Vernunft durchschaubar.[1] Er weiß, das Thema lautet immer: Gott und Zeit.

Der Übergang zum Dasein in christlicher Zeit hatte seinen Preis: Mit der Erfindung der Geschichte als der Zeitspanne »nach Christus« drängt sich den Führern der Gemeinde in zweiter, dritter und späterer »Generation« die Bemühung auf, die Vernichtung des Patriarchats durch die jesuanische Ekstase rückgängig zu machen. Diese Absicht führt bei der Verschriftlichung der Botschaft Regie. Wenn sich schon die Spuren der Herkunftsanomalie bei dem begeisterten Propheten ebenso wenig auslöschen lassen wie die zahlreichen Zeugnisse seines präsentischen, anti-traditionalen und anti-genealogischen Furors, so geht doch die leitende Intention der Evangelisten, die vermutlich zwischen 75 und 110 n. Chr. tätig waren, darauf aus, den urgemeindlichen Ausnahmezustand aufzuheben und die abenteuerliche Illegitimität der jesuanischen Auftritte in eine vor aller Zeit gestiftete Hyperlegitimität zu überführen.

Deshalb investierten die Autoren der Evangelien ihre fromme Fiktions-Energie in die Aufgabe, das zäsurbildende Jesus-Ereignis in die größtmögliche Kontinuität zurückzubetten. Von den Umständen zum Besserwissen *post even-*

---

1 Diese Ausgangslage wird von der späteren »Geschichtsphilosophie« und ihrer Depotenzierung zur »Geistesgeschichte« zunehmend verdeckt und bis zur Unkenntlichkeit formalisiert. Nur wenige Historiker, wie York von Wartenburg, Hans Urs von Balthasar, Friedrich Heer und Eugen Rosenstock-Huessy, um allein sie zu nennen, insistierten noch im 20. Jahrhundert auf der ursprünglichen Einheit von Geschichte und Apostelgeschichte bzw. von Geistesgeschichte und Heiliggeistgeschichte. Die Mehrheit der Zunft nahm nolens volens an der Säkularisation der Geschichte teil, die sich auf diskursiver Ebene als Übergang von Moderne in Postmoderne darstellt. »Postmoderne« ist ein Index der Bewußtseinsverfassung, die sich offensiv auf die Koexistenz der Kulturen in einem Nacheinander ohne Fortschrittssinn, einem Nebeneinander ohne hierarchische Implikationen und einer Vielheit ohne Missionsauftrag eingerichtet hat. Zur Frist-Struktur von »wesentlicher« Geschichte vgl.: Jacob Taubes, Abendländische Eschatologie, Zürich 1947, Neuauflage München 1991.

tum verdammt, folgten sie dem Auftrag, die Lebenskurve des vaterlosen Propheten und ihr katastrophales Ende als eine durch und durch heilsgeschichtlich determinierte, im Vorauswissen der Propheten präfigurierte Erfüllungsgeschichte zu rekonstruieren, beginnend mit der Verklärung der ungeplanten Kreuzigung zu einer willentlich erlittenen Passion – man darf hier von der Mutter aller Umdeutungen sprechen – und endend mit der triumphalen Wiedereinfügung des vaterdichtenden Sohns in eine neo-patriarchalische Ordnung.

Die massivsten Interventionen der Evangelisten in die jesuanische Biographie finden sich bei Matthäus und Lukas, die offensichtlich beide das Bedürfnis verspürten, die Anfangslücke in dem älteren evangelischen Schriftstück, dem des Markus, zu füllen: Markus ließ seine Erzählung ansatzlos mit der Jordantaufe Jesu und seinem anschließenden öffentlichen Wirken beginnen, was zeigt, daß ihm das Verlangen nach genealogischer Herleitung und Legitimierung fremd war. Darauf antworteten Matthäus und Lukas mit einem Großaufgebot an Konfabulationen. Sie wissen mit einem Mal alles über die Empfängnis und Geburt des Kindes, seine Vorfahren und seine Abstammung von den Ältesten, als bekennten sie sich zu der Maxime: Je größer der Abstand zu den Ereignissen, desto besser erkennt man die kleinen Details.

Beide schalteten ihren Erzählungen von den Taten und Worten des Meisters genealogische Listen vor, die sogenannten »Stammbäume Jesu«, mit deren Hilfe der zum Messias Erhobene als Nachkomme Davids ausgewiesen werden sollte. Dies konnte allein für die judenchristlichen Gemeinden von Jerusalem und Damaskus von Bedeutung gewesen sein. Nur sie waren mit der Prophezeiung Jesaias vertraut, wonach der Retter Israels aus dem Haus Davids kommen werde. Folgerichtig wird die Linie des Herkommens Jesu

bei Matthäus in tapferer Monotonie bis zu David und weiter
bis zu Abraham zurückgeführt – vermutlich unter Verwendung jüdischer Ahnentafeln, die allerdings nirgendwo sonst
überliefert sind. Sie umfaßt 42 Generationen aus dreimal 14
»Gliedern«, von denen die ersten 14 die Periode von Abra-
ham bis David enthalten, die zweiten 14 die Spanne von
David bis zur babylonischen Gefangenschaft, die dritte den
Zeitraum von der babylonischen Gefangenschaft bis Chri-
stus. Bemerkenswert ist in dieser Reihe vor allem das letzte
Glied, von dem es heißt: »Jakob zeugte Joseph, den Mann
Marias, von welcher ist geboren, der da heißt Christus.«
(Matthäus 1,16)

Nur drei Verse später fügt der Evangelist die Erzählung
von der Zeugung Jesu durch den Heiligen Geist ein. Bei
Matthäus scheint die Linke nicht zu wissen, was die Rechte
tut: Die Engelsverkündigung an Maria macht die langwie-
rige Herleitung Jesu von Abraham und David gegenstandslos, da sie die patriarchalische Zeugungskette suspendiert
und einen vertikal hereinbrechenden supra-naturalen Faktor ins Geschehen einbringt. Der letzte Sohn in der Reihe
kommt ja als Sproß des Geistes »von oben« zur Welt und
nicht als Kind aus der Serie vergangener Zeugungen, wären
diese noch so lückenlos und legitimitätsgewiß nacheinander gereiht. So verfehlt die Aufzählung der Zwischenglieder
von Abraham bis Joseph ihr erklärtes Ziel: die Legitimität
Jesu durch seine Stellung in der altehrwürdigsten jüdischen
Transmissionskette zu beweisen. Sie muß es verfehlen, da
Joseph als physischer Erzeuger dieses Sohns *expressis verbis*
ausgeschlossen wird.

An dieser Stelle treibt die unberuhigbare jesuanische
Herkunfts-Anomalie mehr als ein halbes Jahrhundert nach
dem Tod des Predigers ihre grellste Blüte: Der Messias
soll unmißverständlich als der Sohn Gottes aus asexueller
Zeugung und supranaturaler Verkörperungskausalität her-

vorgegangen sein. Gleichzeitig soll er einen Nachkommen Abrahams und Davids in direkter Zeugungslinie darstellen – obschon der letzte Zugwaggon vor der Ankunft am Ziel abgekoppelt wurde.

Es ist nicht so sehr der fromme Betrug, es ist der Übereifer der proselytischen Schreiber, der aus dieser evidenten Fehlkonstruktion spricht. Bei seiner panischen Suche nach Wiederherstellung der jesuanischen Legitimität mit innerjüdischen, das heißt auf Prophezeiungserfüllung gründenden Mitteln stolpert der Evangelist Matthäus über die eigenen Füße. Die Verlegenheit kann man naturgemäß nicht dadurch beheben, daß man – wie Lukas – den »Stammbaum« Jesu über Abraham hinaus bis zu Adam zurückverlängert: Der Widerspruch zwischen der Lehre von der jungfräulichen Geburt des Messias und seiner Einbindung in die ältesten Herkunftsreihen bleibt unversöhnbar. Wenn er nicht von Anfang an von den Gläubigen beanstandet wurde, so nur, weil ein mit dem frommen Habitus erworbenes Frageverbot ihn für die Frommen über lange Zeit unsichtbar machte. Es scheint, erst Eusebius von Caesarea habe das Problem in seiner Kirchengeschichte zur Sprache gebracht und mit einer pseudologischen Antwort[1] zu beruhigen versucht.

Immerhin bringt schon der griechische Evangelist Johannes, der als letzter unter den kanonischen Autoren zur Feder greift, seine Verachtung für die judaisierenden Bricolagen der Mit-Evangelisten zum Ausdruck, indem er seinen Bericht von den Taten und Leiden des Messias mit einem steilen metaphysischen Mythos beginnen läßt, wo-

---

1 In seiner Kirchengeschichte I,7 (hg. von Heinrich Kraft, München 1989, S. 99-103) diskutiert Eusebius die Unverträglichkeiten zwischen den beiden »Stammlinien« Jesu bei Matthäus und Lukas und versucht sie mit Hilfe der Unterscheidung zwischen »Vätern der Natur nach« und »Vätern der Form nach« aufzulösen. Die logische Unmöglichkeit der gleichzeitigen Behauptung der Jungfrauengeburt und der Abstammung von David wird auch von Eusebius »übersehen«.

nach am wahren Anfang das Wort gewesen sei: »und das Wort war bei Gott, und Gott war das Wort«. Entschiedener kann man die patriarchalischen Legitimitätsfiktionen der Stammbaumerfinder nicht zurückweisen. Wer aus dem Absoluten kommt, braucht keine bärtigen Vorfahren aus den Zelten der Patriarchen. Für das übrige knüpft Johannes bei Markus und dessen jähem Beginn mit dem Auftreten von Johannes dem Täufer in der Wüste an – auch hierin seine Distanz zu den kanonischen Fabel-Genealogen unter Beweis stellend.

In den Redaktionen der Evangelisten Matthäus und Lukas kündigen sich die späteren Schicksale des Christentums an: Sie sind am besten mit der Formel »Re-Genealogisierung der anti-genealogischen Revolte« zu umschreiben. Daß dieses Manöver eine Re-Familialisierung der ursprünglichen, schroff familienfeindlichen Doktrin des Propheten mit sich bringt, bedarf keiner weiteren Erläuterung. Der aus dem patriarchalischen Herkunftssystem ausgebrochene Sohn aller Söhne wird vom Schwerefeld der genealogischen Verhältnisse wieder eingefangen, freilich auf eine Weise, die eine unabsehbar folgenreiche Modifikation an den bisher gültigen Modellen von Familie und Nachfolge nach sich zieht.

Die erste hiervon betrifft die bereits genannte Umwandlung der gewöhnlichen Generationenreihe in eine Linie apostolischer Sukzessionen. In dieser können – dem Eigensinn der neuen psycho-genealogischen Verhältnisse gemäß –, wie bemerkt, nur Söhne auf Söhne folgen, unter Auslassung der Zwischenstation realer Vaterschaft. Gleichwohl nehmen die christlichen Sprachregelungen schon bald den verbannten Vaterbegriff auf, um die ungewohnten filiarchischen Strukturen als neo-patriarchalische Ordnung zu mystifizieren. Nicht umsonst zeichnet die etablierte christliche Ekklesia sich durch den extensiven Gebrauch von hybriden Vater-

Titeln aus – von den Wüstenvätern über die Kirchenväter zu den Beichtvätern, um von den übrigen para-väterlichen Figuren wie dem Pater, dem Papst, dem Abt, dem Abbé und ähnlichen psycho-semantischen Neuschöpfungen auf der Skala des patrologischen Vokabulars hier zu schweigen.

Die Wandlung des Christentums zu einer Religion von Söhnen, die durch die Ausübung von Pastoralmacht in die von Jesus verbotene Vaterrolle zurückdrängten, spiegelt das unerkannte spirituelle Hauptereignis der Spätantike wider: Man könnte es die Konterrevolution der Bischöfe nennen – oder die klerikokratische Restauration. Diese war in der Hauptsache motiviert durch die internen Imperative einer wachsenden Großorganisation, die nicht anders konnte, als die praktisch vorgefundene Unterscheidung zwischen christlichen Laien und Berufsreligiösen als Leitdifferenz aufzugreifen. Ohne die Stufung von Schafen, Hirten und Überhirten wäre der katholische Apparat weder zu denken noch zu verwalten gewesen. Die bischofskirchliche Rückwende setzte – über die schon bei den Evangelisten angestrebte Re-Genealogisierung und Re-Familialisierung der Botschaft hinaus – jene extreme Re-Paternalisierung des christlichen Gemeindelebens in Gang, ohne die man sich von der Physiognomie des Christentums zwischen 300 und 1800 n. Chr. weder nach seiner alltäglichen noch nach seiner doktrinalen Seite ein angemessenes Bild zu machen vermöchte.

Im Einflußbereich des römischen Katholizismus, wie auch in den griechischen und russischen Orthodoxien, ist dieses patrozentrische Bild bis heute aktuell, sosehr es neuerdings durch die Aufdeckung eher chronischer als gelegentlicher päderastischer Aktivitäten im katholischen Klerus getrübt wird – auch diese sprechen weniger für väterliche Kompetenzen im geistlichen Personal als für das von Paulus und Augustinus vorgeprägte sexualneurotische Erbe des Christentums, um von der schier unsterblichen Unter-

strömung ekklesiopathischer Verschrobenheiten inmitten
der spirituellen Korporationen nicht weiter zu reden.

Da die Klerikokratie des europäischen Mittelalters durchwegs die Formen einer politischen »Patristik«, sprich einer
para-patriarchalischen Ekklesial-Aristokratie angenommen
hatte, versteht sich leicht, wieso der paternalistische Klerus
jener Jahrhunderte schon bei dem Gedanken an eine Lai-
enlektüre der Bibel erschauerte. Was hätten ein Pater, ein
Abt, ein Papst einem Laien antworten können, der bei seiner Lektüre des Matthäusevangeliums auf den Satz gestoßen
wäre: »Und ihr sollt niemand Vater heißen auf Erden, denn
einer ist euer Vater, der im Himmel ist«? Zu einer nicht-hy-
pokritischen Antwort wären in jener Zeit allenfalls die einfachen *fratres* und *sorores* berechtigt gewesen, die durch ihre
Zugehörigkeit zu weltdistanzierten Einrichtungen wie Klö-
stern, Einsiedeleien, Bettelorden und Krankenpflegeorden
dem anti-familialen und anti-genealogischen Impuls der jesuanischen Wanderkommune auch mehr als ein Jahrtausend
später *cum grano salis* treu geblieben waren. Der Sinn der
protestantischen Reformation bestand nicht zuletzt darin,
die brüdergemeindliche Anarchie gegen die politische Patristik der katholischen Kirche – von Carl Schmitt als Macht
der römischen »Form« verteidigt – wieder ins Recht zu setzen – und dies im Leben jedes einzelnen Gläubigen, außerhalb der Klostermauern, zwischen lärmerfüllten Werkstät-
ten und choralsingenden Gemeinden.

Die zweite, noch folgenreichere Modifikation der gültigen Modelle von Generationenprozeß und Nachfolge betrifft das Schema der Familie als solcher. Wenn auch – von
idiosynkratischen Entwicklungen auf dem asketischen und
monastischen Flügel der Kirche abgesehen – eine Re-Familialisierung der christlichen Botschaft unvermeidlich schien,
so konnte diese doch nur um den Preis einer tiefgreifen-
den Subversion des Familienmodells geschehen. Mit dem

kleinfamiliären Dreieck aus Maria, Joseph und Jesus – ob
im Stall von Bethlehem oder auf der Flucht nach Ägypten –
erscheint das unvertreibbare Phantom der Heiligen Familie
auf der Bühne des alteuropäischen Imaginären, von dem Albrecht Koschorke gezeigt hat, wie weit die von ihm bewirkten Modifikationen des profanen familiären Lebens reich-
ten.[1] Mit ihr wird zwischen Mann und Frau nicht nur ein
neuartiges asexuelles oder übersexuelles Band gestiftet, das
dem Mann auch in der Ehe eine bis dahin unbekannte Zurückhaltung auferlegt, indes sich für die Frau aufgrund ihrer
Sonderbeziehung zum göttlichen Pol neue Freiheitsgrade
auftun. Zugleich bildet sich in der Heiligen Familie zwischen Mutter und Sohn ein unvergleichliches Psychodrama
heran, das einer matriarchalischen Renaissance zuarbeitet.
An dessen Ende bettet die anfangs überfürsorgliche, dann
zurückgewiesene Mutter den toten Sohn wieder auf ihren
Schoß – diese *laptop*-Szene im Absoluten, von der bildenden
Kunst im Genre der *Pietà* dargestellt, bietet den Ansatz zu
grenzenlosen Überhöhungen der Gottesgebärerin und zieht
Tendenzen zu einer globalen Marianisierung der Weiblich-
keit im christlichen Überlieferungsraum nach sich.

Was die männliche »Achse«[2] der Heiligen Familie angeht,
so wird sie durch die subversiven Wirkungen des antik-
christlichen Konzepts von zweifacher Vaterschaft[3] am heftigsten erschüttert: Indem sich der Sohn auf der einen Seite
in Beziehung setzt zu einem bescheidenen irdischen Quasi-
Vater, sich aber zugleich mit einem glorreichen göttlichen
Übervater identifiziert, weiß er sich virtuell aus der Ordnung des familiären Herkommens herausgesetzt.

---

1 Albrecht Koschorke, Die Heilige Familie und ihre Folgen, Frankfurt am
Main 2000.
2 Ibid, S. 66 f.
3 Ein Schema, das über die griechische Verdoppelung der Vaterrolle in biologischen Vater und Lehrer hinausgeht. Vgl. S. 264 f. in diesem Band.

»Die christliche Identität des Sohns mit dem Vater stiftet kein genealogisches Kontinuum, sondern durchbricht
es.«[1]

Der Sohn muß sich einen Reim darauf machen, wonach Gott
selbst, gleich einem exuberanten Fürsten aus dem Morgen-
land, dereinst mit Maria ein außereheliches Kind gezeugt
hatte, indes die nachträgliche Legitimierung des transzendenten Sprößlings nur durch eine Zusatzanstrengung zu
bezeugen war. Gewiß, das nicht einzuordnende Kind sollte
um der Wahrung der Formen willen in einem Haushalt von
regulären, obschon nicht ganz geheuren Eheleuten heranwachsen. Eine Mutter jedoch, die eine Affaire mit dem göttlichen Wort haben konnte, und ein Vater, der dies hinzunehmen verstand, bilden ein nicht ganz alltägliches Personal.

Im Wirkungsbereich des Modells »Heilige Familie« wird
mithin jeder christlich erzogene Sohn kraft seiner Einfühlung in die jesuanische Position dazu angeleitet, sein Dasein
potentiell als das eines von Gott gezeugten Bastards zu verstehen: In seinen Adern fließt das Blut des transzendenten
Herrn; in seine Seele ist der Abdruck einer rätselvollen und
unausschöpfbaren Herkunftsvornehmheit eingeprägt; in
seinem Geist glüht der Funke einer Berufung, die über jedes
empirische Familieninteresse hinausgeht.[2]

Hiermit ist die prinzipielle Verlegenheit der genealogischen Prozesse im Raum der christlichen Zivilisation
benannt: Sosehr sich die herrschenden Clans und die von
genealogischer Magie gesteuerten Familiensysteme Alteu-

---

1 Albrecht Koschorke, Die Heilige Familie und ihre Folgen, a. a. O., S. 69.
2 Eine vergleichbar mächtige Umpolung der Selbstauffassungen brachte
  nur der Buddhismus zuwege, indem er seine Adepten dazu anhielt, alle
  sinnlichen, mentalen, konventionellen und sozialen »Anhaftungen« (*upa-
  dana*) durch die Orientierung am alles auflösenden Nirvana zu korrigieren.

ropas gegen die abstrakt-geschwisterliche Christianisierung
zur Wehr setzten und auf dem Vorrang der sippenhaften
Blutsbeziehungen vor den Bindungen an die pneumatische
Kommune namens Kirche zu bestehen versuchten – die
Infiltration des christlichen Schemas ließ sich nicht mehr
rückgängig machen. Die christliche Personalisation sprengt
den Sohn – später auch die Tochter, sofern sie *filia spiritualis*
ist – aus dem genealogischen Kontinuum heraus und posi-
tioniert ihn oder sie, an jedem Herkommen vorbei, in einer
Gottunmittelbarkeit von explosiver psychopolitischer Dynamik. Man sagt von ihr nicht zuviel, wenn man sie als eine
der wichtigsten Quellen des okzidentalen Individualismus
bestimmt.[1] Sie wird vor allem in den Sektenbewegungen des
späten Mittelalters und der frühen Neuzeit mächtig, ohne
daß es der katholischen Kirche gelang, die hierdurch freigesetzten Überschüsse an wilder Subjektivierung ganz zu resorbieren.[2] In der Kirchen- und Sektengeschichte der Neuzeit – später auch in der Kunst- und Ausdrucksgeschichte
der Moderne – macht sich der zivilisationsdynamische
Hauptsatz dramatischer als irgendwo sonst geltend, wonach im Fortgang der systemimmanenten Übermittlungs-
prozesse viel mehr Energien entbunden werden, als durch
Funktionen und Formkräfte der bestehenden Institutionen
je wieder re-integriert werden können.

Wo diese Situation erreicht ist, begreift sich das christliche
Subjekt nicht nur als einen auserwählten Bastard Gottes,

---

1 Von den Konsequenzen des griechisch-römischen Schulsystems und von
der Freisetzung der Einzelnen aus der Position des Schülers war weiter
oben die Rede. Vgl. auch Louis Dumont, Homo aequalis, L'idéologie al-
lemande, vol. II, Paris 1978; Arno Bammé, Homo occidentalis. Von der
Anschauung zur Bemächtigung der Welt. Zäsuren abendländischer Epi-
stemologie, Weilerswist 2011; David Gress, From Plato to Nato. The Idea
of the West and Its Opponents, New York 2010.
2 Vgl. S. 339-369 in diesem Band.

sondern in der Regel als einen der letzten Menschen im buchstäblichen Sinn: Wer sich erst einmal ganz mit dem Sohn aller Söhne identifiziert hat, kehrt nicht mehr in die genealogische Reihe zurück und verzichtet angesichts des nahenden Reichs Gottes auf Nachkommenschaft, um bereit zu sein, wenn die Stunde schlägt.

Die zivilisationsdynamische Konsequenz der vom Schema der Heiligen Familie mitgeformten Gesellschaftsordnung zeigt sich in einer tiefgehenden Spaltung der alteuropäischen Legitimitätsvorstellungen. Während Legitimität aus der Sicht der jüdischen, griechischen, römischen und nordwesteuropäischen Kulturen in erster Linie aus patriarchalischen Transmissionen resultiert, bringt die apostolische Sukzession eine zweite Legitimitätsquelle ins Spiel. Die europäische Geistesgeschichte war in weiten Teilen nichts anderes als das Produkt einer Bemühung, die antagonistischen Legitimitäten von weltlicher Erbfolge und apostolischer Sukzession zur Kongruenz zu zwingen, insbesondere bei christlichen Herrscherhäusern – wobei das Scheitern der Versuche in der Natur der Sache lag. Wer das Patriarchat und das Filiarchat in eins setzt, sollte sich nicht wundern, wenn ihm eines Tages das Dach über dem vorgeblich gemeinsamen Haus weggesprengt wird.

Die Anfänge des zweiten Legitimitätssystems gehen auf den Ausbruch des absoluten Sohns aus den Linien der lokalen Geschlechtergeschichten zurück. Sosehr die zweite Ordnung nach dem Übergang der Urgemeinden in die frühe Kirche unter neo-patriarchalischen Ausdrücken recodiert wurde: Die anarchische Energie der christlichen Söhne-und-Töchter-Welt ließ sich niemals mehr ganz unter der Bleidecke der politischen Patristik verschließen. In ihr wurde ein Paradoxon überliefert, das für die europäische Zivilisationsdynamik konstitutiv werden sollte: Im Namen des Sohnes wurde die Legitimität des Illegitimen unvergeßlich gemacht, während zugleich ein ständig aktualisierbarer Verdacht aufkam, wonach sich im Herzen des offiziell Legitimen eine abgründige Illegitimität verberge. Wie hätte Jesus sonst sagen können, der von den Bauleuten verworfene Stein sei zum Eckstein geworden? (Matthäus 21,42) Wie anders hätte Augustinus behaupten dürfen, die irdischen Reiche seien *remota iustitia*[1] nichts anderes als vergrößerte Räuberhöhlen (*magna latrocinia*) und Räuberhöhlen nicht mehr als Reiche im Kleinen.[2] Und wie hätte noch Rousseau von einer »Gesellschaft« träumen können, in welcher das positive Recht und die »Religion des Menschen« wieder dieselbe Sprache sprächen, statt fortwährend aneinander vorbeizureden, wie im christlichen Europa üblich?

Dies wurde möglich, seit der Sohn aller Söhne es verstanden hatte, seine ins Auge springende Illegitimität kraft seiner intimen Einheit mit dem Vater als eine höhere Form legitimer Beglaubigung zu präsentieren. Im Über-Es des alteuropäischen Überlieferungsgeschehens ist seither ein nicht stillzustellender Widerspruch am Werk. Der Stoff, aus dem die filiarchischen Transmissionen sind, ist aus anti-autoritärer Autorität und autoritärer Gegenautorität gemacht. Als ob zu beweisen gewesen wäre, daß nur Unmögliches Zukunft hat, sicherte diese Widersprüchlichkeit dem Christentum seine Fortdauer als unheilbare Irritationsbewegung.

Mochte die Kirche als Vehikel der alternativen Legitimität zeitweilig noch so tief in Zustände interner Korruption versinken: Ihre Funktion als Übermittlerin eines Menschenrechts auf Nicht-Zugehörigkeit zu einem unterjochenden Kollektiv, es heiße Familie, Sippe oder Volk, konnte davon nicht wirklich berührt werden. Ja, auch wenn die Kirche selber, solange sie machthabende Ideologie war, sich der psy-

---

1 Nach Wegfall der Rechtspflege.
2 Aurelius Augustinus, De civitate dei, IV, 4.

chischen Versklavung vieler Generationen schuldig gemacht
hatte: Ihren Gründungsdokumenten wohnte nichtsdestoweniger ein unauslöschbarer Impuls zur Freilassung aus
Erbgefangenschaften inne. Die modernen Menschenrechte
gründen vor allem in der vom Christentum behaupteten –
und durch die Taufe bekräftigten – Freiheit des einzelnen
vom Zwang des ersten Herkommens – gewiß auch im Bekenntnis der frühen Philosophie zur kosmopolitischen
Freibeweglichkeit des Geistes und dessen Abstandnahme
von Polis und Mutter Erde. In diesen teils produktiven,
teils illusorischen Freiheitslehren hat die neuerdings wieder
beobachtete »Sakralität der Person« in den Verfassungs-
Präambeln und Werte-Tafeln der Moderne ihren ideengeschichtlichen Grund.[1]

Umbeseelung ist die Erste Politik. Nach ihr hat jeder Mensch
von Geburt an einen unanfechtbaren Anspruch darauf, gegenüber der noch so großen Mehrheit seiner eigenen Angehörigen »im Unrecht« zu sein. Niemand muß den Sitten,
Meinungen und Lügen des Herkunftsvolks zustimmen, nur
weil die Vorfahren nichts anderes kannten. Wer überdies die
Grundoperation des christlichen Personseins ausführt, die
man »Glauben« nennt, verwandelt sich auf der Stelle in ein
uneheliches Kind des Höchsten.

Daß die gewöhnlichen Sterblichen von profanen Eltern
abstammen, ist eine Regel, von deren Ausnahmen wenig bekannt ist. Doch wo die Flugsamen des Geistes sich verbreiten, werden Zeugungen jenseits des Üblichen denkbar. Wie
also, wenn auch in deinem Fall ein Faktor aus der Vertikalen
interveniert hätte? In der Ära »nach Christus« ist keinem
Menschen das Recht abzusprechen, sein Leben als Bastard

---

1 Hans Joas, Die Sakralität der Person. Eine neue Genealogie der Menschenrechte, Berlin 2011.

Gottes zu führen. Ein Jordan findet sich überall. An jedem beliebigen Ort kann ein Mensch, aus dem Wasser steigend, eine Stimme von oben hören, die sagt, dies sei sein liebes Kind, an dem er selbst, der Höchste, sein Wohlgefallen habe.[1]

---

1 Emmanuel Lévinas unternimmt in seinem Hauptwerk Totalität und Un-endlichkeit. Versuch über die Exteriorität, Freiburg und München 1987 (auf französisch zuerst 1980 erschienen), den Versuch, eine Metaphysik der Filiation zu formulieren, die das gleiche Ergebnis auf einem anderen Weg erzielt. »Der Sohn nimmt die Einzigkeit des Vaters auf und bleibt dennoch dem Vater äußerlich: Der Sohn ist einziger Sohn. Nicht kraft der Zahl! Jeder Sohn des Vaters ist einziger Sohn, auserwählter Sohn ... Ich bin ich und auserwählt, aber wo kann ich auserwählt sein, wenn nicht unter den anderen Erwählten, unter Gleichen!« (S. 407 f.) Daß diese The-sen von den jüdischen Vätergeschichten nicht gedeckt sind, verschweigt Lévinas: Wovon handeln diese, wenn nicht von der bevorzugenden Va-terliebe, die keinen Augenblick lang daran denkt, jeden Sohn als einzigen und auserwählten zu behandeln?

Kapitel 6

Die große Freisetzung

1 Ecce homo novus

Oidipous, *Jeshua ben Joseph*: Die Aufrufung solcher Namen aus der Sphäre antiker östlicher Mittelmeerkulturen löst eine Kaskade nicht-trivialer Vermutungen über die Entwicklung der okzidentalen Zivilisation aus, vielleicht über den Gang von Zivilisationen überhaupt. Dem schließt sich eine Reihe von Fragen des Ethos mit irritierendem Nachhall an.

Unter den höher entwickelten Kulturen der Antike kannten bereits einige, hier die hellenische, dort die jüdische, die explizite Gefährdung ihres Fortgangs durch interne Risse: Nach dem Auftauchen dieser exemplarisch beunruhigenden Charaktere, ob sie mythische Figuren darstellten oder historisch real existierten, mußten ihre »Gesellschaften« mit dem evidenten Risiko leben, daß unvorhergesehene Nachkommen, Problemkinder im primären Sinn des Wortes, durch ihr unvermutetes Erscheinen und ihr korrosives Beispiel die scheinbar solide eingespielten Symmetrien von Herkünften und Zukünften zerrütteten.

Die emblematischen Personennamen verweisen darauf, wie sich schon zu ihrer Zeit der Zufall der herkunftsunsicheren Existenz zu einer Verstrickung von archetypischer Gewalt, ja, zu einer kultursprengenden Irritation steigern konnte. Durch den Casus des Königssohns aus Theben auf der einen Seite, den des Bauarbeiter- oder »Zimmermanns«sohns aus Nazareth auf der anderen wird

die psychohistorische und genealogiekritische Untersuchung kultureller Übermittlungsvorgänge auf einen unbemerkten, zumindest meist unbetont belassenen Sachverhalt
aufmerksam: Weit davon entfernt, für die Wiederkehr des
Gleichen mit den Mitteln von Fortpflanzung und Erziehung zu sorgen, stellt die Filiation – die Erzeugung eines
psycho-juristisch-kulturellen Bandes zwischen den Generationen – in den schriftbasierten Zivilisationen seit der
Antike ein Risiko-Spiel dar, in dem sich prinzipiell bei jedem einzelnen Übergabe-Vorgang zwischen Älteren und
Jüngeren eine Einfallstelle für Kopierfehler, Traditions-
abrisse und verzerrte Fortsetzungen der Überlieferung
auftut, auf der Seite der Söhne zuerst, indes die genealogische Unruhe früher oder später auch auf die Töchter übergreift.

Bereits in antiker Zeit erzeugt die Zivilisationsdynamik in
größeren Völkern und Städten ein Spielfeld unbeherrsch-
barer Asymmetrien. Inmitten des nie ganz durchschauba-
ren Transmissionsgeschehens zwischen Eltern und Kindern öffnen sich gelegentlich Intervalle, die unbemerkten
Weltuntergängen gleichkommen. In der Regel werden die
generation gaps in Kontinuitäten umgedeutet. Man zieht
es allenthalben vor, an durchlaufende Erbschaftslinien zu
glauben. Familienromane, die man mit Flüssen oder Ketten
vergleichen konnte, bilden das bevorzugte Genre der ethnischen Einheiten, die der genealogischen Erosion widerstan-
den. Gern wechselt man auch das Bild und läßt Fluß und
Kette kraft einer nicht-ovidischen Metamorphose sich zum
Baum verwandeln. Wo Diskontinuität heftig aufbricht, wie
im Fall des renitenten und trunksüchtigen Sohns, von dem
im *Deuteronomium* (5 Moses 21,21) die Rede ist, soll der
eigene Vater zur Ausrottung seines mißratenen Kinds am
Gerichtstor hervortreten und es gemeinsam mit dem Volk

der Anständigen steinigen. »Ganz Israel soll es vernehmen
und sich fürchten.«[1]

Die archaische Parteinahme für Kontinuität trotz offen-
kundiger Störungen ist weder verwunderlich noch verwerflich. Von alters her bezeichnet es die Höhe einer Zivilisation, wie sie der Herausforderung begegnet, die Verunsiche-
rungen der »Traditionen« durch »Innovationen« in deren
Fortgang einzuschließen. Nehmen wir zur Kenntnis, daß
beide Ausdrücke in diesem Kontext anachronistisch sind:
Was heute als Tradition bezeichnet wird, nannte sich in älteren Tagen meistens Frömmigkeit, und was jetzt Innovation
heißt, war vormals schlicht und einfach Sünde.

Den Gedanken, wonach Zivilisation von einer gewissen
Entwicklungsstufe an die »Integration« eines Elements an
Störendem, Heterogenem, Fremdem zu ihren Voraussetzungen zählt, hat zuerst Hegel in seinen Reflexionen über
das frühe Griechentum als Einheit von »aufgehobenen« Gegensätzen ausgesprochen:

> »Der wahrhafte Gegensatz, den der Geist haben kann,
> ist geistig; es ist eine Fremdartigkeit in sich selbst, durch
> welche allein der Geist die Kraft zu sein, gewinnt... Jedes
> welthistorische Volk ... hat sich auf diese Weise gebildet.
> So haben sich die Griechen, wie die Römer, aus einer *col-
> luvies*, aus einem Zusammenfluß verschiedenster Natio-
> nen entwickelt.«[2]

---

1 Das hohe Alter der Sorge um diskontinuierliche Nachkommenschaft im
   Judentum geht u. a. aus einem Passus im 1. Buch Samuel, 8,4-5 hervor:
   »... und deine Söhne wandeln nicht auf deinen Wegen«.
2 G. W. F. Hegel, Vorlesungen über die Philosophie der Geschichte, Erster
   Abschnitt, Die Elemente des griechischen Geistes. Das Motiv des »Zu-
   sammenflusses« diverser Volksquellen im ethnogenetischen Prozeß hat
   Wilhelm E. Mühlmann weiter ausgearbeitet in: Colluvies gentium. Volks-
   entstehung aus Asylen. In: Homo creator. Abhandlungen zur Soziologie,
   Anthropologie und Ethnologie, Wiesbaden 1962, S. 303 f.

Um die Pointe dieser Überlegung zu erfassen, ist der Rückgang in eine Periode nötig, für die das Wort »Integration«,
hätte es existiert, noch keine Spielmarke in hohlen politischen Diskursen gewesen wäre. Der Hegelsche Geist-Be-
griff zeigt an, daß die ersten »Integrationen« nur als massive Hybridisierungseffekte zu denken sind. Sie wären im
»Prozeß der Zivilisation« als solchem angelegt – und »Zivilisation« bedeutet, wie Hegels Idee von »Bildung« besagt,
schon auf früher Stufe die harte »Arbeit« des Besonderen
gegen sich selbst: Durch sie werden das Fremde und das Eigene zu einer Einheit höherer Stufe zusammengezwungen,
von »überwundenen Gegensätzen« gesättigt. In solchen
Synthesen verbinden sich das Lebende und das Tote zu einer inspirierenden Symbiose. Besser spräche man von einer
Synthanasie: Der »Geist« übermittelt seine Direktiven an
die aktuellen Generationen durch starke Macht- und Leitworte von jenseits der Gräber.

Die am stärksten vorantreibenden Kräfte im Prozeß der
Zivilisation jedoch: die durch Bastardisierungen bewirkte
Einnistung des Illegalen im Rechtmäßigen und die Dehnung
des Legitimen durch wiederkehrende Anomalien, spielen in
Hegels Betrachtung über die *colluvies gentium*, die zusam-
menfließend-machende Gewalt des »Geistes« historisch be-
deutender Völker oder Kulturen, keine Rolle.

Erst Nietzsche wird einen langfristigen »Werte-Wandel«
mit großräumigen Prozessen der Bastardisierung oder
Hybridisierung in den geschichte-auslösenden Völkern ver-
knüpfen. Er unterstellt den höheren Kulturen – neben
militärisch-imperialen Aufblähungen – die Tendenz zur
Selbstdomestikation am Leitfaden von »Sozialwerten« wie
Herdentauglichkeit, Geselligkeit, Unterwürfigkeit und
Lenkbarkeit. Übereinstimmend mit Hegels Ansicht vom
synthetischen Charakter höherer Zivilisation, nimmt Nietzsche heterogene Beiträge zu ihrem Werden wahr: Keine Zi-

vilisation kann im »homokulturellen« Zustand verharren.
Ist eine Kultur nicht mehr »primitiv«, ist sie auch schon
heterokulturell. Zu guter Letzt bringt das langfristige Zu-
sammenfließen des Verschiedenen die moderne Zivilisation
hervor, deren Leitwert nicht anders als Egalität heißen kann.
Von zunehmender genealogischer Indifferenz ist diese Entwicklung nicht zu trennen. Der Egalitätstrend stellt sicher,
daß »der Mensch zu des Menschen bestem Haustier« wird.[1]
Egalität ist nur ein anderes Wort für das Postulat, die Gesetze der Erblichkeit überall außer Kraft zu setzen: Niemand
mehr soll einem anderen »von Hause aus« etwas voraus haben. Nichts soll legitim sein, was nicht im Aktuellen und
Durchschnittlichen zu verankern wäre. Das interne Telos
der globalen Tendenz wären jene definitiv durchmischten,
ausgemittelten, vorhersagbaren und unvornehmen »letzten
Menschen«, von denen Zarathustra ironisch bemerkt, sie
hätten »das Glück erfunden«. Der Begriff »Übermensch«
liefert hingegen die Chiffre für ein utopisches Programm
zur Verteidigung der Differenz zwischen vornehmen und
unvornehmen Wertungen.[2]

Wie bemerkt, rechnet es zu den definierenden Qualitäten
traditionaler, selbstzentrierter, gegen die Mitwelt halbwegs
erfolgreich abgeschotteter Völker, daß sie ihr Augenmerk
auf die Eliminierung unwillkommener Variation richten.
Die älteste Ethik der »primitiven« Stämme regelte das meiste mit Hilfe von ultrastabilen Gewohnheiten, die dank ihrer
Altehrwürdigkeit, Bewährtheit und Selbstverständlichkeit

---

1 Friedrich Nietzsche, Also sprach Zarathustra, Von der verkleinernden
   Tugend 2.
2 Franz Fromholzer, »Arterhaltung sagt ihr? Ich sage: Art-Überwindung!«
   Nietzsches Übermensch als Bastard; in: Andrea Bartl/Stephani Catani
   (Hg.), Bastard. Figurationen des Hybriden zwischen Ausgrenzung und
   Entgrenzung, Würzburg 2010, S. 283 f.

der Diskussion entzogen waren. Zu diesen gehören Lebensformen wie volksspezifische Riten, Mythen, Tänze, Feste,
Zauberformeln, Begräbnisdienste und andere Gebräuche,
die durch die Über-Institutionen der Reziprozität, des
Gabentauschs, des Exogamiegebots und des Inzestverbots
integriert wurden, indes in älterer Zeit auch die unilineale
Generationenfolge, das heißt die einseitige Zurechnung der
Verwandtschaft zur väterlichen oder mütterlichen Linie,
stabilisierende Wirkungen ausübte. Auf das Feld dieser Phänomene läßt sich der von Arnold Gehlen geprägte Begriff
der »obligatorisch gewordenen Fiktionen« anwenden.[1] Im
Hinweis auf Obligation verrät sich das Urmandat der alten
Kulturen: ihre Konstanz durch gesicherte Kopiervorgänge
zu garantieren. Tatsächlich war die »Sittlichkeit der Sitte«
von jeher in der Sorge der Sorgen verankert: den Schutz der
lizenzierten Wiederholungen zu gewährleisten. Eine kräf-
tige Dosis Neophobie fungierte als Seele des kollektiven
Selbstsorge-Verfahrens, das man heute mit dem fast sinn-
entleerten, doch leider nicht entbehrlichen Ausdruck »Kultur« bezeichnet.

Man könnte die neophobische Sorge den »catonischen«
Faktor in den Ethnien älterer Epochen nennen. Diesen war,
soweit man sieht, fast durchwegs eine innovations-averse
Grundhaltung eigen. Der Gerechtigkeit halber ist der Hinweis auf den überpersönlichen Aspekt der Sorge um die Bewahrung der *mores maiorum* am Platz, ein Hinweis, der sich
durch eine Bemerkung *ad personam* verdeutlichen läßt: Der
in den verflossenen Zeiten humanistischer Bildung öfter zitierte und belächelte ältere Cato (234-149 v. Chr.), vorgeblich
der Inbegriff altväterlicher Borniertheit, soll im Umgang mit
seinen Familienangehörigen ein milder Hausvater gewesen

---

1 Arnold Gehlen, Urmensch und Spätkultur. Philosophische Ergebnisse
und Aussagen, Bonn 1956, S. 231 f.

sein, seinen leiblichen Söhnen freundlich zugewandt, an ihrer Erziehung persönlich und ohne nennenswerte Härte beteiligt.[1] Wenn er im Senat die Stimme zur Verteidigung der Vätersitten erhob, tat er es in seiner Eigenschaft als selbstberufener Siegelbewahrer altrömischer Korrektheitsvorstellungen. Bei ihm war das Eintreten für die Traditionen weit entfernt von jedem Automatismus – es bildete bereits ein entschiedenes »Engagement« angesichts vorausgeahnter und schon eingetretener Auflösungserscheinungen. In Catos legendärer Option für die Zerstörung Karthagos ertönte nicht der Schlachtruf eines verbohrten Bellizisten; es war vielmehr das Kennwort der konservativ-utopischen Hoffnung, Rom möge nach dem Sieg über den nordafrikanischen Feind zu der ruhigen Stabilität des vormaligen *modus vivendi* zurückkehren.

Schon die Innovationsabwehr bei Cato Censorius stellte etwas ganz anderes dar als den Habitus eines versteinerten Alten, der aus seiner Unfähigkeit zu lernen eine Tugend gemacht hätte. Sie trug eine »kulturpolitische« Option in Zeiten des erhöhten sozialen Stress vor, sie artikulierte eine Reaktion auf inner-römische Reflexe auswärtiger Kriege. Auch die Feindseligkeit der alten hauptstädtischen Oberschichten gegen das Emporkommen neuer Leute war mehr als die bloße Fortführung der Neophobie älterer Stammeskulturen auf dem Niveau eines expandierenden Staatswesens: Sie brachte ein Element von vorbedachter Besitzstandswahrung durch die Privilegierten ins Spiel, ja, sogar eine unverkennbare repressive Klassen-Politik. In den geschlossenen Zirkeln der römischen Senatorial-Aristokratie empfand man den Aufstieg »herkunftloser« Männer zu hohen Staatsäm-

---

1 Antonie Wlosok, Vater und Vatervorstellungen in der römischen Kultur, in: Hubertus Tellenbach, Das Vaterbild im Abendland I, Rom–Frühes Christentum–Mittelalter–Neuzeit–Gegenwart, Stuttgart–Berlin–Köln–Mainz, 1978, S. 19-28.

tern als einen Einbruch semi-illegitimer Karrieremacher in die fast undurchlässigen, eng vernetzten eigenen Sphären. Das Beiwort »neu« trug bis in die Mitte des ersten vorchristlichen Jahrhunderts bei den Römern zumeist eine mißbilligende Färbung. Nannte man einen aufstrebenden Jungpolitiker ohne aristokratischen Familienhintergrund und ohne Vorfahren, die es zu hohen Würden gebracht hatten, einen *homo novus*, lag in dieser Wendung all die Herablassung, zu welcher die Besitzer der erblichen *virtus* fähig sind, sobald sie sich von den Neu-Tüchtigen und Neu-Erfolgreichen abheben möchten. Man übersetzt den römischen Ausdruck »neuer Mensch« daher richtig mit »Emporkömmling«, einem Terminus, der das unvergängliche Naserümpfen der Wohlgeborenen über die nicht-adligen Kandidaten für die höheren Plätze auf der Ämter-Leiter bezeichnet.

In späteren Jahrhunderten rekrutieren sich aus den Reihen der Neuen, Aufsteigenden und Unerwiesenen die Usurpatoren aller Fakultäten und Völker – Genies und Scharlatane in unsortiertem Gemenge. An die Stelle der »neuen Männer« treten seit dem Beginn der Neuzeit die *virtuosi*, die die Welt durch unerwartetes Können verwirren und zu Beifall nötigen. Ihnen gesellen sich im 19. Jahrhundert die Napoleon-Kopien der südlichen und östlichen Kontinente zu, stets auf der Suche nach Kronen, Gefolgschaften und Debakeln. Auf der anderen Seite des Atlantiks streben die *self-made men* nach oben, seit für das Neue und die Neuen dort größere Spielräume eingeräumt werden als irgendwo sonst auf der Erde. Ihnen heften sich die Hazardeure und Macht-Schatten-Gewächse aus aller vormaligen Sklaven Länder an die Fersen. Die zahllosen Aspiranten auf Prämien der Moderne, die auf den zahllosen peripheren Bühnen, zumal in den dekolonisierten Nationen, ihre nicht selten verheerenden Aufstiege zelebrieren, werden aus ihrer Verzauberung

durch europäische und amerikanische Vorbilder nur selten
ein Geheimnis machen.[1]

Es überrascht nicht, daß die Zahl der *homines novi* in alt-
römischen Tagen überschaubar blieb. Es sollen in der Ära
der Republik kaum ein Dutzend Männer gewesen sein, denen man den ambivalenten Titel anheftete, während sich in
der Kaiserzeit die Fälle vermehrten – zum einen, weil durch
die Entmachtung des Senats die großen Karrieren im Staat
für Herkunftslose durchlässiger wurden, zum anderen, weil
das Reich schon bald nach dem Übergang in die augustei-
sche Monarchie an der Auszehrung der alten Familien und
an allgemeinem Talente-Mangel litt – was für eine Aus-
wahl an Tüchtigen anderer Klassen bessere Chancen mit
sich brachte. Der später obsessiv kommentierte »Untergang
Roms« war der Sache nach vor allem ein Filiations-Deba-
kel gewesen, begründet in der Unfähigkeit der entkernten
und staatsmüden imperialen Oberschichten, einen auf der
Höhe der Anforderungen geschäftsfähigen Nachwuchs aus
den eigenen Reihen hervorzubringen – ein Sachverhalt, der
schon in der Ära der Adoptivkaiser deutlich zu erkennen
war und unter den Soldatenkaisern zur schwersten Hypo-
thek auf den abgeblätterten Gebäuden der *res publica* her-
anwuchs.

Im Gedächtnis der Nachwelt werden aus der republikanischen Periode lediglich drei Namen von »Emporkömmlingen« aufbewahrt, von denen jeder auf seine Weise exemplarische Wirkungen entfaltete: jener des bereits genannten Cato,

---

1 In seinem Buch *Aus den Ruinen des Empires. Die Revolte gegen den Westen und der Wiederaufstieg Asiens*, Frankfurt am Main 2013, zeichnet
Pankaj Mishra ein erfolgsgeschichtlich stilisiertes Bild der Emanzipation
des Ostens, das die katastrophische Freisetzung von Homines-novi-En-
ergien ausblendet.

der seinen Aufstieg zu konsularischen Würden mit einem überkompensatorischen »Konservatismus« entgalt; sodann jener des Feldherrn Gaius Marius (158-86 v. Chr.), der sich während der Germanenkriege von 104 bis 100 v. Chr. fünfmal in Folge zum Konsul wählen ließ, des Iterationsverbots im konsulischen Amt ungeachtet – dieser Mann beantwortete die spöttische Herablassung des älteren Adels in seiner berühmten, von Sallust überlieferten Rede auf dem Marsfeld mit einer scharfen Gegenkritik, in der er seine eigene soldatische, frugale und tugendfeste Lebensweise auf Kosten seiner Verächter hervorkehrte: für den tapferen Mann sei es wichtiger, Waffen und Ruhm zu besitzen, als teures Tafelgeschirr und nutzlosen Reichtum;[1] und schließlich den des schon erwähnten Redners Cicero (106-43 v. Chr.), Prototypus des *public intellectual* auf alteuropäischem Boden, der in der Verteidigung seiner *homo-novus*-Position – er war im Jahr 63 v. Chr. zum Konsul gewählt worden – noch weit schärfere Angriffe als die des Marius lancierte: Er rückte den Römern das altrepublikanische Ideal eines resolut meritokratischen Adels vor Augen, der in jeder Generation zu ermitteln sei. Die wahre Elite tue sich ausschließlich durch ihre persönliche *virtus* hervor, statt sich auf hohe Geburt zu berufen. Sie beeindrucke durch aktuelle Leistung, nicht durch Empfehlungen der Vorfahren: Ein Mann dieses Schlags mache sich aufgrund seiner Worte und Taten selbst bekannt – *per se cognitus*. Steigt er auf der Ämterleiter empor, so wegen sichtbarer Vorzüge und nicht durch die verborgenen Kombinationen seiner Angehörigen.

Nach diesen konventionellen Erinnerungen an die Grundsätze altrömischer Verdienst-Ethik wagte sich Cicero

---

1 Sallust, Der Jugurthinische Krieg, Kap. 85. Diese Rede wird noch von einem bürgerlichen Aufsteiger des frühen 17. Jahrhunderts wie Vincent Voiture (1598-1648) zitiert (vgl. S. 431 f. in diesem Band), um sich gegen den Spott aristokratischer Neider zu immunisieren.

an die Formulierung eines seinen Landsleuten bis dahin unbekannten Konzepts geistiger Aristokratie – ein Motiv, das später im Vierten Buch von Dantes *Convivio* (1306) in veränderter Orchestrierung wiederaufgenommen und durch den neuzeitlichen Humanismus seit dem 16. Jahrhundert in mehreren Wellen bis ins 19. Jahrhundert, ja, an die Schwelle des 20. und darüber hinaus weitergetragen werden sollte, kulminierend in großangelegten Werken wie *Paideia* (1933-1947) des Hellenisten Werner Jaeger (1888-1961), in den Arbeiten des französischen Spätantike-Forschers Pierre Hadot (1922-2010), der an die herausragende Rolle der spirituellen Übungen in der frühen Philosophie erinnerte, oder in den *Dahlemer Vorlesungen* (1981-2006) des Kulturphilosophen und Religionskritikers Klaus Heinrich, in dessen Überlegungen zu den Wahrheitsgehalten des Mythos der klassische Humanismus durch eine Theorie der Geschlechterspannungen und andere psychologische Denkfiguren bereichert wurde.

Nach seinem unfreiwilligen Rückzug aus der aktiven Politik bekannte sich Cicero zu der für die Römer seiner Tage völlig exotischen Idee des kontemplativen Lebens, indem er das griechische *paideia*-Modell, ergänzt durch Motive platonischer und stoischer *theoria*, in die römischen Begriffe *humanitas* und *litterae* übersetzte. Nebenbei wurde deutlich, wie sehr der Besitz einer Villa auf dem Lande der Hingabe an die philosophische Lebensweise und ihren überpolitischen Maximen entgegenkommt.[1]

Die Fälle Catos, Marius und Ciceros weisen einen gemeinsamen Zug auf, der für die Übermittlungsdynamik

---

1 Die bedeutendste Werbeschrift für die Romanisierung der Philosophie, die 45 v. Chr. verfaßten Tusculanae Disputationes, sind nach Ciceros Villa in den Albaner Bergen nahe dem heutigen Frascati benannt, wo auch Magnaten wie Marius, Lucullus, Cato der Jüngere und Caesar ihre Landsitze hatten.

auf dem Feld alteuropäischer Kultur charakteristisch ist: Wo immer Legitimitätsdefizite beobachtet oder empfunden wurden – ob sie nun, wie in den eben genannten Beispielen, nur die niedere bzw. nicht-hochadlige Geburt betrafen oder, wie im Fall von Jesus, die vermutete oder für gewiß gehaltene außereheliche Zeugung –, reagierten die Träger und Apologeten eines realen oder vermeintlichen Makels mit dem Aufgebot an komplementären Legitimierungen, die aus dem Defizit einen Vorzug, aus dem scheinbaren Mangel eine bewußte Option, aus dem Handicap eine überlegene Qualifikation machten.

Da solche Umformulierungen der Normen angesichts der Unmöglichkeit, sie zu erfüllen, nicht nur auf dem Feld säkularer politischer Karrieren zu verzeichnen waren, sondern von antiker Zeit an auch in »religiösen«, philosophischen und pädagogischen Angelegenheiten auffällig wurden, liegt die Vermutung nahe, daß in ihnen ein allgemein relevanter Mechanismus des Kulturwandels zum Vorschein kommt: der bewußte Bruch mit dem Bisherigen, der sich in der dogmatischen Erwartung der Nicht-Fortsetzung von Überlieferung manifestiert. In den Sphären der bildenden Kunst und Literatur wird er mit dem Beginn der Moderne geradewegs vorherrschend: Namen wie Malewitsch und Duchamp markieren die evolutionäre »Katastrophe« des Kunstsystems im frühen 20. Jahrhundert.

Der bezeichnete Mechanismus wurde weiter oben im Hinblick auf die jesuanischen Herkunftsverlegenheiten als zelotischer Überschlag aus der Illegitimität in die Hyperlegitimität definiert. Er beweist die Wirksamkeit der überkompensatorischen Abweichungs-Verstärkung. Diese bildet im übrigen einen Vorgang, der sich zur Gänze mit normalpsychologischen Begriffen erhellen läßt, ohne daß ein Rekurs auf unbewußte Mechanismen nötig würde.

Was Nietzsche die »Umwertung aller Werte« genannt

hat, erscheint im Licht dieser Überlegungen nicht so sehr als ein plötzlicher revisionärer Akt am Ende einer längeren Reihe orthodoxer Wiederholungen. Sie vollzog sich, was genealogische Verhältnisse und kulturelle Erbgänge auf alteuropäischem Boden betrifft, im Modus der permanenten Subversion – beginnend mit einer von bastardischen Vektoren mitgetriebenen Selbst-Irritation des Kultursystems im hohen Mittelalter, das die in ihm freigesetzten Energien nur durch ständige Überwälzung aktuell unlösbarer Spannungen auf kommende Zeiten »bewältigen« konnten. Die Entdeckung, wonach »Problembewältigung« durch Vertagung gelingen kann, ist von der Kulturdynamik Europas nicht wegzudenken. Aus permanenter Subversion und Fortwälzung ungelöster Spannungen geht die Mehrzahl der »Charaktermasken« hervor, die die Physiognomie der Neuzeit bestimmen: der Mystiker, der Protestant, der Unternehmer, der freie Arbeiter, der Künstler, der Entdecker, der Erfinder, der Intellektuelle, der Revolutionär, der Manager – es steht jedem Leser frei, hiervon die weiblichen Formen zu bilden. Sie alle stellen Figuren zunehmender evolutionärer Asymmetrien dar.

An Durchschlagskraft gewann die Bewegung im 19. und 20. Jahrhundert, als die soziale und genealogische Modernisierung – ausgelöst durch die Synergien von Kreditwirtschaft, Fernhandel, Maschinenbau, bürgerlichen Gesetzbüchern und Frauenlohnarbeit – ihr Diktat bis in die entlegensten Weltregionen ausdehnte, wo sie in die Dialekte der Entkolonialisierung übersetzt wurde. Die Tendenz, der die Umwertung aller Werte folgt, untersteht dem zivilisationsdynamischen Hauptsatz, wonach sie, auf jedem erreichten Niveau sich selbst verstärkend, durch die übergewälzten Effekte vorangegangener Freisetzungen vorangetrieben wird.

Mit den populärmystischen Bewegungen des europäischen Hochmittelalters einsetzend,[1] ist die Unterwanderung der jeweils Geltung beanspruchenden Legitimitäts- und Transmissionsverhältnisse in West- und Mitteleuropa über eine Zeitspanne von mehr als acht Jahrhunderten in Gang. Seit zwei Jahrhunderten greifen in Europa die erbrüteten Unruhe-Motive auf den Rest der Welt über – man denke an den Schwur des jungen Simón Bolívar auf dem Aventin 1805 zur Befreiung Südamerikas von spanischer Vorherrschaft oder an das 1804 errichtete haïtianische Kaisertum des ehemaligen Sklaven Dessalines und seines »Erben« Faustin[2] – sowie an die mehr als einhundert Improvisationen von neuen Nationalstaaten, die im Lauf des 20. Jahrhunderts das Licht der Welt erblickten: Deren Vertreter sitzen heute bei den Generalversammlungen der UNO, diesen Konzilen der politischen Fiktionen, nebeneinander in der Erwartung, daß alle Stämme unter Flaggen gleichberechtigt behandelt werden. Was man als den »Kolonialismus« bezeichnet hat, war keineswegs allein die Aufzwingung westlicher Hegemonialgewalt auf »periphere« Völker. Die in der zweiten Hälfte des 20. Jahrhunderts weltweit erfolgte politische Dekolonialisierung liefert den Beweis, daß der Haupteffekt des historischen Zwischenspiels nicht in der Unterdrückung einheimischer Populationen bestand, sosehr auch diese heute im Zentrum der Wahrnehmungen steht und zu Recht als rundum verwerflich gilt. Die stärkste Konsequenz der Berührung mit westlichen Kulturmustern zeigt sich bei den Trägern der lokalen »Modernisierungen« nicht selten in den Verlaufsformen der »Befreiung«: Sie brachte den nichtintendierten Import genealogischer Destabilisierungen mit sich, die in einer Vielzahl der dekolonisierten »Nationen« die blutigsten Verirrungen nach sich zogen. Die in letzter

---

1 Vgl. S. 339-369 in diesem Band.
2 Vgl. S. 126f. in diesem Band.

Zeit weltweit intensiv rezipierten Thesen von Theoretikern
der »Hybrid-Identitäten« in post-kolonialen oder subalternen Situationen sind, ihrer fast immer ressentimentgetrie-
benen Dynamik wegen, viel eher geeignet, die Phänomene,
so augenfällig sie sein mögen, zu camouflieren, als über sie
aufzuklären.

    Im 20. Jahrhundert genügen in der Regel zwei aufeinan-
derfolgende deregulierte Generationenwechsel, zuweilen
sogar eine einzige Zäsur zwischen Alt und Jung, um eine
traditionale »Kultur«,[1] gleichgültig wo auf der Erde, von ihrem Herkommen abzusprengen, wie festgefügt sie scheinen
mochte. Dann wandeln sich Kollektive, die in der Klausur
unangetasteter Gewohnheiten – oft »Religionen« genannt –
eigengesetzlich existierten, kurzfristig zu Zeitgenossen der
fiebrigsten Aktualität. Der Bann der überkommenen Sitten,
der sich lange Zeit wie eine schützende Hypnose über sie
gelegt hatte, verliert ganz plötzlich seine prägende Macht.
Vor kurzem noch stolze und resignierte Arme, werden sie
über Nacht zu unglücklichen Aspiranten auf die Güter der
importierten Modell-Kulturen. Binnen weniger Jahre verlieren die letzten in ihrer Eigenzeit verlorenen Völker ihre
Fähigkeit, auf die stetige Wiederkehr des Alten im Jungen
zu schwören. Ob sie gestern noch in einem tiefgekühlten
Neolithikum beheimatet waren, in einer fossilisierten Antike oder in einem überständigen Mittelalter – nach wenigen Jahrzehnten moderner Beeinflussungen rechnen dann
auch sie, die letzten Zeugen wie immer problematischer
älterer Zustände, unfreiwillig verjüngt, zu den »Legionären
des Augenblicks«, als welche der junge Nietzsche die neu-
igkeitsgetriebenen, nationalstaatlich mediatisierten Men-
schenkonglomerate charakterisierte, die früher die »Völker«

---

1 Zur kontextbezogenen Definition des Ausdrucks vgl. S. 222 f. in diesem
  Band.

hießen. Fügen wir hinzu: Die plötzliche Teilnahme an der »spätkulturellen« Situation wurde in den meisten von der Moderne erfaßten Kulturen keineswegs durch einen planvollen Selbstumbau der Überlieferung erreicht – hierfür gibt es außer Japan im 19. und den Vereinigten Arabischen Emiraten im 20. Jahrhundert kaum ein historisches Beispiel: Zwischen »Urmensch« und »Spätkultur« liegt für die große Mehrheit der »Völker« ein jäher Sprung.[1] Haben sie diesen getan, verlernen sie, soweit man sieht, wie über Nacht ihre Verankerungen in der Sitte, das heißt dem Ensemble der guten und schlechten Gewohnheiten, die bis dahin allenthalben unentbehrlich waren, um als »Volk« existieren zu können.

Es war Gabriel Tarde, der den Strukturwandel der Nachahmungen an den Tag förderte, indem er die Überordnung der Mode über die Sitte als ein Merkmal modernisierter Verhältnisse hervorkehrte.[2] In dem Begriff der Mode – die nicht nur, wie Leopardi wußte, die kleine Schwester des Todes ist,[3]

---

1 In seinem Essay Die Würde des Menschen und die Religion. Anfrage der Kirche in unserer Gesellschaft, Frankfurt am Main 1977, S. 27 f., stellte Bernard Welte die Frage: »Wie kommt es, daß mehr als zehntausend Jahre lang die menschliche Gesellschaft wie selbstverständlich religiös verfaßt war und daß wir seit zweihundert oder fünfhundert Jahren dies nicht mehr sind?« Welte hatte unter Anregungen Gehlens wahrgenommen, daß die Urmensch-Zeit fast überall direkt in Spätkultur-Zeit übergeht – den Fall Europas ausgenommen, das als Laboratorium des Übergangs mehr Zeit zur Verfügung hatte als die übrigen Zivilisationen. Indem es seine Resultate exportierte, ohne den Importeuren Bedenkzeit zu gewähren, löste es weltweit Kaskaden genealogischer Deregulierung aus, die von den aktuellen »Geisteswissenschaften« nicht zu verarbeiten sind und von deren Bewältigung durch zeitgenössische Politik bis auf weiteres nicht die Rede sein kann.
2 Maurizio Lazzarato, Puissances de l'invention. La psychologie économique de Gabriel Tarde contre l'économie politique, Paris 2002, S. 288 f.
3 Giacomo Leopardi, Operette morali. Dialogo della moda e della morte (1824).

sondern das Wurzelwort der Moderne liefert – verbirgt sich, wie oben ausgeführt, der zivilisationsdynamisch explosive Sachverhalt, daß in ihr die Nachahmung des Gleichzeitigen die Oberhand gewinnt, während im passéistisch strukturierten Universum der Sitte die Nachahmung von Vorfahren den Ton angab. Es charakterisiert die Blässe zeitgenössischer Sozialphilosophie, sogar ihren Schlüsselbegriff »Verständigung« nicht herleiten zu können: Indem sie ihn in synchronen »Kommunikationen« basiert, versäumt sie die Einsicht, wonach ihr Idol nichts anderes bildet als eine unglückliche Mitte zwischen verlorener Sitte und unbegriffener Mode.

2 Irreguläre Geburten

Die seit dem hohen Mittelalter einsetzende Umwertung der genealogischen Werte nahm bei der doppelten Spitze der alteuropäischen Gesellschaft ihren Ausgang – Klerus und Aristokratie. Es ist daher nicht erstaunlich, wenn der kulturdynamisch risikoträchtige Hiatus zwischen den Älteren und den Jüngeren zu Beginn des zweiten nachchristlichen Jahrtausends zunächst bei den geistlich und weltlich Großen sichtbar und fühlbar wurde. Diese Gruppen waren nach Lage der Dinge die ersten, die den Versuch unternehmen mußten, den zunehmend aufklaffenden Abgrund bei den Übertragungen des familialen und kulturellen »Erbes« zur folgenden Generation durch institutionalisierte Selbsttäuschungen verborgen zu halten, sei es unter weltlichen oder geistlichen Codierungen.

Seiner angestammten oder neu eroberten Privilegien gewiß, betrug sich der alteuropäische Adel, zumal jener auf den hohen Rangstufen, zwischen Schottland und Sizilien auch in galanten Angelegenheiten viel zu selbstgewiß, um sich durch die nach Gregor VII. (Hildebrand von Soana, Papst von 1073 bis 1085) verschärfte Monogamie-Propaganda der Kirche in seinen Liberalitäten und deren Folgen, einer bunten Flut bastardischer Nachkommen, näher betreffen zu lassen – Fälle wie den des »Mönchskönigs« Ludwig IX. (1214-1270) ausgenommen, der sich sehr ernsthaft dem Versuch gewidmet hatte, Thron-Amt und Nachfolge Christi miteinander zur Deckung zu bringen, weswegen er ins Gedächtnis der Franzosen als »der Heilige« eingegangen ist.[1] Wie streng er seiner Idee von Königspflicht huldigte, geht aus der Tatsache hervor, daß er mit seiner einzigen Frau, Marguerite de Provence, elf Kinder zeugte, eines so legitim wie das andere.

Vom 11. Jahrhundert an – als der Normannenfürst Wilhelm, später »der Eroberer« genannt, seine Dekrete mit der Unterschrift *ego Guihelmus cognomine Bastardus* signierte, bis zum Vorabend der Französischen Revolution, und darüber hinaus (noch der von 1840 bis 1848 regierende König von Dänemark, Christian VIII., mit dem Kierkegaard über Moral und Glauben konversierte, soll mit diversen Geliebten zehn uneheliche Kinder gehabt haben) –, blieben Einrichtungen wie Mätressenwesen, Konkubinat und Ehen der linken Hand feste Größen im Ökosystem alteuropäischer Aristokratien, um von der stets spendierbaren kleinen Münze der seigneuralen Eskapade nicht zu reden.[2] Diese Liberalitäten waren auch durch die klerikale Dauerkritik nicht aus der Welt zu schaffen. Die nach 1100 mit heiligem Eifer betriebene und in der Synode von Verona 1184 bestätigte

---

1 Jacques Le Goff, Ludwig der Heilige, Stuttgart 2000.
2 Vgl. »… wir wollen der Liebe Raum geben.« Konkubinate geistlicher und weltlicher Fürsten um 1500, hg. von Andreas Tacke, Göttingen 2006. Sowie: Der Fall des Günstlings. Hofparteien in Europa vom 13. bis zum 17. Jahrhundert, hg. von Jan Hirschbiegel, Werner Paravicini, Ostfildern 2004.

Erhebung der Ehe in den Rang eines Sakraments vermochte
an den bei den Hochgeborenen gängigen Auffassungen wenig zu ändern. Manche Mediävisten sind der Meinung, bloß
eine Minderheit unter den Hochadligen des späten Mittelalters und der frühen Neuzeit habe an der Erzeugung von
außerehelichem Nachwuchs nicht lebhaft mitwirkt.

Für das Surplus an bastardischer Fortpflanzung im Adel
schien anfangs, ihrer vagabundierenden Gangart wegen, die
männliche Sexualität verantwortlich zu sein, indes mit dem
Beginn der Renaissance das Augenmerk der Beobachter, namentlich jener auf den Britischen Inseln, sich zu der anarchischen Unkontrollierbarkeit der weiblichen Geschlechts-
begabung verschob.[1] Daher der Seufzer eines elisabethanischen Autors namens Nathan Field, der eine Figur in seinem
Drama *A Woman is a Weathercock* (1609) an die Adresse des
schönen Geschlechts den Vorwurf ausrufen läßt: »Die ihr
die Welt mit Bastardtum erfüllt!«[2]

Die Überschüsse an legitimitätsschwachen Nachkommen wurden normalerweise informell in den Alltag der
vornehmen Geschlechter einbezogen, sofern sie sich nicht
mit geistlichen Pfründen versorgen oder in militärischen
Stellungen unterbringen ließen. Als eine Primärfarbe auf
der Palette höfischen Lebens behaupteten die »natürlichen
Söhne« nicht anders als die »natürlichen Töchter« von alters
her eine eigene Sichtbarkeit, selbst wenn sie in erbrechtlicher Hinsicht eine Zurücksetzung gegenüber den Kindern
des legalen Bettes hinzunehmen hatten. Daß sie in der beginnenden Neuzeit bei der Dynamisierung der Zivilisation
eine Sonderrolle zugewiesen bekommen, zeigt sich an dem
großen Wandel der Legitimitätsverhältnisse, der den Mythos der Renaissance bestimmt.

---

1 Alison Findlay, Illetigimate Power. Bastards in Renaissance Drama, Man-
  chester und New York 1994, S. 7-28.
2 Ye fillers of the world with bastardy!, ibid., S. 16.

Im übrigen ist nicht auszuschließen, daß die seit dem
15. Jahrhundert plakatierte Begeisterung der bürgerlichen
Humanisten und ihrer fürstlichen Protektoren für die antiken Vorbilder, namentlich solche aus platonischen Quellen,
Teil einer einfach kopierbaren bastardischen Aufstiegsstra-
tegie war: Sie gab Prätendenten auf privilegierte Positionen
im Feld der symbolischen Macht das Mittel an die Hand, ein
weniger vorteilhaftes reales Herkommen durch eine noble
und abstrakte »Abstammung« von den Großen des Alter-
tums zu kompensieren. Die Akteure frühbürgerlicher »Kul-
turpolitik« wußten recht gut, warum es jetzt galt, sich auf
das »Genie«, die »Idee« und den »heroischen Furor« zu berufen statt auf die Heilige Schrift, das Kirchenväterwort und
die eigenen Vorfahren. Um wie vieles leichter öffnete sich
im Namen solcher Instanzen der Zugang zu dem neuzeittypischen »Adel des Geistes«![1] Was man kürzlich unter dem
Titel *The Rise of the Creative Class*[2] zur jüngsten Schaum-
krone sozialen Wandels im digitalen Weltsystem erklärte,
hatte in Wahrheit in den genealogischen Unregelmäßigkei-
ten des 14. Jahrhunderts begonnen.

Auch der katholische Klerus der vormodernen Jahrhunderte war, seines obligaten Gelöbnisses der Enthaltsamkeit
zum Trotz, von den Vorzügen des zölibatären Lebens nicht
immer ganz zu überzeugen. Noch im geistlichen Gewand
hielten viele seiner Angehörigen an ihren weltkindlichen
Neigungen unbelehrbar fest. Naturgemäß resultierten diese
Abweichungen von der klerikalen Norm in zahlreichen Bei-

---

1 Die Platon-Renaissance des 15. und 16. Jahrhunderts läßt sich daher, von
ihren sachlichen Motiven abgesehen, auch als eine kulturpolitische Finte
der bürgerlichen *homines novi* in der Welt der Höfe und Universitäten
deuten. Vgl. Beat Wyss, Renaissance als Kulturtechnik, Hamburg 2013.

2 Richard Florida, The Rise of the Creative Class. And How It's Transform-
ing Work, Leisure, Community, and Everyday Life, New York 2005 (zuerst 2000).

trägen zur Neu-Bevölkerung der christianisierten Nationen unter der Gestalt von Mönchs- und Priesterkindern – ein Tatbestand, der nach den überall vernommenen rigiden Diktaten des Reformpapsts Gregor VII. zunehmend Aufmerksamkeit erregen mußte. Nicht zuletzt die Nachkommen von hohen geistlichen Herren, von Fürstbischöfen, Kardinälen, ja, selbst von Päpsten, zogen die Blicke der verunsicherten Mitwelt auf sich und provozierten bei Gläubigen wie Unschlüssigen zweite Gedanken. Die Existenz der Klerus-Bastarde schuf, anders als die der illegalen Adelskinder, eine der chronischen Irritationen des mittelalterlichen Moralbewußtseins – wie eine Überfülle an volkstümlicher, theologischer und juristischer Literatur über die »Sprößlinge der Sünde« bezeugt.[1] Nicht zufällig war der unkeusche Mönch einer der prägnanten Charakterfiguren in der erzählenden Folklore jener Jahrhunderte: In mittelalterlichen Schwänken diskutieren erfahrene Frauen über die physischen Vorzüge von *miles* oder *clericus*, und das Votum der Damen zugunsten der Kirchenmänner ist unzweideutig.

Mit den Priester- und Mönchsbastarden setzte der mittelalterliche Klerus den Treibsatz für einen selbsterzeugten Problemüberschuß in die Welt, dessen Re-Integration in das Werte- und Positionensystem der bestehenden Ordnung nicht mehr ohne systemsprengende Nebenwirkungen geleistet werden konnte. In diesen Erscheinungen machen sich die Wirkungen des zivilisationsdynamischen Hauptsatzes in handgreiflicher Weise geltend. Man sollte es nicht für einen Zufall halten, wenn das alteuropäische Unbehagen an der Doppelmoral gleichaltrig ist mit der erst im hohen Mittelalter vollzogenen Gesamteroberung der feudalen »Gesellschaft« durch die machthabende christliche Verkündigung:

---

1 Von juristischen Aspekten dieser Irritationen berichtet noch immer klassisch: Robert Génestal, Histoire de La Légitimation Des Enfants Naturels En Droit Canonique, Paris 1905.

Wird eine Regel mit erhöhtem Nachdruck betont, springen die Ausnahmen um so mehr ins Auge.

Der katholische Klerus selbst war es allerdings, der sich bei der Aufrichtung diskriminierender Barrieren gegen den Eintritt von durch Geburtsmakel belasteten Personen in seine Reihen hervortat – sollten es auch die lebenden Zeugnisse der eigenen Zweideutigkeit sein. Je ambivalenter das klerikale Kollektiv sich im Zwielicht alltäglichen Lebens verhielt, desto konsequenter insistierte es *formaliter* auf der Erfüllung der Normen, die es insgeheim und offen ständig verletzte. Obschon europäische Geistliche, von den einfachen Mönchen bis zu den Kirchenfürsten, über Jahrhunderte hinweg ein beachtliches Maß illegitimer Nachkommenschaft in die Welt setzten – häufig mit etablierten Konkubinen, doch nicht weniger mit unverheirateten wie verheirateten Frauen aus ihren Sprengeln, mit spirituellen Freundinnen, mit Sünderinnen *ad hoc*, um von käuflichem Personal zu schweigen, man denke an die notorischen Huren-Schwärme bei den Synoden und Konzilen –, sträubten sie sich in der Regel gegen die Aufnahme von Priester- und Mönchsbastarden in klösterliche Gemeinschaften oder gar ihre Zulassung zu höheren Weihen – es sei denn, die Kreaturen der Sünde verstanden sich darauf, einen päpstlichen Dispens zu erwirken, gleich ob durch exemplarische Askesen oder durch überzeugende Einzahlungen in die Sammelkassen des Heiligen Stuhls.

Wer begreifen will, was das Wort »Gnade« im zweiten Jahrtausend *post Christum natum* wirklich bedeutet, sollte nicht versäumen, die kunstvollen Kompromisse des Heiligen Stuhls zwischen Regel und Ausnahme zu betrachten. Aus dem Dispens-Betrieb der römischen Kirche entwickelte sich im Spätmittelalter ein mit einzigartiger Routiniertheit ausgebauter Wirtschaftszweig: Gemeinsam mit dem Reliquiengeschäft und dem Ablaßhandel rief er am Vorabend

der Reformation eine veritable Volkswirtschaft der Sünde
ins Leben. Seit der Wiederentdeckung des Archivs des
päpstlichen Gnadenamts im Jahr 1913, der sogenannten Pö-
nitentiarie, welche die Anträge makelbewußter Bittsteller
aus ganz Europa seit dem späten 14. Jahrhundert und deren
Bearbeitung durch die päpstliche Bürokratie minutiös ver-
zeichnet, gehören die Transaktionen des Heiligen Stuhls mit
den Trägern eines Geburtsmakels aus den Reihen des Klerus – und anderen Kategorien von Sündern, die es trotz no-
torischer moralischer Defekte oder genealogischer Schön-
heitsfehler zu etwas bringen wollten – zu den am besten erforschten Kapiteln alteuropäischer Gewissens-Wirtschaft.[1]
   Die Bedeutsamkeit dieses Archivs für das Verständnis
systemischer Prozesse im Macht- und Geltungsbereich
phobokratischer Moral kann schwerlich hoch genug veranschlagt werden: Indem die Kirche strafbewehrte moralische Normen aufrechterhielt, auf deren Nicht-Befolgung
in großem Maßstab Verlaß war, gelang ihr die Einrichtung
einer Bußgeld-Ökonomie von pantagruelischen Ausmaßen.
Deren Zusammenbruch bewirkten die veränderten Recht-
fertigungslehren Luthers und Calvins und anderer augusti-
nisierender Theologien. Sie zogen die Umformatierung der
religiösen Furcht- und Schreckensverhältnisse nach sich:
Sobald die Frommen glauben, nur die Gnade bewirke alles in allem und die göttliche Vorherbestimmung habe den
Würfel über jedes Leben geworfen, bevor es sich in der irdischen Dauer vollzieht, verliert der so korrupte wie sugge-
stive Gedanke an den monetären Freikauf von Defekt und
Sünde seine theologische Grundlage.
   In diesem Zusammenhang drängt sich die Vermutung auf,
für die individualistischen Impulse der Neuzeit seien nicht

---

1 Ludwig Schmugge, Kirche, Kinder, Karrieren. Päpstliche Dispense von
  der unehelichen Geburt im Spätmittelalter, Zürich 1995.

so sehr die nach Spinoza stark überkommentierten Motive der Selbstbehauptung und Selbsterhaltung von Bedeutung als vielmehr das so gut wie nie erwähnte Motiv der Selbstdispensation. Ist der Mensch in der nach-christlichen Moderne nicht in erster Linie das Wesen, das sich aus allem herausredet – ja, mehr noch, das Argumente ersinnt, um sich unanklagbar zu machen?

Was die Verhältnisse des mittelalterlichen Klerus anbelangt, waren die Standards des doppelmoralischen Denkens und Verhaltens schon eine gute Weile vor der Ausbildung des lukrativen kurialen Dispens-Systems in Kraft. Petrus Abaelard (1079-1142), der es als Vater des mit Héloïse gezeugten unehelichen Sohns Astrolabius vielleicht hätte besser wissen können, polemisierte gegen die Aufnahme von Priester-Bastarden in klösterliche Gemeinschaften oder gar die Ränge der Patres. Er verteidigte die augustinische Lehre vom Fortgang der elterlichen Schuld in den Kindern der Sünde: Folglich wollte er diesen den Zugang zum klösterlichen Leben als einem zu bequemen Reinigungsbad für ihren existentiellen Makel verbieten.[1] Ob er dabei bewußt mit gespaltener Zunge sprach, ist nicht mehr zu ermitteln.[2] Tatsächlich machte die kirchliche Diskussion über den *defectus natalium* über Jahrhunderte von dem Argument Gebrauch, die Zügellosigkeit der Eltern kehre in den Kindern regelmäßig wieder. Ist schon die Sünde Adams erblich, ist es der Fehltritt eines unehelichen Paars erst recht.[3] Die morali-

---

1 Klaus Schreiner, »Defectus natalium« – Geburt aus einem unrechtmäßigen Schoß als Problem klösterlicher Gemeinschaftsbildung, in: Illegitimität im Spätmittelalter, hg. von Ludwig Schmugge, München 1994, S. 89 f.

2 Was Astrolabius angeht, sprechen Indizien dafür, daß ihm dank der Intervention seiner Mutter die Versorgung durch eine geistliche Pfründe gesichert wurde.

3 Noch Luther argumentiert auf der Linie der Doktrin der speziellen »Erbsünde«, wenn er in seinen Deuteronomium-Kommentaren statuiert, die uneheliche Geburt disqualifiziere den Mann für öffentliche Ämter: Ba-

sche Verwahrlosung eines im Konkubinat lebenden Mönchs
färbe unweigerlich auf dessen illegitimen Sohn ab, sollte dieser sich noch so sehr als Büßer um die Löschung des Erbma-
kels bemüht haben.

Auf die Dauer jedoch vermochte sich die rigorose Linie gegen die liberalere Tendenz nicht durchzusetzen. Während
das Papsttum aus dem Gewähren von Dispensen ein Ge-
schäftsmodell machte, das die Gnade als ein wahrhaft weites
Feld auswies, beschlossen einige mit Nachwuchs gesegnete
Kleriker des 14. und 15. Jahrhunderts, ihre genealogischen
Verlegenheiten mit nicht-alltäglichen Mitteln zu regeln –
gelegentlich sogar mit dem unorthodoxen Bekenntnis zur
väterlichen Verantwortung. Es gilt inzwischen als so gut
wie sicher, daß der Vater des flämischen Mystikers Jan van
Ruusbroec (1293-1381) ein Kanonikus namens Jan Hinck-
aert war: Dieser nahm den Jungen, nachdem sich dieser als
Elfjähriger seiner Mutter durch die Flucht nach Brüssel entzogen hatte, in sein Haus auf und sorgte persönlich für die
Ausbildung des unehelichen Kindes.[1] Noch viel unbefange-

---

starde seien selten gute Menschen und wiesen immer große Fehler auf.
Ähnlich noch John Fortescue, der in seiner Schrift A Learned Condem-
nation of the Politique Lawes of Englande (1573) die konventionelle
Ansicht wiederholt, wonach die uneheliche Geburt den Nachkommen
zu einem »Kind der Sünde« (*the chylde of synne*) stemple und Bastarde
stets einen dunklen Makel (*a certayne privy marke*) in ihrer Seele trü-
gen. Vgl. hierzu Alison Findlay, Illetigimate Power, a. a. O., S. 47. Selbst
Shakespeare arbeitet noch mit diesem Schema, so bei der Zeichnung des
Hexen- und Hurensohns Caliban in The Tempest oder beim Portrait des
Bastards Edmund in King Lear, sofern dieser, im Gegensatz zum legalen
Sohn Edward, die dunkle Seite des gemeinsamen Vaters widerspiegeln
sollte.

1 Vgl. Kurt Ruh, Geschichte der abendländischen Mystik, Vierter Band,
Die niederländische Mystik des 14. bis 16. Jahrhunderts, München 1999,
S. 31 f. Bei seinen Hinweisen auf die Herkunft des flämischen Mystikers
stellt der Verfasser zwei nicht alltägliche Behauptungen auf. Wenn die
erste: »Für das Persönlichkeitsbild Ruusbroeks ist die Vaterfrage natür-

ner ging der in Gouda tätige Priester Rotger Gerard mit der
Tatsache um, daß seinem Verhältnis zu seiner Haushälterin,
einer munteren Apothekertochter, zwei begabte Söhne entsprungen waren: Auf eigene Kosten, oder die seines Kir-
chensprengels, ließ er beiden Jungen die vorzüglichste Ausbildung angedeihen, die seine Zeit zu geben hatte – wovon
vor allem der um 1469 in Rotterdam zur Welt gekommene
zweite Sohn profitierte.

Durch die unverhohlene Zuwendung Rotgers zu seinen illegitimen Sprößlingen wurde der Grundstein zu der
überragenden Gelehrtenkarriere der beginnenden Neuzeit
gelegt. Der jüngere Sohn, der den griechisch inspirierten
Namen Erasmus trug, stattete in reiferen Jahren seinem Erzeuger Dank ab, indem er seinen Vornamen ins Lateinische
übersetzte – was Desiderius, der Erwünschte, ergab –, das
väterliche Bekenntnis zum unehelichen Sohn mit der vorsichtigen Offenlegung seines Status als Kind der Liebe er-
widernd. Das Geständnis der erasmischen »Torheit« in ihrer
Selbst-Lobrede, sie sei ein uneheliches Kind Plutos mit der
schönen Nymphe Jugend,[1] liefert einen mythologisch ver-
schlüsselten Hinweis auf das komplexfreie Herkunftsbe-
wußtsein des Verfassers: Offenbar war er gar nicht willens,
des fehlenden Altarsegens seiner Eltern wegen mit gesenktem Kopf durch die Welt zu laufen. Das erasmische Europa
wird das der heiteren Bastarde sein. Von den erbitterten ist
anderswo die Rede.

---

lich unerheblich« (ibid., S. 32) im hier entwickelten Zusammenhang bi-
zarr klingt, so spricht die zweite, wonach die »väterliche Fürsorge (in
bezug auf spätmittelalterliche Priesterbastarde.) ... eher die Regel als die
Ausnahme gewesen sein ... dürfte«, für ein bei einem großen Gelehrten
unerwartetes Maß an Sorglosigkeit im Umgang mit den Quellen.
1 Erasmus von Rotterdam, Lob der Torheit, Stuttgart 1980, S. 11.

Es spricht für die Höhenflug-Tauglichkeit hochmittelalterlicher Sensibilitäten, daß nur wenige Jahrzehnte nach der Manifestation von Abaelards gelehrter Unbarmherzigkeit die *Gregorius*-Legende zur Blüte gelangte, die – einer anonymen französischen Quelle folgend – in der deutschen Überlieferung vor allem durch das um 1190 entstandene Vers-Epos Hartmanns von Aue über den »guten Sünder« bekannt wurde. Zu weiter Verbreitung gelangte sie durch eine der markantesten Erzählungen der *Gesta Romanorum*, jener Sammlung von Exempla, die vom 14. Jahrhundert bis ins Barockzeitalter wie eine europäische Union der unerhörten Begebenheiten rezipiert wurden.

Sie erzählt die Geschichte eines aus Geschwisterbeischlaf gezeugten Knaben, der an der Schwelle zum Erwachsenenalter durch Zufall von seiner Herkunft Kenntnis erhält und daraufhin das Kloster verläßt, in welchem er erzogen worden war, um als Jungritter über die Lande zu ziehen. Auf der Suche nach Ablenkung und Abenteuer befreit der junge Mann eine belagerte Stadt und heiratet deren ledige Königin – die sich nach einer Weile als die eigene Mutter erweist. Auch das Mittelalter wußte, erzählen heißt oft nichts anderes, als desorientierte Helden bei der Wiederbegegnung mit ihren verlorenen Ursprüngen zu begleiten.

Unter dem Schock der Enthüllung zieht sich der moralisch doppelt Vernichtete als angeketteter Büßer auf eine verlassene Felseninsel im Nordmeer zurück – und doch wird er nach 17jähriger Kasteiung mirakulös zum Oberhirten der Christenheit erwählt: Prophetische Träume hatten den Wahlmännern in Rom nach dem Tod des amtierenden Papstes einen Hinweis auf den heiligen Eremiten übermittelt, woraufhin sie sich auf den Weg machten, um den Erwählten zu suchen. So wandelt sich dieser nicht nur zum märchenhaft erhobenen Befreier seiner selbst von der verdoppelten Todsünde, sondern auch zum Erlöser seiner reuevollen Mutter – und zum Trostspender für alle, die die Empfindung in sich tragen, durch weniger als ein Wunder sei ihnen auf Erden nicht zu helfen. In dieser beispiellosen spirituellen Karriere-Phantasie kündigt sich von ferne – noch verborgen unter dem jubilatorischen Willen zum Glauben an die Souveränität der Gnade – das kulturdynamische Anliegen der ästhetischen und politischen Moderne an: Sie verrät den Impuls, aus dem verworfenen Teil das charismatische Zentrum zu machen, aus dem illegitimen Sprößling den Träger erlesenster Vorrechte, aus dem sündenbeladenen Bastard den Erwählten. Unnötig zu betonen, daß hier das umwertungstrunkene jesuanische Gleichnis vom verworfenen Stein, der zum Eckstein wurde (Matthäus 21,42), mit der mittelalterlichen und frühmodernen Lust an der wundersamen Ausnahme zusammenfließt.

3 Die Kinder des Abgrunds

Mystik als anti-genealogische Revolte

> *Bin nicht geschaffen für eine bürgerliche Existenz,*
> *und Talent habe ich auch keines. Für unsere Familie*
> *wäre es sowieso das Beste, sie stürbe aus.*
> Arthur Schnitzler, *Fräulein Else*

Es sind jedoch nicht allein die »Kinder der Sünde«, die das kulturelle Transmissionssystem der spätmittelalterlichen »Gesellschaft« vor eine unmöglich zu lösende Aufgabe stellten, indem sie durch chronische doppelmoralische Überdehnung das volkstümliche sittliche Empfinden irritierten – ein Effekt, der sich zumal im 14. und 15. Jahrhundert mit den zersetzenden Wirkungen des päpstlichen Schismas und der allgegenwärtigen klerikalen Verkommenheit vervielfachte. In kulturdynamischer Hinsicht wird man notieren, daß der

Tatbestand der anthropischen Korruption, von Augustinus
ein Jahrtausend zuvor in metaphysischen Ausdrücken statuiert, vom selbstsüchtigen spätmittelalterlichen Klerus exemplarisch verkörpert wurde, lange bevor der neuzeitliche
Staat zahlreichen seiner »Diener« Gelegenheit bot, die Freu-
den der Selbstbedienung kennenzulernen.

Es waren viel mehr noch die von den Tagen des heiligen
Franziskus an in Scharen auftretenden »Kindern Gottes«,
die durch ihre buchstabengetreue Aneignung des Evangeliums den katholischen Kulturapparat mit einer nicht mehr
systemimmanent bewältigbaren Herausforderung konfron-
tierten. Sie waren es vor allem, die Europas Kulturdynamik
auf den Pfad unaufhaltsamer Freisetzungen brachten. Seit
dem frühen 13. Jahrhundert entfesselten theologisch unge-
bildete Laien aufgrund ihrer anarchischen Direkt-Rezeption
der Heiligen Schrift eine institutionell unkontrollierbare
Flut ekstatisch-unmittelbarer Christus-Nachahmungen, die
im Lauf der Jahrhunderte, namentlich seit der Renaissance –
unter dem Leitwort »Kreativität« – in latent häretische Imitationen des Vaters übergehen sollten.[1]

Die Urszene der neuen evangelischen Unmittelbarkeit hat
sich dem europäischen Gedächtnis, auch außerhalb des katholischen Legenden-Kontinuums, in unvergeßlichen Konturen eingeprägt: An einem nicht näher bestimmten Tag
im Frühling des Jahres 1207 tritt ein junger Mann namens
Giovanni Battista Bernardone, von seinen Eltern auch Francesco, »kleiner Franzose«, gerufen, auf dem Marktplatz des
umbrischen Städtchens Assisi in Anwesenheit des Ortsbi-
schofs Guido II., der als Richter fungiert, seinem Vater, dem

---

1 Im Werk von Julius Caesar Scaliger, Poetik (Lyon 1561), wird der *poeta*
  mit einem »zweiten Gott« (*alter deus*) gleichgesetzt. Vgl. Oskar Walzel,
  Das Prometheussymbol von Shaftesbury zu Goethe, Darmstadt 1968,
  S. 45 (zuerst Leipzig 1910).

Kaufmann Pietro Bernardone, gegenüber, um sich gegen dessen Klage, Familiengüter zugunsten karitativer und anderer ekklesialer Zwecke entfremdet zu haben, zu rechtfertigen. In der hierauf folgenden Szene kann jeder symbolsensible Europäer die Wirksamkeit einer Geste erkennen, die *cum grano salis* bis heute aktuell geblieben ist – sofern die jeweils modernere Moral aus dem Sprung zum Gegenangriff hervorgeht.

Francesco, damals 26jährig, seit kurzem zu einem Leben in evangelischer Selbstverbrennung entschlossen, legte vor dem assisischen Gericht, seinem entsetzten Vater, dem sprachlosen Bischof und der gaffenden Bürgerschaft sämtliche Kleider ab und sagte sich vom familiären Herkommen los. Ob eine solche Selbstentkleidung *coram publico* den Akt des Erbschaftsverzichts im juristischen Sinn implizierte, mag ungewiß bleiben. Die symbolische Tragweite der Entkleidungs-Geste wurde sofort begriffen. Waren nicht seit frühchristlichen Tagen Gewandwechsel und Personwechsel strikte Parallelen? Bildete nicht das Bekenntnis zur Nacktheit der Seele vor Gott ein klassisches theologisches Motiv,[1] das hier in laienhafter Wörtlichkeit aufgegriffen und ausnahmsweise in den somatischen Dialekt übersetzt werden durfte? Wäre es anders, hätte sich die Nachricht von der in Assisi aufgeführten adamitischen Pantomine nicht in den Medien von Gerücht, Legende und Vita während der folgenden Jahrhunderte in der gesamten Christenheit verbreitet. Der Skandal zog seine Kreise, und dies bis in die Zeit, als der Orden der Franziskaner schon den Ruf erworben hatte, an Verwahrlosung alle übrigen zu übertreffen. Durch seinen beispiellosen »Erfolg« – sofern die dissonante moderne Kategorie am Platz ist – stellte Francescos *living theatre* unter Beweis, daß das, was später Geistesgeschichte hieß, künftig

---

1 Vgl. Johannes Scotus Eriugena, De divisione naturae, Viertes Buch.

nicht mehr so sehr durch Anknüpfungen am bisher Gültigen voranschreitet, sondern durch explizite Aufkündigun-
gen impliziter Verträge.

Die Szene von Assisi ist in ihrer Tragweite nicht zu über-
schätzen. Die Selbsterfindung des modernen, vom Herkommen abweichenden und ebendarum erst individualisierten
Individuums setzt die Vorarbeit von Vätern und Müttern in
der älteren Kette des Lebens mit einem jähen Akt der Unterbrechung außer Kraft. Es sind die zäsur-bildenden Gesten und die flamboyanten Inszenierungen der Abstoßung
vom Bestehenden, die mehr und mehr die »Erbgänge« und
die Fortsetzungsromane der »Kultur« skandieren: Sie ersetzen die kontinuierliche Transmission durch die unberechen-
bar flackernden Rhythmen von Innovation und Nachahmung. Was man nach dem franziskanischen Eklat die neue
»Frömmigkeitsbewegung« nennen wird und was wenige
Jahrzehnte später unter dem Namen »mystische Theologie«, aus antiken, meist neo-platonischen Quellen schöp-
fend, vor allem außerhalb der Klostermauern sich zu einer
breiten Strömung entfalten sollte, sind unmißverständliche
re-enactments der jesuanischen Vater-Dichtung, bei der
sich, wie dargelegt,[1] das Subjekt in eine subversive Intimität
mit dem absoluten Pol versetzt, ohne auf real-genealogische
Abhängigkeiten von Vorfahren und Erbschaften Rücksicht
zu nehmen.

Das Wesentliche der Szene hatten die ersten Franziskus-
Biographen schon wenige Jahre nach dem Tod des exzentrischen Armuts-Minnesängers erfaßt. Bei dem Auftritt auf
dem Marktplatz von Assisi lassen sie ihren Glaubenshelden
zu dem bestürzten Piero Bernadone sagen:

---

1 Vgl. S. 278-311 in diesem Band.

»Bis heute habe ich dich meinen Vater genannt auf dieser Erde; von nun an will ich sagen: ›Vater, der du bist im Himmel‹.«[1]

Mit einem Mal ist der anti-genealogische Geist, der sich in den neu-testamentlichen jesuanischen Reden artikuliert hatte, wieder in einer nahezu rohen Unmittelbarkeit zu verspüren. Franziskus knüpft an sie an, als ob die seit ihrer Niederschrift vergangenen elf Jahrhunderte nicht mehr bedeuteten als die Zeitspanne, die ein Übernacht-Express braucht, um einen Illuminationsherd mit einem anderen zu verbinden. Indem der entfesselte Imitator Christi seinen empirischen Vater brüskiert, um künftig den Blick ausschließlich nach oben zu richten, tritt erneut der Fall ein, von dem ein jüngerer Kommentator zu Recht bemerkte: »Die christliche Identität des Sohns mit dem Vater stiftet kein genealogisches Kontinuum, sondern durchbricht es.«[2]

Ebensowenig begründet die radikal-apostolische Identifikation des jungen umbrischen Asketen mit dem Sohn Gottes ein lineares Herkommen: Sie stiftet, im Gegenteil, eine »mystische« Affinität zum transzendenten Pol; zu einem anderen Vater tritt ein anderer Sohn hinzu. Dieser lebt künftig unter einem vertikalen Gesetz: Ist der Vater im Himmel, kann es für den entschlossenen Sohn nur noch ein Programm geben: Nichts zu unterlassen, was in eigener Sache die Himmelfahrt fördert.

Von solcher Sohnwerdung zur Einswerdung mit dem Vater ist es nur ein Schritt. Es liegt in der Logik der Sache, daß er von den nachfolgenden Radikalen vollzogen wird. Seit der spektakulären Lossagung des jungen Franziskus von Piero Bernardone ist der genealogische Faden auf dem Bo-

1 Dreigefährtenlegende, 20.
2 Albrecht Koschorke, Die Heilige Familie und ihre Folgen, a.a.O., S. 69.

den des Abendlands, das sich anschickt, Europa zu werden, erneut an einer empfindlichen Stelle gerissen – der Hiatus klafft gefährlicher auf denn je, die Monstren in Kindesgestalt regen sich im Bodenlosen, und sämtliche von nun an unternommenen Bemühungen um die Sicherung der familiären Kontinuitäten, um die Konstanz der kulturellen Muster, um die Legitimität eines bevollmächtigten Erbes und seine Weitergabe an die kommenden Generationen erweisen sich als permanente Reparaturunternehmen von allenfalls vorübergehender Wirksamkeit. Es ist das kulturdynamische Geheimnis Europas von mittelalterlichen Jahren an, daß auch die scheinbar festgefügten Dynastien in Wahrheit ständig improvisieren müssen.

Niemand hat den seit den Tagen des Franziskus aufklaffenden Bruch mit dem familialen Herkommen in jüngerer Zeit radikaler auf den Begriff gebracht als Nietzsche, wenn er in *Ecce homo* schrieb:

> »Man ist am wenigsten mit seinen Eltern verwandt; es wäre das äusserste Zeichen von Gemeinheit, seinen Eltern verwandt zu sein.«[1]

Und weiter in *Also sprach Zarathustra*:

> »Welches Kind hätte nicht Grund, über seine Eltern zu weinen?«[2]

Die riskante Einsicht – falls wir sie als eine solche gelten lassen – in die *a priori*-Gemeinheit des faktischen Herkommens übersetzt sich bei dem hyperboräischen Propheten

---

1 Friedrich Nietzsche, Ecce homo, in: KSA 6, S. 213.
2 Friedrich Nietzsche, Also sprach Zarathustra I, 31, Von Kind und Ehe, in: KSA 4, S. 91.

des 19. Jahrhunderts in die Weigerung, ein Erbe aus solchen Händen anzunehmen; es weiterzugeben kommt niemals in Betracht. Wie sehr der Bruch mit dem Herkommen einhergeht mit der Absage an die Zumutung der Hervorbringung von Nachkommenschaft, verrät Nietzsches nicht zuletzt an sich selbst adressierte Mahnung:

»Das Bibel-Verbot ›du sollst nicht tödten!‹ ist eine Naivität im Vergleich zum Ernst des Verbots an die décadents ›ihr sollt nicht zeugen!‹«[1]

Schon seit dem Auftritt des *poverello* hatte sich das latente spirituelle Hauptthema Europas in einer Frage verborgen, die niemals offen gestellt werden durfte und doch als Strahlungsherd einer tiefen zivilisatorischen Beunruhigung zu allen Zeiten gegenwärtig blieb: Wozu weiter physische Fortpflanzung treiben, wenn wir in Wahrheit unmittelbar aus dem Vater »hervorgehen«? Ist jeder Einsichtige nicht gut beraten, so früh wie möglich zu ihm und »in ihn« zurückzukehren? Nietzsche freilich, der an die Möglichkeit einer Heimkehr zum transzendenten Ursprung nicht mehr glauben wollte, wird aus dieser Verlegenheit keinen anderen Ausweg sehen, als die Ablehnung der physischen Fortpflanzung umzuformen in die Forderung, sich »hinauf« zu pflanzen.[2]

Obschon das Motiv der *imitatio Christi* schon in den frühen Mönchsbewegungen des Vorderen Orients aufgetreten war, ja, den christlichen *modus vivendi* in den »verstreuten« Gemeinden rund um das Mittelmeer von Anfang an mitbestimmte und zeitweilig sogar für die theologische Überhö-

---

1 Friedrich Nietzsche, KSA 13, S. 612.
2 Friedrich Nietzsche, Also sprach Zarathustra, in: KSA 4, S. 90.

hung des frühmittelalterlichen Königsamts in Frankreich von Bedeutung war,[1] entwickelt es sich erst im hohen Mittelalter zu einer massenwirksamen Leidenschaft – besonders nach dem Einströmen eines starken laien-spirituellen Elements in die berufsreligiöse Überlieferung. Noch einmal sei daran erinnert: *religio* bezeichnete bis zum Beginn der Neuzeit die Lebensform des geistlichen Stands und blieb eine Sache kleiner berufsklerikaler Minoritäten, gleich ob von intakter oder korrupter Obedienz. Die neue Werbung für eine allgemeine Christus-Nachahmung – in der ein deutliches Häresie- und Reformations-Risiko mitschwingt – drückte sich nicht nur aus im Titel des durch den Augustiner-Chorherrn Thomas a Kempis im Kloster Agnetenberg bei Zwolle um 1418 kompilierten Andachtsbuchs, das zu seiner Zeit und in den folgenden Jahrhunderten mit über 3000 Ausgaben und Auflagen das nach der Bibel meistverbreitete Schriftwerk der christlichen Zivilisation darstellte – noch Ludwig XVI. las *De imitatione Christi*, während er im Verlies des Pariser Temple im Januar 1793 auf seine Hinrichtung wartete, und schöpfte daraus Inspirationen, um sein Schicksal als königliches Subjekt und leidender Sterblicher auf sich zu nehmen. Auf den früheren Gipfeln seiner Wirksamkeit bot das Schema der *imitatio* nicht weniger als eine Ontologie für die Armen im Geiste, eine Logik für die Stillen im Lande und eine Ethik für die Heilssucher, die einen mittleren Weg

---

1 Ernst H. Kantorowicz, Die zwei Körper des Königs. Eine Studie zur politischen Theologie des Mittelalters (zuerst Princeton 1957), München 1990, S. 106 f. Der Verfasser führt dort aus, wie der französische König im Rahmen von politischen Liturgien zum *typus Christi* bzw. zum *vicarius* und Imitator Christi erklärt wurde. Dabei liegt auf der Hand, daß die Stilisierung des Königsamts zur *christomimesis* nicht von der Passionsgeschichte, sondern von der nach-österlichen Erhöhung des Gottessohns zum Kosmokrator und Weltenkönig inspiriert ist. Erst Shakespeare hat es in The Tragedy of King Richard the Second (Erstdruck 1597) gewagt, die Nachahmung Christi durch einen entthronten König auf die Leidensgeschichte abzubilden. (Kantorowicz, S. 47-63).

zwischen dem tätigen und dem beschauenden Leben postulierten.

Erst hier wird Nietzsches Diagnose ganz wahr, wonach Christentum »Platonismus fürs Volk« gewesen sei. Unter »Volk« sind nun, soziologisch konkret, die spirituell beunruhigten Bewohner der spätmittelalterlichen und frühneuzeitlichen Städte zu verstehen, in der Mehrheit Händler, Handwerker, Magistrate, auch Witwen und jüngere Frauen, die in den geistlichen Lebensformen eine Alternative zu den Roheiten der mittelalterlichen Ehen entdeckten.

Von der »religiösen« Dynamik dieser Gruppen vermittelt die Tatsache einen Begriff, daß allein in Frankreich zwischen 1150 und 1280 mehr als 80 Kathedralen errichtet wurden, nicht wenige davon in den prosperierenden Tuchstädten des Nordens. Zieht man die Bedeutung des Großkirchenbaus für die Stadtbildung insgesamt in Betracht – und nimmt man seine maßstab-setzende Wirkung hinsichtlich der Dimensionierung von kosmischer Phantasie, Innenraum und Innenwelt ausreichend ernst –, erhellt anhand dieser architektonischen Ekstasen, welche Ströme an mentaler und pragmatischer Energie in den Populationen europäischer Städte dank der expandierenden *imitatio*-Gesinnung erzeugt und verbraucht wurden, und dies nicht nur in den Metropolen.

Mit dem Motto der Christusnachahmung vor Augen – auf der weiblichen Seite in zunehmendem Maß auch der *imitatio Mariae* –, widmeten sich seit den vergessenen Anfängen der Moderne im hohen Mittelalter unzählige der Aufgabe, so distanzlos wie möglich die Daseinsweise eines kinderlos früh ums Leben gekommenen Gottmenschen nachzuvollziehen, von dem es hieß, er habe den Tod überwunden und sei nach einer episodischen Grablegung und einem mysteriösen fünfzigtägigen Zwischenaufenthalt auf Erden zu seinem Herkunftspol im Himmel zurückgekehrt.

Naturgemäß konnten sämtliche Versuche der »Nachahmung« – klassisch: der Nachfolge, modern: der Re-Inszenierung – nur in der Weise geschehen, daß sich das imitierende Subjekt die Maxime der jesuanischen (oder marianischen) Existenz zu eigen machte: die vollkommene Ergebung in einen deutlich erkennbaren und innerlich angenommenen göttlichen Willen. Ein hochgradig ansteckender mystischer Existentialismus infizierte daraufhin während mehrerer Jahrhunderte die Populationen der zu nervösen Brutkästen verdichteten Städte Nordwesteuropas und Oberitaliens mit einer Passionslust ohne Beispiel – als ob man die Maxime befolgte: im eigenen Leben etwas aus dem zu machen, was man damals mit Jesus gemacht hat.[1]

Im psychohistorisch informierten Rückblick ist evident, daß die neue laikale oder halbklerikale Frömmigkeit – von der franziskanischen Verschärfung bis zur vor-reformatorischen *devotio moderna* – der Inkubationszeit moderner Subjektivitätsformen zugerechnet werden müssen.[2] In ihnen prägt sich das für die europäische Neuzeit grundlegende Interesse an Selbstverwirklichung aus, obschon bis auf weiteres in der paradoxen Gestalt einer Leidenschaft der Selbstentwirklichung.

Solchem scheinbaren Widersinn liegt die sich epidemisch ausbreitende Form der apostolischen Personalisierung zugrunde, von welcher weiter oben – im Blick auf den Proto-Apostel Paulus – skizziert wurde, wie sie aus einem Subjektwechsel durch »Umbeseelung« hervorging: In dieser Prozedur tauscht der Gläubige sein prosaisches und untermotiviertes Ich gegen eine transzendente und im

---

1 Zur spätmittelalterlichen Mystik als der Könnensform des Leidens, die in die neuzeitliche Subjektverfassung eingeht, vgl. Peter Sloterdijk, Du mußt dein Leben ändern. Über Anthropotechnik, Frankfurt am Main 2009, S. 519f.

2 Zur Rückdatierung der Anfänge des Subjektivitätsmotivs in theoretische Dispositive des Mittelalters vgl. jetzt auch: Alain de Libéra, L'Archéologie du sujet, 2 vol., Paris 2007, 2008.

Höchstmaß antriebsmächtige Form von Subjektivität, die direkt von Gott geliehen ist. Schon früh kündigt sich hierin der für moderne Verhältnisse charakteristische Umschlag von weltflüchtigem Quietismus in mystischen Aktivismus an.[1]

Die Wende wird durch nichts deutlicher bezeugt als durch die so sublime wie skrupellose Predigt Meister Eckarts über Martha und Maria, in welcher der Redner mit hermeneutischer Kaltblütigkeit den litteralen Sinn der jesuanischen Rede vom Vorrang der betrachtenden Lebensweise auf den Kopf stellt: Für die Zukunft soll es, nach Eckart, die tätige Martha sein, die den besseren Teil erwählt hat, indes Maria in unfruchtbarer Schwärmerei zu Füßen des Erlösers verharre und die höhere Seligkeit des Tuns noch nicht erfaßt habe.[2] Seither weiß man mit Sicherheit, was zuvor allein beim Prolog des Johannesevangeliums zu vermuten war: Große Theologie ist die Anleitung, Gott besser zu verstehen, als dieser sich selbst versteht.

Das infektiöse Schema der Umbeseelung durch Subjekt-

---

1 In seiner Schrift Das Volk Gottes. Sektenbewegungen und der Geist der Moderne, München 1994, die zunächst als ein (vermutlich 1949 verfaßtes) Kapitel in Eric Voegelins *opus magnum* History of Political Ideas (später: Order and History) geplant war, legt der Verfasser den Versuch zu einer spirituellen Krankengeschichte Europas vor, in welcher der Aspekt der sektiererischen Selbstvergottungsbewegungen in der »aktivistischen Mystik« und in der neuen »Gnosis« der spätmittelalterlichen Freien Geister betont wird. Da Voegelin zwischen typologischen Analogiebetrachtungen und kausalen Geschichtserzählungen nicht unterscheidet, bleiben seine großräumigen Herleitungen suggestiv, ohne zu überzeugen. So behauptet der Verfasser, das Verständnis der radikalen modernen politischen Bewegungen werde »an Tiefe gewinnen«, »wenn wir die Ideen von Comte, Marx, Lenin und Hitler über die letztendliche Transfiguration der Geschichte nicht als ›neu‹ ansehen, sondern als eschatologische Spekulationen, die auf den aktivistischen Mystizismus des 13. Jahrhunderts zurückgehen ...«, ibid., S. 79. Was das Wort »zurückgehen« in diesem Zusammenhang bedeuten soll, bleibt ungeklärt.

2 Meister Eckhart, Deutsche Predigten und Traktate, herausgegeben und übersetzt von Josef Quint, Zürich 1979, 28. Predigt, S. 280f.

wechsel beherrscht künftig nicht mehr nur die apostolische Personalisierung, die herkömmlicherweise in den Priesterstand und die *religio* als Beruf mündet; es bestimmt nun auch die Denkfiguren der »mystischen Theologie«, die von 1300 an in den Volkssprachen gelehrt, gepredigt und verkörpert wurde. Offenkundig war es dem spätmittelalterlichen Kirchen-Apparat nicht gelungen, sein Standesgeheimnis vor der Laienwelt zu verbergen: Unzählige ließen sich mit einem Mal von den Vorteilen überzeugen, die gewinnt, wer sein Leben unter einem intim adressierten göttlichen Mandat auffaßt. Hat nicht jede intelligente Seele einen eingeschriebenen Brief von Gott selbst erhalten? Nach dessen Empfang sollten Dasein und eine Aufgabe haben ein und dasselbe bedeuten.

Die persönliche Aufgabe beginnt mit der Aufforderung zum Eintritt in den ontologischen Adel, von dessen Existenz bislang nur die Wenigsten Notiz genommen hatten. Der äußeren Erscheinung nach hatte der gott-zugewandte Adel sich im Ersten Stand, dem Klerus, verkörpert – statistisch kaum mehr als ein halbes Prozent der mittelalterlichen Populationen. Er unterschied sich funktional deutlich, wenn auch nicht immer personell, vom weltlichen Adel, der numerisch etwas mehr als doppelt so umfangreich war wie der klerikale Stand. Wenn jener von dem Vorwand lebte, für alle zu kämpfen und zu regieren, so rechtfertigte sich dieser durch seinen Anspruch, für alle zu fasten und zu beten. Nach der mystischen Neudeutung werden alle Verständigen in den spirituellen Adel hinzugebeten: Um in den Rang eines metaphysisch nobilitierten Wesens aufzusteigen, braucht sich der zur Einsicht erwählte Einzelne nur zu vergegenwärtigen, das Geheimnis seines Daseins bestehe in der Aktualität seiner Gotteskindschaft.

Da im Daseinsmodus als Gotteskind Einzigartigkeit und Nichtigkeit des Selbst koinzidieren, besiegelt diese Doppelbestimmung das Mysterium frühmoderner Subjektivierung. Wer von Gott sein will, muß nichts sein können – dies ist die Hürde, die der Einzelne zu nehmen hat, wenn er von dem Verlangen erfaßt wird, der Banalität irdischer »Lebenswelten« mitsamt den Dienstpflichten unter dem Gesetz der linearen Fortpflanzung zu entrinnen. Man sollte sich das Hindernis nicht allzu hoch vorstellen: Die massenhaften Erfolge der Bettelorden, der Laienkongregationen, der Beginen- und Begarden-Häuser, der Brüder- und Schwesternschaften vom Freien Geist und der Kongregationen der Neuen Devotion verlieren viel von ihrer Unerklärlichkeit, sobald man sich vergegenwärtigt, daß die später nebulös so genannte »Mystik« vor dem Hintergrund spätmittelalterlicher Lebenswirklichkeiten ihre Klientel so gut wie überall als *the best show in town* faszinieren konnte.

Die Mystik – um den etwas klebrigen Ausdruck ohne weitere Befragung zu verwenden – gewann ihre Attraktion aus der Magie des Negativen: Indem sie am Rand der Städte fortwährende *humilitas*-Wettspiele unter den Kandidaten des Der-Welt-Absterbens organisierte, schuf sie unbekanntes Masseninteresse an den subtilen Rekorden der Selbstauslöschung. Nicht wenige unter den Aspiranten solcher Weisheitslehren dürften gewittert haben, wie kurz der Weg von der inneren Auslöschung zum äußeren Alles-Dürfen sein kann. In dieser Hinsicht war die Nervosität der durch Innozenz III. (Lotario di Segni, Papst von 1198 bis 1216) auf den Weg gebrachten und seit dem frühen 13. Jahrhundert vielbeschäftigten Inquisition angesichts der Proliferation der freigeistigen »Kinder Gottes« nur zu gut verständlich: In deren Denkweisen kündigt sich durch die Entprofessionalisierung der Priesterwürde jene allgemeine Delegitimierung der kirchlichen Hierarchie an, die zu Beginn des 16. Jahrhunderts – nicht zuletzt durch Luthers einschneidende Lehre vom Priestertum aller Gläubigen – in den Stürmen

der Reformation zu radikalen politisch-theologischen und
sozialrevolutionären Folgen führt.

In dem infektiösen Schema der Selbstverwirkung durch
Selbstentwirklichung gründen all die paradoxen Curricula
und Anti-Karrieren, die unzähligen Einzelnen außerhalb
des regulierten Klerus den Weg zur Loslösung vom Interesse an bürgerlicher Selbsterhaltung und familialer Selbst-
fortsetzung weisen, Stufe um Stufe, Entäußerung um Entäußerung, Preisgabe um Preisgabe, bis an die Schwelle der
Ergebung in die Hölle, wenn es denn Gottes Wille wäre, daß
ich in ihr brennen soll. Von den Etappen, die der Mystiker
zu durchlaufen hat, ehe er an das Ziel oder Unziel gelangt,
wäre nicht leicht zu sagen, ob sie Aufstiege oder Abstiege
bezeichnen. Das Hinauf zu Gott impliziert ein Hinunter in
die Selbstlosigkeit. Auf dieses Verhältnis läßt sich der von
mystischen Autoren gern zitierte Satz: *abyssus abyssum vo-
cat* beziehen (Psalm 41,8) – ein Abgrund ruft den anderen.
Freilich ist hier nicht von dem Abgrund der Griechen die
Rede, dem Tartaros, der an der Erzeugung der mythischen
vorzeitlichen Monstren Anteil hatte[1], sondern von der un-
ergründlichen Tiefe Gottes, von der es heißt, sie spiegle sich
im Innersten der Geistseele, zumal dort, wo diese am ersten
Dunkel teilhat: *homo non intelligit.*

Evident ist nun, daß die Schritte auf den Wegen des »Ent-
werdens« – das heißt der Auflösung des Subjekts in der
Ichlosigkeit – nichts mit der Transmission eines kulturellen
oder materiellen Erbes auf eine nachfolgende Generation zu
tun haben. In jedem einzelnen mystischen Subjekt soll ja der
Strom der Eigenheit zum Erliegen kommen. Dieses Erlöschen schließt alles weltlich Ererbte und dynastisch Über-
mittelte ein. An die Stelle der Sorge um Weitergabe eines legitimen Besitzstands innerhalb der Sippe tritt die Bemühung

---

1 Vgl. S. 256f. in diesem Band.

der freigesetzten Einzelnen um die eigene Rückkehr in den ersten Grund. Von dem weltlich-genealogisch »unschätzbar wertvollen Objekt der Übermittlung« – ob man es als Vatersegen, als Status-Vorzug oder als erbliche Würde auffaßt – ist nach der Wende zu den mystischen Exerzitien nicht länger die Rede: Was die Seele direkt von oben empfangen hat, kann sie auf menschlicher Ebene unmöglich weiterreichen. Sie darf es allein dem ersten Geber zurückerstatten.

Aus dieser Sicht erscheinen das mystische Engagement der Rückkehrer zu Gott und die begeisterte Passion der Nachfolger Christi als die akutesten und resolutesten Ausprägungen christlich-platonischer Eschatologie: Sie entfalten die Lehre von den Letzten Dingen in jeweils eigener Sache – nicht im Blick auf das Letzte der Welt, sondern auf das Letzte der Seele, stets im Horizont eines als nahe bevorstehend gedachten persönlichen Endes. Es ist das Anliegen der *imitatores Christi*, die Kunst des Erlöschens ins tägliche Leben zu implantieren. Der Satz: »Ich schwinde, also bin ich« soll jede meiner Regungen begleiten können. Aus aller Zeit, die bleibt, wollen die Nachfolger des leidenden und auferstandenen Herrn eine Restzeit machen, aus jeder Lebensphase eine letzte Spielminute.

Die Leidenschaft, sich selbst auf Gott hin abzuwickeln, ist mit der Sorge um die Weitergabe eines familiären Erbguts oder eines dynastischen Charismas nicht verträglich. Wer Erbe Gottes ist, wird nach der weltlichen Seite in »Armut« leben. Bestenfalls können die Heimkehrer in Gott an der Sozialisation eines Nachwuchses aus Jung-Deserteuren im Rahmen der institutionalisierten *religio* mitwirken – ein Sachverhalt, der oft zu der Mißinterpretation der Kirche als »Hüterin der Tradition« Anlaß geboten hat. Sollte es je so etwas wie eine »christliche Tradition« gegeben haben, bezeichnete diese allein den iterativen Mechanismus des in jeder Generation erfolgenden Austritts neuer Erlöschens-

Kandidaten aus dem Fortgang der weltlichen und fleischlichen Überlieferungen. In Wirklichkeit reichen immer bloß Alt-Letzte dem in jeder Generation aufzusammelnden »Nachwuchs« an Neu-Letzten die Hand. Die Agenten der *fuga mundi* können nie die Väter ihrer Nachahmer sein.

Traditionskompetent im engeren Sinn des Worts wurde die Kirche – sieht man von ihrer erfolgreich betriebenen Selbstreproduktion ab – viel eher in einer ihrer zeitweiligen Nebenfunktionen: Zur authentischen Tradentin entwickelte sie sich erst, als sie beschloß, Macht über die »Bildung« zu gewinnen und sich auf breiterer Front als Trägerin pädagogischer Prozesse zu betätigen – Funktionen, mit denen sie, über den eigenen Nachschub hinaus, die Verantwortung für die Ausbildung des Nachwuchses in der »Gesellschaft« als ganzer an sich zog, hierin die als allgemeine Schulmacht organisierte Vaterfunktion des neuzeitlichen Staats vorwegnehmend.[1] Man hat oft verkannt, in welchem Maß die Verbindung von Thron und Altar in der beginnenden Neuzeit vor allem die Liaison von Thron und Schule bedeutete.

Die vorwiegende Orientierung der vor-reformatorischen Kirche an der Kanalisierung weltflüchtiger Regungen mag einen Grund dafür bilden, warum den zahllosen spirituell angesteckten Laien des 13., 14. und 15. Jahrhunderts, all diesen hochgemuten Freien Geistern, diesen Autodidakten der Himmelfahrt und Volontären der Kreuzigung, sobald es um ihren *modus vivendi* ging, kaum je etwas anders einfiel als die Anlehnung an althergebrachte Formen klösterlich entweltlichter Existenz. Das Streben nach dem »gemeinsamen Leben« außerhalb der Städte brachte auch im Mittelalter *cum grano salis* immer die gleichen Formen hervor, die gegen 325 n. Chr. durch den ägyptischen Wüstenpatriarchen

---

1 Pierre Legendre, Die Kinder des Textes. Über die Elternfunktion des Staates, Wien/Berlin 2011.

Pachomius, den Stifter des monastischen *koinós bíos*, kodifiziert worden waren.

Die Jahrhunderte vor der Reformation waren durch eine heftige Gärung innerhalb der ordensanalogen laikalen geistlichen Gemeinschaften geprägt – ungeachtet der Tatsache, daß die römische Kurie, aufgeschreckt durch den Elan der franziskanischen und dominikanischen Innovationen, schon bald nach dem Tod der beiden impulsstarken Gründer (Dominikus † 1221, Franziskus † 1226) den Versuch unternommen hatte, die Neugründungen von Orden einzudämmen. Der Strom der »sozialen Phantasie« – um einen nicht ganz passenden Ausdruck des 20. Jahrhunderts einzusetzen –, äußerte sich im späteren Mittelalter in der ununterbrochenen Errichtung von Kongregationen für spirituell entflammte »letzte Menschen« – in der Regel städtische Aspiranten der Frömmigkeit, die einen mittleren Status zwischen *religio* und säkularem Leben reklamierten. Exemplarisch hierfür – neben der oft kommentierten und viel verdächtigten Bewegung der Freien Geister – war die mehrfach erwähnte von den heutigen Niederlanden ausgehende Bewegung der *devotio moderna*, die, gegen Ende des 14. Jahrhunderts unter Anregungen Geert Grotes (1340-1384) entstanden, um 1500 nahezu einhundert Konvente in Nord- und Mitteleuropa zählte.

Den massiven Aufgeboten an »Letzten Menschen« im populär-mystischen Strom des Spätmittelalters darf man das Wort: »Wir haben das Glück erfunden« ins Stammbuch schreiben, ohne damit die Höhe ihrer Ambition zu desavouieren. Anders als die von Nietzsche karikierten Letzten Menschen der Moderne, die das unbedingte Begehren verlernten, indem sie es in Lüstchen für den Tag und Lüstchen für die Nacht zerkleinerten, orientierten sich die mittelalterlichen Erfinder des weltübersteigenden Glücks an einem Objekt ohne Grenzen, das unter Ausdrücken wie »Vater«, »Gott«, »Eines«, »Substanz«, »Prinzip«, *»grunt«*, »Ab-

grund« und ähnlichem chiffriert wurde. Seine Erlangung
war gleichzusetzen mit dem Eintauchen in ein »Umgreifen-
des« von überbegrifflicher Qualität. Die Suche nach dem
Absoluten strebte dem Gelöstsein in einem Gesamtumstand
entgegen, bei dem der Eigenwille ganz verschwunden wäre.
Wäre die vollkommene Auflösung erreicht, sollte sich die
Einströmung des Göttlichen in die vom ausgelöschten Ich
freigelassene Stelle spontan ereignen.

Der hohe Pol des mystischen Begehrens wurde durch
die nahezu übermenschlichen Ansprüche an die Aspiranten der geistlichen Vollendung jedem schnellen Zugriff
entzogen. Dies erhöhte ihr Vermögen, den Bogen des Ver-
langens genug zu spannen, um nach dem fernsten Ziel zu
schießen.[1] Das hochzielende Begehren durfte sich auf den
aristotelischen Lehrsatz berufen, wonach alle Dinge vom
Streben nach Rückkehr in ihren Ursprung bewegt werden.
Da nichts einen höheren Ursprung aufweist als der in jedem
Menschen latente »aktive Intellekt« – der Cursor Gottes auf
dem Bildschirm der Seele –, will dieser nach der Einströmung des »Worts« in ihn, um mit Meister Eckart zu reden,
»ohne Mittler in seinen ersten Ursprung« zurückgehen.

Inwiefern Nietzsches Diktum vom Christentum als Platonismus fürs Volk mehr als ein maliziöses Bonmot bedeutete,
läßt sich im Blick auf die populär-mystischen Bewegungen
des Spätmittelalters erweisen. Tatsächlich wäre bereits die
Freisetzung weltskeptischer und weltflüchtiger Formen von
Subjektivität in der antiken Philosophie und im spätantiken,
hellenistisch geprägten Christentum ohne platonische und
neo-platonische Konzepte nicht vorstellbar gewesen. Der
Platonismus erst gab dem ethischen Impuls der Weltflucht,
der in vorchristlichen Tagen unter den »Weisen« einiger
Völker manifest geworden war, das logische Rüstzeug an die

---

1 Friedrich Nietzsche, Jenseits von Gut und Böse, Vorrede.

Hand, indem er die Methode des »Transzendierens« über das Empirische offenlegte. Mit der Aufspaltung der Existenz in die des äußeren und die des inneren Menschen schuf er, unterstützt von affinen Maximen und Reflexionen aus stoischen Quellen, das zweitausendjährige Reich des spirituellen Rückzugs, an dem insbesondere das vor-neuzeitliche Christentum Anteil nahm: Denn obschon in der menschlichen Existenz stets beide Seiten miteinander verbunden sind, schwingt in der Unterscheidung als solcher der Hinweis auf die Möglichkeit der Trennung mit, ob man diese nun dem Tod überläßt oder sie durch besondere Anstrengungen zu Lebzeiten vorwegnehmen möchte. Die alteuropäische Aufspaltung der Existenz in die des äußeren und die des inneren Menschen spiegelt die platonische Weltverdoppelung wider, nach welcher alles Seiende das Resultat aus dem Zusammentreten einer hochwertigen urbildlichen Form mit einem minderwertigen darstellenden Material bedeute. In diesem Schema ist die idealistische Flucht ins Wesentliche angelegt, die sich nach der christlichen Wende zu einer allgemeinen Empfehlung der Weltvermeidung verschärft.

Nicht ohne Grund erkannte Augustinus, auf den Spuren des Mailänder Bischofs Ambrosius (339-397), im christlich piratisierten Platonismus die Chance der Theologen, ihren Anspruch auf intellektuelle Suprematie gegenüber den höchstentwickelten Positionen weltlicher »Weisheit« zu verteidigen. Die für das Abendland und für Europa maßgebliche »wahre *religio*« nahm Gestalt an, als unter der Feder Augustins die platonische Ontologie auf das Ethos des Evangeliums traf: »Geh nicht mehr nach draußen, kehre in dich selbst zurück, im inneren Menschen wohnt die Wahrheit.«[1] In der noch immer nicht abgeschlossenen

---

1 Noli foras ire, redi in teipsum. In interiore homine habitat veritas. Aurelius Augustinus, De vera religione (390), 39, 72.

Wirkungsgeschichte des christlich-platonischen Imperativs
wurden unermeßliche Energien der Weltabkehr freigesetzt,
die dem Jahrtausend zwischen Augustinus und Luther seine
unverkennbaren Farben verliehen.[1]

Merken wir an: An der Wende zur Neuzeit wandelten die
weltflüchtigen Tendenzen sich dank einer paradoxen Umpolung in Kräfte der Weltunterwerfung, wobei offenblieb,
ob die moderne Zivilisation zu einer neuen Einwurzelung
des Daseins in der Welt[2] oder zu einer Weltflucht nach vorn
– als »Fortschritt« travestiert – führen würde.[3] Tatsächlich
hat die Neuzeit die Logik der Reproduktion durch eine
Ethik der Optimierung ersetzt. Was wir die Moderne nennen, ist ein Großprojekt zu terrestrischen Lebensverbes-
serungen. Für vormoderne Zeiten waren die Anweisungen
für Menschen unterwegs noch unmißverständlich: Du sollst
dich in allen Situationen so verhalten, daß die Maxime deines Handelns jederzeit als Richtlinie des Strebens aller nach
Weltüberwindung dienen könnte.

Die Anfänge der Weltüberwindung durch Fortpflan-
zungsverweigerung liegen weit vor der Begegnung des Christentums mit dem Platonismus. Sie führen zu Quellen, die
von den spirituellen und kirchenpolitischen Motiven des Zö-
libats sehr entfernt liegen. Tatsächlich sind sie schon bei den
frühen christlich-anti-katholischen Gnostikern nachweis-
bar, die zuerst überzeugt waren, einen dunklen Zusammenhang zwischen der Mißlungenheit der Schöpfung im ganzen

---

1 Noch zu Beginn des 21. Jahrhunderts sah Papst Benedikt XVI., seiner
   theologischen Kultur nach platonisch geprägt, Gründe, die katholische
   Kirche zu stärkerer Entweltlichung aufzurufen: vgl. seine Freiburger
   Rede vom 25.9.2011.
2 Eine Position, die jüngst durch Wolfgang Welschs *opus magnum:* Homo
   mundanus. Jenseits der anthropischen Denkform der Moderne, Weilerswist 2012, eindrucksvoll bekräftigt wurde.
3 Vgl. Peter Sloterdijk, Du mußt dein Leben ändern. Über Anthropotechnik, a.a.O., S. 493f.

und dem Mißraten von Fortpflanzungen im einzelnen wahrzunehmen. Ihr erklärter Widerwille gegen die Zeugung von Nachkommen gründete in der Intuition, die dubiose Schöpfung, dieses Machwerk des bösen, ungeschickten und grausamen Demiurgen, verdiene es allemal, in jedem einzelnen Dasein durch die Entscheidung zur Nicht-Fortpflanzung aufgehoben zu werden. Jede Empfängnisverhütung bedeute eine Wiedergutmachung des Schöpfungsmißverständnisses. Hingegen würde mit jedem Akt der Fortpflanzung das mißratene Werk des ignoranten Welturhebers fortgeführt. Wer der Teufelei des Realen entgehen wolle, müsse die Kette des Unheils, die Kinder an ihre Erzeuger und durch diese an den Demiurgen bindet, im eigenen Dasein unterbrechen.

Die Spuren des anti-prokreativen Affekts reichen weiter über die ägyptischen und syrischen Wüstenheiligen bis zu den paulinischen Anfängen der Christus-Verkündigung, in der die Mahnung zur sexuellen Enthaltsamkeit deutlich ausgesprochen wurde. Paulus machte aus seiner sex-aversen Grundhaltung kein Geheimnis und legte diese den Mitgliedern der ersten Gemeinden nahe – der Ehe unter christlichen Partnern gab er seinen Segen nur, um der Gefahr der »Hurerei« entgegenzutreten. Möglicherweise gehen analoge Impulse zurück bis zu asketischen jüdischen Sekten des ersten vorchristlichen Jahrhunderts, denen die apokalyptische Neigung zur Unterbrechung der Fortpflanzungskette bereits nicht fremd war.

In diesem Zusammenhang läßt sich die Rolle der mittelalterlichen Mystik bei der Heraufkunft der bastardisierten und anti-genealogisch aufgereizten Subjektivitäten der beginnenden Neuzeit genauer bezeichnen. In den mystischen Aufbrüchen des 13. Jahrhunderts hat die Revolution der Herkunftsvorstellungen ihren Grund, die eines Tages in die moderne Überhöhung des autonomen, quasi abstammungsfreien Subjekts einfließt – eines Subjekts, das nur noch synchrone Vernetzungen zuläßt und historische Herkunftslinien ablehnt: Typischerweise will sich dieses in »rhizomatischen« Beziehungen mit benachbarten Existenzen assoziieren und sein Potential in hierarchiefreien »Gefügen« verwirklichen. Auf keinen Fall ist es bereit, auf genealogische »Bäume« zu steigen oder sich in andere Ausdrucksformen vertikaler Daseinsordnung einzubinden.[1]

Indem das christianisierte mystische Denken die platonische Spaltung zwischen dem äußeren und dem inneren Menschen vorantrieb, gelang ihm von frühmittelalterlichen Tagen an eine bis dahin unbekannte Entwertung äußerer Herkunftsverhältnisse – eine Entwertung, die sich mit der analytischen Romantik des 19. Jahrhunderts verschärfte und im Zeitalter der globalisierten Hybridität radikalisierte. Was auch immer dem *homo exterior* angehört, fällt der schlechten Weltlichkeit und Wirklichkeit anheim. Es weist *per se* den Makel ontologischer Illegitimität auf. Wer nur weltlich gezeugt ist, gerät zu einem Bastard der Materie, ja, einer Ausgeburt des Nichts: gewiß ein zugespitzter Befund, durch die biblische Erzählung von der Erschaffung Adams gemildert, doch nie ganz zu entkräften.

Der äußere Mensch, wäre er auch als Fürstensohn oder Prinzessin geboren und mit weltlicher Legitimität in Fülle ausgestattet, ist aus spiritueller Sicht von *a priori* schlechten Eltern. Da Menschen »zunächst und zumeist« auf der Linie des Verfallens an das Herkommen von äußeren Gegebenheiten ihr Leben »führen« und die *post Christum natum* versprochene Herrlichkeit des inneren Lebens verkennen, taumeln sie auf blinden Bahnen vor sich hin. An ihre »Irre« bleiben sie fixiert, solange sie nicht, dank eines Anstoßes welcher Art auch immer, bevorzugt durch die christliche Verkündigung, die Wendung zum inneren Menschen voll-

---

1 Vgl. S. 470f. in diesem Band.

ziehen – sei es naiv-symbolisch wie Franziskus auf dem Marktplatz von Assisi, sei es mit satisfaktionsfähigen Begründungen, wie sie die gelehrten Autoren und die *mulieres religiosae* der mystischen Schulen ausbreiteten. Haben sie sich dank des Anstoßes der eigenen Seele – genauer, der platonisch aufgefaßten Geistseele – als dem Kern des inneren Menschen zugewendet, ob dieser nun als *nous* bezeichnet wird oder als *mens* oder als ungeschaffener Intellekt, entdecken sie eine völlig andersgeartete Konzeption, wie die eigene Herkunft und deren jenseitig beglaubigtes Erbgut zu denken sei.

Der logische Charme und die psychologische Chance des *homo-interior*-Gedankens liegt darin, eine alternative Form des Herkommens vorstellbar zu machen: nicht durch physische Zeugung und Geburt, sondern durch Ausfließen aus der Ersten Ursache bewirkt. Bei den lateinischen Platonikern heißt dieses Geschehen Emanation. Das innere Leben, wie es aus der ersten Ursache hervorgeht, verdankt sich einer ontologisch eigenartigen Genese. Charakteristisch ist für diese, daß sie keine physischen Interaktionen von fortpflanzungsbereiten Eltern zur Voraussetzung hat, auch keine keramischen Vorarbeiten seitens eines töpfernden Gottes. Bildungspolitisch gesprochen, kommt der innere Mensch auf dem zweiten Zeugungsweg zustande – weder durch die Kopulation von erregten Körpern noch durch lauwarme Ammenmilch, gutgemeinte Schläge und elterlichen Zuspruch. Er schuldet sein spirituell relevantes Dasein einer intimen Nachzündung des Gottesbegriffs im menschlichen Intellekt. Meister Eckarts Lehre von der Gottesgeburt in der Seele gibt dem alternativen Modus von Erschaffung durch intime Wechselwirkung des Höchsten mit sich selbst ihre klassische Fassung. Der wahre Familienname des inneren Menschen heißt darum »von Gott«. Die Aufgabe des aus

Gott ausgeflossenen Selbst besteht darin, sich durch stetige
Übung der »Gelassenheit« die Beinamen »zu Gott« und »in
Gott« zu erwerben.

Die von solcher Denkweise ausgehende Gefahr, daß für
die geistlichen *perfecti* das kirchlich organisierte Christentum überflüssig werden könnte, nahmen die Funktionäre
der Inquisition fast von Anfang an wahr. Wenn sogar ein
Großer des Dominikanerordens wie Meister Eckart gegen
Häresie-Vorwürfe nicht immun war, spricht dies für die seit
dem 13. Jahrhundert zunehmende Unruhe im System der
ekklesialen Dogmenverwaltung – um von der Gehässig-
keit franziskanischer Denunzianten gegen die Geistigkeit
Eckartscher Aufschwünge nicht zu reden.

Im Blick auf Spannungen solcher Art läßt sich behaupten,
die Ideengeschichte Alteuropas habe immer auch Züge einer
Inquisitionsgeschichte aufgewiesen. Von Irenäus von Lyon
(ca. 135-202) bis Eric Voegelin (1901-1985) reicht ein wenig
bemerktes Kontinuum des Verdachts gegen den Autotheis-
mus und gegen andere Ausprägungen des metaphysischen
Narzißmus, von dem die Geistesgeschichte Europas über-
quillt.

Aus genealogiekritischer Sicht bestand die Leistung der spätmittelalterlichen Mystik in ihrer Mission, die seit dem frühen 13. Jahrhundert um sich greifende Stimmung von Ver-
störung in der äußeren Welt zu einer sublimen Weltfremdheit zu überhöhen. Wer am elterlichen Stammbaum und an
Familie, Sippe und Stadtvolk nicht mehr befriedigend an-
schließen konnte, fand hier einen Weg vorgezeichnet, sich in
einem alternativen Herkommen heimisch zu machen. Aus
der Sicht des Genealogen implizierte die christliche Mystik
die Option, von linearer auf vertikale Deszendenz umzu-
stellen.

Tatsächlich hebt das unmittelbare Hervorfließen der noetischen Seele aus dem Absoluten jedes Generationsrisiko auf. Hier kann kein schädliches Intervall entstehen, das Ursprung und Entsprungenes trennt. Indem der Abgrund den Abgrund ruft, wird der Hiatus selbst dazu benutzt, ihn zu verschließen. Der Abgrund wird zum besten Freund. Indem ich ihn bewohne, mache ich ihn unsichtbar.

Die Formeln des nizäischen Bekenntnisses (325): *Gott von Gott, Licht vom Lichte* lassen sich nicht allein auf den Gottessohn, sondern auf jede intelligente Seele anwenden. Die kann sich den Denkaufgaben nicht entziehen, die sich hieraus ergeben. Gott in mir, Licht in mir – in aller Bescheidenheit, wie darf ich das im einzelnen verstehen? Die Emanation aus dem unbedingten Grund ist nach den Mustern der Lichtausbreitung, des Überquellens einer gärenden Substanz oder auch der Zellteilung vorzustellen[1] – am ehesten aber gemäß dem Hervorgehen von logischen Folgerungen aus Prämissen. Es schließt kein Heraustreten in Anderes ein. Der aus Gott »geborene« innere Mensch ist niemals wirklich »in der Welt«, sofern Welt das Milieu der Andersheit, der Dunkelheit, der Widerständigkeit bedeutet. »In der Welt habt ihr Angst, aber seid getrost, ich habe die Welt überwunden.« (Johannes 16,33) Der aus Gott Hervorgegangene hält sich stets in Gottnähe auf, in der Schwebe über dem Abgrund der Ununterschiedenheit zwischen Ihm und Mir, mögen die Hüter der Orthodoxie mich noch so streng ermahnen, die Distanz zu wahren, die der Kreatur zukommt.

Hat der *homo interior* Klarheit über seinen Status erlangt, wird er sich kraft der wissenden Selbsteinschließung in Gottes Wirken intim durchsichtig. Bleibt Gott auch das erste Dunkle – die aus ihm hervorgegangenen Wesenheiten liegen im Licht: Engel, Kategorien oder Spezies. Wer wahrhaft

---

1 Plotin hatte solche Verbildlichungen abgelehnt, da er den logischen und übersinnlichen Charakter der »Hervorgänge« betonte.

denkt, denkt immer Gottes Artikulationen mit. Ob aber
die »Seelenfunken« im Licht sind oder im ersten Dunkel,
sollte auch bei den Großen der mystischen Theologie nie
ganz klar werden. Ob sich Gott in mir offenbart oder in mir
versteckt, wie soll ich es wissen, wenn der Höchste selbst die
Frage offenläßt?

Eine Empfindung von sich selbst behält der vollendete innere Mensch insofern, als er sich ständig mysteriös aus Gott
hervorgehend denkt – die Schöpfung hat ja nicht »damals«
stattgefunden, *in illo tempore*, wie die Buchstabengläubigen
und Bilder-Abhängigen meinen, sie erfolgt ununterbrochen,
aktuell und in jedem Nu. Hierbei ist zu bemerken, daß die
göttliche Art von »Schaffen« oder »Gebären« ein kampflo-
ses und lückenloses Hervorquellen aus dem produzierenden
Grund darstellt – ganz so wie nach trinitätstheologisch kor-
rekter Lehre der Sohn im Modus der *processio* aus dem Vater
ausströmt, um diesem sein innerstes Eigentum, den Logos,
zurückzuspiegeln. Zwischen Gott Vater und Gott Sohn gibt
es kein *generation gap*. Daß in diese Lehren alte Phantasmen
von Gottes Doppelgeschlechtlichkeit einfließen, gibt ihnen
zusätzliche psychosemantische Attraktivität.

Man kann die Verführungskraft solcher Denkfiguren
nachempfinden, sobald man darauf achtet, wie in ihnen
die logischen Formen in genealogische Muster übergehen:
Diese weisen von Anfang an eine nicht-alltägliche Dynamik
auf. Die Ersturche spielt die Rolle eines Vaters, der den
Sohn endogen erzeugt, ohne sich dem Umweg durch den
Generationenprozeß unterziehen zu müssen. Da die Erstursache keine weiteren Ursachen hinter sich hat, kann sie
ohne externen Anlaß schöpferisch tätig werden. Sie muß,
im Bild gesprochen, keine zweite Ursache heiraten, um ihre
Fruchtbarkeit zu beweisen. Sie verfügt über das Vermögen
des Ursprungs, umstandslos »Vater« zu werden. Als solcher
vermag sie unmittelbar »aus sich« in die Kreaturen einzuflie-

ßen. Die höchsten unter ihnen partizipieren auf ihre Weise an der göttlichen *aseitas*. Sie existieren autogen, als eine erste Bewegung, ein aus sich rollendes Rad.

Es dürfte begreiflich sein, wie weit die »mystische« Denkform dem modernen Zug zu anti-genealogischem Empfinden entgegenkommt. Indem sie – die erfolgreichste Junggesellen-Maschine vor der genealogischen Modernisierung und der sexuellen Revolution des 20. Jahrhunderts – einen alternativen Entstehungsgedanken anbietet, befreit sie von der Last, die Herkunftsketten profanen Lebens zu tragen. Sie setzt eine nicht-alltägliche Auffassung von Fortpflanzung frei, wonach die spirituelle Filiation an die Stelle der erdenschweren physischen und familiären Herkunft treten kann.

Zugleich taucht der Umriß eines neuen Legitimitätsgedankens auf: Demnach qualifiziert sich das illuminierte mystische Subjekt *ab ovo* als Träger unveräußerlicher Kind-Gottes-Rechte, die tiefer begründet sind als alle späteren Reden von Menschenrechten. Wer schon zu jener Zeit nicht mehr fähig oder willens war, sich als Nachkomme, Erbe und Nachfolger von realen Vätern und Großvätern zu verstehen – die Mütterseite fehlt in dieser Logik ohnedies[1] –, fand in der Konzeption des *homo interior* eine Anleitung, den eigenen »Stammbaum« auf das quasi stamm-unbedürftige, zweiglose, wurzelfreie Minimum abzukürzen. Er kann das Dasein direkt beim Erzeuger beziehen. So entsteht ein Umkehrbild dessen, was man im 20. Jahrhundert die »vaterlose Gesellschaft« genannt hat: Die christlich-mystische Kom-

---

1 Dieses Fehlen wird durch die marianische Mystik zum Teil kompensiert: In dieser brachten es einzelne *mulieres religiosae* soweit, sich mit der Gottesgebärerin schrankenlos zu identifizieren, weswegen manche von ihnen für sich den Status von »Mit-Erlöserinnen« beanspruchten. Vgl. Bernard McGinn, Die Mystik im Abendland, Band 3, Männer und Frauen der neuen Mystik (1200-1350), Freiburg i. Br. 2010.

mune hat durchwegs ein und denselben jenseitigen Vater.
Sie kann reale Väter allesamt entweder ironisch dulden oder
gelassen entbehren.

Es macht die fortwirkende Suggestivität der mittelalterlichen Mystik aus (die nicht umsonst in der Meister-Eckart-
Rezeption der lebensphilosophisch animierten deutschen
Jugendbewegung nach 1900 ein Nachspiel fand), daß sie den
Einzelnen – den ewigen Jugendlichen – eine Methode auf-
zeigt, wie sie die Geste des Franziskus auf dem Marktplatz
von Assisi im Forum der Seele wiederholen können, ohne
öffentlich Skandal zu provozieren – sofern man von den Är-
gernissen der Häresie absieht, die auch in mittelalterlichen
Tagen meistens auf diskreten Bahnen verliefen. Nur in sel-
tenen Fällen zog die Verdammung durch die Inquisition den
Flammentod nach sich – so geschehen bei der illuminierten
Begine Margarete Porete, die lieber auf der Place de Grève zu
Paris den Scheiterhaufen bestieg (am Pfingstmontag, 1. Juni
1310), als den in ihrem *Spiegel der einfachen Seelen* (ca. 1295)
dargelegten Wahrheiten über das Verhältnis der vernichteten
Seele zum fernnahen Gott (*le loinprès*) abzuschwören.

Das Geheimnis des Nachahmungsverfahrens besteht
in der simultanen Verwendung zweier nebeneinander ver-
laufender Sprachspiele. Ihre Parallelführung erlaubt es, die
Wendungen der neutestamentlichen und theologischen
Rede von »Vater, Sohn und Heiligem Geist« direkt in die
philosophischen Figuren von Erstursache, Hypostase und
Emanation zu übersetzen *et vice versa*. Hierdurch kann man
zwischen den massiveren Figuren des Zeugens oder Gebä-
rens und den subtilen Konzepten des Ausfließens im ema-
nativen Modus hin- und herwechseln, ohne sich auf profane
Fortpflanzungsvorstellungen einlassen zu müssen.[1] In die-

---

1 Ein besonders sprechendes Beispiel für diese zwischen neutestamentli-
cher Rede und mystisch-theologischem Diskurs alternierende Denkform bietet Gheraert Appelmans Brüsseler Glosse über das Paternoster,

sem Schema ist es der Vater, der ohne Unterlaß gebiert, so wie es die Erstursache ist, die ständig aus sich ausströmt. Das logisch schwierigste Kapitel des neo-platonischen Denkens, die innere Gliederung und Motivierung der »Emanation«, ist für die mittelalterlichen Adepten der Mystik auf emotionaler und imaginärer Ebene fast mühelos zu bewältigen: Man konnte sich auf Bilder des pflanzlichen Hervorgehens, des mühelosen Ausströmens des Flusses aus seiner Quelle oder der inspirierten Predigt stützen, ohne sich mit tieferen Begründungsproblemen zu plagen.[1] Die Mystiker solcher Schule bezahlten für die Abtrennung des inneren Menschen von seinem sinnlichen Doppelgänger, dem verkörperten Dasein, freilich einen hohen Preis. Indem sie die äußere Welt als das schlechthin Beseitezulassende bestimmen, bewirken sie einen Zuwachs an Entfremdung von der Welt, der über das gewöhnliche Maß des Unbehagens am Lebenmüssen hinausgeht. Der verschärfte Weltabstand trägt zur Neigung der Spiritualen bei, sich aus dem Fortpflanzungsgeschehen der realen Kollektive zu verabschieden – nach rückwärts nicht weniger als im Blick auf die Zukunft. Nicht nur wollen sie keine irdischen Eltern mehr haben, sie möchten auch unter keinen Umständen selber zu solchen werden. Der mystische Antifamilialismus begnügt sich nicht mit der jesuanischen Aufforderung, wonach die Toten ihre Toten begraben sollen. Mit metaphysischer Ironie überlassen es seine radikalen Anhänger dem unverbesserlichen äußeren Menschen, sich

---

die von Kurt Ruh extensiv referiert und aufgrund von textimmanenten Hinweisen auf die bereits erfolgte Eckart-Rezeption des Verfassers auf die Jahre um und nach 1360 datiert wird. Vgl. Kurt Ruh, Geschichte der abendländischen Mystik, Vierter Band, a. a. O., S. 137-149.

1 Erst Fichte hat mit seiner Erläuterung der Selbst-Erzeugung des Ich in der Tathandlung die neo-platonische Doktrin der Ich-Stiftung durch Ausfluß aus dem überquellenden Einen außer Kraft gesetzt und ein alternatives Muster der Beziehung zwischen »Ich«-Ich und Gott-Ich vorgeschlagen.

am fragwürdig gewordenen Spiel der Kinder-Zeugung zu beteiligen.[1]

Durch die mystische Abkürzung des Herkunftsgeschehens scheint das Risiko mißlingender Filiation gebannt. Die Entfremdungsgefahr unter den mystisch Bewegten läßt sich aber nicht aus der Welt schaffen. Im Gegenteil, sie verschärft sich in dem Maß, wie den Praktikanten der mystischen Übungen die Wendung nach innen gelingt.

Tatsächlich springt dem bewährten Mystiker ins Auge, wie wenig die gewöhnlichen Menschen von ihrem latenten ontologischen Adel Kenntnis nehmen. Die Weltkinder, wären sie auch getauft, halten sich gewöhnlich doch eher für die Exponenten ihrer Sippe als für Sprößlinge der Mutter Kirche, geschweige denn für unmittelbare Kinder Gottes. Mit der verdächtigen Munterkeit unbelehrbarer Weltmenschen agieren sie weiter als Mitspieler in dem Stück, das immer nur irdische, allzu irdische Bewandtnisse in Szene setzt. Dabei kommt die mittelalterliche Version des Sachverhalts in Sicht, den man im 20. Jahrhundert die »Seinsvergessenheit« genannt hat: Sie ist nichts anderes als die Nachgiebigkeit gegen die Suggestionen der Alltäglichkeit. Sie verführt die Ihren dazu, sich nach dem Muster von verdinglichten Objekten und vorliegenden Umständen in der äußeren Welt zu begreifen und sich in diese gedankenlos einzugliedern.

Der mystische Angriff auf das genealogische System Alteuropas geht, wie bemerkt, von der theologisch plausiblen Konklusion aus, daß Gott ausschließlich »natürliche Söhne«

---

1 Über die Abmilderung der Verwerfung fleischlicher Fortpflanzung durch die Sakramentalisierung der Ehe vgl. Albrecht Koschorke, Die Heilige Familie und ihre Folgen, a. a. O., S. 141 f. Zudem ist in Betracht zu ziehen, daß bis zur biologischen Aufklärung des 18. Jahrhunderts oft eine gewisse göttliche Mitwirkung bei den Vorgängen von Zeugung und Geburt angenommen wurde – eine Denk- und Empfindungsweise, die in religiös motivierten Argumenten gegen die Abtreibung bis heute ihren Nachhall findet.

und »natürliche Töchter« hervorbringt – »gezeugt« oder »geboren« im Modus des direkten Ausfließens aus der ersten Quelle –, in Analogie zur geheimnisvollen *processio* des Worts aus dem Vater. Gott Vater selbst, *post Christum natum*, ist der Zeuger der nobelsten Bastarde.

Unter den so Erschaffenen machen sich jedoch nur die Wenigsten ihre virtuell in jedem Jetzt aktualisierbare Gottes-Kindschaft bewußt. Die zerstreute Mehrheit gesellt sich lieber zu den Nachkommen des vergebens angehauchten Adam. Die Menschen der Äußerlichkeit frönen Herkunftsvergessenheit, in weltliche Sorgen verklebt. Sie lassen sich im Generationenstrom treiben, nicht selten geleitet von der Vorstellung, sie täten, was sie tun, allein zum Wohl ihrer Nachkommen, einer Idee, die von alters her die Mutter des Selbstbetrugs war.

Aus der Sicht der erwachten »Söhne des Höchsten« hingegen sind die unbelehrten Weltkinder, die Satten, Frechen, Hochgeborenen an erster Stelle, die wahrhaft schrecklichen Kinder Gottes. Zu tadeln sind sie allemal, mehr aber zu bedauern. Obschon aus bestem Hause, schlagen sie regelmäßig aus der Art. Von ihrem hohen Erbe machen sie oft bis zuletzt keinen Gebrauch. Die schwarzen Schafe in der Herde des Herrn bilden von alten Tagen her – Theologen sagen: im post-lapsarischen Zeitalter – die stärkste Mehrheit. Unfähig, wie sie sind, ihren subtilen Ursprung zu erfassen, verlieren sie sich, Halbautomaten vergleichbar, in der »Diesigkeit« – Heideggers Ausdruck – profaner Affairen. Zur Besinnung unwillig, verwirken sie die Berechtigung, ihr Erbe anzutreten. Bei den letzten Dingen wird ihnen die viel beanspruchte väterliche Gnade nicht viel helfen. Wer die Erstursache *alias* den Vater zu Lebzeiten nicht erkannt hat, den werden die oberen Instanzen am Ende aller Tage nicht mehr als ihr Geschöpf gelten lassen.

4 *Die glorreichen Bastarde marschieren auf*

Sollte man an dem Satz, wonach jede Epoche die folgende träumt, je ein Moment von Wahrheit bemerkt haben, so gewiß vor allem aufgrund des Umstands, daß in der Tat jedes Zeitalter dem nach ihm kommenden etwas von seinen materiellen und symbolischen Unruhen weitergibt.

Nur selten tut eine Generation aktiver Intelligenzen dies im Modus der konstruktiven Utopie, auf die Ernst Bloch, der Großmeister der positiven Autosuggestion, hinzuweisen nicht müde wurde. Sie bewirkt es in Wahrheit überwiegend durch die Abwälzung illusionärer Spannungen der Gegenwart auf die späteren Zeiten. Naturgemäß gehört die Vorwegnahme des Kommenden zu der Entfaltung der Überschüsse, kraft welcher jede nicht ganz entgeisterte Generation glücklich rücksichtslos über ihre Verhältnisse lebt. Der zivilisationsdynamische Hauptsatz macht sich auch in diesem Kontext geltend: Aus dem unbeherrschbaren Zuviel von heute entwickeln sich – über die praktikablen Träume besseren Lebens hinaus – die auf spätere Tage verschobenen Verhängnisse. Kaum je hat man begriffen, in welchem Maß die von allen Seiten in Dienst genommene »Zukunft« eine Deponie für die Illusionsabfälle der überforderten Gegenwart darstellt.

An keinem Gegenstand läßt sich dies deutlicher illustrieren als an der Art und Weise, wie das Mittelalter die Neuzeit geträumt hat, ohne zu ahnen, wieweit seine Traumgedanken den problematischsten, wenn auch »kreativsten« Tendenzen des folgenden Zeitalters entgegenarbeitete.

Der alteuropäische Aufbruch in die »Neuzeit« vollzieht sich im Zeichen der Faszination durch Herkunfts-Anomalien. Kulturhistoriker haben mit guten Gründen in die Übergangszone zwischen den mittelalterlichen und den

neuzeitlichen Verhältnissen ein »Jahrhundert der Bastarde«
plaziert – *de facto* sind es mehrere Jahrhunderte, die bis heute
dauern. In denen nahmen die Phänomene der illegitimen
oder herkunftsunsicheren Existenz in den Büchern wie in
den Betten epidemische Ausmaße an – beginnend bei der in
allen Lebensbereichen chaotischen Nachernte des Schwarzen Todes der Jahre 1348-1349 und fortwirkend bis in die
elisabethanische Ära, in der eine bastardische Jungfrau auf
dem Thron einer aufsteigenden Weltmacht die staunenden
Blicke der Zeitgenossen auf sich zog, und darüber hinaus.

Wer begreifen möchte, auf welche vormodernen Fragen
die moderne Welt Antworten zu liefern versuchte, kann sich
nichts Informativeres vornehmen, als die genealogischen
badlands der beginnenden Neuzeit ins Auge zu fassen. Wie
gezeigt, waren die mystischen Blockaden des gewöhnlichen
Herkommens aus den Versuchen der Spiritualen erwachsen,
den irdischen Genealogien den Rücken zu kehren, um sie
durch ein geistiges Hervorgehen aus dem immergebärenden
Gott zu ersetzen. Die neuen Blockaden ergeben sich aus den
Bemühungen der frühmodernen Bastarde, sich ihrer illegalen Herkünfte zum Trotz den Zugang zu den Hochburgen
kultureller Legitimität zu erzwingen.

Tatsächlich beginnt das mittelalterliche Träumen, das in die
Neuzeit deutet, mit einem Donnerschlag im Imaginären,
dessen Nachhall über mehrere Jahrhunderte hinweg ver-
nehmbar sein wird. Die Moderne hat freilich das Gehör für
die telepathischen Vibrationen verloren, ohne welche sich
das zivilisatorische Geschehen in vormoderner Zeit nicht
nachvollziehen läßt. Um die Mitte des 12. Jahrhunderts entstehen in Frankreich und den deutschen Landen die ersten
volkssprachlichen Übernahmen des spätantiken *Alexan-
derromans*, der sich neben der Bibel zur meistübersetzten,
meistgelesenen und am häufigsten umgeschriebenen welt-

lichen Schrift des vormodernen Abendlands entwickelte.
Die starke Sensation des Buchs, mit dem die mittelalterliche
Traumkraft das Tor zum Orient und damit – ohne es zu wissen – zur Zukunft Europas aufstieß, findet sich gleich zu
Beginn der Geschichte. Wie es kaum anders sein kann, entfaltet diese sich in Form einer phantastischen Geburtserzäh-
lung. Demnach wäre Alexander (356-323 v. Chr.) nicht der
legitime Sohn Philipps II. von Mazedonien gewesen, wie die
geläufige Meinung unterstellte, sondern ein Fabel-Bastard,
dessen Zeugung sich unter den unerhörtesten Umständen
vollzog.

Der wahre Vater Alexanders wäre der spätantiken Vorlage
zufolge, an welche die mittelalterlichen »Romane« sich in
der Regel anlehnten, der letzte Pharao der 30. Dynastie gewesen, Nectanebo II. (380-342 v. Chr.), von dem es hieß, er
sei wegen des Verlusts der Krone nach der Niederlage gegen
die persisch-achaemenidischen Armeen an den Hof Philipps
von Mazedonien geflohen. Da der entthronte Monarch, seiner Herkunft aus dem mythenschweren Osten gemäß, sich
auch nach seiner Abdankung als Astrologe und Nekromant
betätigte, standen ihm, wie die hellenistische Sage versicherte, übernatürliche Kräfte in Fülle zur Verfügung.

Der besagte Nectanebo setzte seine okkulten Fähigkeiten
ein, um die dominierende Gattin Philipps, Olympias von
Epirus, die ambitionierte Molosser-Prinzessin, zum Bei-
schlaf zu verführen. Dies gelang ihm, indem er der ersten
Dame Mazedoniens einflüsterte, der Gott Amun *alias* Zeus
hege den Gedanken, durch seine Vereinigung mit ihr einen
Sohn, ganz außerhalb aller menschlichen Maßstäbe, zu zeugen. Von solchen Andeutungen nachdenklich gestimmt,
soll Olympias, halb spekulative Ehebrecherin, halb demü-
tige Gottesmutter, sich dem Magier hingegeben haben. Bei
ihrem Entschluß spielte wohl auch – zumindest nach dem
Kalkül des antiken Erzählers – die Tatsache eine Rolle, daß

Olympias nur eine von mindestens fünf Frauen Philipps war, mit denen er seine dynastisch-imperialen Pläne verfolgte. Nun sah sie durch die Erwartung eines Gottessohns ihre große Chance gekommen. Die Sequenz nicht-alltäglicher Vorgänge erreichte ihren Höhepunkt, als Nectanebo, der Magier-Pharao, sich im Moment der Beiwohnung in einen Drachen verwandelte, um seinen monströsen Samen in die Königin zu entladen. Der verheißene Sohn würde folglich auf mehrfache Weise dem Außermenschlichen entstammen.

Wer durch mittelalterliche Augen auf das Phänomen Alexander blickte, hatte es mit einem Amalgam transhumaner Erbschaften zu tun. Er hatte einen Pharaonensohn vor sich, der zugleich einen Zauberersohn und einen Drachensohn verkörperte, obendrein einen Gottessohn, entsprungen aus dem Pantheon des ägyptischen Jenseits, das die späteren Varianten mediterraner Göttertafeln vorweggenommen hatte.

Die Folgerungen aus dem phantasmatischen Bettgeschehen am Hof des mazedonischen Fürsten im alteuropäischen Raum sind in kulturdynamischer Sicht von kaum zu ermessender Reichweite: Für seine spätantiken Bewunderer schien Alexanders Laufbahn bereits eine übernatürliche Abstammung zu fordern – die mütterliche Eskapade galt hierfür als der angemessene Preis. Alexander selbst hatte sich nach dem Besuch des offensichtlich gut vorbereiteten ägyptischen Wüsten-Orakels von Siwa als Sohn des Gottes Amun bekannt: Er soll, wie ein antiker Brief andeutete, nach Beendigung seines persischen Feldzugs mit seiner Mutter unter vier Augen über Einzelheiten seiner Entstehung haben sprechen wollen.

Auch mittelalterliche Bearbeiter des Stoffs ließen sich nicht ungern in den Abgrund der genealogischen Sensation ziehen – unter ihnen Buchmaler, die den Koitus der mazedonischen Königin mit dem ins Schlafgemach vordringen-

den Drachen in eindrucksvollen Visualisierungen ausgestal-
teten: Auf einer naiv-brillanten Miniatur des ausgehenden
13. Jahrhunderts erkennt man das Ungeheuer, wie es auf
dem Gestell des Betts kauert, worin der mehrdeutige Pharao
die Königin umarmt, indes der Drachenschwanz kühn aus
dem Bildrahmen hinausragt.[1] Im Palazzo del Te von Mantua
findet sich ein sehr explizites Fresko von Giulio Romano
aus dem ersten Drittel des 16. Jahrhunderts, das einen hoch
erregten, nur unter Eingeweihten höherer Stufe präsenta-
blen Zeus beim Eindringen in die entblößte Griechin portraitiert, auch er in seiner unteren Hälfte als schillernder
Drache dargestellt.

Daß Alexander aufgrund seiner irregulären Zeugungs-
verhältnisse in para-humaner Gestalt existiert, ist für seine
christlich-mittelalterlichen Schilderer ohne weiteres begreiflich: Da Monstren-Zeugung noch immer verpflichtet,[2]
gleicht Alexander weder seinem Vater noch seiner Mutter:
Er trägt von Natur aus eine Löwenmähne, er weist spitze
Zähne auf wie ein Raubtier, seine Augen sind ungleich, das
eine schwarz wie das eines Falken, das andere grau wie das
eines Drachen. Hierin machen sich die zeitüblichen Markie-
rungen der Bastarde geltend, bei denen, neben Indizien der
durchschlagenden Animalität, vor allem die Zweifarbigkeit
bezeichnend ist – man denkt bei diesem Sujet unwillkürlich
an Feirefiz, den weiß-schwarz gefleckten Halbbruder Par-
zivals.[3]

---

1 Vgl. Simona Slanicka, Bastarde als Grenzgänger, Kreuzfahrer und Eroberer. Von der mittelalterlichen Alexanderrezeption bis zu Juan de Austria,
   in: WerkstattGeschichte Heft 51 (2009), Essen, S. 5-21, Abbildungen des
   Drachen auf den Seiten 10 und 11.
2 Vgl. S. 255 f. in diesem Band.
3 Vgl. Simona Slanicka, Der zweifarbige Bastard. Exemplarische Misch-
   linge im Mittelalter, in: Bastard. Figurationen des Hybriden zwischen
   Ausgrenzung und Entgrenzung, hg. von Andrea Bartl und Stephani Catani, Würzburg 2010, S. 49-66.

Über der Existenz Alexanders waltet ein düsteres Fatum: Frühreif und mit enormen Körperkräften ausgestattet, verschuldet er eines Tages den Tod Nectanebos: Dieser hatte dem jungen Mann vorhergesagt, er werde, wie einst Ödipus, unwissend zum Mörder seines Vaters werden. Anders als bei dem thebanischen Königssohn sollte sich die Prophezeiung auf der Stelle erfüllen, weil Alexander in einer Aufwallung von rechthaberischem Zorn den scheinbar falschen Propheten, kaum daß er seine Vorhersage ausgesprochen hatte, von einer hohen Mauer in die Tiefe stieß.

Eine explizite Ausnahme von der direkten Anknüpfung an die antike Zeugungsfabel machte der Verfasser des um 1150 verfaßten deutschen *Alexanderlieds*, der sich seinem Publikum als »Pfaffe Lamprecht« vorstellte: Zwar zeigte auch er sich bereit, Alexanders aparte Geburt durch Naturereignisse wie schwere Gewitter, Sonnenverfinsterung und Erdbeben zu markieren – hiermit indirekt eine Analogie zu den kosmischen Zeichen beim Tod Christi zugestehend –, jedoch wies er die bastardische, magische und ehebrecherische Komponente bei der Zeugung Alexanders als Erfindung lügenhafter Berichterstatter zurück. Er wagte dies, ohne sich klarzumachen, daß er damit den deutschen Rezipienten der Historie deren starke Pointe vorenthielt: Er unterschlug die gleichsam ontologische Notwendigkeit, den mythischen Helden der Ost-Erweiterung abendländischer Weltsicht genetisch ins Register der heiligen Monstren zu versetzen.

Die überragende Bedeutung der Alexander-Gestalt für das Imaginäre der höfischen Gesellschaften des Mittelalters lag nicht nur in der Schlüsselrolle des Mazedoniers bei der Erschließung des Orients und dessen *promesses de bonheur*, von denen der opulente Mirabilien-Abschnitt des Romans eine Ahnung vermittelt. Es sind vor allem die erfolgsverklärten Militäroperationen des Mazedoniers, von Babylon über Ägypten bis Persepolis und Indien, die zahllosen abendländischen Fürsten und Rittern vom 12. Jahrhundert an als Archetypen ihrer eigenen Kreuzzugs-Obsession vor Augen standen. Unter dem Einfluß der Alexander-Historie wurde für sie der Kurs ihres Begehrens evident: An der Seite des antiken Helden und auf seinen Spuren wollten sie neue Siege in jenen fernen und bedeutsamen Zonen erfechten. Zieht man in Betracht, daß die militärischen Expeditionen nach Jerusalem, zu ihrer Zeit schlicht als *iter* bezeichnet, zwischen dem 12. und dem 16. Jahrhundert zu den mythomotorischen Quellen alteuropäischer »Unternehmenskulturen« rechneten – befeuert durch ein unentwirrbares Geflecht aus spirituellen, kriegerischen, ökonomischen und geopolitischen Motiven –, wird die Funktion der Alexanderzüge als Präfigurationen der »bewaffneten Pilgerfahrten« zur Befreiung des Heiligen Grabes in ihrer *dschihad*-artigen Tragweite begreiflich.

Naturgemäß konnte keiner der mittelalterlichen Bearbeiter des Alexander-Stoffs über die vor-christliche Identität des Helden hinwegsehen. Einige Autoren machten aus ihren Vorbehalten gegen seine heidnischen Wurzeln kein Geheimnis, ja, sie hielten ihm seine »Hoffahrt« vor, manche tadelten *expressis verbis* seine Verführbarkeit durch weltliche Fiktionen von Macht und Reichtum. Nichtsdestoweniger überwog die Faszination bei weitem. Das Bild des noblen Bastards Alexander erstrahlte vor den Augen des mittelalterlichen Publikums zumeist als das eines vollendeten Ritters und eines Fürsten ohne Fehl und Tadel – wobei die althergebrachte Gleichsetzung von Schlachtensieg und Gottesurteil durchwegs zu seinen Gunsten sprach. Im reichsbildnerischen Drang des manischen Feldherrn erkannte man nicht nur die Vorwegnahme eigener erhoffter Kreuzzugstriumphe, man sah in ihm auch den aktuell gültigen Auftrag zur explorativen Erweiterung des »abendländischen« Welt-

bilds – soweit sich dieses ohne die Mitwirkung der ozeanischen Seefahrt dehnen ließ.

Konnte Alexander aufgrund seiner Zugehörigkeit zu vorchristlichen Weltverhältnissen kein Teilhaber der christlichen Heilsgeschichte werden, war er doch durch seine me-
teorische Erscheinung dazu prädestiniert, als ein verfrühtes
Double des Erlösers wahrgenommen zu werden. Er mußte
seinen mittelalterlichen Bewunderern wie ein Para-Christus
unter Waffen erscheinen, ein kühner Grenzüberschreiter,
der für die Menschen des Abendlands das Tor nach Osten
aufgestoßen hatte. So wurde er zum Modell für jene zahlreichen Adeligen, die während der Kreuzzugsjahrhunderte von
der metaphysischen Überhöhung ihrer »telemachischen« –
fern-kämpferisch nach Jerusalem ausgerichteten – Einsätze
für die Sache der Christenheit träumten.

Unter den höfischen Imitatoren Alexanders waren einige
ohne Zweifel hellsichtig genug, um die Analogien zwischen
den irregulären Geburtserzählungen des Erlösers und denen
des Eroberers wahrzunehmen, obschon das unvermeidliche
Du-sollst-nicht-merken der kirchlichen Doktrin das Ihre
dazu tat, die Parallelen zu verdunkeln. Sprangen jedoch die
gemeinsamen Züge nicht ins Auge? Durch einen providen-
tiellen frühen Tod im selben Lebensjahr hatten die beiden
Heroen ihre Laufbahnen besiegelt. Beide waren durch das
glanzvolle Stigma einer Herkunftsanomalie gezeichnet, die
aus ihnen siegreich leidende Gottes-Söhne machte – mit
dem Unterschied, daß Alexander die begabteren Erzähler,
Jesus die besseren Theologen an sich zog. Beide wurden
von Müttern geboren, die bereit gewesen waren, sich bei der
Empfängnis auf ungewöhnliche Verfahren einzulassen. Beiden schien es vorherbestimmt, die Welt, trotz aufsehenerre-
gender Erfolge und Rückschläge zu Lebzeiten, mehr durch
ihre posthumen Wirkungen als durch ihr irdisches Dasein
zu verwandeln. Diese Resonanzen, wie latent sie auch blei-

ben sollten, gewährten den Bewunderern dieser Helden die kaum gestehbare Genugtuung, das Elixir einer überlegitimen Illegitimität in sich aufzunehmen.

Wie mächtig der Zaubertrank noch am Ende des 15. Jahrhunderts wirkte – obschon die Kreuzzugsidee den Höhepunkt ihrer mobilisierenden Kraft seit längerem überschritten hatte –, verriet sich am 11. August des Jahres 1492, als der Katalane Roderigo de Borgia (1431-1503), soeben als neuer Papst aus dem Konklave hervorgegangen, mit triumphaler Unverfrorenheit den Namen Alexander VI. annahm.

Von diesem Augenblick an lag das Geheimnis der aristokratischen Psychomotorik in alteuropäischer und frühmoderner Zeit offen: Der Stellvertreter Christi selbst hatte es gewagt, sich den Namen des hellenischen Kriegsherrn zuzulegen.[1] Durch diese Geste stellte er der Mitwelt seine Vision der *coincidentia oppositorum* vor Augen, wonach weltliche Macht und überweltlicher Geist nun im selben Lager zusammenfinden sollten. Dabei war offensichtlich, daß die Geist-Seite aus dieser Allianz nur korrumpiert hervorgehen konnte. Die legendäre politische Energie des Borgia-Papsts brachte das Epochenthema in letztgültiger Ausdrücklichkeit zum Vorschein: Durch sein Agieren gab der Inhaber des Heiligen Stuhls Auskunft auf die Frage, wie es künftigen Trägern eines Herkunftsmakels, ihrem Handicap zum Trotz, gelingen kann, sich höchster Ämter zu bemächtigen.

Die enthemmende Wirkung der päpstlichen Lektion hallte lange nach: Bei fehlender Legitimität leistet die offene Usurpation – in Verbindung mit der Vergeßlichkeit

---

1 Bei fünf früheren Päpsten, die den Namen Alexander trugen, lassen sich keine programmatischen Bezüge auf den Mazedonierfürsten feststellen, erst der Borgia-Papst machte aus seiner imperialen Identifikation mit dem antiken Kriegshelden kein Geheimnis.

und Passivität der Völker – dem entschlossenen Kandidaten manchmal die gleichen Dienste wie ein gediegenes Herkommen.

Sofern die Quellen nicht trügen, gab es kaum ein Verbrechen, vor dem der damalige Inhaber des Heiligen Stuhls zurückschreckte, wenn es galt, seinen unehelichen Kindern Cesare (geb. 1475) und Lucrezia (geb. 1480), in geringerem Ausmaß auch Juan (geb. 1474) und Jofré (geb. 1481), zu Pfründen, Kronen und Ansehen zu verhelfen – sie alle waren aus dem langjährigen Konkubinat Roderigos mit Vanozza de' Cattanei (1442-1518) in seiner Kardinalszeit hervorgegangen. Während Alexanders römischem Pontifikat wurden weitere ihm zuschreibbare Bastard-Sprößlinge gezählt. Was die moralischen Profile des Borgia-Sohnes Cesare angeht, wären sie geeignet, die dunkelsten Klischees der älteren kirchlichen Literatur über den unvermeidlich korrupten Charakter von unehelichen Kindern, zumal der von Priestern gezeugten, zu bestätigen. Sollten auch die meisten Vorwürfe gegen die exorbitanten Geschwister Cesare und Lucrezia in erster Linie Projektionen seitens der Opfer von Alexanders Intrigen gewesen sein, der gesicherte Anteil würde zu einer eindrucksvollen Liste von Verurteilungen ausreichen.

Auf die schrecklichen Borgia-Nachkommen wäre ein Spruch anzuwenden, den ein Autor der Tudor-Zeit in bezug auf Schurken-Charaktere der elisabethanischen Bühnen vorbrachte: »Bastarde, am Hintereingang der Natur gezeugt«.[1] Noch sind wir Lichtjahre entfernt von der Verbrechens-Romantik späterer Epochen. Die entsetzten Zeitgenossen der päpstlichen Politik wußten es auf ihre Weise besser: Wenn der Schweizer Reformator Zwingli (1484-1531) die Selbstvergottung Alexanders VI. in scharfen Tönen verwarf, legte

---

1 Alison Lindsay, Illegitimate Power, a.a.O., S. 87.

er den häretischen Kern des bizarren Pontifikats offen – denn was ist Kirche, wenn manifeste Verbrecher reuelos an ihrer Spitze stehen können? Als Martin Luther zwei Jahrzehnte nach dem Ende des katalanischen Spuks in der Ewigen Stadt seine berüchtigte Sentenz: »des Teufels Sau, der Papst« zum besten gab, sprach er – wie üblich grob, doch unterstützt vom Beifall vieler – im Resonanzraum eines europaweit empfundenen Unbehagens an den römischen Verirrungen.

Zwinglis und Luthers Voten werden aufgewogen durch Machiavellis (1469-1527) technische Beobachtungen zum Agieren der Borgia-Clique: Für den florentinischen *secretario* zeichnete sich gerade in den skrupellosesten Manövern des von ihm bewunderten Papst-Bastards Cesare das Wesen moderner Fürstenpolitik ab: Wer die politische Manifestation von »Wahrheit« im aktuellen Erfolg sieht, muß im Handkoffer der Macht jederzeit Mord, Verrat und Lüge mit sich führen. Das wichtigste Instrument hierunter ist seit jeher die Lüge – beginnend mit jener, die der Nachwelt, bis hin zu Friedrich dem Großen, unentbehrlich wurde: wonach man Machiavellis Doktrinen aus tiefstem Herzen verabscheue, während man sie unablässig praktiziert.

Daß sich die Faszination durch illegale Ursprünge schon im späten Mittelalter nicht auf die Sphären höfischer Literatur – und ihres Widerhalls in der ministerialen Romantik – beschränkte, verrät die irrlichternde Karriere des Römers Nicolo di Lorenzo (1313-1354), der unter dem Namen Cola di Rienzi bei seinen Landsleuten zu kurzzeitigem Ruhm gelangte, um bei einigen Autoren des 19. Jahrhunderts, namentlich bei den Verfechtern des *risorgimento*, wie auch bei romantischen Historisten vom Schlage Edward Bulwer-Lyttons (1835) oder schwärmerischen Jungrevolutionären wie Friedrich Engels (1840) und Richard Wagner (1842), zu einem phantasie-politisch überhöhten Nachleben zu erwachen.

In der Gestalt Rienzis zelebrierten seine neuen Bewunderer nicht nur einen verfrühten Fall akklamatorischer Volksherrschaft: Mit ihr warf die politische Moderne als solche ihren Schatten voraus. Die romantischen Populisten wollten in ihr den Einbruch des Genies in die Sphäre des Staatswesens erkennen. Sie verklärten Rienzis Auftreten, als wären die beiden spektakulären Herrschafts-Episoden des selbsternannten Volkstribuns von Mai bis Dezember 1347 und von Juli bis Oktober 1354 Vorboten eines Phänomens gewesen, das man seit der Mitte des 19. Jahrhunderts dank einer Begriffsprägung des französischen Publizisten Auguste Romieu (1800-1855) »Cäsarismus« nannte: die Kondensierung des vermeintlichen Volkswillens in der Figur eines charismatischen Führers, der plötzlich und theatralisch aus der Masse aufstieg, um nach einer langen Periode politischer Apathie die neu aufflammenden Aspirationen des »Volks« auf Ruhm, Macht und Wohlstand mit eklatanten Darbietungen in historischer Kulisse zu befriedigen.

Es lag in der Natur seiner Rolle, daß sich Rienzi mit seiner Geburt als Sohn eines römischen Schankwirts und einer Wäscherin nicht zufriedengeben konnte. Nachdem er es aus einfachsten Verhältnissen zu dem angesehenen Beruf des Notars gebracht hatte, wollte er beweisen, daß über dem modernen Aufsteiger der Raum nach oben grenzenlos offen sei. Tatsächlich gelang es ihm, sich binnen weniger Jahre an die Spitze einer populären Bewegung zu setzen, die sich die Wiederherstellung der öffentlichen Ordnung in der von endlosen Adelsquerelen zerrütteten Stadt vornahm – und darüber hinaus die Wiederaufrichtung der vormaligen Größe Roms. Ausgestattet mit rhetorischer Begabung und beflügelt von den autohypnotischen Talenten des Hysterikers, der sich auf das Gesetz des wirkungsvollen Auftritts

verstand, ließ er nach seiner Proklamation zum Beschützer
der Ewigen Stadt und zum Restaurator römischer Weltbe-
deutsamkeit die Nachricht verbreiten, er sei in Wahrheit
der »natürliche Sohn« des luxemburgischen Kaisers Heinrich VII. (1279-1313) – von diesem während seines Italien-
zugs im Jahr 1312 mit einer Landestochter gezeugt. Daß der
vorgeblich noble Bastard aufgrund seiner frei erfundenen
Herkunft zu großen Taten außerhalb der bestehenden Verhältnisse berufen war, sollte sich für die Mitwisser seines er-
lesenen Geheimnisses von selbst verstehen.

In der meteorisch-somnambulischen Laufbahn des Ama-
teur-Imperators Rienzi wird das Umschlagen des Geburtsmakels in das Charisma der Illegalität als eine wunderwir-
kende Zugabe des Fatums in Anspruch genommen. Alles
spricht dafür, daß der Fabel-Politiker bei seinen Rückgriffen
ins Arsenal antiker Rollenspiele seine Funktion als »Tribun«
von Anfang an mit überhöhten imperialen und pontifikalen
Aspirationen vermischte: Die von Rienzi proklamierte Wiedergeburt Roms als machthabende Mitte des Erdkreises und
die Wiedereinsetzung der römischen Bürger als Träger ursprünglicher Volkssouveränität machte eine doppelte konservative Revolution erforderlich: die Heimkehr des deutschen Kaisertums in die Ewige Stadt und die Rückkehr des
Papstes aus dem avignonesischen Exil.[1]

Rienzi proklamierte seine Pläne in der Regel auf eigene
Faust, ohne die Betroffenen zu Rate zu ziehen, verzückt
vom autogenen Elan seines Vortrags und stets, wie alle
großen Performativen, geneigt, die Proklamation selbst
für ihre Erfüllung zu halten, hierin die Manifest-Kunst des
20. Jahrhunderts vorwegnehmend. Beharrlich ignorierte er,
daß Kaisertum und Papsttum sich in der westlichen Hemi-

---

1 Über das Motiv des Romanismus in den konservativen Revolutionen des
  19. und 20. Jahrhunderts vgl. Richard Faber, Roma aeterna. Zur Kritik
  der ›Konservativen Revolution‹, Würzburg 1981.

sphäre nicht ohne Grund seit einem halben Jahrtausend zu polarisierten Institutionen mit eigenen Funktionsbereichen entfaltet hatten. Die Wiedervereinigung der beiden höchsten Ämter des Abendlands in seiner Person virtuell im voraus vollzogen zu haben – an dieser Überzeugung ließ der entflammte Tribun seit seiner feierlichen Inthronisation im Sommer 1347 keinen Zweifel. Andernfalls hätte er sich nicht vor den wahnbereiten Römern als den »Kandidaten des Heiligen Geistes« ausrufen lassen, eine vulgarisierte Denkfigur der joachimitischen Lehre vom dritten Reich des Geistes aufgreifend.

Hätten ihn seine alt- und neu-römischen Phantasmen nicht zu ikarischer Politik inspiriert, würde er es nicht gewagt haben, die Größten unter den Großen der Welt, Papst, Kaiser und Fürsten aller dynastischen Farben, in gebieterischem Ton nach Rom vorzuladen, um dort unter seinem Präsidium eine neue, gemeinsame und globale Verfassung für Reich und Kirche auszuhandeln – wobei die Einigung Italiens sich als Nebenprodukt der genialisch hingeworfenen Weltreform von selbst ergeben würde. Wenn Rienzi zeitweilig den Beifall Petrarcas gewinnen konnte, spricht dies für die Ausstrahlung des unerwarteten Politikers. Er lehnte den Titel »König« für sich ab, um statt dessen die Amtsbezeichnung des *tribunus plebis* anzunehmen. Ihm war nicht entgangen, daß schon Augustus auf seinem Weg zur Alleinherrschaft an der Institution des Volkstribunats angeknüpft hatte, um den bei Römern verhaßten Königstitel zu vermeiden.

Binnen kurzem stieg dem übermütigen Geist-Politiker sein Erfolg zu Kopfe: Zugleich mit der Ausarbeitung seiner hyperbolischen Restaurations-Ideen vollzog sich bei ihm eine galoppierende psychische Inflation, die ihn zu maßlosen Selbstinszenierungen verleitete. Er soll sich während der Monate seines Triumphs stets nur in feierlichen Prozes-

sionen durch die Straßen Roms bewegt haben. Seine Auftritte waren eine einzige Liturgie der Erneuerung, in eigener,
nationaler und kosmischer Sache: Nicht umsonst hatte er
vor seiner Krönung zum neuen Augustus in der Taufwanne
des Kaisers Konstantin im Baptisterium des Lateran ein Bad
genommen – Urszene des Geschehens, das man später als
die »Renaissance der Antike« mißverstehen sollte.[1]

Was immer Rienzi in der Folgezeit *coram publico* vollzog, es bedeutete die Fortsetzung seiner eigenen Wiedergeburt mit politisch-symbolischen Mitteln: Er war von nun
an Roma, Italia und Imperium in einer Person, gekrönt von
sechs Kränzen, von denen ein jeder ein spezifisches Heils-
versprechen auf sein Haupt übertrug. Gern ließ er sich mit
Prädikaten wie »Freund des Erdkreises« oder »Befreier des
Vaterlands« verherrlichen. Dank seiner spekulativen Klug-
heit sorgte er dafür, daß man ihn mit imperialen Prädikaten
wie *severus et clemens*, der Strenge und der Milde, titulierte,
wobei den Zeitgenossen die Anspielung auf den antiken
Kaisernamen sowenig entgangen sein konnte wie die auf
den Namen des in Avignon residierenden Papstes.

Dies hinderte Clemens VI. (1291-1352), den Inhaber des
Stuhls Petri aus südfranzösischer Herkunft, nicht daran, Rienzi – nach anfänglicher Unterstützung – wenig später in
den Verliesen des Papstpalasts gefangenzusetzen, um ihn als
Häretiker zum Tode zu verurteilen. Aus dieser Lage befreite
ihn nur das plötzliche Ableben des Papstes im Dezember
1352: Sein Nachfolger, Innozenz VI. (Papst von 1352 bis
1362), entsandte den entzauberten, doch immer noch agilen

---

1 Konrad Burdach, Reformation Humanismus Renaissance. Zwei Abhandlungen über die Grundlage moderner Bildung und Sprachkunst,
Darmstadt 1978, S. 108 f. Burdach insistiert in seinem zweiten Vortrag vor
allem darauf, daß das Konzept der *rinascità* von Dante bis Petrarca nicht
allein die Wiederanknüpfung am Altertum, sondern mehr noch die Neu-
Werdung der Existenz im Sinne der paulinisch-augustinischen Metanoia
implizierte.

Politiker im Sommer 1354 unter dem Titel eines Senators aus Avignon erneut in das mehr denn je von den Parteikriegen der Nobili zerklüftete Rom, um Möglichkeiten einer Rückkehr des Heiligen Stuhls zu sondieren. Als unrealistisch erwies sich die Annahme des neuen Papstes, der aus Spanien gebürtige Kardinal Albarnoz (1310-1367), den er aufgrund seines diplomatischen Geschicks zum Generalvikar in Italien ernannte, könne als Supervisor Rienzis in Rom einen weiteren populistischen Exzeß verhindern.

Rienzi, von der Glorie seiner zweiten Chance berauscht, stürzte sich jedoch sofort wieder in die Akklamation der Bevölkerung und versuchte, seine Triumphe zu wiederholen. Da er, vom stürmischen Empfang durch die vergeßliche Menge zu neuen Illusionen emporgetragen, schon in den ersten Tagen den Bogen überspannte, indem er die ihm vermeintlich loyal ergebenen Römer durch freche Steuererhöhungen, provozierenden Pomp und hochfahrende Grausamkeiten vor den Kopf stieß, verlor er die Sympathien seiner Anhänger binnen kürzester Zeit. Wenige Wochen nach seiner Re-Inthronisierung wurde der glücklose Senator von aufgebrachten Handwerkern auf seiner maskierten Flucht aus dem Kapitol erkannt, abgeschlachtet, durch die Straßen geschleift und schmachvoll an den Füßen aufgehängt.[1] Seine adipöse Körpermasse soll an eine ausgeweidete Rinderhälfte erinnert haben. Die Erdolchung Rienzis durch ein Kollektiv enttäuschter Bewunderer, die, theatralisch nicht unbegabt, das Historienspiel aufgriffen und sich als biedere Nachfahren der Caesar-Mörder gebärdeten, lieferte späteren Zeiten ein Symbol für die Affinität von prahlerischem Populismus und rohester Gewalt. Wieder rief ein Abgrund den anderen herauf – und eine Illegalität die folgende.

---

1 Ein Ritual, das, wie es scheint, bei der im April 1945 erfolgten Aufhängung Benito Mussolinis und einiger seiner Gefolgsleute am Mailänder Piazzale Loreto re-inszeniert wurde.

Der Fall Rienzi bewirkte nichts, woraus eine Tradition hätte entstehen können. Die Spuren des von ihm verursachten Chaos wurden von den ortsüblichen Variationen konfuser Zustände verschüttet. In den Augen Europas blieb Rom für Jahrhunderte weiterhin die Geburtsstätte der Unregierbarkeit. Der kurzlebige Phantasie-Politiker hatte weder eine Schülerschaft noch eine zitierbare Doktrin begründet. Es sollte nahezu fünfhundert Jahre dauern, bis die Konstellation des *risorgimento* eine Kohorte romantischer Ideologen in Europa auf den Plan rief, die die Erinnerung an den »tragisch« gescheiterten Geist-Politiker durch ästhetische *re-enactments* erneuerten.

Am erfolgreichsten unter diesen phantasiebewegten Restaurateuren war der junge Richard Wagner (1813-1883), als er, unter dem Eindruck des vielgelesenen Romans von Bulwer-Lytton (1835 erschienen, im Jahr darauf ins Deutsche übertragen), mit seiner im Oktober 1842 zu Dresden uraufgeführten Oper *Rienzi, der letzte der Tribunen* eine zeitgeistträchtige Totenbeschwörung auf die Bühne brachte. Was den 27jährigen Komponisten, der sich als meteorischer »Revolutionär« verstand, bei seiner Arbeit am Stoff des Renaissance-Volkstribuns fasziniert hatte, war die geniehafte, zu allem berechtigende, ins große Allgemeine plädierende Unverantwortlichkeit, mit welcher sein Bühnenheld die »Mächte des Bestehenden« herauszufordern wagte – hierin nicht wenig von dem vorwegnehmend, was die größeren und kleineren Spieler kommender Zeiten im Namen von Revolution, Unabhängigkeit und demokratischem Fortschritt auf ihren jeweiligen Bühnen zelebrierten. Hier wurde der Inhalt des zivilisationsdynamischen Hauptsatzes in ein ästhetisches Prinzip transformiert: Wer die Menschheit durch Freisetzung schöpferischer Energien voranbringen möchte, nimmt unkalkulierbare Nebenfolgen in Kauf.

In der Figur Rienzis nahm Wagner nicht weniger als einen

der Schlüsselcharaktere des 19. und 20. Jahrhunderts vorweg: Er portraitierte – ohne jede Distanz – den politischen Hazardeur, der sich der Pflicht zur Realitätsprüfung entledigt hatte, um im anhaltenden Macht-Hochgefühl den Ritt auf der Welle der Gelegenheit zu genießen. In dem schwärmerischen Römer war die Synthese von Politik und Regietheater erstmals vollzogen. Als Situationist *ante litteram* hatte Rienzi während seiner großen Monate die stetige Flucht nach vorn gewählt, um sich solange wie möglich in der »Drift« zu halten. In den Tagen seiner Vollmacht genoß er den selbsterzeugten Ausnahmezustand, indem er unablässig darauf spekulierte, die Mauer des Realen werde synchron mit der eigenen Fluchtgeschwindigkeit zurückweichen.

Was Wagner in seinem effektvollen Frühwerk entwarf, war die vollendete Verschmelzung von Geniepolitik und Populismus – hierin die Laufbahnen unzähliger Befreier-Despoten seit dem 19. Jahrhundert bis in die Gegenwart vorwegnehmend. Er präfigurierte in seinem scheinbar weltfernen Bühnenhelden eine lange Liste höchst handfester Akteure, die von Lenin, Mussolini, Stalin, Hitler und Mao Tse-tung bis zu Peron, Nasser, Pol Pot, Kabila, Duvalier, Idi Amin, Saddam Hussein, Gaddafi, Ben Ali und zahllosen anderen notwendig scheiternden Charismokraten reichte – als wäre die politische Moderne ein theaterwissenschaftliches Institut gewesen, das fortwährend neue Jahrgänge hochbegabter Katastrophen-Macher hervorbrachte.

Auf visionäre Weise legte der Mythopoiet auf der Bühne von Dresden den *modus operandi* des populistischen Politikansatzes offen: Die Erfolge der skrupellosesten Volksbefreier gründen seit jeher in der nur teilweise erlernbaren Fähigkeit, mit Hilfe konfabulierter Versprechungen an das dunkelste Agens moderner Massenpolitik zu appellieren: die heimliche Liebe der Unglücklichen zum spektakulären Untergang.

Daß Adolf Hitler eine ausgeprägte Vorliebe für Wagners
Durchbruchsoper hegte, gehörte zu den offenen Geheimnissen des Alltags im »Dritten Reich« – die *Rienzi*-Ouvertüre sollen manche Zeitgenossen für die inoffizielle Nationalhymne des NS-Staats gehalten haben. Historiker haben
Details über die spezielle Beziehung des Führers zu *Rienzi*
eruiert, die sich zum Bild einer lebenslang wirksamen Identifikation mit dem quasi-tragischen, pseudo-bastardischen
Improvisateur an der Macht zusammenfügen. Dazu gehört
nicht nur, daß Hitler sich zu seinem 50. Geburtstag die Originalpartitur der Tribunen-Oper schenken ließ, die sich vormals im Privatbesitz Ludwigs II. von Bayern befunden hatte.
Zeitlebens hat sich Hitler an eine Aufführung des *Rienzi* erinnert, die er als 16jähriger im Stehparkett des Stadttheaters
von Linz gesehen haben wollte. Zu Winifred Wagner soll
er hierüber bei einer Begegnung im Sommer 1939 bemerkt
haben: »In jener Stunde begann es« – womit er nicht seinen politischen Aufstieg gemeint haben konnte, der nicht
vor 1920 im Milieu Münchener Hinterzimmer-Konventikel
einsetzte. Hitlers Feststellung bezog sich unmißverständlich
auf die erste Kristallisation seines traumpolitischen Syndroms. Beim Besuch der frühen Wagner-Oper erlebte er die
archetypische Darstellung eines grandios-fatalen Aufstiegs,
der nach kurzer Verklärung in Vereinsamung und Vernichtung endete. In diesem Geschehen erfaßte der junge Hitler
ein Schema, dessen Verwendbarkeit in eigener Sache ihm auf
der Stelle eingeleuchtet haben muß. Der Rest war das Warten des Wahns auf das Entgegenkommen des Realen.[1]

Vor diesem Hintergrund ist die Vermutung nicht unplausibel, daß Hitler im Kessel von Berlin – das heranrückende

---

[1] Eine ausführliche Schilderung des Linzer Rienzi-Abends im November
1906 verdankt man August Kubizek: Adolf Hitler. Mein Jugendfreund,
Graz 1953, S. 133f. Vgl. auch Brigitte Hamann, Hitlers Wien. Lehrjahre
eines Diktators, München 1998, S. 39f.

Ende vor Augen – bei einem Gespräch mit General Carl Hilpert (1888-1947) am 18. April 1945 indirekt den finalen Fluch Rienzis auf das römische Volk zitierte: »Wie, ist dies Rom? Elende, unwert dieses Namens ... Vermodre und verdorre, Rom! / So will es dein entartet Volk.« Hitlers persönliche Abwandlung dieses Ausspruchs lautete nach dem Zeugnis seines Besuchers im Bunker: »Wenn das deutsche Volk den Krieg verliert, hat es sich als meiner nicht würdig erwiesen.«

An dieser Verknüpfung wäre bemerkenswert, daß Hitlers Untergangs-Stil nicht, wie üblich, vom archaisierenden Pol der germanischen Mythologien in Wagners Werk hergeleitet werden darf. Er fände sein Muster vielmehr in der »Jugendsünde« des Bayreuther Meisters: Das Finale der romantisch-politischen Oper stellt keineswegs ein mythisches Weltverhängnis dar, das aus einem unerforschlichen Motiv Götter und Menschen gemeinsam in die Tiefe reißt. Rienzis Ende im brennenden Kapitol gründet in dem unaufhebbaren Mißverständnis zwischen dem Künstler-Politiker und seinem Publikum, das in seiner labilen, undankbaren und rachsüchtigen Dumpfheit nichts Besseres weiß, als sich gegen die sternenhafte Großartigkeit seines Führer-Befreiers mit Mord und Hohn aufzulehnen.

Was Hitler von Wagner gelernt hätte, ist nicht die kosmische Unvermeidlichkeit der Götterdämmerung, es ist die psychodramatische Notwendigkeit der Künstlerdämmerung. In ihr drückt sich das von Fatalismus vollgesogene Vorgefühl dessen aus, daß der »spezifisch« moderne Künstler, der Event-Erzeuger ohne objektives Werk, der emporgekommene schauspielerische Typus, der *Make-believe*-Artist und Experte für sozialpsychologische Spezialeffekte, am Ende von seinen Bewunderern im Stich gelassen wird.[1] Der

---

1 Diese Beobachtung übersetzt sich *en passant* in die Frage, warum eine

im prägbarsten Moment der Jugend verinnerlichte Opern-
schluß hätte sich demnach bei dem Melomanen im umzin-
gelten Bunker von Berlin re-aktiviert. Er wäre angesichts
des nahen Endes erneut virulent geworden als die bittere,
doch auch befriedigende Überzeugung, wonach jeder, der
armseliger Anfänge ungeachtet, am Ende der Tage zu den
Großen zählen möchte, sich selbst und der Nachwelt einen
repräsentativen Untergang schuldet.

5 Kreative Diskriminierung: Legale und Illegale

Ein Triptychon

Alexander der Große, Cola di Rienzi: Die klingenden Namen bezeugen eine politisch und kulturdynamisch relevante
Tendenz, die in Europa von hochmittelalterlichen und früh-
vormodernen Tagen an die Assoziation zwischen irregulärer
Herkunft und exquisitem Schicksal bekräftigte – zumindest
auf der Ebene der Imaginationen und Aspirationen.

Freilich, von der epidemischen Verbreitung bastardischer
Motive im Ökosystem der alt- und neu-europäischen Kul-
turtransmissionen zwischen Mittelalter und Neuzeit und
ihrer zivilisationsdynamischen Sprengwirkung können
auch die suggestivsten Andeutungen nur unvollkommene
Ahnungen vermitteln, solange sie sich auf Einzelfälle stützen. Daher sind mehr als vorläufige Andeutungen auf dem
kaum betretenen Feld der Filiations-Studien gegenwärtig
noch nicht zu erlangen.[1] Die Serie der zwischen 1400 und

analoge Desertion in bezug auf Duchamp und Warhol, die künstlerisch
leichtgewichtigen und durchwegs werkschwachen Effekt-Macher des
20. Jahrhunderts *par excellence*, noch nicht geschehen ist.

1 Eine methodisch trennscharfe Unterscheidung von sozialgeschichtlichen,
rechtsgeschichtlichen, ideengeschichtlichen und literaturgeschichtlichen

2000 abgelaufenen rund zwanzig Generationenwechsel, in denen sich die genealogische Modernisierung Europas vollzog, bleibt für die Forschung bis auf weiteres eine *terra incognita*. Sie ist nicht einmal als offizielles »Thema« psychopolitischer Erkundung konstituiert, der Bedeutsamkeit des Gegenstands und seiner wachsenden Explosivität ungeachtet.

Zwanzig Generationenwechsel oder ein wenig mehr: Das impliziert, daß sich der Abgrund einer potentiell alles-auslöschenden Diskontinuität auf dem Weg zu den gegenwärtigen Verhältnissen ebensooft aufgetan haben könnte. Nicht weniger oft muß das Mögliche und Nötige aufgeboten worden sein, um den unschätzbar wertvollen Schein der Kontinuität zu wahren oder wiederherzustellen, ohne welchen in der Welt von gestern kein Gedanke an Legitimität und geordnete Nachfolge gedeihen konnte.

Was »genealogische Modernisierung« heißt, resümiert den zivilisationsgeschichtlich relevanten Tatbestand, wonach die bis vor einhundert Jahren kulturbestimmende, obschon oft von Anomalien durchkreuzte Differenz zwischen legitimer und illegitimer Nachkommenschaft im Lauf des 20. Jahrhunderts durch eine durchschlagende Anti-Diskriminierungspolitik suspendiert wurde. Die zunehmende Aufhebung der genealogischen Differenzen in den modernen Staatsverfassungen wie in den Handbüchern des Familienrechts führte zu dem sozialpsychologisch so unvermeidlichen wie gefahrenträchtigen Ergebnis, daß Statusdifferenzen zwischen Individuen und Gruppen ab sofort in permanenter generalisierter Konkurrenz ermittelt werden müssen, bei steigenden Frustrationskosten und zunehmenden Demoralisierungsrisiken.

Aspekten des Motivs illegitimer Nachkommenschaft und ihre transparente Rekombination in interdisziplinären Analysen kann aus denselben Gründen vorläufig nicht geleistet werden.

Dies bildet einen jungen, noch kaum wahrgenommenen, geschweige denn verstandenen Sachverhalt, von dem vorläufig nicht entschieden werden kann, ob er die längerfristigen psychopolitischen Bestandsbedingungen von Zivilisationen erfüllt. Der Angriff auf die erblichen Differenzen wird mit der Freisetzung eines permanenten Wettbewerbs zwischen neuen, vorgeblich chancengleichen Kandidaten auf die besseren Plätze bezahlt, der unvermeidlich zahllose Verlierer produziert. Dies mag den sozialpsychologisch paradoxen Effekt erklären, warum moderne Gesellschaften bei historisch beispiellosem hohem Wohlstand, massiver Umverteilung und explodierender Lebenserwartung mit der chronischen Verdüsterung ihrer Grundstimmung zu ringen haben.

Im Europa der Übergangsjahrhunderte zwischen Mittelalter und Moderne vollzieht sich ein psychopolitischer Prozeß, den man in Analogie zu den Transformationen derselben Periode auf ökonomischem Gebiet als eine ursprüngliche Akkumulation von dissidenter, subversiver, revoltischer Subjektivität charakterisieren könnte – vielleicht als Gründungsphase von Subjektivität ohne Beiwort.

In dieser Zeitspanne wird das Phänomen der schrecklichen Kinder chronisch und obsessiv. Nun schießen die Sprößlinge des Hiatus allenthalben aus dem Boden – teils filiationsunfähige, teils filiationsunwillige Nachkommen mehr oder weniger problematischer Eltern, angetrieben durch die ihnen deutlich werdende Unmöglichkeit, als loyale Kopien ihrer Erzeuger ins »soziale Leben« einzutreten.

Kafkas *Brief an den Vater* (geschrieben im November 1919, 1952 veröffentlicht), beispiellos in seiner Detailgenauigkeit, seiner gedächtnisstarken Unerbittlichkeit und seiner resignierten Versöhnlichkeit, stellt darum viel mehr dar als das lokale Zeugnis einer zufälligen Verfehlung zwischen El-

tern und Kind. Er ist das Monument eines Entfremdungs-
risikos, das chronisch durch die Familien der Neuzeit wan-
dert, jüdische, christliche und säkulare. In seiner polemischen wie seiner befriedenden Tendenz legt er offen, daß
es nicht selten die Seelenarbeit der auf Klärung drängenden
Kinder ist, die den Hiatus zwischen den Generationen durch
entgegenkommende Gesten überbrückt. Es dürfte nicht so
sehr die »Trauerarbeit« gewesen sein, die für die Überbrük-
kung der genealogischen Intervalle bei den Modernen von
Bedeutung war, sondern die Arbeit am Vergeben-Können.
War nicht das 20. Jahrhundert dadurch das psychoanalytische Zeitalter, weil es durch die Erfindung der »Psychothe-
rapie« ein neues Regime im Umgang von schrecklichen Kindern mit kaum weniger schrecklichen Eltern einführte? War
nicht Sigmund Freud der bislang erfolgreichste Interpret
und Ausbeuter der bezeichneten Schrecklichkeit, indem
er sie unter dem Begriff »Neurose« ins Selbstgespräch der
bürgerlichen Kultur einbrachte? Und hatte nicht Freud –
mit welchem Recht auch immer – den größeren Teil des
Schrecklichen bei den Kindern angesiedelt, als er diese, nach
der Preisgabe der »Verführungstheorie«, mit einem passabel
monströsen Triebleben ausstattete?

Befeuert wird der so beunruhigende wie faszinierende Vorgang von einem einzigen, über alle sozialen Schichten ver-
breiteten und für die Betroffenen existentiell unausweich-
lichen Motiv: In jedem Moment und überall geht es im
Weltalter der erwachenden Aspirationen um die progressive
Delegitimierung des »Bestehenden« durch die Einsprüche
der Entrechteten und Illegitimen, offen vorgetragen oder im
verborgenen agiert – ob es die Träger eines Herkunftsmakels
sind, die Opfer eines Statusnachteils oder die Subjekte einer
ererbten Entrechtung. Wo auch immer man das Buch der
rebellischen und bastardischen Moderne aufschlägt, stößt

man regelmäßig auf Verbrecher aus verlorener oder nie er-
wiesener Ehre.

Es waren praktisch durchwegs erbliche positionale Nachteile, die bei ihren Inhabern den direkten Vergleich mit den
Bessergestellten provozierten und den Reflex des Nicht-
Einverständnisses mit der Lage und ihren Voraussetzungen
im Normensystem der »Gesellschaft« auslösten. Man darf
konstatieren, daß so gut wie alles, was im nachmittelalter-
lichen und neuzeitlichen Europa an anti-resignativen, aspi-
rativen, revoltischen, sozialrevolutionären, futurischen und
utopischen Energien aufbrechen wird – von den Jacquerien
des 14. über die Klassenkämpfe des 18. und 19. bis zu den
Eruptionen der Massenkultur im 20. Jahrhundert –, seine
psychodynamischen Ursprünge sowie seine Rede- und
Handlungsmuster in den legitimitätskritischen Bewegungen
der Übergangszeit zwischen Mittelalter und Neuzeit findet.

Im Zwielicht zwischen den Epochen begegnet man erstmals den charakteristischen »dekonstruktiven« Denk- und
Handlungsfiguren, deren sich die Illegitimen, die Marginalen und Benachteiligten aller Couleurs bedienen, um sich
gegen ihr Handicap aufzulehnen. Sie öffnen die Schleusen
dissidenter Energien, indem sie, heimlich oder offen, die
rechtlich-kulturellen und politisch-konstitutionellen Verhältnisse in Frage stellen, aus denen ihre Zurücksetzung
folgte. Was ist die Moderne aus dieser Sicht anderes als die
Epoche, in der die Erblichkeit von Nachteilen zum Gegenstand öffentlicher Konflikte wurde?

Der intim verspürte neue Stachel, der Dissidenz, Subversion und Widerstand hervorruft, wird in der Regel nicht
von den stets irgendwie unzulänglichen »sozialen Verhältnissen« im allgemeinen ins Fleisch des frustrierten Subjekts
gepreßt. Nicht die »Welt« ist es, an der man sich reibt und
die man verändern müßte. Es sind die konkreten Regeln, die
für die erlebten Abstände, die Stufungen, die Diskriminie-

rungen sorgen. Für die metaphysisch leicht Entflammbaren
und Übersensiblen, die meinen, nicht weniger als das »Bestehende« als solches ablehnen zu müssen, stehen seit dem
hohen Mittelalter die mystischen Wege ins durchaus Andere
offen.[1] Nach dem Beginn der Neuzeit werden diese Pfade, zu
schattenspendenden Alleen ausgebaut, bevorzugt von den
schönen Seelen des Bürgertums betreten – auf ihnen wird
die Vereinigung von Biedermeier, Mystik und Nervosität
zur Routine. Nichtpolitische Künstler benutzen die Trassen
für ihre Wanderungen ins feinsinnige Anderswo bis heute.

Jedoch: Der aktuell antreibende Stachel bohrt sich ins
Fleisch der einzelnen Akteure aufgrund der spezifischen Benachteiligungen, die nur empfindet, wer als Enterbter dem
Erben, als Unbefugter dem Befugten, als Ausgeschlossener
dem Eintrittsberechtigten auf engstem Vergleichsraum ge-
genübersteht.

Man findet das Schema der kreativen Diskriminierung –
in Hegels Analyse der Anerkennungskämpfe vage wahrgenommen, obschon durch und durch mißverstanden –
bereits zu hoher Reife auskristallisiert in den unzähligen
Bastard-Dramen der elisabethanischen Bühne vor, die von
Heroen, Schurken und Improvisateuren der Illegalität über-
reich bevölkert sind.[2] Was man in heutigen Diskursen den
Egalitarismus nennt, ist in seinen konkreteren Anfängen
rückblickend leicht als die Offensive der Bastarde und anderer Träger von Erbnachteilen gegen das bestehende System rechtlich verfestigter Diskriminierungen zu erkennen.
Wer in das Wort »Gleichberechtigung« hineinhorcht, wird

---

1 Vgl. S. 339-369 in diesem Band.
2 Alison Lindsay führt im Anhang zu ihrem mehrfach zitierten Werk Illegitimate Power, S. 253-257, für die kritische Zeit mehr als 70 Theater-
stücke auf, in denen Bastard-Charaktere eine Rolle spielen: von Thomas
Hughes' The Misfortunes of Arthur, 1588, bis The Bastard, a Tragedy,
1652, das aus der Feder eines Anonymus, möglicherweise Cosmo Manu-
che, stammte.

Chöre des Ressentiments und der Bitterkeit bemerken. Man hat den Imperativ der Egalität so gut wie immer als Prinzip gemeinsamer Herabsetzung auf niedrigschwellige Minimalbedingungen sozialen Lebens ausgelegt, indes die hebende Dynamik des Geschehens unterbelichtet blieb. Fast nie hat man begriffen, unter Juristen nicht und unter Politikern erst recht nicht, daß »Gleichheit« – von ihrer unentbehrlichen rechtlichen Komponente abgesehen – in kulturdynamischer Hinsicht nur als aristokratische oder meritokratische Kategorie Sinn ergibt: Jede und jeder sollen das Recht haben, zu den Besten zu gehören. Gleichheit besagt, daß keinem Menschen je das Privileg abgesprochen werden darf, sich selbst und die Mitwelt durch generöse Gesten zu überraschen.

Vom Zeitalter der Religionskriege an springt das bastardische Schema auf die politische Sphäre über: Es konstituieren sich Zug um Zug neuartige, geschichtsmächtige Kollektive, die Völkern gleichen, ohne Völker zu sein. Sie greifen im Modus der Reklamation von Ebenbürtigkeit und Gleichstellung ins Spiel der formierten Machtgruppen ein. Freilich hat man das Konzept »Bastard« häufig und hartnäckig, aufgrund der juristischen Verengung des Ausdrucks, für eine Sache des Einzelnen und seiner Zeugung in den Transaktionen des illegitimen Bettes gehalten – weswegen man die Heraufkunft der bastardischen Kollektivitäten über mehr als zweihundert Jahre hinweg nicht wahrhaben konnte oder wollte, sosehr auch die zum Gegenangriff aufgebrochenen Kollektiv-Illegitimen – nicht selten die Fahne des Naturrechts vor sich her tragend – zu den auffälligsten Signaturen moderner Zeit gehörten.

Als die folgenreichste Bewegung auf diesem Feld erwies sich die Gründung der Vereinigten Staaten von Amerika, welche die Konsolidierung ihrer 1776 deklarierten Unabhängigkeit einem beharrlich durchgefochtenen Kampf um

Entkolonialisierung verdanken, besiegelt durch den Frieden von Paris 1783. Die von Anfang an evidente, auch später nie dementierte bastardische Konstitution der USA mag einen der Gründe dafür bilden, warum es in diesem Land bis heute, namentlich in seiner multi-kulturalistisch agitierten, multi-aspirativ verworrenen Akademia, eine erhöhte, gelegentlich exzentrische Sensibilität für Probleme der Post-Kolonialität in anderen Kulturen gibt. Sie schließt die Neigung ein, die absurdesten Metastasen post-kolonialer Aktivismen als Vorstufen von Emanzipationen zu mißdeuten.[1]

In der Mitte des 19. Jahrhunderts formierte sich in Europa – in Analogie zu den transatlantischen Deserteuren – überdies die politisch-dramaturgische Kunstfigur des Proletariats. Es wurde von seinen heimischen Führern und internationalen Vorsprechern als ein nobler Kollektiv-Bastard heraufbeschworen, der nicht zur Auswanderung, sondern zur Revolution am eigenen Ort berufen sei, gleichsam zu einer Emigration in die selbsterzeugte Zukunft. Von ihm erwarteten seine intellektuellen Mentoren, er müsse aus der täglich erfahrenen Enterbung und Entrechtung die Konsequenz ziehen, die revolutionäre Beseitigung des »Bestehenden« sei unumgänglich. Das bastardische Projekt-Kollektiv der »Arbeiter« sollte wie ein Volk von dagebliebenen Amerikanern den europäischen Fabrikherren, um von der verschleppten Feudalität nicht zu reden, den Rücken kehren und sich zum veritablen *maître et possesseur* der Welt ausbilden. Es ist nicht die Flucht über den Atlantik, die diesen Abfahrtbereiten die Richtung weist: Man wartet auf einen Vorstoß in ungeahnte Freiheiten an Ort und Stelle – in die politisch gedeutete Geschichtszeit als emanzipierende Zukunft. Was für die Geflohenen der Atlantik war, ist für die

---

1 Über den Bastardismus des amerikanischen Projekts vgl. S. 440-452 in diesem Band.

Dagebliebenen die Fortschrittszeit: Überquere sie, und du wirst in einer neuen Welt angekommen sein. Blickt man auf die Resultate der Bemühungen auf beiden Seiten des Atlantiks während der letzten 150 Jahre, wer wollte bestreiten, daß die Amerikaner und das europäische Proletariat bei ihren vergangenheitsflüchtigen *pursuits of happiness* ungefähr gleichauf liegen, mit leichten Vorsprüngen der europäischen Seite?

Schließlich ist nicht zu übersehen, in welchem Maß auch das Kunstsystem der Moderne Züge eines kollektiv-bastardischen Komplexes aufweist. An der Wende zum 20. Jahrhundert aus dem Aufstand der Marginalen gegen die vorgeblich machthabende »akademische« Werkproduktion hervorgegangen, hat es sich in der Folgezeit durch eine Kaskade von Sezessionen und Brüchen mit dem jeweils unmittelbar Vorangehenden zu einer Industrie der obligaten Dissidenz entwickelt – bis nicht wenige Künstler auch vom Dissidenzzwang dissidierten. Die Besonderheit des nach-klassischen Kunstbetriebs zeigt sich darin, daß er den Bastardismus zur expliziten Regel seiner Fortsetzungsspiele gemacht hat. Wie im Bereich der strategischen Spiele für Manager zeitweilig die Parole galt: »Nur Paranoide werden überleben«, darf man im aktualisierten System der *Global Art* annehmen, daß nur Bastarde in die nächste Runde kommen. Sie bilden das Gros der aus der Geschichte ihrer Disziplinen entlaufenen Artisten, die kaum je bereit sein werden, zu erläutern, wie Enterbung und Erbe sich in ihren Produktionen zueinander verhalten.

An den Anfängen des längsten Aufstands bietet sich ein konfus-bewegtes, von buntscheckigen Ambivalenzen und Übertreibungen durchzogenes Bild, das sich bei längerer Betrachtung zu einem Triptychon ordnet:

Auf dem dreiteiligen Altarbild alteuropäisch-frühmoder-

ner Legitimitätsverhältnisse findet man im breiten Mittel-
stück – fast möchte man sagen: der Natur der Dinge gemäß
und dem Stand der Kunst gehorchend – die in der jeweils
aktuellen Generation bestimmenden Gesichter, Gewänder
und Wappen des *status quo*. Im Schmuck ihrer Titel treten
sie in Erscheinung, die ewigen Legitimen, ihr bestes Por-
traitgesicht aufsetzend, gesegnet von oben und wortreich
gerechtfertigt vor Mitwelt und Nachwelt. Da stehen sie,
breitbrüstig ihres Werts gewiß, voll Selbstgewißheit für die
Ewigkeit posierend, gleich jener mystischen Spießer-Gilde,
die den Betrachtern von Rembrandts *Nachtwache* für alle
Zeit zu denken gibt.

Im weit ausladenden Mittelteil des Triptychons hat man
die mehr oder weniger wohlgeratenen Geschöpfe des *juste
milieu* auf allen Rängen des Welttheaters vor Augen – die
adligen Kinder des rechtmäßigen Bettes, die wohlgeborenen
Erben elterlicher Güter, die getauften, gefirmten und gesät-
tigten Würdenträger, die gesetzten Notabeln, die stolzen
Patrizier mitsamt Familie und Dienerschar. Vergessen wir
nicht jene sonntäglich eingekleideten Angehörigen des Dritten Standes, die auf Sitte, Anstand und Reputation seit längerem den größten Wert legen. Berücksichtigen wir ferner
die schlagfertigen, volatilen, gelegentlich zu exemplarischen
Schicksalen berufenen Gestalten aus den unteren Milieus,
all diese wendigen Schelme, Pauper, Herumtreiber, Wander-
Artisten und Virtuosen der Überlebenskunst, von denen die
Erzählformel sagt, ihre Eltern seien »arme, aber ehrliche
Leute« gewesen.

Von diesen Repräsentanten der genealogischen Mitte
wird im folgenden nur auf indirekte Weise die Rede sein.
Sie verkörpern die teils imaginäre, teils reale Fülle, an der
die milde defizitären Geschöpfe der genealogischen Rechten
sich messen und nach deren Aneignung die Akteure der genealogischen Linken oft mit höchster Erbitterung streben.

Auf dem ausladenden rechten Flügel des Triptychons begegnet uns eine Gruppe, die man unter dem Titel »heroische Bastarde«[1] zusammenfassen könnte. Sie rekrutiert die energischen, mobilen, hochmotivierten Figuren, die in der Verlegenheit ihrer problematischen Herkunft, sei sie real oder imaginär, die Chance des endogenen Antriebs zu höherer Selbsterfindung erkannten.

Bei der Betrachtung solcher Charaktere in ihren typischen Positionen scheint die Überlegung legitim, ob Pico della Mirandola (1463-1494), selbst in früher Jugend vaterlos geworden und als Muttersohn herangewachsen, in seiner berühmten *Oratio de hominis dignitate* (um 1486 verfaßt, 1496 posthum publiziert) nicht schon eine resolut bastardologische Anthropologie vorgetragen hatte, und dies zu einem beträchtlichen Teil *pro domo et se ipso*. In diesem Prunkstück frühmoderner-pansophischer Rhetorik portraitiert der Verfasser den Menschen erstmals als ein »Geschöpf ohne Eigenschaften«. Er sieht in ihm ein ontologisches Mängelwesen, das aus der Not seiner Unterbestimmtheit die Tugend der Selbstbestimmung machte. Die frühe Lehre von der Selbsterschaffung – besser der Selbstformung – des Menschen beruhte auf der in Picos Zeit bereits alltäglichen Anschauung, wonach die Weltbühne zunehmend von ambitionierten Individuen ohne Erbe und Herkunftsprivileg bevölkert wurde. Sie alle wußten sich zur Improvisation ihrer Identität und zur intensiven Bewirtschaftung ihrer Talente verdammt – hierin Verhältnisse vorwegnehmend, die zwischen dem 17. und dem 19. Jahrhundert, dem Zeitalter der »bürgerlichen Aufstiege«, an Umfang gewannen, um schließlich im 20. Jahrhundert bei den Angehörigen der *creative class*, und nicht nur bei diesen, die neue »Normalität« zu definie-

---

1 Vgl. Alison Lindsay, Illegitimate Power, a. a. O., S. 170-212.

ren. Von deren *modus vivendi* bemerkte Richard Rorty 1998 in beiläufigem Ton (ohne auf die kulturklimatisch riskanten Aspekte der permanenten Konkurrenz zwischen statusunsicherer Selbstbewirtschaftern einzugehen), wir – die Individuen der modernen westlichen Hemisphäre – neigten auf breiter Front dazu, in uns »... das flexible, proteusartige, sich selbst gestaltende Tier zu sehen«.[1]

Pico machte bereits Gebrauch von dem neuzeittypischen Umkehrungsverfahren, dank welchem die unfreiwillige Freiheit des Menschen zur Selbstbewirtschaftung als ein unerhörtes Vorrecht, als das Meta-Privileg des erbe-losen Kreativen, angepriesen wurde. Gott wendet sich in der *Oratio* an den von allen bestimmten Qualitäten freien Adam und ruft ihn dazu auf, als *plastes* und *fictor*, als Bildhauer und Erfinder, der eigenen Identität kon-kreativ tätig zu werden. Indem er dem Geschöpf der Geschöpfe die Gattungs-Eigenschaften vorenthält, von denen die übrigen Wesen profitieren, verleiht er ihm die Über-Eigenschaft, die bis dahin ihm selbst vorbehalten war: Kreativität – verstanden als die Fähigkeit, neue Qualitäten bzw. Naturen hervorzubringen. Im gegebenen Fall sollte sich »Kreativität« als das Vermögen bewähren, ihren Inhaber zu quasi-göttlichen Höhen emporzubilden, begleitet vom Risiko, zu »tierischer« Vulgarität herabzusinken.

Die Anthropologie des Mirandolaners läßt vorausahnen, was in späteren Lehren vom Menschen als Mängelwesen von Herder (1744-1803) bis Gehlen (1904-1976) überdeutlich hervortreten wird: Unter der Prämisse des Mangels kann die menschliche Lage nur durch eine Lehre von der schöpferischen Kompensation ausgelegt werden.[2] Das Ge-

---

1 Richard Rorty, Wahrheit und Fortschritt, Frankfurt am Main 1998, S. 244.

2 Eine Antithese zu der Herder-Gehlenschen Mängelwesen-Anthropologie wird in der Skizze einer Luxusanthropologie des dritten Teils des

schöpf ohne Eigenschaften ist der Bastard höchster Stufe.
Ontologisch enterbt, der festen Bestimmungen überhoben,
der naturhaften Konturen beraubt, wird er genau dadurch
gottähnlich.

Bei Aussagen dieser Höhenlage ist es unmöglich, nicht an
den Ausnahme-Menschen der Renaissance *par excellence* zu
denken: den um ein Jahrzehnt älteren Zeitgenossen Picos:
Leonardo da Vinci (1452-1519), der, nach jüngeren Quellen
zu schließen, als uneheliches Kind eines toskanischen Notars namens Piero und einer ländlichen Sklavin arabischer
Herkunft geboren wurde. Im Fall Leonardos wurde von der
illegalen Geburt wenig Aufsehen gemacht, da man das Kind,
einen aristokratischen Habitus auf bürgerlicher Ebene imi-
tierend, in der Familie des Vaters großzog, ohne sich über
die erotische Bagatelle seines Erzeugers zu echauffieren. Die
leibliche Mutter wurde ein Jahr nach dem Zur-Welt-Kom-
men Leonardos an einen Handwerker der Region verheira-
tet, womit ihre Rolle im Drama des begabtesten Kindes der
Neuzeit beendet war.

Das Folgende war in der versunkenen Ära der Allge-
meinbildung jedem geläufig, der Lesen, Schreiben und Be-
wundern gelernt hatte: Die Legende von Leonardos früh
manifestierter Genialität gehört zu den Erzählungen, durch
welche sich das Abendland in Europa verwandelte, den Hei-
matkontinent der Genies und Ingenieure – und in den Ent-
deckungsstandort obszöner Unendlichkeit. Das Auftreten
des schöpferischen Menschen – von der zeitgenössischen
Theorie als *uomo universale* gefeiert – konnte im Wertge-
füge der sich erneuernden Welt nicht ohne Folgen bleiben:
In der nach-leonardischen Situation bestimmt sich der Sta-

Sphären-Projekts dargestellt: vgl. P. Sloterdijk, Sphären III, Plurale Sphä-
rologie. Schäume, Frankfurt am Main 2004, S. 671-859.

tus des Individuums nicht mehr allein durch seine Herkunft, sondern mehr und mehr durch seine effektive Leistung – und durch den Kompromiß zwischen beiden Instanzen: den Diplomen, durch die sich die Schulen der neuzeitlichen Nationalstaaten als intermediäre Garanten von Legitimität unentbehrlich machten.

So war mit einem Mal eine neue Kategorie von Adel aufgetaucht – der später oft beschworene »Adel des Geistes«[1], der sich zuweilen »Adel des Verdiensts« oder »des Herzens« nannte. Zu diesem gewinnt der Einzelne ausschließlich durch sein *ingenio* Zutritt, und durch dessen Manifestationen in »Werken« und »Taten«. Leonardo erfaßte seinen Wert bereits durchwegs diesem Schema gemäß. Leute, die nicht waren wie er, nannte er »Füller von Abortgruben«. Er hatte die neue Lage in gelassener Anmaßung erfaßt: Menschen haben jetzt die Wahl, ob sie für das Pantheon oder die Latrine produzieren.

Der Genie-Kult der Neuzeit, der das Zeitalter der *homines novi* modernen Typs eröffnet, läßt sich nicht nur aus dem Bewunderungszwang erklären, dem die Mit- und Nachwelt durch die stupenden Leistungen der Werke-Vollbringer und Taten-Täter im Kunst-, Eroberungs- und Entdeckungszeitalter ausgesetzt wird. Das Konzept des Genies wird seit dem 15. Jahrhundert in kulturdynamischer Sicht unverzichtbar, weil es eine bis dahin wenig oder gar nicht beanspruchte Quelle kultureller Legitimität offenlegt: Den semi-legalen Kindern des göttlichen Abgrunds, die sich in den Frömmigkeitsbewegungen zwischen Mittelalter und Neuzeit gesammelt hatten, treten die Kinder des Talents zur Seite. Wo es sich manifestiert – wie beim jungen Leonardo, der schon als Lehrling seinen Meister Verrocchio (1436-1488) übertroffen

---

1 Vgl. Thomas Mann, Adel des Geistes. Sechzehn Versuche zum Problem der Humanität, Stockholm 1945.

haben soll –, durchkreuzt es die horizontalen Herkunftslinien auf unvorhersehbare Weise. Der Vertikaleinschlag der
Begabung bringt eine neue Dynamik von Status-Erhöhung
hervor – nicht mehr dank der unbeobachtbaren Vollen-
dungen des gottförmig gewordenen Mystikers, sondern im
Eklat der vor aller Welt vollbrachten Kunst-Stücke. Mystik
und Genie-Wesen bleiben durch das Merkmal miteinander
verbunden, daß im einen wie im anderen Fall eine transzendente Quelle für die Erhebung des Einzelnen in den neuen
Ersten Stand verantwortlich gemacht wird. Dieser umfaßt
jene, die nicht mehr so sehr von profanen Eltern herkommen, als vielmehr aus vertikal einfallenden Licht- und Gel-
tungsquellen entsprungen sein wollen.

Der selbst-adelnden Dynamik der kreativen Geistigkeit
kamen in ihrer Anfangszeit proto-demokratische Qualitäten zu, solange sie das alte starre Stände-Gefüge aufsprengte
– ehe sie sich vom 19. Jahrhundert an zu einem simulatori-
schen Elitismus verhärtete, um von der Regression der Halb-
talente in bohemische Gesten und werklose Posen nicht zu
reden. Indem die neue Vortrefflichkeit ihre Favoriten durch
das Losverfahren der Talent-Zuteilung rekrutierte, befreite
sie die Ihren von den Zwängen der gewöhnlichen Erblichkeit. Genie bedeutete nicht nur das unerklärliche, durch
Übung gefestigte Vermögen zum Vollbringen von Werken
und Taten, es bezeichnete zudem die Kompetenz zur Selbsterschaffung von Individuen, die sich aufgrund ihrer Werk-
Verwirklichung in die Annalen der Kunstschöpfungen und
der vollbrachten Taten eintrugen. Deren geordnetes Nacheinander ergibt das, was nach der Konversion von Annali-
sten zu Historikern »Geschichte« heißt.

In dem »Jahrhundert der Bastarde«, das seine Spuren über
das werdende nach-abendländische Europa streute, sollten
die Britischen Inseln aufgrund lokaler Besonderheiten, na-

mentlich einiger aufwühlender dynastischer Zufälle, eine Sonderrolle erlangen. Wenn im England des 16. Jahrhunderts eine extreme Sensibilität für Fragen legitimer Sukzession und gefährdeter Erbansprüche erwachte, so weil das Land ein denkwürdiges halbes Jahrhundert lang von zwei noblen Bastardinnen regiert wurde: Beide waren Töchter des notorischen Frauenverbrauchers Heinrich VIII., und ihre Legitimität bei der Thronfolge war in den Augen der Zeitgenossen alles andere als unumstritten. Die britischen Konflikte um die Sukzessionsrechte von Heinrichs Töchtern fanden nicht nur in getäfelten Parlamentsräumen statt, wo perückentragende Sophisten über prekäre Flüsse von Spermien und Erbtiteln dissertierten. Es waren Debatten, die an eine aufmerksame und aufgewühlte Nation appellierten – eine Nation, in welcher sich *the rule of law* seit längerem zu einem staatstragenden Vorurteil verfestigt hatte. Diese juristisch-dramaturgischen Produktionen waren mitverantwortlich dafür, wenn Shakespeares geflügeltes Wort: *All the world's a stage, And all the men and women merely players* (*As you like it*, II, 7, um 1600 geschrieben) von den Zeitgenossen nicht so sehr als philosophisches Theorem von melancholisch-frühbarocker Stimmung, sondern als eine plane Aussage über den Stand der Dinge im Commonwealth wahrgenommen wurde.

Auf der Staatsbühne des Tudor-Dramas war ein kompliziertes Bastard-Sujet zur Aufführung gekommen, nachdem König Heinrich VIII. seine von ihm geschwängerte Favoritin Anne Boleyn (1501-1536) nach mehrjährigem vergeblichem, schließlich doch ins Ziel gebrachtem Werben im Januar 1533 heimlich geheiratet hatte, obwohl er offiziell mit Katharina von Aragón in nicht geschiedener Ehe verbunden war. Papst Clemens VII. (1478-1534), selbst ein dispensierter Bastard aus dem Hause der Medici, hatte kurz vor seinem Tod das Ansuchen des Monarchen um Ungültigerklärung der bestehenden Ehe verworfen, weil er das Argument Heinrichs, Katharina habe ihm den männlichen Thronfolger vorenthalten, nicht gelten ließ.

Da aber auch Anne Boleyn am 7. September 1533 wieder »nur ein Mädchen« zur Welt brachte, Elisabeth – die spätere *Maiden Queen* –, und sich somit vor ihrer legitimen Rivalin nicht hatte auszeichnen können, welche ihrerseits, 17 Jahre zuvor, »nur« die spätere Thronerbin Maria I. (1516-1558) geboren hatte (Königin seit 1553, in den britischen Annalen als »die Blutige« verewigt), ersann Heinrich VIII. ein Komplott, um die lang umworbene, zuletzt enttäuschende Gespielin loszuwerden. Der Ehebruchs- und Hochverratsprozeß gegen Anne Boleyn und fünf ihrer angeblichen Liebhaber, darunter ihren Bruder George, vom Mai 1536 behauptet einen prominenten Platz in der Geschichte der Infamien, die man seit dem 20. Jahrhundert als »Schauprozesse« bezeichnet.

Die Konsequenz dieser Komplikationen bestand in der erhöhten britischen Sensibilität für Legitimitätsdramen mit offenem Ausgang. Obschon Heinrich VIII. die siebzehnjährige Maria, seine Tochter aus der Ehe mit Katharina von Aragón, bereits im Jahr 1533, im Moment seiner Verbindung mit Anne Boleyn, zur Bastardin erklärt und *eo ipso* von der Erbfolge ausgeschlossen hatte, machte sie nach dem frühen Tod ihres Halbbruders Eduard VI. (1537-1553), der als Sohn von Heinrichs dritter Frau Jane Seymour (1509-1537) zur Welt gekommen und als 10jähriger auf den Thron gehoben worden war, ihren Erbanspruch erfolgreich geltend und wurde 1553, 37jährig, als erste Frau Englands mit allen Insignien, einschließlich Schwert und Sporen, zur Königin gekrönt.

Nach ihrem gleichfalls verfrühten Tod im November 1558 ging der Thronanspruch auf ihre damals 25jährige Halbschwester Elisabeth über, ungeachtet der Tatsache, daß diese als Kleinkind, wenige Tage vor der Hinrichtung ihrer

Mutter, im Mai 1536 aufgrund der Ungültigerklärung von
Heinrichs Ehe mit der Delinquentin durch den Erzbischof
Thomas Cranmer (1489-1556) ihrerseits zur Bastardin gestempelt worden war – mithin durch denselben Cranmer,
der die Verbindung des immergrünen Monarchen mit Anne
drei Jahre zuvor in aller Förmlichkeit für gültig erklärt hatte.
Diese Erklärung hatte sich gemäß einer juristischen und spirituellen Förmlichkeit vollzogen, die über einem Abgrund
von Illegitimität schwebte, nahm sie doch die im November
1534 erfolgte Abspaltung der anglikanischen Kirche vom
römischen Katholizismus vorweg. Was im übrigen zeigt,
daß weder die Wahrheit noch die Autorität das Gesetz machen, sondern der Zufall, dem eine machthabende Willkür
zu Hilfe kommt.

Die britischen Ereignisse jener Jahre demonstrieren zum
einen, in welchem Maß die Bettverhältnisse eines Monarchen auf die politische Theologie seines Landes Einfluß nehmen konnten; sie legen zum anderen offen, daß der macht-
hörige Erzbischof von Canterbury, als Kompilator des
Book of Common Prayer (1547) ein Mann von Verdiensten,
zugleich eine fromme Wetterfahne im Wind des Wandels,
seine Rechnung ohne die Sprungbereitschaft der beiden Bastardinnen gemacht hatte. Er hatte namentlich die Resilienz
der Katholikin Maria unterschätzt, die sich ihren Beinamen
»die Blutige« unter anderem durch ihre gut überlegte Rache
an Cranmer zuzog. Sie ließ ihn im September 1553 in den
Tower of London sperren und nach längerem Prozeß ab-
urteilen, woraufhin er am 21. März 1556 unter dem Vorwurf
der Häresie auf dem Scheiterhaufen verbrannt wurde.

Die Wiedereingliederung der Halbschwestern in die
Thronfolge ermöglichte der *Act of Parliament* von 1544:
Er erstattete Maria wie Elisabeth ihre Prinzessinnenrechte
zurück, ohne die formale Illegitimität ihrer Geburtsverhält-
nisse *post factum* zu revidieren. In beiden Fällen beruhte die

vorangegangene erbrechtliche Deklassierung, wie bemerkt,
auf einer väterlichen Verleugnung, in der sich die Fixierung
Heinrichs VIII. auf die Idee der männlichen Nachfolge manifestiert hatte.

Die Rache der Töchter hätte nicht umfassender ausfallen
können, und die Sache der dynastischen Legitimität, wie sie
auf den Britischen Inseln bis dahin, nicht anders als in weiten Teilen Europas, ausgelegt wurde, hätte kaum eine emp-
findlichere Unterwanderung zu erleiden vermocht. Mit dem
Aufbrechen des Willens zur Macht in den unnachgiebigen
Töchtern des makabren Vaters begann erst eigentlich die politische Moderne – auf die Bühne gebracht als subtiler Krieg
der Plädoyers, neben denen die Maximen Machiavellis wie
mittelalterliche Grobheiten erscheinen.

Wenn Macht *per se* künftig nichts anderes mehr sein wird
als der immer prekäre und allzeit vorläufige Kompromiß
zwischen rhetorisch hochgerüsteten Parteien mit unversöhnbar divergierenden Auffassungen von legitim und ille-
gitim, können demokratische Verhältnisse nicht mehr allzu
weit sein, sofern man Demokratie in prozeduraler Sicht als
ein Schleusen-System auffaßt, das den chronischen Zufluß
von vormals illegitimen und entmündigten Machtfaktoren –
zumeist den politisch unterrepräsentierten Schichten »ent-
stammend« – zum Spielfeld der programmfähigen Akteure
reguliert.

Was die Herrschaft Elisabeths I. betrifft, hatte sie mit der
Dynamik späterer demokratischer Entwicklungen gewiß
noch nicht viel zu tun. Es wäre auch ein Mißverständnis,
in ihr ein Vorspiel zu »feministischen« Tendenzen sehen zu
wollen. Elisabeth wurde zur heroischen Bastardin auf dem
Thron einer aufsteigenden Weltmacht, weil sie den Glanz
der Halblegitimität in ihre unvorhergesehene Herrschaft
einbrachte – und daraus zur allgemeinen Überraschung eine
tragfähige Aura von Stabilität und Wertvertrauen erzeugte.

Mit einem ungewöhnlichen Aufgebot an Contenance
gelang es ihr, sich jahrzehntelang auf der Spitze einer Bei-
nahe-Unmöglichkeit einzurichten. Einmal mehr lieferte sie
den Beweis, daß Heroismus das Konzept bedeutet, Leiden
in Aktion umzuwandeln. Die wächserne Jungfrau auf dem
englischen Thron war die Personifizierung eines genealogischen Widerspruchs *par excellence*: Ihren Anspruch auf legitime Herrschaft konnte sie nur von einem Vater herleiten,
der sie in der gröbsten Form delegitimiert und verleugnet
hatte. Überdies wußte sie in jeder Stunde ihres Lebens, daß
der Mann, auf den sich zu berufen sie sich gezwungen sah,
ein Monstrum gewesen war – in bildungsbürgerlichen Zeiten sagte man auch gern: »ein Renaissance-Mensch«, char-
mant und unerträglich, feinsinnig gebildet und bestialisch
enthemmt in einem. Heinrich VIII. war als listiger Queru-
lant, als adipöser Womanizer, später auch als justizmörderi-
scher Paranoiker durch seine Jahrzehnte gepoltert – er war
der Mann, von dem Elisabeth so gut wie jeder andere Zeuge
der Vorgänge um Anne Boleyn wußte, daß er, um seinem
Wahn der männlichen Nachfolge freie Bahn zu schaffen,
ihre Mutter falsch beschuldigt, gedemütigt und hingerichtet
hatte – immerhin durch den besten Henker seiner Zeit, den
man eigens aus Calais hatte kommen lassen, weil er in dem
Ruf stand, den Kopf der Delinquenten immer beim ersten
Schlag vollständig abzutrennen. Zeitlebens soll sie das Bild
Anne Boleyns in einem kleinen Medaillon bei sich getragen
haben. Gleichwohl blieb sie dazu verurteilt, ihre Stellung in
der Welt von ihrem grotesken Vater her zu erklären.

Diese Absurdität fast ein halbes Jahrhundert lang durch-
gehalten zu haben macht die heroisch-exzentrische Positio-
nalität von Elisabeths Dasein aus. Man könnte ebenso sagen:
Sie lag ihrer königlichen Unmenschlichkeit zugrunde. Sie
mag ihre Bereitschaft inspiriert haben, das »kälteste aller kal-
ten Ungeheuer«, um mit Nietzsches Zarathustra zu reden,

den entstehenden modernen Staat, zu verkörpern. Auch in ihr hatte ein Abgrund den anderen gerufen. Eine Kälte zog die andere nach sich. Was man das elisabethanische Zeitalter nennt, ist nicht zuletzt das Resultat aus der ständigen Selbstüberwindung einer Frau, die sich dazu entschlossen hatte, aus einer vergifteten Quelle authentisch wirkende Legitimität zu ziehen.

Selbst Shakespeare, wer immer der Mann dieses Namens gewesen sein mag, ein Autor, der sonst vor keinem Thema zurückschreckte, zog es vor, um das Überthema seiner Zeit, das gebrochene Band zwischen der *Maiden Queen* und ihrem Vater-Monstrum, einen weiten Bogen zu schlagen. Was aber bewog den freiesten Geist des Jahrhunderts, von dem offensten Geheimnis der damaligen Welt zu schweigen?

Die Antwort liegt im Sujet unseres Unternehmens: Es ist das nur selten gebrochene Schweigen der Zivilisation über den Abgrund, der sich seit jeher im Geschehen der Filiationen ebensosehr öffnet wie verbirgt. In der Herkunft einer solchen Tochter von einem solchen Vater öffnet und verbirgt er sich in einer Weise, die lauter zum Himmel schreit, als je zuvor in solchen Angelegenheiten geschrien wurde. Hat man das überlaute Schweigen nie vernehmen wollen, gibt es Anlaß, zu fragen, warum der Abgrund in keiner bekannten Theorie der »Kultur« oder der »Geschichte« zur Sprache gebracht wurde. Um unsere These nochmals aufzunehmen: Wohnte der Hiatus den Filiationsprozessen von antiken Tagen an als jederzeit aktualisierbare Sprengkraft inne, drängt er erst mit der modernitätstypischen Individualisierung der Jüngeren zu ausdrücklicher Manifestation.

In diesen Beobachtungen taucht ein kulturdynamisches Gegenstück zu dem auf, was in der älteren Physik als *horror vacui* bezeichnet wurde – die vorgebliche Abneigung der Natur gegen den leeren Raum. Offensichtlich »perhorresziert« auch die »Kultur«, solange sie sich als Effekt von

»Überlieferung« (*parádosis, traditio*) auslegt, die Vorstellung des Diskontinuums oder des leeren Intervalls. Indem sie, solange es irgend geht, vor dem potentiell jederzeit, gelegentlich aktuell aufklaffenden Abgrund zwischen den Generationen den Blick senkt, votiert sie für die Notwendigkeit, den Schein der Kontinuität zu wahren. Das allzu Unterbrechliche ist dazu verdammt, seine Ununterbrochenheit wortreich zu beteuern. Nur zu gerne dekoriert sich das Vakuum, das zwischen Alt und Jung sich bilden kann, mit aufgerafften Bildern von strömender Transmission, erblicher Fülle und *entente cordiale*.

Shakespeare hat es in seiner Zeit mehr als jeder andere gewagt, das Nichts zwischen den Generationen auf die Bühne zu bringen, obschon er die Vorsichtsmaßnahme ergriff, die kritischen Stücke an räumlich und zeitlich entrückten Schauplätzen anzusiedeln. Wenn er zum äußeren und inneren Drama Elisabeths schwieg, gab er mit *Hamlet*, einem Drama, das sich im fernen Dänemark zuträgt, und *King Lear*, zu unbestimmter Zeit im fahlen Niemandsland der ostenglischen Heide beheimatet, Proben einer genealogiekritischen Hellsicht, die schon für sein Jahrhundert exzentrische Höhen erstieg und immer noch auf ihre Übersetzung in die Sprache zeitgenössischer Theorie wartet.[1]

Um die Betrachtung des heroischen rechten Flügels unseres Triptychons abzuschließen, seien zwei Namen aus dem 15. und 16. Jahrhundert genannt, mit denen sich die erstaunliche neue Verträglichkeit von Bastardentum und hoher zivilisatorischer Mission belegen läßt: Antoine de Bourgogne (1421-1504) und Don Juan de Austria (1547-1578). Mit dem ersten verbindet sich die Erinnerung an einige der glanzvoll-

---

1 Diese Hinweise werden auf S. 414-424 in diesem Band weitergeführt.

sten Augenblicke der burgundischen Geschichte, mit dem
zweiten jene an das brillanteste Manöver in der Geschichte
der Kriegsmarinen, dank welchem die türkische Aggression
gegen das damals noch so genannte mittelmeerisch geprägte
»Abendland«, das in Wahrheit schon das neue atlantisch
geöffnete Europa war, für eine Weile zum Stehen gebracht
werden konnte.

Antoine, genannt *le Grand Bâtard de Bourgogne*, war der
»natürliche Sohn« Philipps III., genannt der Gute, mit seiner
Maitresse Jeanne de Presle de Lizy – der hohe Herr hatte
insgesamt neun bekannte »natürliche Kinder« mit mehreren Frauen, was seiner Reputation in keiner Weise Abbruch
tat. Antoine wuchs, völlig undiskriminiert, in erbrechtlicher
Sicht freilich nachgeordnet, heran als der ältere Halbbruder
des späteren Herzogs Karl des Kühnen (1433-1477), dem er
in dessen reiferen Jahren als Ratgeber, Komplize, Waffen-
bruder, Emissär und bester Freund unentbehrlich wurde.
Man darf in ihm einen der Mit-Erfinder der alteuropäischen
Diplomatie sehen. Einige der wichtigsten Gesandten-
Missionen waren ihm anvertraut worden, namentlich die
Versuche eines Bündnisses Burgunds mit dem vor-elisabe-
thanischen England. Die bedeutendste Eheschließung des
15. Jahrhunderts, die Liaison Marias von Burgund mit dem
späteren Kaiser Maximilian im August des Jahres 1477, der
den Anfang des Aufstiegs der Habsburger zu europäischer
Geltung markierte, war durch ihn vermittelt.

Antoines kriegerische und sportliche Bravura war Tisch-
gesprächsthema zwischen Dijon und Antwerpen, er galt
während einiger Jahre als der beste Bogenschütze Europas –
sein Portrait durch Rogier van der Weyden zeigt ihn nicht
umsonst mit einem Pfeil in Händen. Sein Kleiderluxus und
seine Sammlung von Meisterwerken zeitgenössischer Buch-
malerei waren Legende, und daß er eine nicht definierte Anzahl von Bastard-Kindern mit einer unbekannten Zahl von

Damen in die Welt setzen half, fügt sich vollkommen in das Bild der Lebensverhältnisse in seinen Kreisen. An seinem Anspruch auf den Titel des heroischen Bastards im 15. Jahrhundert besteht kein Zweifel, die Erwägung ausgenommen, ob er nicht richtiger der loyale oder der elegante Bastard heißen sollte.[1]

Auch die kurze Lebenslaufbahn Don Juans de Austria, der 31jährig unter ungeklärten Umständen verstarb (Gerüchten zufolge im Auftrag der *Maiden Queen* vergiftet, die seine damals europaweit »diskutierte« Ehe mit der Schottin Maria Stuart um jeden Preis verhindern wollte), erfüllt alle Kriterien des noblen Bastardismus. Als »natürlicher Sohn« des gichtkranken Kaisers Karl V. in Regensburg am Rande des dort tagenden Reichstags im Sommer 1546 mit einer attraktiven Landestochter namens Barbara Blomberg gezeugt, entzog man ihn im Alter von drei Jahren der Mutter – sie wurde später dank einer kleinen Apanage seitens des kaiserlichen Hofs zu einer der ersten »emanzipierten Frauen« bürgerlicher Herkunft in der Neuzeit; sie verstarb, stets eigenwillig und ihres Ranges als flüchtiger, doch dank des Kindes unsterblicher Illusion eines Kaisers bewußt, im Alter von 70 Jahren in einem obskuren spanischen Dorf.

Unter der Vormundschaft der väterlichen Bürokratie wurde der Junge in Spanien bei Pflegefamilien erzogen, ohne daß ihm seine Herkunftsverhältnisse erklärt wurden. Karl V. hatte die Nicht-Offenbarung der väterlichen Identität persönlich angeordnet – eine Weisung, die bis zu seinem Tod beachtet und erst in seinem Testament revidiert wurde.

Durch seinen legitimen Halbbruder Philipp II. von Spanien wurden ihm schon in frühen erwachsenen Jahren wichtige militärische Aufgaben übertragen, darunter das le-

---

1 Den Hinweis auf Antoine de Bourgogne verdanke ich dem in Fußnote 1 auf Seite 374 genannten Aufsatz von Simona Slanicka.

gendäre Oberkommando des 24jährigen über die spanisch-
venezianische Flotte der Heiligen Liga, die in der Seeschlacht
von Lepanto, am Eingang zum Golf von Patras, am 7. Oktober 1571 die von Ali Pascha geführten türkischen Galee-
ren vernichtete und dadurch den Mythos der unbesiegbaren
osmanischen Streitmächte nachhaltig beschädigte. Zu jener
Zeit übrigens war die Gleichbedeutung von Kriegsmarine
und Ruder-Sklaverei der gemeinsame Nenner zwischen Europa und dem türkischen Imperium.

Um vom Umfang der Population, die auf dem rechten Flügel des genealogischen Triptychons der Neuzeit zur Darstellung kommt, einen vollständigeren Begriff zu gewinnen, wäre es nicht ausreichend, das Akten-Studium auf die
Hochebene liberal-europäischer Aristokratien zu beschrän-
ken. Auch würde es das Gesamtbild verzerren, wollte man
sich auf die bürgerlich-artistischen Selbst-Nobilitierer in
den Ateliers, den Studios und den Universitäten der frühen
Neuzeit konzentrieren, sosehr auch der Aufstieg der Neu-
Geistreichen in die Positionen von Sekretären, Professoren
und Anwälten mit gutem Grund unter den starken Merkmalen der »Renaissance« genannten Wende zu innovati-
onsfreundlichen Zeiten aufgeführt wird. Um eine wie auch
immer rudimentäre Vollständigkeit zu erlangen, müßte der
rechte Flügel unseres Herkunfts-Altars ein breites Segment
für das mobile Volk der Bastarde »von unten« reservieren.
Es hätte die Helden aus der Gosse, aus den Waisenhäusern
und den Armutshütten vom Spessart bis zur Estremadura
zu präsentieren, die es in der neuzeitlichen Popularkultur
zu Ansehen brachten.

Ein Gutteil des neuzeitlichen Roman- und Novellen-
Personals fällt in diese Kategorie – von den schlagfertig-
vitalen Figuren, die Giovanni Boccaccios (1313-1375) *Il
Decamerone* (ca. 1349-1353) bevölkern (der Verfasser war

selbst unehelicher Sohn eines florentinischen Kaufmanns), bis zu den Helden des neueren Sozialromans à la Oliver Twist, der obendrein die Ur-Phantasie moderner Bastard- und Waisenkind-Erzählungen erfüllt: die späte Heimkehr des verlorenen Sohns in seine wahre noble Familie. Die Komödie wie die komische Oper profitierten nicht wenig von Komplikationen dieses Typs. Hätte nicht auch der vielseitig verwendbare Bastard Figaro beinahe seine zu guter Letzt wiedergefundene Mutter Marceline heiraten müssen?

In dieser Reihe dürfen naturgemäß die Picaros, Schelme und Wander-Abenteurer nicht fehlen, unter denen es skrupellos helle Köpfe wie Eulenspiegel, Lazarillo de Tormes und Simplicius Simplicissimus zu europaweit nachhallender Reputation gebracht haben. Auf ganzer Linie bastardisch inspiriert, haben diese Gestalten sich als Ungeheuer der Überlebenstüchtigkeit Respekt verschafft. Unnötig zu betonen, daß bei den meisten unter ihnen nicht viel fehlte, was ihre Aufnahme in den düsteren linken Flügel unseres dreiteiligen Altarbildes gerechtfertigt hätte.

Für den dritten Teil des Triptychons, der die dunklen Dimensionen der bastardischen Bedingung enthüllt, indem er die kriminellen, die verbitterten, die skrupellos ambitionierten Illegitimen und Enterbten in Aktion vorstellt, möge die Beschränkung auf eine einzige Gestalt genügen. Es soll zudem eine fiktive Figur sein, die gleichwohl Gewicht im Realen besaß, da sie aus dem psychosozialen Plasma der elisabethanischen Gesellschaft und ihrer Konfliktstoffe geschöpft war – es ist die Rede von Edmund von Gloucester aus Shakespeares *The Tragedy of King Lear* (1606 uraufgeführt): Mit dem Portrait dieser charismatischen Schurkengestalt stellt sich Shakespeare als Meister-Bastardologe vor, nicht nur für sein eigenes Jahrhundert, sondern für die Neuzeit im ganzen.

Schon mit den ersten Zeilen seines Auftritt-Monologs
(Akt I, Szene 2) legt Edmund die Logik seiner Revolte offen:

»Du, Natur, bist meine Göttin; deinem Gesetz sind meine
Dienste verpflichtet. Warum sollte ich in der Pest der
Konvention bleiben und zulassen, daß die Kleinlichkeit
der Nationen mich um das Meine bringt, weil ich um ei-
nige zwölf oder vierzehn Mondscheine Nachzügler eines
Bruders bin? Warum Bastard? Warum niedrig?«

Der »natürliche Sohn« leitet seinen Anspruch auf Erhöhung
durch Erfolg in direkter Linie von der Göttin Natur her.
Gedieh jemals ein Naturalismus ohne usurpatorische Hintergedanken? Shakespeare läßt am Ergebnis der dramaturgi-
schen Analyse keinen Zweifel: Edmunds kriminelle Intensität ist nichts anderes als das zweite Gesicht der neuerdings
gepriesenen unternehmerischen *virtù*. Die Welt ist ein Spielfeld von Tüchtigkeiten und Ambitionen, die sich gegenseitig ebensosehr befeuern wie behindern. Unternehmensbera-
tung durch Dämonen ist das Gebot der Stunde. Wenn Edmund am Ende seines Monologs ausruft: *Now, gods, stand
up for bastards!*, ahnt der zeitgenössische Beobachter: Dies
dürfte das Gebet der Neuzeit gewesen sein, das mehr als jedes andere erhört wurde.

Die Spielanordnung der Gloucester-Nebenhandlung
in *King Lear* legt die Regel offen, nach welcher die Dinge
sich im gesamten Stück enthüllen. Wer die Matrix begreifen
möchte, aus der die schrecklichen Kinder der Neuzeit im
allgemeinen und die angriffsbereiten Subjekte des entsicherten Ehrgeizes im besonderen entstehen, braucht nicht mehr
zu tun, als auf eine Standardsituation der »kreativen Diskriminierung« zurückzugreifen – die, wie bemerkt, etwas ganz
anderes ist als der »Kampf um Anerkennung«, den eine my-
stifizierende Sozialphilosophie Hegelscher Provenienz als

Movens ethisch-politischer Konflikte in der Moderne in Anschlag bringt. Im gegebenen Fall stellt die kreative Diskriminierung die beiden ungleichen Söhne desselben Vaters, des Grafen von Gloucester, der zum Gefolge Lears gehört, in unmittelbarer Friktion nebeneinander. Die Verteilung der Rollen zwischen dem positiven Helden und dem Bösewicht folgt dem Statusunterschied, der den ehelich geborenen Sohn Edgar vom außerehelichen Sohn Edmund abhebt.

Im Licht der psychodynamisch-ethischen Analyse von Dreieckskonflikten, wie René Girard sie in seinem Werk *Romantische Lüge und romaneske Wahrheit* von 1961 vorgeschlagen und in zahlreichen späteren Schriften elaboriert hat, liegt ein typischer Fall mimetischer Rivalität vor: Edmund, der Illegale, bekommt durch die Bevorzugung des legal geborenen Edgar seitens des gemeinsamen Vaters wie durch die bestehenden Erb-Gesetze jenes unschätzbar wertvolle Objekt des Begehrens vor Augen gestellt, das er um jeden Preis sich aneignen möchte – den Zugriff auf Macht und Würden, der mit dem Anrecht auf legitime Nachfolge verbunden ist. Dem steht die Ordnung der ungleichen Legitimitätsstufen im Weg. Um das kostbare Gut dennoch zu erlangen, soll eine ingeniös bösartige Intrige dem dunklen Bastard ihre Dienste bieten: Mit Hilfe eines gefälschten Briefs gibt Edmund vor, den Beweis zu besitzen, wonach Edgar den ahnungslosen Vater töten wolle, um sich vorzeitig seines Erbes zu bemächtigen, indes er, Edmund, durch Aufdeckung des Komplotts des falschen guten Sohnes, sich als der bessere Sohn und würdige Erbe erweisen möchte.

Daß Skakespeare die Lear-Handlung in der Gloucester-Handlung dekliniert, verleiht dem Drama seine moralisch-anthropologische Spannung. An beiden Vätern wird sichtbar gemacht, wie sich der genealogische Hiatus öffnet – bei Lear durch den mißtrauischen Alterswahn, der ihn hindert, die Zeichen authentischer Kindestreue bei Cordelia von den

aufgesetzten Phrasen Regans und Gonerils zu unterscheiden, bei Gloucester durch das schuldhaft naive Fürwahrhalten der von Edmund gefälschten Indizien, die Edgars vorgeblichen Betrug belegen. Die gestörte Liebeszeichenkunde gibt Aufschluß darüber, in welchem Maß die Konstruktion der symbolischen
Ordnung bei diesen Angehörigen zerkriegter, paranoisch
verwirrter Zeiten im argen liegt – und mit ihr das Weltverhältnis der primären Empathie. Auch hier ruft der eine Abgrund den anderen herauf: Lears Wahnsinn, der sich in die
Tiefe der Kinderlosigkeit stürzt, nachdem er sich noch kurz
zuvor im Besitz dreier prächtiger Töchter glaubte, findet
sein Gegenstück in Gloucesters Blendung, die einhergeht
mit der Unfähigkeit, zu erkennen, welcher von den beiden
Söhnen derjenige sei, der ihn nach Recht wie Gesinnung zu
beerben würdig wäre.

Shakespeares verdüsterte Gerechtigkeit weiß um die
Schuld der Väter wie um den eifersuchtsbewegten Eigensinn
der schlimmen Kinder: Bei Lear erweisen sich zwei der drei
Töchter als korrupt, bei Gloucester einer von zwei Söhnen.
Um dem Verhängnis die böseste Spitze aufzusetzen, enthüllt
der Dichter, wie der Zufall, die neuerdings von allen Seiten
umworbene Fortuna, in seiner oder ihrer kategorischen
Blindheit Schlimmeres zu bewirken imstande ist als der per-
verseste Wille: Als Edmund in letzter Stunde die von ihm
befohlene Tötung Cordelias widerruft, da selbst er der Bos-
heit Grenzen setzt, kommt der Bote um einen Augenblick
zu spät. Lears treue Tochter ist, als er eintrifft, seit wenigen
Minuten tot.

Der Verlauf des Dramas enthüllt Zug um Zug, daß hier
kein triviales Mißverständnis zwischen Alt und Jung vor-
liegt, das sich bei einem Gespräch am Kamin aus der Welt
schaffen ließe. In beiden Handlungslinien – bei Lear wie bei
Gloucester – wird die Zerstörung des Vertrauens zur gelun-

genen Filiation mit einer Folgerichtigkeit durchgeführt, bei
der man nicht weiß, ob das verbrauchte Wort »unerbittlich«
sie angemessen bezeichnet.

King Lear bringt die Tragödie neuzeitlicher Enterbung
schlechthin zur Darstellung – kulminierend in der unerträglichen Szene späten Erwachens, in welcher Lear seine tote
treue Tochter auf die Bühne trägt und fragt: *Why should a
dog, a horse, a rat, have life / And Thou no breath at all?*,
um schließlich die Unmöglichkeit ihrer Rückkehr ins Leben mit jenem fünfmaligen *never* zu beklagen, das sich die
Ungeheuerlichkeit des unumkehrbaren Schicksals von der
Seele schreit.

Die Blindheit des Verhängnisses vereint sich mit der
Verblendung des Akteurs. Lear wird klar sehend nur noch
für den kurzen Augenblick, in dem er als Zeuge der Selbst-
anklage zu der fatalen Vereinigung aussagt. Das Learsche
never statuiert mehr als die Endgültigkeit des Todes: Es legt
die Todeslandschaft der Verfehlungen zwischen Vater und
Kind offen, es reißt den Graben zwischen Herkunft und
Zukunft tiefer auf, als er je zuvor bekundet wurde. *Never*
beschwört den Abgrund aller mißlungenen Filiationen und
bezeugt die epochale Verdunkelung, die sich seit Shakespeares Jahrhundert über den generativen Prozessen der
Alten Welt ausbreitet – indes man vermuten darf, daß der
Dramatiker auch für andere Weltgegenden und Kontinente
sprach. Was sind Asien, Afrika, Amerika, die Karibik – um
nur diese Zonen zu nennen – in jüngerer Zeit, wenn nicht
Katastrophengebiete mißratender Filiationen, in denen sich
Shakespeares dunkelste Visionen als Abendnachrichten wiederholen?

Durch den traurigen Ausruf des alten Königs wird offenkundig, wie im Intervall zwischen zwei aufeinanderfolgen-
den Generationen die Welt untergehen kann. Lears *never*
übersteigt die Klage eines Menschen, der die Unwieder-

bringlichkeit eines verstorbenen Lieben betrauert. In ihm redet der Abgrund, das aufgedeckte genealogische Diskontinuum selbst.

In diesem Kontext wird evident, daß Shakespeare in der Figur Edmunds – wie mit dem provozierenden Stoff des aus altenglischen Quellen geschöpften *Lear*-Dramas – seine szenischen Meditationen über Filiations-Katastrophen fortgesetzt hatte, die mit *The Tragicall Historie of Hamlet, Prince of Denmarke*, um 1601 vollendet, seit 1602, ein Jahr vor dem Tod Elisabeths I., in einer kürzeren Version uraufgeführt, 1604 gedruckt, einen ersten gefährlichen Höhepunkt erreichen – gefährlich, weil stofflich-dramaturgisch nahe an der unaussprechlichen Wahrheit der elisabethanischen Situation.

Der melancholische Prinz von Dänemark war seinerseits schon als ein Geschöpf des Hiatus auf die Bühne gestellt worden, hatte er sich doch als unfähig erwiesen, als der adäquate Erbe und überzeugende Nachfolger seines ermordeten Vaters aufzutreten. Sein Würde-Defizit, seine existentielle Blässe, sein Nicht-Sein als politischer Akteur – geoffenbart durch sein Zögern vor der dem Sohn gebotenen Rache – stellt ihn als passives Gegenstück an die Seite Edmunds.

Es gehörte zu den Antrieben der Shakespeareschen Bühnenkunst, den Motiven menschlicher Korruption auf den Grund zu gehen. Die von dem Dramatiker geprüften Hypothesen sind aufgrund ihrer unerloschenen Plausibilität auch für heutige Reflexionen relevant: Die überall mögliche Korruption, über welche die augustinisch-christliche Lehre der Erbsünde eine trübe, metaphysisch überzogene, obschon nicht gegenstandslose Auskunft gab, gründet – nach der Deutung des Dichters – in der menschlichen Wahnbereitschaft, die auch als Sucht nach Illusion und Selbstbetrug beschrieben werden kann. Sie beruht ebenso auf der Beinahe-

Allmacht des unangefochtenen schlechten Beispiels, das aus uns Wesen macht, die oft lieber korrupt erfolgreich sind als integer erfolglos.[1]

Ihr letzter Grund liegt jedoch in der konstitutiven Unsicherheit der Erbgänge und in der Fragilität der Nachfolge-Verhältnisse zwischen Generationen – philosophisch gesprochen, in der Ohnmacht des Ursprungs, die authentische Übergabe und Aufbewahrung seiner Vermächtnisse im Entsprungenen zu garantieren.[2] Psychologisch gewendet: in der Ungewißheit der Nachkommen, die Intentionen der Vorfahren im eigenen Dasein angemessen verkörpern zu können. Aus der dritten Korruptionsquelle entspringt die unterirdische Arbeit des Diskontinuums, das alle höhere Geschichte durchzieht, um bei Gelegenheit an die Oberfläche durchzubrechen, in älterer Zeit episodisch, in der Moderne epidemisch.

Ist Hamlet, der Zögerer, der moderne Mensch *par excellence*, so Edmund, der Bastard, der die Hemmungen fallenläßt, nicht minder – genauer: Er ist es in noch höherem Maß. Wo der traurige Prinz eine Haltung an den Tag legt, die in der heutigen Soziologie als »Handlungshemmung durch Reflexion«[3] beschrieben wird, zeigt Edmund die zivilisationsdynamisch um vieles folgenreichere Alternative auf: die Freisetzung von offensiver, ja krimineller Energie durch erbitterte Rivalität.

---

1 Vgl. René Girard, Shakespeare. Les feux de l'envie, Paris 1990.

2 Goethe gehört zu den Mitentdeckern der Asymmetrie zwischen Ursprung und Entsprungenem, wie Hermann Schmitz in seinem Werk Goethes Altersdenken im problemgeschichtlichen Zusammenhang, a.a.O., gezeigt hat. Der Dichter formuliert diese Beobachtung freilich in optimistischer Perspektive: »... ja es ist der Vorteil lebendiger Zeugung, daß das Gezeugte vortrefflicher sein kann als das Zeugende.« (Maximen und Reflexionen 643).

3 Vgl. Wolf Lepenies, Melancholie und Gesellschaft, Frankfurt am Main 1969.

Die Modernität von *Hamlet* und *King Lear* und ihre Zu-
sammengehörigkeit unter zivilisationstheoretischem Aspekt
zeigt sich darin, daß beides »Endspiele« sind: Im Finale bei-
der Aktionsabläufe weiß niemand mehr, was danach kommen könnte, ausgenommen, daß es mit anderem Personal
irgendwie weitergehen wird – der norwegische Name For-
tinbras liefert das Symbol für das beliebige Irgendwie. Er ist
der ewige Jemand, der unvermeidlich neu ins Spiel kommt,
»starkarmig«, wie der sprechende Name verrät, um früher
oder später wieder alles so zu machen wie seine Vorgänger in
ihren festgefahrenen Lagen. Dies eine Mal ist Shakespeares
Ironie so tödlich, wie sie sonst heiter überlegen ist: Was da in
letzter Sekunde mit Siegesrufen am Horizont auftaucht, ist
der ewige Irgendwer, der dumm vor Zuversicht erneut beginnt, spät angekommen, wie er ist, ohne Ahnung von den
Abgründen, in denen die alten Machthaber versanken.

Durch den Untergang Lears und Hamlets mitsamt ihren Königshäusern und deren Anhang reflektiert sich die
anhebende Neuzeit in der eminenten Kunst: Sie stellt sich
als eine Zeit der Enthemmung, der Entfesselung, der Freisetzung vor, als eine Ära der Diskontinuität, in welcher das
Irgendwie-Weitermachen nach dem Reißen der Fäden zur
Über-Tugend erhoben wird. Hätte der Hauptsatz der Zivilisationsdynamik je einen Dichter evoziert, es wäre kein
anderer als Shakespeare. Die Freisetzung der uneinholbaren
Folgen menschlicher Taten ist sein Thema. Was der Dichter als »Tragödien« präsentiert, sind durchwegs die Abläufe
unheilbar asymmetrischer Aktionen. Man muß bis Heinrich
von Kleist – *Der Findling* [1] – und Louis-Ferdinand Céline

---

[1] Kleists Erzählung handelt von einer Adoption mit schrecklichem Ausgang: Der Findling Nicolo, von einem Kaufmann an Kindes Statt angenommen, vergewaltigt, erwachsen geworden, seine Pflegemutter, enteig-
net den Adoptivvater und wird von diesem in einer Aufwallung von Zorn
ermordet, indem er dem mißratenen Kind »das Gehirn eindrückt«. Zu-

– *Voyage au bout de la nuit* – warten, ehe europäische Autoren zu analogen Höllen der Einsicht in die Möglichkeit und Wirklichkeit verheerender Asymmetrien zwischen Herkünften und Zukünften absteigen.

Die Systemtheorie macht das neue Irgendwie mit dem Begriff »Anschlußfähigkeit« explizit. Er spiegelt Niklas Luhmanns intellektuelle Erleuchtung als junger Überlebender des Zweiten Weltkriegs wider: Der lokale Weltuntergang war kein ausreichender Grund, nicht mit irgendwelchen Optionen fortzufahren. Wer wie auch immer »anschließt« an das, was aus welchem Grund auch immer noch besteht, beweist: Das Weitermachen inmitten von Trümmern ist die zeitgemäße Antwort auf den Verlust einer beerbbaren Kultur. Du mußt kein Erbe sein, um zu reüssieren, solange du dir die Anschlußstellen selbst zusammensuchen kannst.

Indem Hamlet sagt: *the time is out of joint*, legt er das Geständnis ab, er sei nicht der Richtige, die gestörte Ordnung zurechtzurücken. Dazu hätte er verkörpern müssen, was ihm unmöglich war: einen Mann der genealogischen Mitte, einen glaubwürdige Erben eines integren Vorgängers. Er hätte, um in heutiger Sprache und gemäß der *good-enough*-Logik jüngerer Psychoanalyse zu reden, ein hinreichend erbfähiges Kind eines hinreichend guten Vaters und einer ebensolchen Mutter sein müssen – wie aber sollte das gelingen, wenn deine Mutter nach der Ermordung deines Vaters nichts Eiligeres im Sinn hatte, als sich mit dem Mörder zu paaren? Dank Shakespeare hat Dänemark sich den Ruf er-

---

dem verweigert der zornige Vater, zum Tode durch Erhängen verurteilt, die Absolution, um des zum Schurken degenerierten Adoptivsohns noch in der Hölle habhaft werden zu können. Kleists düstere Genialität bildet den alteuropäischen Archetypus der Tragödie als Filiationskatastrophe weiter zu dem schwarzen modernen Genre der Adoptionskatastrophe. Vgl. Uwe Schütte, Die Poetik des Extremen. Ausschreitungen einer Sprache des Radikalen, Göttingen 2006: zu Kleists Der Findling vgl. den Abschnitt »Köpfe knacken«, S. 97 f.

worben, das erste Land der Neuzeit gewesen zu sein, in dem eine scheinbar triviale Bedingung gelingender Zivilisation unerfüllbar wurde.

Hamlet stirbt kinderlos und ratlos, indem er dem siegreichen Nachfolger müde zuwinkt. Nicht nur in Dänemark ist die verfaßte Welt aus den Fugen. Sie gerät, wohin man sieht, in den freien Fall. Daß die Stürzenden sich neue »Begründungen« ihrer Haltlosigkeit ausdenken werden, dessen darf man immerhin gewiß sein.

6 Von Abstammung kein Wort mehr

Voiture – de Sade – Jefferson – Emerson – Stirner – Marx – Deleuze/Guattari

> *Man kann der Gesellschaft alles aufdrängen, nur nicht, was eine Folge hat.*
> Johann Wolfgang Goethe, *Die Wahlverwandtschaften*

Die Herausdrehung des okzidentalen Zivilisationsprozesses und der von ihm beeinflußten Weltregionen aus der Ordnung der kulturellen Legitimierung durch Filiation und Erbfolge – von männlichen Linien dominiert, von den unverwüstlichen Mütter-Töchter-Magien subversiv bereichert – vollzieht sich über zwei Angelpunkte: zum einen die fortschreitende Ausbreitung des anti-genealogischen Affekts, dessen jüngere Geschichte weithin ausdehnungsgleich ist mit der Entfaltung des »Individualismus« euroamerikanischen Stils – zu ihr haben, wie gezeigt, die vielfältigen Strömungen des frühneuzeitlichen mystischen und protestantischen Christentums das Ihre beigetragen; zum anderen das erfinderische Drängen immer breiterer Schichten der europäischen »Gesellschaft« und ihrer kolonialen und post-kolonialen Nachfolger auf freie Zugänge zu Po-

sitionen von Macht und Einfluß – was eine permanente
Revolution der Ambitionen im Namen der »Gleichberechtigung« zur Folge hatte, angetrieben von den Reibungsen-
ergien, die bei direkter Konfrontation von Benachteiligten
mit Bevorteiligten auf verengtem Vergleichsraum entstehen.
Dabei macht sich die »moderne Bedingung« geltend, indem intensive mediale Vernetzung chronische Irritationen
aufgrund progressiver Verdichtungen des Vergleichsraums
nach sich zieht.

Im Fortgang der genealogischen Modernisierung beweist
der zivilisationsdynamische Hauptsatz mitsamt seinen
zahlreichen Untersätzen seine Durchschlagskraft: Indem
der Eintritt von zahllosen vormals Erbelosen und Illegitimen in den ausgeweiteten Spielraum legitimer Forderungen
voranschreitet, setzt der Prozeß zu jedem Zeitpunkt sehr
viel mehr Reklamationen nach Würden, Chancen und Vor-
zugspositionen frei, als mit den Mitteln des jeweils aktuellen Zustands befriedigt werden können. Nie wird sich das
drastischer enthüllen als im Gefolge der amerikanischen und
französischen Erklärungen allgemeiner »Menschenrechte«
am Ende des 18. Jahrhunderts. Mit diesen Sprechakten, zeit-
gemäß, unumgänglich, hochherzig und uneinlösbar, wie sie
waren, setzte das nie mehr zu beendende Weltalter der Reklamationen ein.

Das oben erwähnte »Jahrhundert der Bastarde« dürfte
ebensogut das Jahrhundert der Zweitgeborenen – spanisch:
secondones[1] – heißen, wahlweise das der Waisenkinder, der
Ausgesetzten und der Findlinge, die ihren »Platz in der
Welt« aufgrund von Selbst-Beweisen rekonstruieren müs-

---

1 Zum Motiv der zweiten Söhne in der frühen Neuzeit: Gunnar Heinsohn,
  Söhne und Weltmacht. Terror im Aufstieg und Fall der Nationen, Zürich
  2006.

sen. Es könnte auch nach den politischen Usurpatoren, den Unternehmern und den *self-made men* aller Disziplinen benannt werden, die ihm vom späten 18. Jahrhundert an, vor allem in der Neuen Welt, ihren Stempel aufprägten.[1] Kaum nötig, zu betonen, daß es sich nicht um ein kalendarisches Jahrhundert handelt, sondern um einen offenen Zeitraum, ja, ein Zeitalter eigenen Rechts, das sich bis auf weiteres, aus inhärenten Motiven unbeendbar, in die Zukunft fortsetzt.

Zunächst kleidet sich der Vorgang in ein politisch-kulturelles Rollenspiel, das man mit dem oft kommentierten »Aufstieg des Bürgertums« gleichsetzt – einem Drama, das die europäische Kultur *toto genere* zwischen dem 14. und dem 19. Jahrhundert in Atem hält. Es erstreckt sich aus sachlogischen Gründen bis zu dem Moment, in dem – in konsequenter Nachfolge des an die Macht gelangten »zufriedenen Stands« – auch der vormalige Vierte Stand, die unzufriedene Klasse der lohnabhängig Arbeitenden und ihr Schatten, der

---

1 Ein erstes Gruppenportrait der transatlantischen »selbstgemachten Menschen« erschien bereits im Jahr 1858 bei Harpers & Brothers Publishers New York aus der Feder des ansonsten unbekannten Publizisten Chas C. B. Seymour (1829-1869) unter dem lapidaren Titel: *Self-Made Men*. An dieser erbaulichen 62teiligen Galerie »erfolgreicher Männer« ist aus heutiger Sicht bemerkenswert, daß die später vielbeachteten Karrieren von Millionären und Industriebaronen in ihr noch kaum eine Rolle spielen, die Vita des Eisenbahnpioniers George Stephenson (1781-1848) ausgenommen. Indessen bilden die Aufstiege von Anwälten, Politikern, Offizieren, Kapitänen zur See und Künstlern den Fokus. Die Fortgeltung der altgewohnten Gleichung von Männlichkeit und Menschlichkeit in der bekannten Formel erhellt aus der Tatsache, daß in der Kollektion nicht eine einzige Frau auftaucht.
150 Jahre später hat sich die Szene in gender-politischer Sicht radikal gewandelt. Selbst eine Entertainment-Königin wie Oprah Winfry (geb. 1954), die Super-Bastardin des amerikanischen Show-Business, uneheliche Tochter minderjähriger Eltern und bekennende vormalige Drogenabhängige, könnte sich nicht mehr einfach als *self-made woman* präsentieren, da die Fabrikation ihrer Karriere nur als Effekt strategischen Teamworks denkbar war.

arbeitslose Rest, Ansprüche auf ökonomische Besserstellung, rechtliche Würdigung, politische Vertretung und ästhetischen Ausdruck geltend macht. Tatsächlich vollzieht sich das, was man die bürgerlichen »Aufstiege« nennt, in Form eines Prozesses, bei dem sich eine Subversion an die andere, eine Reklamation an die folgende, eine Umwertung der Werte an die nächste reihte, bis die irreversible Umdeutung der genealogischen Verhältnisse erreicht war, das heißt der Nullpunkt der Legitimierung durch Herkommen und die förmliche Gleichstellung aller in einem genealogisch unmarkierten Raum. Daß das mit »Chancengleichheit« nur wenig zu tun hat, illustriert das Werk des Historikers Gregory Clark: *The son also rises: Surnames and the History of Social Mobility*, Princeton, Oxford 2014, das versucht, den Beweis zu führen, daß ein relativ kleiner Stock von Elite-Familien während der letzten 300 bis 400 Jahre ihre Position zu verteidigen wußte, indes auf der Vorderbühne der Historie überwiegend neue Gesichter den Ton angaben.

Die Umwertung nimmt ihren Ausgang in der kulturellen Promiskuität der Renaissance, in deren Folge die Träger erblicher älterer Privilegien sich mit den neuen selbst-nobilitierenden Inhabern von Talent-Titeln auf der Basis von mäzenatischen Aufträgen, administrativer Arbeitsteilung und ersten familiären Verbindungen vermischen – mit in die Gegenwart reichenden Folgen.

Das Paradigma einer Fusion dieser Art liefert die im Jahr 1533 erfolgte Erhebung des venezianischen Malers Tiziano Vercellio (ca. 1490-1576) durch Karl V. in den erblichen Adelsstand, verbunden mit seiner Ernennung zum Hofmaler des kaiserlichen Hauses. Naturgemäß mußten den zeitgenössischen Beobachtern die kulturrevolutionären Implikationen des Vorgangs verborgen bleiben. Sie mochten sich mit der Erwägung begnügt haben, das Haus der Legitimität habe viele Wohnungen – um so besser, wenn zusätzliche

Würden in der Welt sind, die neuen Männern und ihren
Nachkommen den Einzug in die jüngeren Anbauten des
Kastells erlauben.

Die korrosive Tendenz im Gefüge der Würden, Vorrechte
und legitimen Titel verriet sich ein Vierteljahrtausend später,
als die Flutwellen von Aufklärung und Französischer Revolution eine jähe Legitimitäts- und Souveränitätsübertragung
von der Ordnung der aristokratischen Familien auf die sich
»Volk« nennende Bourgeoisie und deren plädierende, po-
stulierende und dissertierende Protagonisten bewirkten.

Im mittleren 19. Jahrhundert wurde das Sichtfeld hinreichend frei, um bei günstiger Lage des Beobachtungs-
punkts – wie er dem Diagnostiker Tocqueville zugefallen
war[1] – wahrnehmen zu können, in welchem Maß viele Akteure des *ancien régime* über Jahrhunderte ihrer eigenen
Delegitimierung vorgearbeitet hatten. Sie waren bei ihren
großbürgerlichen Geldgebern chronisch verschuldet und
hatten die Rückzahlung von Krediten für unter ihrer Würde
gehalten – was die abenteuerliche, systemimmanent gleichwohl plausible Höhe der Zinsen von bis zu 60 Prozent *per
annum* nach sich zog: Der weltlich und kirchlich mißbil-
ligte Wucher war die naive Antwort des frühen Geldsystems
auf die empirisch erwiesene Unwilligkeit vieler vornehmer
Schuldner, ihre Kontrakte zu erfüllen. Zur Zeit des dritten
spanischen Staatsbankrotts von 1596 (nach den Ausfällen
von 1557 und 1575) unter Philipp II. machten die Zins-
zahlungen der Krone 40 Prozent des Staatshaushalts aus.
Dennoch konnten zahllose Kredite nicht zur Zufriedenheit
der Gläubiger bedient werden. Im Jahr 1787 mußten von
den Einnahmen der französischen Krone, die sich auf 427
Millionen Livres beliefen, 285 Millionen für Schuldendienste ausgegeben werden, während das Staatsdefizit weiter

---

1 Vgl. S. 35 ff. in diesem Band.

wuchs – woraus im übrigen hervorgeht, daß der auf Dauer
gestellte Betrug des Fiskus an der Gesellschaft der Produktiven – abgesichert durch legale Enteignungsmacht – keine
Erfindung des 20. und 21. Jahrhunderts darstellt: Er rech-
nete, lange vor der Wende zu demokratischen Prozeduren,
unter die Gründungsgeheimnisse des neuzeitlichen Staatswesens.

Es waren also die Magnaten des *ancien régime*, die den
bürgerlichen Akteuren die für die künftige monetäre *po-
licy* entscheidende Lektion erteilten. Die über Jahrhunderte
eingespielte Liaison von Legitimitätsgewißheit und ostent-
tativer Lebensführung im alteuropäischen Adel hatte sich
überlebt, seit sich die splendiden Herren von gestern immer
häufiger als die impotenten Schuldner von heute entlarvten.
Als ein tausendjähriges Reich des Defizits hatten die alteuropäische Aristokratie und ihr »Staat« Bestand gehabt. Sobald man besser zu rechnen lernte, waren ihre Tage gezählt.
Was man später »Ausbeutung« nannte, war nichts anderes
als das weltalterlange Zugeständnis der Reichen an die Armen, für ihre Überziehungen aufzukommen. Dieses Regime
gelangte mit dem »Aufstieg der bürgerlichen Gesellschaft«
an sein unvermeidliches Ende. Sosehr spektakuläre Verschwendung und *conspicuous comsumption* als seigneurale
Fitness-Signale[1] gedeutet werden konnten, erwiesen sie sich
in der neuen Realitätsordnung als nicht mehr zu duldende
Indizien ruinöser Überdehnung.

Durch die Selbstdelegitimierung des alteuropäischen
Adels erfuhr die sich formierende »bürgerliche Gesellschaft«, wie sehr es an der Zeit war, von der prestige-ratio-

---

1 Nach dem 1975 publizierten Zahavi-Theorem, das unter dem Namen
handicap principle bekannt wurde, sind evidente Verschwendungen »ehrliche«, das heißt fälschungssichere Fitness-Signale. Die Evolution simu-
lationstoleranter Systeme in der Moderne läßt sich als progressive Eröff-
nung von Spielräumen für Fitness-Signal-Fälschungen verstehen.

nalen Kultur des *ancien régime* zu einem alternativen Modus kultureller Legitimierung überzugehen.[1] Lange genug hatte sie, neben dem niedergedrückten ländlichen Arbeitsvolk, willig und unwillig, durch Frondienste, Steuern, Abgaben und verlorene Kredite, für den Luxus der alteuropäischen Herrenkaste und die Kriegsgelüste der frühen Nationalstaaten aufkommen müssen.

Nach Lage der Dinge konnte der neue Modus allein auf der errechenbaren Rationalität real erbrachter ökonomischer und intellektueller Leistungen beruhen: auf dem faktischen Unternehmenserfolg, auf dem in geprüften Bilanzen ausgewiesenen Profit, auf dem Elan der effektiven Erfindung, und in wachsendem Maß auf der Zustimmung der Mitwirkenden und ihrer Assoziationen im Rahmen einer zivilen Konstitution. Zuletzt stand bei der Beschaffung neuer Legitimität kein anderer Ausweg mehr offen als die Einführung des allgemeinen Wahlrechts, das helfen sollte, der Liaison von Recht und Mehrheit ein Minimum an Plausibilität zu verschaffen. Was die Beobachtung nach sich zieht, daß in einer von knappen Mehrheiten regierten Welt die Delegitimierung des heute Vorherrschenden jederzeit an der Ecke wartet.

Dem Umschwung in die politische, juristische und genealogische Moderne lag die für alle Aufklärung konstitutive Entdeckung zugrunde, wonach Majestät, Monarchie und Adel seit jeher Glaubenssachen gewesen waren, kaum anders als die Geheimnisse der Trinität. Es genügte, in diesen Fragen skeptisch zu werden, um eine neue Ordnung der Dinge herbeizuführen, befreit von den Einprägungen feudaler Unterordnung und einverseeelter Hierarchie. Aus dieser Sicht ist alle jüngere Geschichte die Geschichte von

---

1 Vgl. Norbert Elias, Die höfische Gesellschaft. Untersuchungen zur Soziologie des Königtums und der höfischen Aristokratie, Frankfurt am Main 1983.

Tea Parties, sprich von Weigerungen, pseudopotente Herren länger zu alimentieren.

Bis zu der revolutionären Wende des späten 18. Jahrhunderts mußten Aufstiege aus der bürgerlichen Sphäre in die Welt der Großen den Charakter von unmerklichen Infiltrationen und ironischen Raumforderungen auf fremdem Gelände annehmen – wie eingangs am Beispiel des somnambulischen Lebensbogens Jeanne-Antoinette Poissons *alias* Marquise de Pompadour dargelegt.[1] Laufbahnen wie die ihre setzten eine zwischen Anpassung und Renitenz schwankende Umdeutung des Adels durch arrivierte Teilhaber bürgerlicher Herkunft voraus. Sie konnten erfolgreich sein, solange sie Diskretion bewahrten und sich innerhalb der gültigen Konvention bewegten.

In erhellender Weise bezeugt dies der Brief des französischen Belletristen Vincent Voiture (1598-1648), der seit den ersten Jahrzehnten des 17. Jahrhunderts als geistreicher Animateur des Hôtel de Rambouillet, des ersten großen Pariser Salons, des Treffpunkts der »Preziösen«, hervortrat: Der Sohn eines Weinhändlers aus Amiens, dem das Privileg zugefallen war, den königlichen Hof zu beliefern, hatte in jungen Jahren die Bekanntschaft Gastons von Orléans gemacht, des Bruders von Louis XIII., und dessen Sympathie gewonnen. Über diese Verbindung gelang es dem jungen Mann »ohne Herkunft« binnen kurzem, in die höchsten Kreise der französischen Aristokratie vorzudringen. Er erwarb sich durch seine Auftritte als Causeur, Komplimente-Macher, Amateur-Dichter und Brief-Korrespondent eminenter Zeitgenossen während einiger Jahrzehnte die Position eines unersetzlichen Atmosphärenerzeugers – man würde ihn heute eher einen Unterhalter als einen Schriftsteller nennen, vor-

---

1 Vgl. S. 31-53 in diesem Band.

ausgesetzt, man gäbe zu, daß Unterhaltung unter die ernst-
haftesten Angelegenheiten des sich modernisierenden Ge-
meinwesens rechnet. Er gehörte zu der kleinen Anzahl von
Autoren, die für das 17. Jahrhundert den Begiff des *homme
de lettres* neu definierten, indem sie ihn vom Makel der Sub-
alternität befreiten. Zeitweilig genoß er bevorrechtigten Zugang zu Monsieur de Chavigny, der rechten Hand von Kardinal Richelieu, dem mächtigsten Mann des Jahrhunderts.
Seiner Rolle als *most valuable player* im Pariser Ballett
der Großen gelassen bewußt, wandte er sich anläßlich der
persönlichen Attacke eines Dichter-Rivalen, der ihn seiner
bürgerlichen Herkunft wegen in einem plumpen Vers als
roturier verhöhnt hatte, an Pierre Costard, einen im Poitou
ansässigen Domherren, mit dem er zwischen 1638 und 1642
häufig korrespondierte,[1] um ihm, den er als Literaturkenner
und Vertrauten schätzte, seine Sicht auf die Differenz von
Adel und Nicht-Adel offenzulegen.

»Der Adel nimmt in Wahrheit einen hohen Rang ein in
der Ordnung der Güter des Glücks und ist ein Vorteil,
der dazu dient, viele andere zu erwerben. Aber es gibt
sehr viele wünschenswertere Dinge im Leben (*bien de
choses plus désirables en la vie*) … Wenn man nicht edel
sein könnte, ohne adelig zu sein; wenn man sonst keinen
schönen Geist, keine starke, große und aufrechte Seele
haben könnte … dann würde es weder für Horaz noch
für mich irgendeinen Trost geben. Aber Gott sei Dank
geht es nicht so, und ich kenne über diesen Gegenstand …
eine ganze Rede des Marius bei Sallust[2] … Vielleicht kennen Sie aber dieses kastilianische Sprichwort nicht: ›Jeder
ist der Sohn seiner Taten‹ oder dieses Wort eines Helden

---

1 Pierre Costard et Vincent Voiture, Entretiens, Paris 2013.
2 Vgl. oben S. 321.

(*brave*) aus jenem Lande, der zu einem italienischen Edelmann sagte: ›Ich und mein rechter Arm, den ich als meinen Vater ansehe, sind mehr wert als Sie.‹
Ich denke, Sie werden es recht finden, wenn ich hinzu-
füge, daß im Spanischen ›hildalgo‹, das ›Edelmann‹ bedeutet, von ›hijo d'algo‹ kommt, als ob man sagen würde
›Sohn von etwas‹, um anzuzeigen, daß der wahre Adel
von tugendhaften Taten kommt, die uns eine zweite Geburt, die besser und ruhmvoller ist als die erste, schenken. Da es nun so ist, mein Herr, kann derjenige, welcher als Nichtadliger (*roturier*) geboren ist, als Edelmann
(*gentilhomme*) wiedergeboren werden (*renaître*) und sein
Leben mit Glanz erfüllen trotz der Dunkelheit seines
Ursprungs.«[1]

Das Dokument illustriert, wie sich bei den *homines novi* aus
bürgerlichen Kreisen, die sich als Leistungsträger inmitten
der aristokratisch dominierten alteuropäischen »Gesellschaft« hervortaten, bereits in den dreißiger und vierziger
Jahren des 17. Jahrhunderts ein satisfaktionsfähiges Bewußtsein von der Möglichkeit autogener Nobilitierung her-
ausgebildet hatte. Man beobachtet in ihm die Bereitschaft
zum Gegenangriff im Namen einer meritokratischen Ethik,
für die sich ebenso altrömische wie germanische Muster finden. Diese schränkt das Herkommen, wie alt und hoch es
auch sei, in seiner Bedeutung ein, ja, sie entwertet es, um
ihm die faktische persönliche Leistung und die durch eigene
Verdienste erreichte Position im sozialen Prestige-Gefüge
überzuordnen.
Mit einzigartiger Explizitheit verrät sich dies in dem

---

1 Zitiert nach: Briefe des Alten Frankreich, übertragen und herausgegeben
von Werner Langer, Wiesbaden 1949, S. 37 f. Der Originaltext ist wiedergegeben in: Pierre Costard et Vincent Voiture, a. a. O. (Billet VII), S. 650-
653.

von Vincent Voiture angedeuteten Mikrodrama, in dem
ein »Held« (*brave*) – womit nur ein Offizier bürgerlicher
Herkunft in der Armee der spanischen Krone gemeint sein
kann – einen italienischen Adligen mit den Worten pro-
voziert habe: Er und sein rechter Arm seien mehr wert als
jener. In diesem Zusammenhang fällt die nicht alltägliche
Äußerung, wonach dieser Offizier seinen *rechten Arm als
seinen Vater ansehe*: Es dürfte sich um eines der frühesten
Zeugnisse für die Idee der Autogenese bzw. Selbstabstam-
mung handeln.[1]

---

1 Wenige Jahrzehnte zuvor hatte Shakespeare in seiner Tragedy of Coriola-
nus (entstanden um 1607) den Helden des Stücks sagen lassen: »I … stand/
As if a man were author of himself / And knew no other kin.« (V.3) Der
Satz Coriolans hatte noch keinen affirmativen Sinn: Er sollte die trotzige
Losreißung eines Menschen, der sich durch die Seinen verraten fühlte,
von Volk und Verwandtschaft markieren und seinen Übergang zur Allianz mit Rom-feindlichen Fremden begründen. Nachdem Coriolans Frau
und seine Mutter ihm seine »Zugehörigkeit« zu ihnen mit sentimentalen
Argumenten wieder vor Augen gestellt hatten, fällt er in die Position des
Familienangehörigen zurück. Durch die Resolidarisierung mit den Verwandten wird er zum Verräter an seinen neuen Verbündeten, was für ihn
tödliche Folgen nach sich zieht. Für Shakespeare ist die Idee der Selbstur-
heberschaft noch mit tragischer Hybris assoziiert.
Vier Jahrzehnte später hingegen kann Pierre Corneille in seiner »heroischen Komödie Don Sanche d'Aragon (1649) seinen Helden sagen lassen:
»Ich möchte denen nichts verdanken, die mich in die Welt setzten … ich
nenne meine Eltern meine eigenen Taten … Mein Wert ist meine Rasse.«
und mein Arm ist mein Vater.«
In seinem Antwortschreiben (ibid. S. 653-655) auf den oben zitierten
Brief bestätigt Costard die Umkehrung der Adelskategorien bei Voiture,
indem auch er den Blutadel dem »Adel des Geistes und des Herzens«
nachordnet. Offensichtlich ist er von der kastilischen Wendung »mein
Arm, den ich als meinen Vater ansehe« so beeindruckt, daß er sie kurz
danach in einem Brief an Guez de Balzac wiederaufnimmt.
Weitere 150 Jahre später versetzt der deutsche Idealismus die bürgerlichen Individuen unter dem Titel von »Subjekten« durchwegs in die autogene Position: Selbsterzeugung wird erstes Menschenrecht und erste
Bürgerpflicht. Dieser Überforderung können die Modernen zumeist nur
durch neu-religiöse (oft: anti-prometheische) Abdankungsgesten oder
kollektivistische bzw. sozialphilosophische Ausweichmanöver entgehen.

Von diesem Phantasma läßt sich ohne Aufwand zeigen, wie es im 19. und 20. Jahrhundert zum wichtigsten Vehikel anti-familialer und anti-genealogischer Affekte würde. Wer seinen rechten Arm als seinen Vater ansieht, begründet seine Stellung in der Welt durch sich selbst, genauer: durch ein eigenes Leistungsorgan. Will jemand in diesem Sinn ein »Sohn von etwas« sein, leitet er sich von der eigenen *virtù*, der persönlichen Bewährung, ab – hierin den überraschend aufgetauchten Niemandssöhnen vergleichbar und verwandt, die zu Beginn der Neuzeit als Kinder des Talents und als »Söhne ihrer Taten« aufgetreten waren, um eine Vortrefflichkeit von bislang wenig beachteter Qualität in Anspruch zu nehmen.

Die Quellen der Legitimität hatten sich nach den Anfängen der Renaissance im 14. Jahrhundert verschoben: von der privilegierten Herkunft auf die aktuelle Performance. Hierin wird die Lücke fühlbar, in welcher sich, ein halbes Jahrtausend später, die feministische Rhetorik zugunsten ambitionierter Töchter einnisten wird. Zielsicher macht auch sie sich die bewährte Strategie bürgerlicher Aufstiegsplädoyers zu eigen: mit Hilfe egalitärer Prinzipien für die Vermehrung elitärer Positionen einzutreten, um sie mit Kandidatinnen aus eigenen Reihen zu besetzen. An keinem Gegenstand tritt diese Dynamik unverhüllter zutage als an der zeitgenössischen Debatte über die Quotierung von Frauen in »Führungspositionen«.

Im zunehmenden Widerwillen breiter Kreise gegen den *status quo* spiegelt sich die für die Neuzeit konstitutive Erfahrung wider, wonach das Eintreten in eine Erbfolge nur selten die tatsächliche Übernahme von Würden, Vorteilen, Privilegien und Kompetenzen mit sich bringt, während es für die Mehrheit – zumal in den bürgerlichen, erst recht in den »proletarischen« »Schichten« oder »Klassen« der »Gesellschaft« – die Unterwerfung unter althergebrachte Be-

schränkungen und Diskriminierungen bedeutet – mithin
ein »Erbe«, das zu großen Teilen aus gewohnheitsmäßigen
Beraubungen und verfestigten Defiziten besteht. Dies gilt
vor allem für Situationen, in denen sich der Spätere gezwungen sieht, die Nachfolge von überschuldeten oder entehrten
Vorfahren anzutreten – Erzeugern, deren Namen zu tragen
schon einer Niederlage gleichkommt. Unter diesen Umständen lassen sich immer weniger Menschen dazu überre-
den, ihre konventionelle Rolle im *Gran teatro del mundo* zu
spielen.[1]

Folglich erwacht bei den Aspirationen entwickelnden
Nachkommen ein spontanes Bedürfnis nach Unterbrechung der Erbfolge, um der Belastung durch Erbschuld,
Erbmangel und Erbschande zu entgehen. Was man seit
dem Aufklaffen des Hiatus die »Demokratie« nennt, ist in
psychopolitischer Sicht zu großen Teilen die Propagierung
eines kollektiven Interesses an den Vorteilen der genealogischen Diskontinuität, verbunden mit der – durch deklarierte
»Menschenrechte« abgesicherten – Haltung des Neustarts
aus der Lage dessen, der fordern und empfangen darf, ohne
notwendigerweise in eigener Person gekämpft und gewonnen zu haben.

Man muß sich bis ins späte 18. und frühe 19. Jahrhundert
gedulden, ehe die ersten expliziten Manifestationen eines
Drangs zu aktiver Durchtrennung des Bandes zwischen den
Generationen kodifiziert werden.

---

1 Arjun Appadurai verweist in seinem Werk The Future As Cultural Fact.
  Essays on the Global Condition, London 2013, S. 179-195 (Kapitel 9: The
  Capacity to Aspire) auf eine in Armutskreisen vieler Länder von alters
  her eingewurzelte Haltung »der Ironie, der Distanz und des Zynismus,
  mit welcher chronisch Benachteiligte die Normen quittieren, die zu ihrer
  Zurücksetzung führen. Die ambivalente Liaison zwischen Volkshumor
  und Revolte wurde erst in der europäischen Moderne durch die uniron-
  sche Beharrlichkeit der Arbeiterbewegung aufgelöst.

Auf der Ebene der symbolischen Nachfolgeverweigerung ist Donatien Alphons François Marquis de Sade (1740-1814) der unbestreitbare Fürst unter den Erfindern von Unterbrechungsgesten. Ein populäres Mißverständnis wollte in dem »göttlichen Marquis« nur den Wüstling sehen, der aus Überdruß an der Standardsexualität zu perversen Varianten des Eros Zuflucht genommen habe. In Wahrheit ist de Sade der erste Dogmatiker der Anti-Genealogie, indem er den Libertinismus, der als luxurierende Lebensform einer funktionslos gewordenen Aristokratie begonnen hatte, ins bürgerliche Zeitalter übersetzte. Libertins seines Schlages waren von dem Bewußtsein erfüllt, die letzten zu sein, die von der *douceur de vivre* früherer Verhältnisse etwas wußten. Sie ließen sich von der Meinung nicht abbringen, sie hätten der Jugend folgender Zeiten noch einige prekäre Geheimnisse zu vermitteln.

Der anti-genealogischen Phantasie des Autors ist eine Aktion zu verdanken, die wie keine andere das Ende des Denkens in Kategorien der Herkunft, Erbe und Filiation vorzeichnete, nicht nur für seine eigene Klasse, sondern auch für die neuen Herren der Lage. De Sade begnügte sich nicht damit, die Masturbation und den heterosexuellen Analverkehr als kontrazeptive Maßnahmen bei den freien Individuen-Monstren der Zukunft zu feiern. In seinen luzidesten Momenten gelang es ihm, groteske und überdeutliche Bilder für die anti-genealogische und anti-prokreative Revolte der Moderne zu schaffen, wären es auch Visionen von makabrer Logik.

Es gibt in der Ideengeschichte Europas keine Szene, die sich hinsichtlich ihrer extremistischen Explizität mit jener aus der *Philosophie im Boudoir oder Die lasterhaften Lehrmeister*, 1795, vergleichen ließe, in welcher der libertinistische Lehrer Dolmancé seiner 15jährigen Elevin Eugénie die entscheidende Lektion übermittelt, indem er vor ihren Au-

gen das Genital ihrer Mutter mit einem groben Besteck aus
Nadel und Faden ohne Betäubung zunäht, von den heftigen
Klagen der gemarterten Dame erheitert und stimuliert. Er
exerziert den vielsagenden Akt mit dem jubilatorischen Ver-
gnügen des *roué* an der Mißhandlung einer Frau, die ihre
Geschlechtsorgane nicht nur zu zweckfreien Pirouetten,
sondern auch zum Empfangen und Gebären benutzt hatte.
Seiner Elevin übermittelt er die Mahnung, sie dürfe ihren
Körper niemals für die Trivialitäten der Fortpflanzung zur
Verfügung stellen. Wer wissen möchte, was das Wort »Freisetzung« für moderne Zeiten bedeuten kann, sollte nicht
versäumen, die Lektion des Boudoirs in Betracht zu ziehen:
Was hier neben anderen Energien freigesetzt wird, ist eine
ambulante Sexualität, die sich spektakulär von ihren natürlichen Folgen losmacht.

Nur ein Autor des 20. Jahrhunderts war imstande, ein
Gegenbild zu prägen, das es an expressiver Mächtigkeit
mit der monströsen Verschließung des weiblichen Genitals
durch den de-Sadeschen Libertin aufzunehmen vermochte,
ebenfalls mit dem Akzent auf der Absurdität des Fortpflan-
zungsgeschehens. In *Warten auf Godot*, 1949, läßt Samuel
Beckett seine Protagonisten sagen:

> *Pozzo*: Sie gebären rittlings über dem Grabe, das Licht
> leuchtet auf für einen Augenblick. Dann ist es wieder
> Nacht ...
> *Vladimir*: Rittlings über den Gräbern, eine schwierige
> Geburt. Tief unten in der Grube legt träumerisch der To-
> tengräber die Zangen an ...

Indem er Geburt und Begräbnis kurzschließt, gelingt Beckett
eine Vision der vergeblichsten Bewegung: Sie verbindet das
pränatale Nichts fast ohne Übergang mit dem postmortalen
Dunkel. Man kommt nicht umhin, in diesem Bild eine der

starken Selbstaussagen des von Krieg und Staatsterror geprägten Zeitalters zu erkennen, in dem die Verschwendung
von Leben und Lebenszeit chronisch geworden war – nicht
zuletzt bei jenen Millionen Jugendlichen an allen Fronten,
die von greisen Generälen aus sicheren Hauptquartieren in
den Tod geschickt wurden.

Es ist wohl kaum übertrieben, wenn man feststellt, daß
die anti-prokreative Geste des Libertins zu den effektivsten
Geheimnachrichten der Moderne zählt. Die zeitgenössische
»Gesellschaft« erweckt den Anschein, als sei sie geradewegs
aus dem Boudoir von 1795 hervorgegangen. Tatsächlich ist
die zeugungs- und kinderfeindliche Botschaft der ursprünglichen Lehre de Sades auf breitester Front rezipiert worden,
indem man die Trennung von Sexualität und Fortpflanzung
zu einem Hauptmotiv aktueller Verhältnisse machte – und
dies geraume Zeit bevor die Einführung der chemischen
Kontrazeptiva um 1960 die vormals kühne Unterscheidung
in eine alltägliche Errungenschaft verwandelte.[1] Für das moderne Interesse an Geburtenkontrolle gab es gewiß auch
andere als libertinistische Motive, namentlich die massive
Einbeziehung von Frauen in die Lohnarbeit und die Ver-
knappung von häuslichem Personal. Zur Zeit des Ersten
Weltkriegs kehrte das unterirdische Kollektiv der Libertins an die bürgerliche Oberfläche zurück, in Europa kaum
anders als in den USA – der Mythos der zwanziger Jahre
lebte bis zum Ende des 20. Jahrhunderts vom Glanz der de-
mokratisierten erotischen Lizenzen. Nach der »sexuellen

---

1 In diesem Punkt kann man Francis Fukuyama nicht zustimmen, wenn
er in The Great Disruption, New York 1999, deutsch: Der große Aufbruch. Wie unsere Gesellschaft eine neue Ordnung erfindet, Wien 2000,
behauptet, die Einführung der chemischen Empfängnisverhütungsmittel
nach 1960 habe die Desorganisation des westlichen Familienlebens mit
herbeigeführt. De facto war die anti-prokreative bzw. kinderskeptische
Stimmung in Europa spätestens seit dem Ausbruch des Kriegs von 1914
Standard geworden, in Frankreich bereits eine Generation früher.

Revolution« der sechziger Jahre verlor sich der Libertin in
der gelockerten Menge. Die de-Sadesche Predigt der Ver-
mischung von Sexualität, Schmerz und Unterwerfung hingegen fand nur in Subkulturen devianten Empfindens ein
Echo. Sie wird in jüngerer Zeit zu einem Zwischengericht
im Abendmenü der reiferen Dame.

Als ebenso bedeutend wie die europäische para-sadistische
Zäsur im Geschehen zwischen den Generationen hat sich
der amerikanische Einschnitt erwiesen, der sich durch die
Loslösung der neu-engländischen Kolonien vom britischen
Mutterland vollzog. Auch mit ihm gelangte das Interesse an
Diskontinuität zwischen den Generationen zu ausdrück-
lichster Artikulation. Niemand hat sich in diesem Punkt
förmlicher erklärt als Thomas Jefferson (1743-1826), der
von 1801 bis 1809 während zweier Amtszeiten als Präsident der Vereinigten Staaten von Amerika fungierte. Der
unangefochtenen Legende zufolge war er der federführende
Verfasser der »Unabhängigkeitserklärung« seines Landes,
der *Unanimous Declaration of the Thirteen United States of
America*, vom 4. Juli 1776, weswegen es nicht verwundert,
wenn wiederum er es war, dem man die entscheidende Erläuterung zum Konzept »Unabhängigkeit« verdankte.

Am 24. Juni 1813 schrieb Jefferson auf seinem legendären
Landsitz in Monticello bei Charlottesville einen langen, ge-
dankenreichen Brief an seinen verwitweten Schwiegersohn
John Wayles Eppes (1773-1823), einen Sprößling reicher
Plantagenbesitzer in Virginia, der 1797 Jeffersons jüngste Tochter Mary geheiratet hatte – aus welchem Anlaß er
von seinem Schwiegervater als Hochzeitsgeschenk dreißig
schwarze Sklaven überstellt bekam, darunter ein 14jähriges
Mischlings-Mädchen, Betsy Hemmings (1783-1857), die
nach dem frühen Tod Marys (im April 1804) die Konku-
bine von Eppes wurde. In seiner Epistel erläutert Jefferson,

70jährig und mit olympischer Übersicht ausgestattet, dem Empfänger der Botschaft, der damals das Amt des Vorsitzenden des höchsten Finanzkomitees der Vereinigten Staaten innehatte, seine in langen Jahren ausgereiften Überlegungen hinsichtlich der Beziehungen zwischen den aktuell Lebenden und den künftigen Generationen – nicht zuletzt unter dem Aspekt der Staatsfinanzen.

Jefferson beruft sich auf ein »Naturgesetz«, wonach Wille und Macht des Menschen mit seinem Leben erlöschen: »Die Erde gehört den Lebenden, nicht den Toten.« Folglich haben die Toten kein Recht, den Lebenden ihren Willen aufzuzwingen und sie zur Erfüllung von Verträgen zu nötigen, die nicht von ihnen selbst abgeschlossen wurden. Als »Gesetz der Mortalität« legt das – mit Hilfe neuerer Statistiken untermauerte – »Naturgesetz« die aktive Periode einer Generation auf eine Zeitspanne von etwas weniger als neunzehn Jahren fest. Binnen dieser Frist werde, wie die Mortalitätstabellen zeigten, eine knappe Mehrheit der heutigen Erwachsenen verstorben sein. Was dürfte aber eine Mehrheit von Abwesenden beschließen, was Anwesende binden könnte?

»Die Generationen der Menschen können als Körper oder Korporationen aufgefaßt werden. Jede Generation besitzt den Nießbrauch (*usufruct*) der Erde während der Zeit ihres Fortbestands. Hört sie zu existieren auf, geht der Nießbrauch frei und unbehindert auf die nachfolgende Generation über ... Wir dürfen jede Generation als eine unterschiedene Nation betrachten, im Besitz des Rechts, sich selbst durch den Willen ihrer Mehrheit zu binden, jedoch ohne das Recht, die folgende Generation zu binden, so wenig sie dies mit den Einwohnern eines anderen Landes tun dürfte.«[1]

---

1 Eigene Übersetzung.

Da also die knappe Mehrheit der heute lebenden geschäftsfähigen Menschen binnen neunzehn Jahren tot sein werde,
sollen sich die bindenden Beschlüsse eines Generations-
kollektivs höchstens auf einen Zeitraum von dieser Länge
erstrecken. Dies gilt insbesondere für Kredite, die von den
Lebenden aufgenommen wurden: Unter keinen Umständen
dürfen Schulden der Vorgänger die folgende Generation
in ihrer Aktions- und Entscheidungsfreiheit beeinträchti-
gen.

Man vernimmt in den Reflexionen des alten Jefferson einen fernen Nachhall jener Erklärung, mit der sich die dreizehn Verschworenen Staaten rund vierzig Jahre zuvor vom
englischen »Mutterland« losgesagt hatten, nun emporgeho-
ben auf die Ebene einer pragmatischen Geschichtsphilosophie, durch welche die »Generation« zum eigentlichen Subjekt des politischen Lebens promoviert wird.[1]

Das Pathos der Überlegungen zeigt sich nicht allein im
Willen zur Losreißung von der europäischen Kolonial-
macht. Das Motiv *independence* hat sich generalisiert zu
der Entschlossenheit, im Namen des aktuellen und künftigen amerikanischen Lebens die Bindung durch jede Art von
Vergangenheit aufzubrechen. Der Autor will sich keinesfalls
mit der alteuropäischen Regel abfinden, daß die Tradition
aller toten Geschlechter wie ein Albtraum auf den Gehirnen
der Lebenden laste. Wenn jede Generation als eine selbstän-
dige und souveräne Nation betrachtet werden kann, erlischt
der Anspruch der Vorfahren auf den Gehorsam der Nachkommen in dem Augenblick, in welchem sie ins Grab gelegt
werden – vorausgesetzt, die Abgrenzung einer Generation
von der folgenden ließe sich so problemlos vollziehen, wie
Jefferson es in seinen Darlegungen unterstellt.

---

1 Eine analoge Verwendung des Begriffs »Generation« findet sich bereits
  im Artikel 28 der französischen Erklärung der Menschen- und Bürger-
  rechte vom Juni 1793; vgl. S. 39 in diesem Band.

Selbst wenn die Scheidung der Generationen aufgrund der gleitenden Aufeinanderfolge der Jahrgangsgruppen in der Praxis unmöglich durchzuführen ist, die Geste der Auflehnung gegen die Macht der vorangegangenen Geschlechter wird für die Mentalitätsentwicklung der transatlantischen Nation prägend bleiben, sei es als fortschreitende Distanzierung von europäischen Modellen, sei als immerwährender Aufstand gegen die Übermacht bedrückender Vergangenheiten überhaupt. Heißen die Vereinigten Staaten der amerikanischen Ostküste und ihre westwärts wachsenden Territorien die Neue Welt, so nicht nur, weil sie Objekt einer späten Entdeckung waren; sie tragen den Namen deswegen, weil in ihnen die »Naturalisierung« der Bürger durch die Einklammerung der Herkünfte vollzogen wird. Dies schließt das Bekenntnis zum Primat der Zukunft vor Gegenwart und der Gegenwart vor der Vergangenheit ein. Das meta-nationale Projekt ist die amerikanische »Natur«.[1] Es mündet in einen riesenhaften Feldversuch über kulturelle Hybridisierung.

In Jeffersons Raisonnement geht der anti-feudale Affekt in eine globale anti-passéistische Regung über. Auch genealogie-kritische Obertöne sind mittelbar zu vernehmen. Obschon die primäre Sorge des Autors der Verhinderung von immerwährenden Schulden (*perpetual debt*) gilt, namentlich in der Form von Staatsschulden, die den Nachkommen eine unverantwortbare Last aufbürdeten, übersteigen seine Aussagen die Ebene von Kreditpolitik und Staatsfinanzierung. Sie bilden eine technische Präzisierung des klassischen Satzes von 1776, wonach »Leben, Freiheit und Streben nach Glück« zu den unveräußerlichen Grundrechten »des Menschen« gehören. Inzwischen fällt der Akzent mehr auf die

---

1 Florian Klinger, Naturalization, in: Latenz. Blinde Passagiere in den Geisteswissenschaften, hg. von Hans Ulrich Gumbrecht und Florian Klinger, Göttingen 2011, S. 235-264.

positionale Autarkie jeder einzelnen Generation und ihr
Grundrecht auf Freiheit von Vergangenheitshypotheken.
Nach langen Jahren der Besinnung scheint dem Verfasser
der Unabhängigkeitserklärung klargeworden zu sein, daß
die Ethik eines Einwanderungslandes auf der Ausschaltung
des Mitgebrachten bei gleichzeitiger maximaler Duldung
der Verschiedenheiten beruhen muß. Hieraus ergibt sich die
Notwendigkeit permanenter Explizitheit bei der Aushand-
lung des amerikanischen *modus vivendi*: Dieser ist dazu bestimmt, einer Hochebene post-konventioneller Ethik entge-
genzustreben.[1]

Es gehört zu den Merkmalen von Jeffersons autarkisti-
schem Generationenbegriff, der Inhaberin aller Ansprüche
auf den Nießbrauch der Welt, der aktuell lebenden Generation naturalisierter Amerikaner, das grundrechtlich besi-
cherte Vermögen zuzusprechen, das Band zur Vergangenheit zu durchschneiden, sooft es sich als eine Fessel erweist.
Jede »Generation« besitzt das Recht auf Herstellung von
historischer Diskontinuität, und zwar jeweils in dem Ausmaß, wie der Anspruch auf stetigen Neubeginn die Unterbrechung bzw. die Einklammerung oder Neutralisierung
des Herkommens erforderlich macht. Es begründet die Kul-
turpolitik der Meta-Nation, daß alle Herkunfts-Farben zu
willkommenen Folkloren herabgestuft werden, solange sie
nicht auf der benachteiligten Seite der White-Black-Barriere
angesiedelt sind.

Hierdurch entwickelt sich der Hiatus – nun durch eine
aktive Geste der Trennung von einem dunklen Erbe bzw.

---

1 Diese Tendenz drückt sich in der invasiven amerikanischen Sozialpäd-
agogik des frühen 20. Jahrhunderts aus, die für Zurückdrängung der
Familie durch Staat und Schule und für »Anerkennung« der Kinder als
einer eigenen »Bevölkerungsschicht« plädierte. Vgl. Christopher Lasch,
Geborgenheit. Die Bedrohung der Familie in der modernen Welt, München 1987, S. 30.

einer unwillkommenen Last in Dienst genommen – erstmals zu einem Instrument der Politik. Im Intervall zwischen Gestern und Heute vollzieht sich die permanente Ur-Versammlung. Die Handhabung der trennenden Geste schließt notwendigerweise das Recht auf Verfassungsänderungen ein. Kraft ihrer sollen die neuen Generationen die geschichtlichen Modifikationen ihrer Selbstauffassungen zum Ausdruck bringen dürfen und ihre veränderten Stellungen im Weltgeschehen manifestieren.[1]

Unter den Urhebern der amerikanischen Verfassung hätte sich keiner vorstellen können, daß ihr Land im späteren 20. und im beginnenden 21. Jahrhundert durch eine über Jahrzehnte hinweg betriebene Praxis nihilistischer Geldschöpfung in die Lage geraten würde, das Recht auf Neubeginn ausschließlich durch einen epochalen Staatsbankrott ausüben zu können, wie er sich gegenwärtig durch die Überschuldung des amerikanischen Bundesstaates ankündigt – obschon es so gut wie undenkbar scheint, er dürfe je vollzogen werden. Niemand vermag vorherzusagen, ob den Bewohnern der Vereinigten Staaten im 21. Jahrhundert die Trennung von ihren Gläubigern – den monetären Erinnyen – so leicht gelingen wird wie seinerzeit die Losreißung von der britischen Krone.

---

1 Von diesem Recht haben die Gesetzgeber der USA seit 1791 27mal in Form von *amendments* (Zusatzartikeln) zur Verfassung Gebrauch gemacht, von denen die Artikel 2 von 1791 (Recht des Volks auf das Tragen von Waffen), Artikel 13 von 1865 (Sklavenbefreiung) und Artikel 19 von 1920 (Frauenwahlrecht) für die juristisch-psychopolitische Entwicklung des Landes von besonderer Bedeutung wurden. Die Hauptartikel wurden zu keiner Zeit angetastet und entwickelten sich zu quasi transzendenten Dogmen im Rang einer säkularen heiligen Schrift.
Zur Problematik einer »heiligen Schrift« aus der Feder profaner Autoren in bezug auf das Grundgesetz der Bundesrepublik Deutschland vgl.: Peter Sloterdijk, Fast heilige Schrift. Versuch über das Grundgesetz, in: Das Grundgesetz, illustriert von Markus Lüpertz, Gütersloh/München 2012, S. 17f.

Die Geste der Trennung von der Alten Welt wohnte auch der 1823 postulatorisch vorgetragenen, ab 1845 politisch praktizierten Monroe-Doktrin inne: Mit ihr legten die Vereinigten Staaten von Amerika ihren außenpolitischen Beziehungen eine strikt isolationistische Maxime zugrunde, namentlich in bezug auf das für unheilbar dekadent gehaltene alte Europa. Wie Hegel vorhersah, hatte die Geschichte tatsächlich aufgehört, die Lehrmeisterin des Lebens zu sein. In Fragen des kulturellen Erbes hatte die Alte Welt ihr Magisterium verloren; die autodidaktische Über-Nation bereitete sich darauf vor, an ihre Stelle zu treten.

Dem angriffslustig gestimmten Geist des Autarkismus und Isolationismus begegnet man klassisch in den Schriften Ralph Waldo Emersons (1803-1882), dessen 1841 erschienene erste Serie von *Essays*, vor allem dank des freimütigen Leitaufsatzes *Self-Reliance*, zu Recht als intellektuelle Unabhängigkeitserklärung Amerikas angesehen wurde. Es überrascht nicht, wenn Emersons Anti-Historismus mit einer kräftigen Dosis an anti-genealogischen, anti-familialen, auch anti-ekklesialen, insbesondere anti-puritanischen, letztlich sogar anti-identitären Impulsen einhergeht: Ist es darum zu tun, das Vergangene und Abgelebte abzustoßen, muß der freie Mensch sich manchmal auch vor den Relikten des eigenen Lebens hüten und die falsche Treue zu überholten Phasen seines Selbst vermeiden.

Schon Emerson stehen die Nachteile der Historie für das Leben klar vor Augen: In einer Zeit, in der man nur noch Biographien, Geschichten und Kritiken schreibt[1] und jede Gegenwart umstellt ist von Grabdenkmälern, Jubiläen und Todestagen, gilt es, den Weg ins Offene immer neu zu finden. Um 1840 mußte man Amerikaner sein, um dieser Ein-

---

[1] So die Klage des Autors in: Ralph Waldo Emerson, Natur (1844), Zürich 1988, S. 9.

sicht ohne Umschweife Tribut zu zollen. Die Bürger der
Alten Welt konnten vor dem Erscheinen von Nietzsches
zweiter *Unzeitgemäßen Betrachtung* (1874) noch nicht wissen, daß jede Seele ihren privaten fernen Westen in sich trägt,
einladend zur permanenten Emigration aus den Ländern
erblicher Verlegenheiten. In Emersons *Magna Charta* des
Nonkonformismus heißt es programmatisch:

>»Ich meide Vater und Mutter, Frau und Bruder, wenn
>mein Genius mich ruft ... Nichts ist endlich heilig als die
>Integrität deines eigenen Geistes ... Kein Gesetz kann mir
>heilig sein, außer demjenigen meiner eigenen Natur ...
>warum sollte man über die Schulter hinweg stets auf das
>Vergangene blicken? Warum diesen Leichnam deines
>Gedächtnisses mit dir herumschleppen? ... Laß deine
>Theorie zurück wie Joseph seinen Mantel bei der Hure,
>und fliehe ... Sind die Eltern mehr als das Kind, in das
>sie ihr gereiftes Wesen hineingelegt haben? Woher also
>diese Verehrung für die Vergangenheit? Die Jahrhunderte
>sind Verschwörer gegen die Gesundheit und Autorität
>der Seele ... Beharre auf dir selbst; ahme niemals nach ...
>jeder große Mensch ist eine Einzigartigkeit ...«[1]

In den Schriften des Predigers von Concord, Mass., erobert
die amerikanische Nation ihre authentische Verfassung. Sie
konstituiert sich in ihnen als radikal bastardisches Kollektiv: In ihrer bewußten Enterbung sollen die Amerikaner
das Prinzip des selbstbestimmten Heils entdecken. Hast du
Glück, so kennst du keine Väter. Begegnen sie dir dennoch,
sollst du sie in den Schatten stellen. Licht fällt allein auf deine
Gegenwart. Die Verfassung der Nation aus freiwilligen Ba-

---

1 Ralph Waldo Emerson, Essays, Erste Reihe, ins Deutsche übertragen und
herausgegeben von Harald Kiczka, Zürich 1983, S. 39-73.

starden enthistorisiert die Teilnehmer an dem großen Experiment, indem sie sie unmittelbar unter die neuen, ständig zu explizierenden und deutlich auszulegenden Regeln des gemeinsamen Projekts plaziert: Nichts anderes ist der Sinn von »Naturalisierung«[1]: Sie meint die Teilnahme an der fortwährenden Herstellung der post-nationalen Lebensform. Weil diese sich nicht von selbst versteht, muß Amerika den Amerikanern ständig erklärt werden, teils durch Amerikaner, teils durch andere.

Die Projekt-Nation Amerika existiert also nur in dem Maß, wie sie die Ursprünge ihrer Bürger aus älteren Kulturen, ob sie von transatlantischen Ahnen oder transpazifischen Städten kommen, in eine nachgeordnete Rolle verweist. Was man pietätvoll die »Gründerväter« nennt, sind in Wahrheit *founding bastards*. Ihre Titulierung als »Väter« beruht allein darauf, daß sie zu den ersten gehörten, die die Verträge mit der Vergangenheit zerrissen. Sie gründen, indem sie den Boden in Frage stellen, auf dem sie und die Ihren sich bewegen. Als Stifterfiguren kommen sie nur in Betracht, sofern sie ältere Rechte außer Kraft setzten und die unbeendbare Debatte über die neuen Regeln eröffneten.

Es ist die Stimme des Größten unter den bekennenden Gründer-Bastarden, die in Emersons Essay *Kreise*, 1841, die amerikanische Konfession vorträgt: *we do not grow old, but grow young*, und dies so lange und so oft, wie wir nicht aufhören, uns am offenen Horizont zu orientieren. Nie werden wir endgültig herausfinden, wie jung wir noch werden können. Für einige Augenblicke fällt Emerson in den Ton des politischen Biologen: »Die Natur liebt die Kreuzungen.« Aus der kräftigenden Durchmischung von Irländern, Deutschen, Polen, Kosaken, Afrikanern und Polynesiern

---

1 Klinger, Naturalization, a. a. O.

werden die Amerikaner von morgen so genetisch brillant und mental belastbar hervorgehen, wie einst die Europäer dem Schmelztiegel (*smelting pot*) des Mittelalters entstiegen waren.[1] Hybridisierung ist die Seele des amerikanischen Unternehmens. Mit gutartiger Verachtung spottet Emerson in einem Tagebuch-Eintrag von 1856 über all »diese Europafahrer, diese Bücherleser, diese Jugend, die sich in die Kontore erfolgreicher Kaufleute drängt«, da sie, als ewig »zweitrangige Menschen«, ihr Leben mit der überflüssigen Nachahmung zwar bestätigter, doch verbrauchter Muster verbringen.[2] Wir haben endlich zu begreifen, daß wir schon heute in dem mobilen Morgen der Nachgeschichte leben, entschlossen zu ständigen Verhandlungen mit unseren Chancen. Wenn wir Amerikaner sind, so nur im anhaltenden Ringen um die Justierung der Regeln, die unser Zusammentreffen im aktuellen Begegnungsraum moderieren.

---

1 Vgl. den Artikel melting-pot in: François Laplatine, Alexis Nouss, Métissages: de Arcimboldo à Zombi, Paris 2001. Unbekannt ist, ob der britisch-jüdische Schriftsteller Israel Zangwill (1864-1926) Jeffersons Metapher *smelting pot* von 1845 kannte, als er in seinem bekannten Theaterstück The Melting-Pot ein analoges Bild prägte, das 1908 in New York im Beisein des applaudierenden US-Präsidenten Theodore Roosevelt uraufgeführt wurde. Beide Ausdrücke entstammen der Matrix einer politischen Alchemie, nach welcher es möglich sei, aufgrund von bisher undurchschaubaren chemo-genetischen Reaktionen im Kessel der politisch gewollten Bastardisierung und Hybridisierung höhere Formen von Zivilisation zu erzeugen. Die *melting-pot*-Metapher lag bis in die Mitte der zwanziger Jahre der amerikanischen Einwandungspolitik zugrunde, in welcher genetischer Universalismus und zivilisatorischer Amerikanismus als Universalsprachen der Menschheit gefördert wurden. In den folgenden Jahrzehnten wurde sie durch eine heftige neo-kulturalistische und differentialistische Polemik in Frage gestellt. Vgl. Arthur Schlesinger jr., The Disuniting of America. Reflections on a Multicultural Society, New York 1998. Schlesinger kritisiert den *post-melting-pot*-Multikulturalismus der USA als eine konfliktträchtige Regression in ethnozentrische, rassistische und integrationsfeindliche Haltungen.

2 Ralph Waldo Emerson, Die Tagebücher, ausgewählt von Bliss Perry, Stuttgart 1954, S. 258.

Darum haben wir uns dem *american way of life, love and liberty* verschrieben: Er transportiert uns in ein freies, doch ausgenüchtertes Jenseits der Geschichte, in dem von alteuropäischer Hierarchie-Sensibilität, von der Kultur des Kompliments, von gebildeter Mehrdeutigkeit, hintergründiger Ironie, weiblicher Ambivalenz, gewachsener Aura, gutem Geschmack und altheimatlicher Atmosphäre nur noch wenig zu spüren ist.[1] Die Kultur der Explizitheit, der Aktualität und des Neubeginns fordert einen hohen Preis. Dafür ist uns in dem weiten Land die Lizenz zur Jagd nach Glück nicht zu entziehen. Hier profitieren wir vorerst mehr als irgendwo sonst auf der Erde von der Fähigkeit, durch welche sich Bastarde, ruhmlose wie glorreiche, für immer von legitimen Erben unterscheiden: uns ohne Reue, Rückblick und Ressentiment mit den Jahren immer weiter von allem zu entfernen, was Vorfahren von uns erwartet haben könnten.

»Die einzige Sünde ist Begrenzung ...« »Ich verrücke alle Dinge. Mir sind keine Tatsachen heilig, keine profan; ich experimentiere lediglich, ein endloser Sucher, mit keiner Vergangenheit in meinem Rücken.«[2]

Wie tief die bastardische Logik im *modus vivendi* exemplarischer Amerikaner schon in der zweiten Hälfte des 19. Jahrhunderts Fuß gefaßt hatte, verrät sich an der Lebensgeschichte des Stahl-Tycoons Andrew Carnegie (1836-1919), der als Sohn eines armen Webers aus England mit seinen Eltern 1848 in die USA eingewandert war. Durch Talent, Geistesgegenwart und geschäftliche Härte stieg er bis zum Ende des 19. Jahrhunderts zum reichsten Mann seiner Zeit

---

1 Auch zum amerikanischen Ambivalenz-Verbot vgl. Florian Klingers Aufsatz Naturalization, a. a. O.
2 Ralph Waldo Emerson, Kreise, in Essays, a. a. O., S. 238, 245-246.

auf – in heutiger Währung wäre sein Vermögen auf 75 Milliarden Dollar zu beziffern. Er hatte die emersionianisch-tiefenbastardische Verfassung seines neuen Heimatlandes so sehr verinnerlicht, daß für ihn trotz all seiner Erfolge die Gründung einer privaten Dynastie nicht zur Debatte stand. Der noble Bastard der Neuen Welt stiftet keine genealogische Linie, er setzt über sein Leben einen Regenbogen aus guten Werken – und verläßt die Bühne. Der Nachwelt prägt er seinen Namen, wenn dieser denn überleben soll, durch Bibliotheken, Konzertsäle und philanthropische Organisationen ein, nicht durch die Gründung eines Familienimperiums. Daher das strikte Verbot, nie einen durch Reichtum erstickten Erben in die Welt zu setzen. So reich der Vater auch geworden sein mag, er muß dem Kind die Chance lassen zu einem Neubeginn aus eigener Kraft.

Die gesellschaftsbildende Energie des originären amerikanischen Bastardismus leuchtet auf in Carnegies Zusatzartikel zu Jeffersons Verbot der *perpetual debt*. In ihm wird ohne Umschweife statuiert: Auf ererbtem Reichtum lastet ein ebenso großer Fluch wie auf ererbten Schulden. Kein wirklicher *self-made man* wird je seine Nachkommen durch ein zu üppiges Erbe entwürdigen. Mit Hilfe energischer Verausgabungen außerhalb der Familie sorgt der Bastard der Neuen Welt am Ende seines Lebens dafür, daß die nächste Generation der Seinen nicht in vermögensverwalterischer Borniertheit und beim Aufbau pseudo-aristokratischer Sammlungen verkommt. Rechtzeitig muß er sich um die Verteilung seiner Güter zugunsten allgemeiner Zwecke kümmern. Wer bei der Verstreuung selbsterworbener Reichtümer zu spät kommt, den bestraft das Leben. Er hätte gegen das Grundgesetz der neuen Glücksgesellschaft verstoßen: Niemandem darf das Vorrecht entzogen werden, von ganz unten nach oben zu gelangen. Der Reichgewordene soll am Ende seiner Laufbahn zu seinen schlichten

Anfängen zurückkehren, in eigener Person zuerst, in seinen
Nachkommen danach, um, vor Gott und der Welt gerecht-
fertigt, den letzten Atlantik zu überqueren und mit leeren
Händen ins Jenseits einzuwandern.

Die Größe des amerikanischen Gesellschaftsgedankens
zeigt sich nicht zuletzt in der Weise, wie er auch seine Reichen bindet: Seit mehr als einhundert Jahren treten nicht
wenige von ihnen freiwillig und weithin sichtbar für das ein,
was in Europa und anderen Teilen der Welt nur durch massive revolutionäre und fiskalische Gewalt erreichbar scheint:
eine Umverteilung aus Empathie und Generosität statt aufgrund von Zwang, Schuldvorwürfen und staatsanwaltlichen
Ermittlungen.[1] An der entscheidenden Stelle seines Essays
The Gospel of Wealth, 1889, statuiert Carnegie durchwegs
im Geist der bastardologisch inspirierten emersonianischen
Verfassung der USA: »Der Mann, der zu reich stirbt, stirbt
in Schande.« *The man who dies thus rich dies disgraced.*

Seine nächste Radikalisierung erfährt der anti-genealogische
Affekt – mitsamt seiner Macht, neue Kollektive aus bastardisierten Akteuren zu mobilisieren – in der Ära des deutschen
Vormärz, als eine Kohorte von jungen Hegel-Kritikern nach
dem Tod des Meisters (1831) den Versuch unternahm, ein
unerhörtes Kapitel in der Geschichte des Denkens aufzu-
schlagen – eines, das ganz im Zeichen von »Radikalisierung«
stehen sollte.

Unter ihren Händen verwandelte sich die altersgraue Disziplin der Philosophie in einen nervösen Wettbewerb zwischen Exorzisten, die einen Eid auf die Geltendmachung des
»Realen« auf Kosten des Idealen geleistet hatten. Die Jung-

---

1 Nach den Angaben des Center on Philanthropy der Universität von In-
diana beliefen sich die Spenden von US-Bürgern zugunsten gemeinnüt-
ziger Projekte während des letzten Jahrzehnts regelmäßig auf über 300
Milliarden US-Dollar jährlich.

hegelianer erkannten ihre Aufgabe in nichts Geringerem als einer umfassenden Gespensteraustreibung – bei welcher alles, was seit den Tagen Platons als »Idee« gegolten hatte, in die Sphäre des zu verbannenden Spuks versetzt wurde, ob es sich nun um »Gott« handelte oder um die in dessen vakante Position erhobene »Menschheit«, um von quasi-sakralen Hypostasen wie »Heldentum«, »Gerechtigkeit«, »Gleichheit« nicht zu reden. Im Junghegelianismus bahnte sich Europa einen regionalen Weg zum Pragmatismus, der später das philosophische und ökonomische Gespräch mit den USA erleichterte.

In Ausübung ihres Geschäfts erhoben die Aktivisten der Kritik den Anspruch, bei der Austreibung metaphysischer Spuk-Mächte jeweils weiter gegangen zu sein als die bisher ausgeübten Exorzismen: Feuerbach weiter als Hegel, Stirner weiter als Feuerbach, Marx weiter als Stirner – wer aber weiter als Marx? Durch intensives Weitergehen-als-die-anderen vermeinten sie jedesmal, »auf der Höhe der Zeit« angelangt zu sein.

Haltbare Höhe war unter diesen Prämissen nur durch die Ankunft bei einem nicht weiter steigerbaren Extrem erreichbar. Ein wesentlicher Teil des philosophischen Diskurses der Moderne steht darum unter dem Motto: Kein Realismus ohne Extremismus. Es ist erneut Nietzsche, der – von einem nicht mehr hegelianischen Standort aus – das entscheidende Wort ausspricht: »Der Zauber, der für uns kämpft ... das ist die *Magie des Extrems*, die Verführung, die alles Äußerste übt: wir Immoralisten – wir sind die *Äußersten* ...«[1]

Unter den Protagonisten der immer weiter gehenden Analyse aus jung-hegelianischer Position ragt Max Stirner (1806-1856) als der Verfasser des ersten – nach der *Philoso-*

---

1 Friedrich Nietzsche, KSA, Band 12, München 1980, S. 510.

phie im Boudoir des Marquis de Sade (1795) – authentisch
extremistischen Manifests hervor, das im Oktober 1844 zu
Leipzig unter dem Titel *Der Einzige und sein Eigentum* (mit
der Jahreszahl 1845) erschien.

Stirners Entdeckung bekundet sich in der Art und Weise,
wie er Descartes' entkörpertes »Cogito« in ein leibhaftiges
»Ich existiere« fortführte. Während das cartesische »Denken« als ein Tummelplatz der Allgemeinheiten fungierte –
weswegen die jüngeren Idealismen *made in Germany* sich
stets gern auf das »Ich denke« als Brückenkopf aller möglichen abstrakt universalistischen Missionen beriefen –, sollte
Stirners »Ich existiere« erstmals als Schauplatz eines singulären Geschehens namens »Eigenheit« aus allem Bisherigen
und übrigen ausgegrenzt werden. Der Eigner des Eigenen
ist die sensitive *res extensa*, die an dieser singulären Welt-
stelle das Ihre und nichts als dieses innehat. Diese Position
kann sie nur geltend machen, indem sie für ihre Seinsweise
den Modus absoluter Unvertretbarkeit reklamiert. Mit dieser verbindet sich absolute Uneinnehmbarkeit: Mein Ich ist
eine feste Burg, ein gute Wehr und Waffen.

Stirner verstand wie kein Denker vor ihm, daß das Existieren eine tautologische Affaire darstellt: Der Existentialismus ist ein Tautologismus. Er gründet in der Entschlossenheit, einen Satz zu wiederholen, der vormals nur einem
brennenden Dornbusch zu entnehmen gewesen war. Er tönt
heute aus jedem bewußten Leben: »Ich bin, der ich bin.«
»Ich werde sein, der ich sein werde.« Dasein und immer
dasselbe sagen sind rechtens identisch, wenn auch die ausge-
sagten Zustände fortwährend andere sind. Jedes real verkörperte Dasein – origineller als welches nichts gedacht werden
kann – ist ein Geschehen jenseits von Rechtfertigung und
Nicht-Rechtfertigung. Wer »zu sich« gekommen ist, kann
die Sorge um die Rechtfertigung des eigenen Daseins fallen-
lassen. Er »existiert«, indem er sich nimmt, wie er ist, und

sich gibt, wie er will, jenseits von Konsequenz und Inkon-
sequenz.

Der wahre Name der Existenz lautet Einzigkeit. Stirners
primärer Existentialismus reklamiert für sich den Ruhm,
dem realen Ego, mithin dem jeweils unverwechselbaren und
unvertretbaren eigenen Dasein, erstmals einen Auftritt im
Raum der Theorie gestattet zu haben – von der Kopenha-
gener Parallelaktion hierzu hatte Stirner keine Kenntnis, da
Kierkegaard zu jener Zeit in Deutschland völlig unbekannt
war. Durch seine Intervention wurde der Egoismus in den
Rang eines Prinzips erhoben – eines prinzipienlosen Prinzips, versteht sich, das in einer nicht-linearen Serie punktu-
eller Bezüge des Daseins zu sich selbst aktualisiert wird. Allein das aktualisierte Ich besitzt das Vermögen, an sich selbst
zu denken, jenseits von Begriff und Schema.

Niemand denkt an mich so, wie an mich gedacht werden
müßte, wenn ich wirklich existieren soll, außer ich selbst.
Doch auch ich selber kann richtig an mich nur denken, wenn
ich nicht länger von aufgelesenen Allgemeinheiten und in-
filtrierten Glaubensdogmen besessen bin. Da die Operation
des richtigen Denkens an mich allein durch mich geleistet
werden kann, muß meine Besiedelung durch verblasene Ideale und andere Abkömmlinge gesellschaftlicher Invasionen
in mich gründlich verhindert werden. Nachdem mir aber die
Ideale der Anderen zuvorgekommen sind – bin doch auch
ich fürs erste nichts als ein Produkt der christlich-bürger-
lichen, altruistischen, kollektivistischen und idealistischen
»Sozialisation« –, kann ich mich meiner selbst nur durch
eine konsequente Gespensteraustreibung bemächtigen.

Der Einzige geht aus der Arbeit an seiner Selbst-Verein-
zigung hervor: Die geschieht im Modus der vollständigen
Evakuierung des Ich von idealistisch-sozialen Okkupatio-
nen. Die Räumung – die primordiale Dekonstruktion – setzt
sich so lange fort, bis zu guter Letzt die furchtlos unver-

schämte Tautologie erreicht ist, die ihre »Sache« in jeder Hinsicht auf nichts stellt. Ich bin Ich und somit reales freies Nichts von dem Moment an, in dem ich die Übergriffe des Etwas und des Anderen auf mich in mir erfolgreich zurückgeschlagen haben – ob diese Größen nun die »Gesellschaft«, die Klasse, das Allgemeine, das Gute, das Gewissen, das Ideale, das Familiale heißen.

Ist es noch nötig zu betonen, daß das, was Sigmund Freud in seiner metapsychologischen Studie *Das Ich und das Es* von 1923 das Über-Ich nennen wird, nichts anderes ist als eine affirmative Formulierung dessen, was in Stirners Diktion von 1844 unverblümt »Besessenheit« durch verinnerlichte kollektive Normen hieß? Das Freudsche Über-Ich ist die Formalisierung der Instanz, die das Ich in den Status des Angeklagten versetzt. Was Freud in seiner Rolle als Generalstaatsanwalt der Zivilisation nicht zu den Akten nahm, ist die fast 80 Jahre zuvor getätigte Aussage des Zeugen Stirner, in der sich das Ich zu seiner Unanklagbarkeit geäußert hatte.

Der Egoist muß gleichsam seine Erziehung rückgängig machen, deren erster Grundsatz seit jeher in der jedem Mitglied der »Gesellschaft« aufgenötigten Selbsterniedrigung angesichts eines imaginären Höheren besteht. Mit beißender Ironie notiert Stirner den Zusammenhang zwischen Prügelpädagogik und Idealismus: »ein Mensch von guter Erziehung ist Einer, dem ›gute Grundsätze‹ *beigebracht* und *eingeprägt,* eingetrichtert und eingepredigt worden sind«.[1]

> »Zuckt man hierüber die Achseln, gleich ringen die Guten verzweiflungsvoll die Hände und rufen: ›Aber um's Himmels willen, wenn man den Kindern keine guten Lehren geben soll, so laufen sie ja gerades Weges der Sünde in den

---

1 M. St., Der Einzige und sein Eigentum, mit einem Nachwort herausgegeben von Ahlrich Meyer, Stuttgart 2011, S. 88.

Rachen, und werden nichtsnutzige Rangen!‹ Gemach, Ihr Unheilspropheten. Nichtsnutzige in Eurem Sinn werden sie allerdings werden; aber Euer Sinn ist eben ein nichtsnutziger Sinn. Die frechen Buben werden sich von Euch nichts mehr einschwatzen und vorgreinen lassen und kein Mitgefühl für all die Torheiten haben, für welche Ihr seit Menschengedenken schwärmt und faselt: sie werden das Erbrecht aufheben, d. h. sie werden Eure Dummheiten nicht *erben* wollen, wie Ihr sie von den Vätern geerbt habt. Sie vertilgen die *Erbsünde.* Wenn Ihr Ihnen befehlt: Beuge dich vor dem Höchsten – so werden sie antworten: Wenn er uns beugen will, so komme er selbst und tue es; Wir wenigstens werden uns nicht von freien Stücken beugen …«[1]

Nach Stirners anti-autoritärer Intervention stellt sich der Zusammenhang zwischen Sünde und Erbe unter einem veränderten Licht dar: Erblichkeit selbst scheint die Sünde zu sein, die sich durch Tradition verewigt hat und weiter perpetuieren will. Mithin: Nur wem es gelingt, das Erbe-Sein als solches im eigenen Dasein zunichte zu machen, gewinnt Aussicht auf wirklichen Selbstbesitz – wobei Stirner, materiell einer unter jenen gebildeten Habenichtsen seiner Zeit, die man später »intellektuelles Proletariat« genannt hätte, es seiner Lage gemäß wohlweislich unterläßt, zwischen stofflichem und geistigem Erbe zu unterscheiden.[2] Seine Einzigkeit erreicht der autogene Bastard, indem er das Erbe der idealistischen Zivilisation insgesamt ausschlägt. Selbst-Ba-

---

1 Ibid., S. 89.
2 Stirner lebte zumeist fast mittellos in semi-proletarischen Verhältnissen, indessen der zweite Gründer-Autor des Existentialismus, Sören Kierkegaard (1813-1855), Erbe eines Vermögens war, das ihn, neben Schopenhauer der außerakademische Rentner-Philosoph seines Jahrhunderts *par excellence*, von materiellen Sorgen freistellte.

stardisierung ist die hierzu erforderliche Geste: Ihre Aus-
führung liegt im Übergang von Kritik zu Entrümpelung.

Folgerichtig verlängert Stirner die Gespensteraustreibung zur Familienaustreibung weiter, bildet doch die Familie von alters her den Schauplatz aller Erbgeschichten – den
Knotenpunkt jeder von Nachkommen erlittenen, verinnerlichten, geglaubten und wiederholten »Übermacht und
Oberhoheit«.[1] Hellsichtig stellt er fest, wieso diese Austreibung bei vormaligen Protestanten schwieriger gerät als bei
Katholiken: weil die ersteren aufgrund der Integration des
Priesteramts in die Familie mit tieferen Verinnerlichungen
zu ringen haben. Sogar wer sich als erwachsener Ex-Pro-
testant von seiner konkreten Familie emanzipiert und für
seine Person aufgehört hätte, Vater und Mutter über Gebühr
zu ehren, bleibe fürs erste dem Begriff der Familie als einer
erhabenen Fiktion hörig, die zum Begriff der Menschheit als
umfassender Familie hinaufreicht.

> »Und diese zu einem Gedanken, einer Vorstellung, ver-
> innerlichte und entsinnlichte Familie gilt nun als das
> ›Heilige‹, dessen Despotie noch zehnmal ärger ist, weil
> sie in meinem Gewissen rumort. Diese Despotie wird nur
> gebrochen, wenn auch die vorgestellte Familie Mir zu ei-
> nem *Nichts* wird.«[2]

Mit der imaginären Institution Familie, der heiligen wie der
profanen, wird das physische Symbol des verinnerlichten
Heiligen, die christliche Hostie, drastisch verabschiedet:
»Wenn Du das *Heilige verzehrst*, hast Du's zum *Eigenen*
gemacht! Verdaue die Hostie und Du bist sie los!«[3] Es lohnt
sich also, ein letztes Mal zum Abendmahl zu gehen, da es

---

1 Ibid., S. 95.
2 Ibid., S. 95 f.
3 Ibid., S. 106.

nicht genügt, im Blasphemie-Modus auf das Heilige zu pfeifen. Du sollst das stoffliche Symbol des Heiligen in dich aufnehmen, um es nach seinem Durchgang durch deine Organe ein für alle Mal auszuscheiden.

Zu einem realen Einzigen wirst du durch das Scheißen auf das Allgemeine und seine inneren Sedimente. Der Einzelne, der sich selbst ganz ernst nimmt, muß nicht nur – an einem Anti-Allerheiligen-Fest der Freiheit – Gott und die Familie ausscheiden, er hat vor allem den verinnerlichten Staat und alle seine Götzen in die Latrinen zu schicken. Hatte Ralph Waldo Emerson in seinem gründer-bastardischen Essay *Self-Reliance* (1841) statuiert, »wer ein Mensch sein will, muß Nonkonformist sein«, repliziert Stirner wenige Jahre später, ohne sein amerikanisches Pendant zu kennen: Wer ein Einziger sein möchte, darf nicht davor zurückschrekken, in den Augen der Guten als Unmensch zu erscheinen.

In seinem kühnsten Moment sucht Stirner das direkte Duell mit Johann Gottlieb Fichte, dem Großmeister der modernen Subjektphilosophie. *Prima facie* entscheidet er es durch eine kaltblütige Vergröberung der Argumentation zu seinen Gunsten.

»Ich Meinesteils gehe von einer Voraussetzung aus, indem Ich Mich voraussetze; aber meine Voraussetzung ringt nicht nach ihrer Vollendung, wie der ›nach seiner Vollendung ringende Mensch!‹, sondern dient Mir nur dazu, sie zu genießen und zu verzehren. Ich zehre gerade an meiner Voraussetzung allein und bin nur, indem ich sie verzehre. Darum aber ist jene Voraussetzung gar keine; denn da ich der Einzige bin, so weiß Ich nichts von der Zweiheit eines voraussetzenden und vorausgesetzten Ich's … sondern daß Ich Mich verzehre, heißt nur, daß Ich bin. Ich setze Mich nicht voraus, weil Ich Mich je-

den Augenblick erst setzte oder erschaffe, und nur dadurch Ich bin, daß ich nicht vorausgesetzt, sondern gesetzt bin, und wiederum nur in dem Moment gesetzt, wo
Ich Mich setze, d. h. ich bin Schöpfer und Geschöpf in
Einem.«[1]

Der theo-egologisch engagierte spätere Fichte – wie die meisten Frommen philosophischen Stils nach ihm – läßt sich in
Gott zurücksinken, um sein beschränktes Ich als »Bild« des
göttlichen Lebens zu übernehmen. Darum glaubt er sich
berechtigt zu dozieren, der zur Einsicht gelangte Mensch
müsse sein Leben als Vorposten des Absoluten in der Er-
scheinungswelt führen. Hierdurch wird die vollgültig reale
Zeit gestiftet: Das Dasein im eigentlich modernen Zeitalter
der »beginnenden Rechtfertigung« erzeugt die Einheit von
Weltverbesserungszeit und Gottesdienstzeit.

Stirner hingegen wählt die Position der strikt lokalen
und von jeder Verallgemeinerung himmelweit entfernten,
hier und da erneuerten selbstgenießenden Selbsterzeugung.
So tritt er aus der Geschichtszeit aus und wechselt in die
Sphäre des nachgeschichtlichen Rentenbezugs über. Er
meidet die Überanstrengung, indem er sich *implicite* auch
bei der Selbstproduktion das Recht auf Faulheit zuspricht:
Zwar setzt das Ich sich selbst, aber nur wenn es dazu Lust
hat. Aktuelles Ich ist es dank seiner stroboskopischen Aktualisierung, einmal im Modus *on*, einmal im Modus *out*, in
beiden Modi respektlos gegenüber dem Permanenten, Allgemeinen, Institutionellen. Was ihm als dem konkreten, mo-
mentan erzeugten Ego vorausliegt, wird vom Stirner-Ich als
dessen eigene Setzung »verzehrt«, ohne daß es einem früheren »Sein« zu Dank verpflichtet wäre. Es weicht dem Stress
der permanenten Selbsterschaffung aus: Es möchte auch für

---

1 Ibid., S. 167.

sich selbst nicht zu einem Fetisch geraten. Wo Fichte doziert hatte: »Handle wie keiner!«, repliziert Stirner: Tu, was allein du auf der Welt tun kannst: Genieße dich selbst!

Während Fichtes Ich sich zum Allgemeinen Missionar fortbildet – dem Prototypus sämtlicher Militantismen auf modernem Boden –, ruft Stirners Ich sich zum singulären Konsumenten aus. Man hat in den gängigen Darstellungen der jüngeren Ideengeschichte die Stirner-Fichte-Antithese in ihrer zivilisationsdynamischen Bedeutsamkeit so gut wie nie angemessen gewürdigt. An der letzten Front moderner Mentalitätskämpfe rücken ständig zwei Lager gegeneinander vor: Mission gegen Konsum, Protest gegen Rente, Militanz gegen Unterhaltung. In diesem Kontext ist einzusehen, warum 2007 ein Epochenjahr bedeutete: weil die großen Terraingewinne der Rentiers- und Konsumpartei während der *belle époque* von 1980 bis zur Lehman-Krise seither durch neu-linke Gegenangriffe zunehmend verringert werden.

Angesichts der auto-konsumistischen Provokation des Werks *Der Einzige und sein Eigentum* ist begreiflich, aus welchen Gründen die Vordenker des »wissenschaftlichen Sozialismus«, Karl Marx und Friedrich Engels, sich in den polemischen Exerzitien der *Deutschen Ideologie* (1845) besonders an den Thesen Stirners abarbeiteten: Hatte dieser doch mit seiner Proklamation des sich selbst verzehrenden singulären Ich einen radikalisierten Konsumenten-Standpunkt eingenommen, dem nur durch die Entgegensetzung eines ebenso radikalisierten Produzenten-Standpunkts beizukommen war. Ideenhistoriker haben in der Regel nicht bemerkt, in welchem Maß der spätere Marxismus mit seinen beiden Pathos-Formeln »Produktion« und »Klassenbewußtsein« von der Sorge um die Neutralisierung des Stirnerschen Selbst-Konsumismus beunruhigt war. Ob allerdings die Marx-Engelssche Kritik an Stirners Thesen wirklich als Fortsetzung des kritischen Prozesses gelten darf, ist mit starken Gründen zu bezweifeln: Könnte es einen massiveren Rückfall in den Dogmatismus geben als die sozialontologische Grundannahme der Autoren, wonach die »Wirklichkeit« eines Subjekts »in letzter Instanz« durch seine Stellung im Ganzen der »Produktionsprozesse« bestimmt sei?

In den Augen von Marx und Engels bedeutete Stirners Wendung in den affirmativen Egoismus ein »ideologisches« Konstrukt, das die Klassenvergessenheit des immer noch von falschen Abstraktionen umnebelten deutschen Kleinbürgertums zum Ausdruck bringe. Als dessen frecher Exponent habe Stirner das Wort ergriffen: Nach der Ansicht der totalistischen Soziologen kommt im Individuum aber immer nur seine Klasse zu Wort. Das Einzelne ist nicht nur unaussprechlich,[1] es kann auch letztlich nichts Eigenes zu sagen haben.

Aufgrund der Sprachregelung, die von der Marx-Engelsschen Kritik eingeführt und verfestigt wurde, wandelt sich der Begriff der »Klasse« zum *terminus technicus* einer Sozialphilosophie mit problematischen holistischen und antiindividualistischen Implikationen: Sie fragt ausschließlich nach »Stellungen« eines »Subjekts« in den vorgeblich allesbestimmenden »Produktionsverhältnissen«, ohne dem Einzelnen eine Eigenwirklichkeit jenseits seiner Beiträge zur »Reproduktion der Produktionsverhältnisse« zuzubilligen. In der sechsten These über Feuerbach wird buchstäblich statuiert, das »reale Wesen« des Einzelnen sei das »ensemble der gesellschaftlichen Verhältnisse«.[2] Was sich im Selbster-

---

1 Aristoteles, Metaphysik 7,4.
2 Eine Vorstellung, der namentlich durch den Soziologen Dennis H. Wrong in seinem einschneidenden Aufsatz The Oversocialised Concept of Man in Modern Sociology, in: American Sociological Review 1961, Vol. 26, Number 2, widersprochen wurde. Obschon hauptsächlich gegen

lebnis als real existierendes Subjekt – oder als lokale Kopie des absoluten Lebens – auffaßt, ist demnach stets ein pseudosubjektives Trugbild. Das kleinbürgerliche Ich kann nur der Schauplatz einer Selbstverkennung sein. Es ist ein Parasit, der seinen Wirt mißversteht, indem er sich für dessen Herrn und Meister hält.

Die einzige Instanz, die imstande wäre, die Wahrheit des »reellen Subjekts« unverzerrt auszusprechen, bestünde im zum gültigen Begriff seiner selbst gelangten produktiven Kollektiv, das sich in seinen aufgeklärten Vorsprechern – Marx und Engels – selbstreflexiv einen Schritt voraus ist. Das Stirnersche Individualbewußtsein hingegen – die egoistischkonsumptive Pseudo-Monade – wäre bloß die notwendig defizitäre Form des verfehlten Kollektiv-Bewußtseins. Dessen erfüllte Gestalt werde sich in dem damals als historischer Akteur auftauchenden Industrieproletariat Westeuropas verkörpern, das von den Autoren mit den feierlichen Prädikaten des »allgemeinen Produzenten« ausgestattet wird.

Indem Marx und Engels die »wahren« Produzenten mit dem noch demographisch schwachen, doch rasch wachsenden »Proletariat« der neuen Fabrik-Realität gleichsetzten, verliehen sie diesem die Merkmale eines Kollektiv-Bastards von welthistorischer Bedeutsamkeit. Um seine bisherige herabgedrückte Rolle zu kompensieren, soll ihm der Rest der Menschheitsgeschichte anvertraut werden – wobei die methodisch betriebene Verwechslung von Bauern, Landarbeitern und Industriearbeitern von Anfang an dazu diente, das »Proletariat« als die überwiegende Volksmehrheit zu präsentieren, selbst zu einer Zeit, als die Majoritäten noch in ländlichen Verhältnissen befangen waren.

---

die Theorie von Talcott Parsons gerichtet, weist er *implicite* auch die totalitären Implikationen des Marxismus und anderer »systemtheoretisch« argumentierender Anti-Individualismen zurück. Vgl. vom selben Verfasser: The Persistence of the Particular, New York 2005.

Den Hinweis auf seine Herkunftslosigkeit trägt der neue arbeitsame Kollektiv-Bastard des 19. Jahrhunderts im Namen: Proletarier ist, wer außer *proles*, Nachkommen, nichts besitzt – die freigesetzte eigene Arbeitskraft ausgenommen, die er zu Markte tragen muß, um sich und die Seinen am Leben zu erhalten. *Proles* ist der Besitzer der Ware Arbeitskraft auch in eigener Person, sofern er nichts geerbt hat außer dem fast rechtlosen Leben – und die Freiheit, sich fortzupflanzen, ohne zu wissen, wovon er die Brut ernähren soll. Nachdem der Vierte Stand so lange nichts und weniger als nichts war, soll er dank seiner Sammlung um die neuen Leitworte »Produktion« und »Solidarität« »alles« werden wollen, wie vormals der Dritte Stand gemäß dem Wort von Siéyès. Entrechtet wie er war, dürfe der summarische Bastard »Arbeiterklasse« von nun an Anspruch auf sämtliche Legitimitätstitel der Zukunft erheben.

Mit der kultischen Überinterpretation des Proletariats trat die marxistische Arbeiterbewegung seit der Mitte des 19. Jahrhunderts die Flucht nach vorn an, indem sie die »Klasse ohne Eigenschaften« zum All-Produzenten proklamierte. Als Menschen des »Ohne« sollten die Träger des erwachenden bastardischen Kollektivs jene werden, die eines Tages aus der Fülle schöpfen würden, überlegitime Erben aller Schätze der Menschheitsgeschichte. Bis dahin allerdings hätten sie bei vorläufig fortbestehender Entfremdung die Last der »Reproduktion der Produktionsverhältnisse« zu tragen. Die Umwandlung des entrechteten allgemeinen Produzenten in den zu allem berechtigten allgemeinen Konsumenten war für das letzte, auf unbestimmte Zeit vertagte Kapitel im großen Produktionsroman vorgesehen.

Vom Standort der marxistischen Polemik aus lag der Fehler von Stirners Existentialismus in seiner Übereilung hinsichtlich des Anspruchs auf Genuß. Niemand sollte konsumieren dürfen, bevor nicht alle ihren Platz an der gedeckten

Tafel der Fülle eingenommen haben. Keiner soll vorgeben, selbst zu sein, bevor nicht in aller Welt die Verhältnisse so weit gediehen sind, daß das Produkt zum Produzenten heimkehrt. Der Marxsche Historismus war am Erreichen der Gleichzeitigkeit sämtlicher Produzenten-Konsumenten ausgerichtet. Ohne Synchronie keine Egalität. Wer hingegen schon heute genießen will, wird Parteigänger der Ungerechtigkeit, die den »Klassengesellschaften« innewohnt. Reklamierst du ein individuelles Leben in der Gegenwart, übst du Verrat an der gemeinsamen Zukunft.

Dies macht den Skandal des *Einzigen* erst ganz begreiflich: Seit dem Erscheinen von Stirners Manifest verfügte die moderne »Gesellschaft« über die Metaphysik eines Konsums, der keinen Aufschub mehr hinzunehmen bereit war. Nur Demagogen werben für Aufschub zugunsten ferner Ziele. Wer Zukunft sagt, will betrügen. Hat ein Einzelner aktuellen Zugang zu Konsumgütern, lebt er potentiell jenseits der Geschichte.

Konsum ist das Alpha und Omega der Posthistorie, indes die »Geschichte« weiterhin das Reich des Konsumverzichts um der Zukunft willen bedeutet. Diesem Axiom huldigt die Welt der zeitgenössischen Verbraucher auf breitester Front, ohne wissen zu wollen, wo, wann und in welchen Ausdrükken ihren Grundsätzen zu expliziter Darstellung verholfen wurde. Stirners Erklärung der Allgemeinen Verbraucherrechte wurde nie rezipiert. Die Ideengeschichte ging hochmütig über sie hinweg – sofern man von dem Kuriositätenkabinett der subkulturell blühenden deutschen Stirner-Renaissance zwischen 1890 und 1930[1] absieht, aus dem man

---

1 Albert Camus, der Stirners Einzigem in seinem Werk *L'Homme révolté*, 1951, ein Denkmal setzte, rezipierte daraus nur den individual-anarchistisch-rebellischen Aspekt und ließ das Programm des »Selbstgenusses« unerwähnt.
Als Hans G Helms (1932-2012) seine im Geist eines eifernden Neo-

den Autor längst wieder ins Pantheon der Zweimal-Ver-
gessenen überführte. Es scheint zu den unausgesprochenen
Spielregeln der modernen »Konsumgesellschaft« zu gehören, daß sie sich zu keiner Zeit auf eine explizite »Verfassung« berufen muß, da ihre Mitspieler den Konsum als ein
prä-konstitutionelles Recht in Anspruch nehmen, das allen
bestimmteren Rechten vorausgeht. Konsum verkörpert, als
allgemeines Habe-Recht, ein Menschenrecht vor den »Menschenrechten«. Er bildet ein Aspirationsmotiv, das sich, um

---

Marxismus verfaßte Studie Die Ideologie der anonymen Gesellschaft.
Max Stirners Einziger und der Fortschritt des demokratischen Selbstbe-
wußtseins vom Vormärz bis zur Bundesrepublik (1966) vorlegte, deutete
er das Werk des Vormärz-Philosophen als vorausgreifenden Ausdruck
einer empörerischen Mittelschicht-Ideologie. Diese habe eine selbst-
entfremdete Gesellschaft aus aufmuckenden Einzigen früh auf den Begriff gebracht und diese von der Wende zum 20. Jahrhundert an auf die
Machtergreifung des Nationalsozialismus und ihre Fortsetzung in der
BRD vorbereitet. Die Ironie der Geschichte habe sich in der Tatsache
enthüllt, daß der Marxismus die Arbeiter umwarb – was kam, war die
Angestelltengesellschaft. Die resolutesten Sympathisanten des Faschismus seien Menschen gewesen, die sich einbildeten, zu einer fiktiven
»Mittelschicht« zu gehören, während sie längst »objektiv« Grund hätten, sich mit dem »Proletariat« zu solidarisieren. Heute, so versichert der
Verfasser im Geist der triumphalisch verworrenen sechziger Jahre, gebe
»der Faschismus« sich »demokratisch«. Er kleide sich in die Formen der
Freien Marktwirtschaft: Diese beruhe weiter auf der Universalisierung
von illusorischen Mittelstands-Weltbildern, mithin auf unpolitisch-indi-
vidualistischen Empörungsfiguren.
Im Sog seiner Begriffskonfusion ignorierte Helms die elementarsten historischen Tatsachen: Der italienische Faschismus war wie der Leninismus und der Nationalsozialismus ein Militanzphänomen gewesen, das
aus der soldatischen und revolutionären Verachtung der Option für die
Rückkehr aus dem Welt- und Klassen-Krieg in den zivilgesellschaftlichen
Frieden hervorgegangen war (vgl. oben S. 146-150). Allzu beweglich, er-
lag der Autor der Dialektikern anhaftenden Neigung, ideologische Positionen mit ihrem Gegenteil gleichzusetzen: Der radikale Konsumismus
à la Stirner bedeutete zwar die extremste Opposition zum kriegerischen
Kollektivismus faschistischen Stils. Weil ziviler Konsumismus kein Kommunismus sein konnte und niemals mit ihm verträglich werden würde,
sollte er in den Augen des prokommunistischen Kritikers doch irgendwie
ein Incognito des Faschismus sein.

mit Hannah Arendt zu reden, in dem »Recht, Rechte zu haben« ursprünglich äußert.[1]

Wenige Jahrzehnte nach Stirners Manifest gab Nietzsche – im Prolog zu *Also sprach Zarathustra,* Erster Teil,
1883 – dem Endverbraucher seinen gültigen Namen, indem
er ihn sich selbst als den *Letzten Menschen* vorstellte. Ironischerweise stimmen bei Nietzsche die so Bezeichneten ihrem neuen Titel begeistert zu: In ihren Augen kann es nichts
Erfüllenderes geben, als ein letzter Mensch zu sein.

Zu realen und pragmatisch Letzten werden Individuen in
der Konsum- und Erwerbs»gesellschaft« von dem Augenblick an, in welchem sie in die Daseinsweise von herkunfts-
schwachen und nachkommenlosen Selbstverzehrern einwil-
ligen. Dieser Sachverhalt manifestiert sich in den meisten
modernisierten Nationalstaats-Populationen durch das rapide Absinken der Geburtenraten unter die Reproduktions-
quote. Solche Rückgänge der Natalität schließen die Hoch-
konjunktur der »monoparentalen Familie«, der kinderlosen
Haushalte und der autoerotischen Lebensformen ein. Noch
scheint die Lage der Dinge bis auf weiteres mit dem Fortbestand von Fragmenten herkömmlicher Familienkultur kom-
patibel.[2] Demographen umschreiben die aktuelle Tendenz in
den sechzig meistentwickelten Ländern der Erde mit dem
Begriff »Schrumpfvergreisung«. Selbstverständlich gibt es in
diesen Teilen der Welt noch Eltern und Kinder wie von alters her; die prekär gewordenen genealogischen Fäden dün-
nen sich jedoch weiter aus. Auch die »Kinder von etwas«[3]
bleiben bis auf weiteres die Kinder von jemand, selbst wenn

---

1 Hannah Arendt, Elemente und Ursprünge totalitärer Herrschaft. Anti-
  semitismus, Imperialismus, Totalitarismus, München 1991, S. 462. Dieses
  Konzept wird später von Arjun Appudurai in psychopolitischer Terminologie zu dem Konzept der »Capacity to Aspire« weiterentwickelt.
2 Tilman Allert, Die Familie. Fallstudien zur Unverwüstlichkeit einer Lebensform, Berlin–New York 1998.
3 Vgl. S. 433 in diesem Band.

sie *in vitro* erzeugt und aus anonymen Samenbanken bezogen worden wären. Nur selten noch gehen sie aus Familien hervor, die sich dank der Bewahrung von Relikten der Vateridee darauf verstehen, das »unschätzbar wertvolle Objekt der Übermittlung«[1] weiterzugeben.

In Stirners *Der Einzige und sein Eigentum* erreicht das schreckliche Kind der Neuzeit seine Reflexionsgestalt. Er tritt als Endverbraucher von Chancen, Gütern und Beziehungen auf. Der unbußfertig fröhliche Egoist schneidet seine Verbindungen nach rückwärts wie vorwärts förmlich, mit expressiver Unhöflichkeit, ab. Seine erste Regung ist das Bedürfnis, niemandem zu Dank verpflichtet zu sein.[2] Nicht länger läßt er sich von seinen Vorfahren in Verbindlichkeiten bannen. Von der Hervorbringung von Nachkommen zieht er sich instinktiv, gelegentlich programmatisch, zurück. Bei ihm ist Nietzsches Mahnung an die *décadents*: »ihr sollt nicht zeugen!« zu einem Element der Alltagsmoral geworden.

Moralische Selbstsicherheit gewinnt der artikulierte Egoist, indem er – in affirmativer Fortsetzung der *amour-propre*-Analyse der französischen Moralisten – die These vorträgt, sämtliche Nicht-Egoismen seien als verkappte Egoismen zu durchschauen. Der in die Offensive gegangene Ego-Praktikant legt Wert darauf, sich an die Spitze der Reflexionspyramide zu stellen, indem er seine Sache auf den Gipfel des Glaubens an nichts gründet, während die Idealisten, mitsamt ihrem Anhang aus Sozialphilosophen und anderen Zwischenhändlern des Guten, auf ihren positiven Fiktionen bestehen. Niemand soll auf ihn herabsehen, indessen er auf die übrigen ironisch von oben blickt – mit Vor-

---

1 Pierre Legendre, L'inestimable objet de la transmission. Etude sur le principe généalogique en Occident, Paris 1993.
2 Vgl. den auf S. 434 zitierten Auspruch von Corneilles Helden.

liebe auf die deklarierten Guten. Die Gutmenschenverspottung auf deutschem Boden beginnt im Herbst 1844. Keiner kann sich rühmen, besser zu sein als der bekennende Egoist, während dieser den moralisch nicht unbedeutenden Vorzug genießt, die Maxime seines Handelns – »ich selbst an erster Stelle« – freimütig offenzulegen. Jean Gabin: *Vive la liberté, surtout la mienne.*

Das Licht des bekennenden Egoismus bzw. des programmatischen Individualismus bricht sich in einem breiten Spektrum von existentiellen Farben: Der deklarierte Selbstbevorzuger kann sämtliche Masken moderner Subjektivität aufsetzen, die des Altruisten ausgenommen, und sich in vielfältigen Individualitätsprogrammen proklamieren. Er verwirklicht sich als: »Anarchist, Übermensch, Psychopath, Sozialist, Kleinbürger, Intellektueller, Faschist, Genie, Paranoiker, Bohemien, Satanist, Existentialist, Individualist, Terrorist, Mittelständler, Totalitarismus-Kritiker, Solipsist, Prophet, Nihilist, Metaphysiker …«.[1] In all diesen Rollen, Posen und Gesichtsbemalungen präsentiert sich das modernisierte Individuum als sein eigener Maskenbildner. Im Laufe von 150 Jahren hat sich das vormärzliche Programm des Einzigen und seines Eigentums in das postmoderne Schema des Ich und seines Designs verwandelt.

Was aber der Einzige auch immer aus sich macht, er tut es in der Haltung des Endverbrauchers, der zugleich Endkreativer sein möchte: Für ihn gibt es nach der Spuk-, Gott- und Staatsaustreibung so wenig eine ernst zu nehmende Nachwelt wie ein dem Ich vorausgehendes Höheres. Hier-

---

1 Diese nahezu satirische Aufzählung spiegelt das Spektrum von subkulturellen Stirner-Rezeptionen in Deutschland zwischen 1890 und 1930 wider. Vgl. Alexander Stulpe, Gesichter des Einzigen. Max Stirner und die Anatomie moderner Individualität, Berlin 2010, S. 19. In dem breitangelegten Werk entfaltet der Verfasser seine These: »Stirner ist heute vergessen, weil der Einzige selbstverständlich geworden ist.« (S. 45)

durch nimmt der Einzige die moderne Definition von Individualität vorweg, die nach systemtheoretischer Auskunft
nicht mehr durch Inklusion und Zugehörigkeit, sondern
nur »extrasozietal« und durch Exklusion bestimmt werden
kann.[1]

Die nächste und bislang expliziteste Stufe im Artikulations-
prozeß der anti-genealogischen Wende wurde in den siebziger Jahren des 20. Jahrhunderts erklommen, als es Gilles
Deleuze (1925-1995) und Félix Guattari (1930-1992) gelang,
mit ihrem Werk *Anti-Ödipus – Kapitalismus und Schizophrenie I*, 1972, trotz eines prononcierten Manierismus und
eines idiosynkratischen Vokabulars über die Grenzen der
akademischen Welt hinaus Aufsehen und Anstoß zu erregen. Diesem anti-psychoanalytischen Manifest, das zugleich
Theorie-Happening und Nachfeier zum Pariser Mai 1968
sein wollte – jenem gallischen Paradigma des »Ereignis-
ses« als Einheit von Karneval und Katastrophe –, ließen die
beiden Autoren im Jahr 1976 die kurze, wirkungsmächtige
Programmschrift *Rhizome. Introduction* folgen, die wenig
später dem zweiten Band von *Kapitalismus und Schizophrenie*, *Mille Plateaux*, 1980, vorangestellt wurde – einem Buch,
das vorgab, kein Buch mehr zu sein, vielmehr ein Ereignis-
raum für Satzketten und eine Fabrik für semiotische Mikro-
Maschinen, mit denen die Leser nach Belieben weiterarbei-
ten durften. Man kommt nicht umhin, dieses Un-Buch aufgrund seines maschinistischen Extremismus als das kühnste
Werk der philosophiekritischen Philosophie im späteren

---

1 Vgl. Niklas Luhmann, Individuum, Individualität, Individualismus, in:
  Gesellschaftsstruktur und Semantik, Studien zur Wissenssoziologie der
  modernen Gesellschaft, Band 3, Frankfurt am Main 1989, S. 149-258.
  Luhmann deutet die Modernisierung des Verhältnisses der Gesellschaft
  zu Individuen als Umstellung von Inklusionsindividualität auf Exklu-
  sionsindividualität.

20. Jahrhundert anzuerkennen, mag es auch auf den ersten Blick als das deliranteste erscheinen. Durch sein Erscheinen vor über dreißig Jahren hat es die außerakademische Philosophie zu neu-gotischen Extremismen ermuntert.

Im Einleitungstext zu *Mille Plateaux* sprechen Deleuze und Guattari – beide bekennende Drogenkonsumenten und erfahren in überbeschleunigten mentalen Prozessen – ihre genealogie-kritische, institutionen-averse, hierarchie-verneinende und familien-feindliche Grundhaltung ganz direkt aus, sosehr sie sich sonst darauf verstanden, in Posen der Nicht-Identität auszuweichen: »Wir sind nicht mehr wir selbst.« Wer sich nicht länger zusammennimmt, um dieses bestimmte Ich zu sein, braucht naturgemäß nicht mehr anzugeben, wer spricht und von woher es redet.

Mit dem Begriff des Rhizoms greifen die Verfasser ein biologisches Phänomen auf, das ihnen als neues Paradigma für nicht-vertikale und dezentralisierte Wachstumsereignisse bei Individuen dient: Während der Baum die klassische »Hierarchie« und das alteuropäische Muster der Herkunft von legitimitätsspendenden Vorfahren verkörpere – bestimmt durch Abstammung aus einer gemeinsamen Wurzel, die Emporhebung alles Nachkommenden durch einen verbindenden Stamm und die Verzweigung des Späteren in einem System dominanter Herkunftslinien –, soll die rhizomatische »Vernetzung«, abgelesen am unsichtbaren Wurzelgeflecht gewisser Pilzarten, ein alternatives »System«, besser ein »Gefüge« aus »sozialen« Zusammenhängen bzw. Verschaltungen zwischen Instanzen, Agenturen oder Kraftlinien darstellen, in dem alle Momente von Herkunft, Alter, Erbe und Vormacht des Früheren ausgelöscht seien, um einem Netzwerk von virtuellen und aktuellen Lateralbeziehungen Platz zu machen.

»Das Rhizom ist eine Anti-Genealogie. Das Rhizom geht durch Wandlung, Ausdehnung, Eroberung, Fang und Stich vor sich ... Im Rhizom geht es um ... ›Werden aller Art‹.«[1]

Das unsichtbare unterirdische Geflecht gegen den sichtbar aufsprossenden, nach oben strebenden Baum: Mit der pflanzlichen Analogie machen Deleuze und Guattari auf dem Gipfel ihres anti-vertikalen und anti-genealogischen Elans ihre Optionen deutlich. Der neue Anarchismus ist eine Anti-Dendrologie: Ab sofort soll man die progressiven Staats- und Zustandsfeinde, die authentischen Nomaden, Künstler und Ereignis-Erzeuger, an ihrer Baumfeindschaft erkennen.

Dendrologie, *nota bene*, ist die Wissenschaft von den verholzenden Pflanzen. Jetzt freilich soll es der Allianz von Verholzung, Bourgeoisie und Institutionenbildung insgesamt zuleibe gehen: »Der Baum ist genau die Staatsmacht.«[2] In den Augen der Autoren ist Abstammung im Modus des baumhaften Wachstums als solche zur neuen Erbsünde geworden. Stämme bringen nach ihrer Ansicht *per se* die Überwältigung der Verzweigungen mit sich. Der Zweig soll sich endlich vom Stamm emanzipieren, der Seitentrieb wird zum Subjekt der Umwälzung proklamiert, der Klon gilt als der Held der Zeit. Ja, die Zeit als solche möge sich in ein *clone age* wandeln. Revolutionäre Kritik üben heißt sich als Baumlästerer nützlich machen.[3] Was Hanno Buddenbrook,

---

1 Gilles Deleuze, Félix Guattari, Rhizom, Berlin 1977, S. 35.
2 Ibid., S. 39.
3 In seinem Traité de l'arbre. Essai d'une philosophie occidentale, Arles 2002, S. 139-142, weist Robert Dumas darauf hin, daß Deleuze in seinem baumfällerischen Furor stellenweise die Grenzen solider Kenntnisse überschritt. Wenn er übereilt behauptet, Bäume verzweigten sich nach dem Schema eins zu zwei, zwei zu vier, vier zu acht usw., verkennt er die schon zu seiner Zeit verfügbaren Studien der Dendrologie bzw. der

der letzte Sprößling des absteigenden großbürgerlichen Hauses, vorweggenommen hatte, als er durch das Bild vom Stammbaum der Lübecker Familie mit dem Lineal einen Strich zog, wird zum Modell für alles Weitere – nur daß der Schnitt nicht durch die oberen Verzweigungen geführt wird, sondern im Bereich der Wurzeln.

Den anti-vertikalen Affekt begleitet bei den Autoren von *Anti-Ödipus* und *Rhizom* ein anti-autoritärer und anti-genealogischer Impuls. Er kleidet sich in eine Absage an die als reaktionäre Kleinfamilien-Dogmatik aufgefaßte Psychoanalyse, in ihrer Wiener Version nicht anders als in ihrer Pariser Deklination. Das Produzieren geht über das Interpretieren. Alles fließt? Mag sein, aber nie so flüssig, wie es sollte.

Deleuze und Guattari führen mit ihren para-psychiatrischen Thesen über das vorgeblich subversive Potential der »Schizophrenie« den Beweis, daß man kein Junghegelianer mehr sein muß, um den Standpunkt des expliziten Egoismus zu erobern, der jetzt »radikale Immanenz« heißt – nun aber mit einem in unregierbare Vielheiten zerlegten Ego-Pol. In den »Wunsch-Maschinen« des *Anti-Ödipus* erkennt man das trotzig-libertäre Stirnersche Ich wieder, maschinistisch travestiert und in »Ströme«, »Intensitäten« und »Pluralitäten« aufgelöst. Auch die Stirnerschen Vereins-Ideen – die eine nach-liberale und nach-sozialistische »Assoziation« von Einzigen beschworen – kehren im Verkehr der Deleuze-Guattarischen Seitentriebe zurück. Daraus entsteht eine

---

Phytomathematik, in denen nachgewiesen wird, daß die Blattverteilung auf Stengeln sich gemäß der Serie von Fibonacci-Zahlen organisiert: 1, 2, 3, 5, 8, 13, 21, 34 usw., das heißt nach dem Prinzip einer Serie, in welcher sich jede Zahl aus der Summe der beiden Vorgänger ergibt. Auch sind die Regeln der Verzweigung der Hauptäste viel komplexer, als die Autoren unterstellen. Die Denunziation der symmetrischen Verzweigung ist ideologisch motiviert und hat keinen Grund in der Sache. Vgl. Roger Jean, Phytomathématique, Montreal 1978.

obertonreiche Resonanz zwischen der Altberliner Bohème
und den Neuen Geheimnissen von Paris.

Offensichtlich profitiert das den Blicken entzogene Geflecht des Rhizoms vom Prestige des im 19. Jahrhundert
erfundenen und nie ganz vergessenen »Untergrunds«. Mit
dieser Option für das Unterirdische, Flache, unübersicht-
lich Verwobene verbindet sich die Suggestion, das laterale
Wuchern pilzartiger Dynamismen dürfe mit einer Guerilla
gleichgesetzt werden; auch wäre sie mit den Wanderungen
eines nomadischen Kollektivs verwandt. Unnötig zu sagen,
daß diese stamm-losen, mitte-losen, führer-freien Gespinste
nur als vater- und mutterfreie, general-freie und staat-lose
Größen zu begreifen sind. Ursprungslosigkeit verpflichtet.
An die Stelle von Fortpflanzung tritt die Hybridisierung,
an die Stelle der Zeugung die symbiotische Kopplung he-
terogener Spezies wie »Wespe und Orchidee, Katze und
Pavian«,[1] an die Stelle der Letzten Menschen die launig re-
programmierten Letzten Maschinen.

Zu Wunschmaschinen umdeklariert, mutieren die Stirnerschen Einzigen in totale Konsumenten – besser gar in
»Prosumenten«[2]: »Unsere List ist ... zu sagen, daß es überhaupt nicht genug Konsum gibt ...«[3] Statt sich der vorgeblichen »Konsumgesellschaft« im Modus der Großen Weigerung zu entziehen, komme es darauf an, die konventionellen
Wünsche nach stereotypem Verbrauch in offene Ströme zu
verwandeln. Es gehe darum, die »Wunschproduktionen« so
freizusetzen (im Jargon: »zu decodieren« und »zu deterri-
torialisieren«), daß sie als Quelle unabsehbarer Mutationen
wirksam werden. Wo der Wunsch ungehemmt produzieren darf, ist er schon *per se* die Agentur einer »Revolution«.

---

1 Ibid., S. 41.
2 Alvin Toffler, The Third Wave, New York 1980.
3 Ibid., S. 58.

Deleuze und Guattari stellen sich als »reine Funktionalisten« vor – »was uns interessiert, ist, wie eine Sache läuft«. Sie phantasieren von einer Maschine aus Maschinen, die sich als exuberantes Es-Geht in Gang hält. Hatte Hegel das Programm aufgestellt, die Substanz als Subjekt zu entwickeln, deklarieren Deleuze und Guattari ihre Absicht, das Subjekt als sich selbst erzeugende Maschine zu explizieren.

Es konnte nicht ausbleiben, daß spätere Leser des *Anti-Ödipus* und des *Rhizom*-Essays von den neunziger Jahren des 20. Jahrhunderts an auf unfreiwillige Resonanzen und ironische Neubeleuchtungen dieser Schriften im Kontext zeitgenössischer ideologischer Wandlungen aufmerksam wurden: Es schien mit einem Mal, als hätten die beiden Autoren, obschon sie sich eines eigensinnig verfremdeten linksradikalen Diskurses bedienten, in Wirklichkeit einen nicht-intendierten vorauseilenden Hymnus auf den in entfesselten Strömen prozessierenden Finanzkapitalismus verfaßt, noch bevor dieser in sein »neo-liberales« Stadium eingetreten war, das von den Reagonomics 1981-1989 eröffnet wurde. Nichts konnte die Kriterien des Deleuze-Guattari-Universums vollkommener erfüllen als das virtualisierte, volatilisierte, inflationierte und amoralisierte große Geld, dem in seinem Nomadismus *per definitionem* weder Vaterland noch Territorium heilig sind.

Zur selben Zeit als die Verfasser des *Anti-Ödipus* ihre »subversiven« Projektionen des Lebens in stetiger Bewegung auf Migranten und Neo-Nomaden bezogen, schickte der globalisierte Tourismus sich an, die erste Stelle unter den Industriezweigen der Welt zu erobern: Er übersetzte das Wechselspiel von Deterritorialisierung und Reterritorialisierung ins Stadium finaler Trivialität, als fahrplanmäßiger Zyklus von *departure* und *arrival*.

Das von Deleuze und Guattari unbeirrbar gesungene Lob

der neuen Verknüpfungen stellte dem Innovationismus einer weltweit agierenden Konsultationsindustrie Stichworte
zur Verfügung, die seither um Hohlbegriffe wie »Kreativität«, »Erfindung«, »Exzellenz« und »Incentive« kreisen.
Sehr naiv wirkt heute ihre von manchen Autoren wiederauf-
genommene Suggestion, die erfinderischen Prozesse würden, wären sie von kapitalistischen »Fesseln« befreit, um ein
Vielfaches gesteigert.

Vor allem hatten Deleuze und Guattari mit dem Konzept »Rhizom« die flachen Raumbilder und die interak-
tiven, interdeliranten, interautistischen Sozialphantasmen
der emergenten Internet-Weltkultur vorweggenommen. Mit
vorauseilender theoretischer Phantasie propagierten sie das
post-historische, post-genealogische, post-familiale Lebens-
gefühl der »Netz- oder *peer-to-peer*-Gesellschaft« im beginnenden 21. Jahrhundert, anderthalb Jahrzehnte bevor der
von Tim Berners-Lee und Robert Cailliau am Forschungs-
zentrum CERN in Genf zwischen 1989 und 1991 entwik-
kelte Suchmechanismus des *world wide web* der Öffentlichkeit vorgestellt wurde. Infolge der Snowden-Enthüllungen
im Frühjahr 2013 hat sich erwiesen, daß das vielgepriesene
»Netz« als das Rhizom der Rhizome nicht nur ein leistungs-
fähiges Instrument zur Synchronisierung von subjektiv be-
setzten Knotenpunkten im globalisierten Datenverkehr
darstellt. Es bildet ebenso die Infrastruktur eines paranoid
überdehnten imperialen Überwachungssystems, das keinem
Netzteilnehmer mehr das Privileg des Unbeobachtet-Seins
zugesteht. Diese Offenlegungen werden binnen kurzem
eine Neubewertung der »Netzkultur« und ihrer rhizomatischen Romantik nach sich ziehen. Man muß kein Prophet
sein, um eine rapide Abkühlung der Euphorien in bezug
auf die progressiven Energien der Tele-Rhizomatik vorherzusehen. Deleuze und Guattari schwelgten hingegen noch
in Visionen einer ent-»ödipalisierten«, abstammungsfreien

»Gesellschaft«, die den vitalen »Vielheiten« als Spielfeld dienen sollte:

»... im Unterschied zu den Bäumen und ihren Wurzeln verbindet das Rhizom einen beliebigen Punkt mit einem anderen ... Es ist nicht das Eine, das Zwei wird, jede seiner Linien verweist nicht zwangsläufig auf gleichartige Linien, sondern bringt sehr verschiedene Zeichensysteme ins Spiel ... Das Rhizom läßt sich weder auf das Eine noch das Viele zurückführen ...«[1] Es ist »ein nicht zentriertes, nicht hierarchisches und nicht signifikantes System ohne General ... es ist ausschließlich durch die Zirkulation der Zustände definiert.«[2] Es geht nur darum, »... ein Milieu (zu) schaffen, in dem mal dies mal jenes auftauchen kann: wie mürbe Brocken in der Suppe«.[3]

Im freier gewordenen Rückblick auf die Vorstöße und Todes-Salti der vorauseilenden rhizomatischen Realitätsauslegung von 1976 durch Deleuze und Guattari drängt die Einsicht sich auf, daß die Autoren in Wahrheit ein neues bastardisches Kollektiv konzeptualisiert und evoziert hatten: einen feldförmig verfaßten, weltweit agierenden Über-Bastard, der um eine ganze Dimension herkunftsloser operieren würde, als jeder emersonianisch-nonkonformistisch inspirierte Amerikaner es sich je hätte träumen lassen. Sie postulierten ein artifizielles Meta-Volk von Bricoleuren und Chancenjägern, die sich auf dem Kontakthof der Weltgesellschaft durch »Gelegenheiten« ansprechen lassen. Unter dem Namen »Rhizom« hatten sie ein diffuses post-industrielles, von Wünschen, Gütern und Zeichenströmen durchpulstes Hyper-Proletariat heraufbeschworen, arbeitslos und werk-

1 Ibid., S. 34.
2 Ibid., S. 35.
3 Ibid., S. 40.

tätig, rebellisch und angepaßt, im Zentrum lebend oder an
der Peripherie, prostituiert oder autonom, prekär oder fest
angestellt, neben dem die »Arbeiterklasse« des Marxismus
wie eine altehrwürdige Dynastie wirkte.[1]
Innerhalb des hyper-bastardischen rhizom-artig verzweigten Globalwelt-Kollektivs nehmen die Nachkommen
zahlreicher dekolonisierter Völker und neugegründeter
Nationen, namentlich Inder, Afrikaner und Bewohner der
Antillen, einen sensitiven Platz ein. Sie verdanken dies vor
allem dem Umstand, daß sie sich durch das Werk einiger
markanter Vorsprecher aus jeweiligen Kulturräumen im
Lauf der letzten Jahrzehnte in den *post-colonial studies* ein
vielseitig zusammengesetztes Forum geschaffen haben. Auf
diesem konnten Autoren wie der auf Martinique geborene
francophone Dichter und Essayist Eduard Glissant (1928-
2011) oder der (1949 in Mumbai geborene) parsische Indo-
Amerikaner Homi Bhabha weit ausstrahlende Thesen zur
Formierung hybrider Identitäten aus »subalternen« Kultur-
Fragmenten auf der Basis von Übersetzung, Kreolisierung
und »Ästhetik der Beziehungen« vortragen.[2] In ihrer Sicht
gehört die Zukunft dem inter-bastardischen Verkehr von
Angehörigen entwurzelter Populationen, die sich in synthetischen »Identitäten« ermächtigende Formen des politischen
und kulturellen Selbstausdrucks schaffen, ohne notwendigerweise einem neo-identitären Fetischismus zu erliegen.

---

1 Für dieses globale diffuse Hyper-Proletariat versuchten Antonio Negri
   und Michael Hardt in Empire (2002) und Multitude (2004) neue politische Drehbücher zu schreiben – was ein *per se* paradoxes Unternehmen
   darstellte, da sich das in Vielheiten zerfaserter Hyper-Proletariat, könnte
   es denn wirklich als Subjekt einer politischen Aktivität existieren, sich
   von niemandem mehr irgendwelche Skripte suggerieren ließe. Diese
   Paradoxie war auch durch die selbstkritische Wendung der Theoretiker
   nicht aus der Welt zu schaffen, wenn die dem Publikum signalisierten:
   Wir erlauben euch, uns nicht zu brauchen.
2 Vgl. Edouard Glissant, Traktat über die Welt, Heidelberg 1999.

Autoren dieser Tendenz haben seit jeher Mühe, zu erkennen, wie sehr sich ihre Studien um einen blinden Fleck
organisieren: Sie weichen in der Regel der Beobachtung
aus, daß zahlreichen dekolonisierten Ethnien und Neo-
Nationen die dunkelsten Abschnitte ihrer politischen und
sozialen Höllenfahrten nicht selten erst nach dem Übergang
in die »Autonomie« bevorstanden – ein Befund, der sich an
fahrlässig improvisierten Nationalstaaten wie dem Kongo,
wie Uganda, Libyen, Irak u. a. besonders klar erweist. Für
eine ganze Reihe neuer Staatsexperimente bedeutete die
ungewohnte Situation der »Autonomie« fürs erste nicht
mehr als den niedrigschwelligen Zugang ihrer ethnischen
Komponenten und politischen Fraktionen zu gegenseitigem
Mord und Totschlag. Im Licht der zivilisations- und filia-
tionskritischen Analyse sind die hausgemachten Tragödien
post-kolonialer Diktaturen als Freisetzungseffekte zu erläutern, die durchwegs in den Bereich des Vorhersagbaren fallen, sobald man das Basistheorem auf sie anwendet. Erst die
Freisetzungseffekte der beschriebenen Art eröffneten die
Szenarien, in denen die Ambitionen zahlloser Putsch-Prä-
sidenten, Kleptokraten und Erpresser scheinbefreiter »eigener« Völker in die leergefegten Spielräume post-kolonialer
Staatlichkeit einschießen konnten – paradigmatisch hierfür
sind die Dramen der vormals belgischen Kolonie Kongo
(zeitweilig »Zaïre«), die unter dem Diktator Mobutu (1930-
1997) ab 1971 im Namen einer fiktiven *authenticité*-Devise
nicht nur zu Gipfeln kulturpolitischer Konfusion aufstieg,
sondern sich einen herausragenden Platz auf der ewigen
Bestenliste der Korruption eroberte. Unnötig, im einzelnen
aufzuzählen, wie häufig in den Karrieren der postkolonialen
warlords, Bürgerkriegs-Chefs und eingeborenen Charisma-
tiker die bekannten Spuren aggressiver Herkunftsanomalien
anzutreffen sind. Am offenkundigsten zeigen sie sich in der
Biographie des irakischen Diktators Saddam Hussein (1937-

2006), von dem bekannt ist, daß er als vaterloser Außerseiter in einem Dorf bei Tikrit herangewachsen war – wo man ihn bei seiner Festnahme Ende 2003 aus einem gemauerten Erdloch zerrte –, nachdem seine Mutter während der Schwangerschaft einen Selbstmordversuch und einen vergeblichen Abtreibungsversuch unternommen hatte.

Die ererbte und erworbene Blindheit der konventionellen westlichen Kulturwissenschaften für Fragen der Filiation kehrt also in den *post-colonial studies* schematisch wieder. Sie wiederholen den Basisfehler der westlichen Moderne, die immer die »soziale Frage« in den Vordergrund rückte und die genealogische Frage zu stellen »vergaß«. Diese Wiederholung ereignet sich gewiß auch aufgrund der Tatsache, daß die auf dem Feld führenden Autoren, durchwegs arrivierte Figuren der okzidentalen, zumeist nord-amerikanischen Akademia, bisher nicht fähig oder willens waren, ihre persönliche Stellung zur bastardischen Kondition der Moderne in ihre Begriffsarbeit einzubeziehen.

De facto haben Deleuze und Guattari die gleichzeitig mit ihren Theorie-Erfindungen sich bildende Synchronwelt der prinzipiell jugendlichen, chancensuchenden, anti-hierarchisch verfaßten »Weltgesellschaft« heraufbeschworen, in der es keine regional stabilisierten Abstammungen, Herkünfte, Erbschaften und Filiationen mehr geben kann, sondern nur noch – oder überwiegend – tele-kommunikativ angebahnte Kreuzungen, Mischungen, Hybridisierungen, Verkuppelungen und Assemblagen. In ihrer Vision eines universalen flachen Systems aus lateralen Verknüpfungen haben sie, zugleich hellsichtig und verblendet, mittels der Ersetzung der Fortpflanzung durch die Seitensprossung, das Geflecht aus diskret verstreuten, gleichzeitig operierenden Sender-Empfängern prophezeit, das zur Zeit der Beschreibung sich im Realen formierte. Dessen Neubeschreibung durch Bruno Latours Agenten-Netzwerk-Theorie scheint gegenwärtig den Stand der soziologischen Kunst zu markieren.[1] Sie bietet den Vorteil, dem genealogischen Element wieder angemessenere Spielfelder einzuräumen.

Auf einem labyrintischen Markt aus Projektionen, Kampagnen, Verführungen und Mutmaßungen kann sich jeder einzelne aktuelle Akteur durch sein ständiges Agieren in nähere und fernere Tele-Dimensionen davon überzeugen, daß die Musik von heute in kurzfristigen, jederzeit kündigbaren, punktuell erweiterbaren und zeitweilig fortsetzbaren Transaktionen spielt. In den Tastenoperationen der *always on generation* bildet sich ein neuer Aggregatszustand des Sozialen nach dem Sozialen heraus. Die Welt der Völker lernt, an Kollektive nach den Völkern zu glauben. Kaum jemand würde in diesen Zeiten noch Goethes ahnungsschwere Sentenz aus den *Zahmen Xenien* zitieren: »Erwachsne gehn mich nichts mehr an / Ich muß jetzt an die Enkel denken«.

Die Welt der Theorie stellt auf breiter Front von Substanz auf Relation um, im Nachvollzug von Ideen, die im frühen 20. Jahrhundert vorgedacht worden waren[2] und in aktuellen Systemtheorien neu aufgelegt werden. Mit dieser Wendung beginnt auch für die Relation das Zeitalter ihrer technischen Herstellbarkeit. Der Relationismus, der die Verhältnisse von heute und morgen auf logischer und pragmatischer Ebene prägt, ist die unbeendbare Verhandlung zwischen den Agenturen der Treue und denen der Untreue. Noch nie haben das Gebundene und das Ungebundene so sehr auf Augenhöhe miteinander verhandelt.

---

1 Bruno Latour, Eine neue Soziologie für eine neue Gesellschaft. Einführung in die Akteur-Netzwerk-Theorie, Frankfurt am Main 2007.
2 Ernst Cassirer, Substanzbegriff und Funktionsbegriff. Untersuchungen über die Grundfragen der Erkenntniskritik, Berlin 1910.

Ausblick

Im Delta

Mit der sich selbst erfüllenden Prognose der rhizomatischen »Gesellschaft« in der anarchistisch-wahrsagerischen Para-Psychiatrie des Poststrukturalismus ist die anti-genealogische Basistendenz der Neuzeit – als Summe aller Subversionen, Reklamationen, Verweigerungen, Usurpationen, Aspirationen und Hybridisierungen – in ihr Mündungsgebiet gelangt. Der Konformismus des Anders-Seins hat in ihr seine vorläufige Endgestalt erreicht.[1]

Die aktuelle Welt gleicht einem gigantischen Delta, in dem Ströme aus Strömungen ein Hyper-Labyrinth von Wasseradern mit unterschiedlichen Fließgeschwindigkeiten bilden. Das Delta ist der Raum, in dem der Unterschied von Strom und Stauung sich von selbst erledigt. In den Verästelungen und Biegungen des Delta-Universums werden die anarcho-fluidistischen Vorstellungen der *Rhizom*-Verfasser gegenstandslos. Alles fließt, indem alles stagniert. Ob sie in Jahrhunderten gewachsen sind oder gestern improvisiert wurden: die Einzelkulturen im Delta werden wahrnehmbar als mehr oder weniger träge Nebenflüsse, die kurz davor stehen, sich in den Ozean der homogenisiert-diversifizierten Weltzivilisation zu ergießen. Aufgrund des Übermaßes an Zuflüssen gerinnt der Ozean zu einer undurchdringlichen Mauer. Delta und Ozean sind ununterscheidbar geworden, Strom und stehendes Gewässer ein und dasselbe.

---

1 Norbert Bolz, Die Konformisten des Andersseins. Ende der Kritik, München 1999.

Man kann den Ausdruck »Weltzivilisation« nicht verwenden, ohne daß Benutzungsgebühren anfallen. Macht
man sich eine prozessuale Sicht auf die globale Dynamik
zu eigen, kommt man nicht umhin, das Gesetz wachsender
Fragilität bei zunehmender Verfestigung zu unterschreiben.
Die Systemarchitektur des Globalitätsgebäudes wird sich
infolge machtgetriebener Gegenseitigkeiten auf absehbare
Zeit dem aktuellen *modus operandi* gemäß replizieren, ma-
nifester Einsturztendenzen ungeachtet. Der Weltinnenraum
des Kapitals dehnt sich unaufhaltsam aus. Der Trend zur
Inklusion von Exkludierten bezeichnet auch in Zukunft
die Hauptrichtung der sozialen Evolution – er macht damit fortbestehende Exklusionen noch auffälliger als bisher.
Weitere Inklusion bedeutet: Im Inneren der Rechts-, Aner-
kennungs- und Anspruchszone steigt der Druck. Von einer
Halb-Erfüllbarkeit zur nächsten stürzen die Reklamations-
lawinen zu Tal.

Die entropischen Konsequenzen aus dem zivilisationsdynamischen Hauptsatz für das Kommende sind evident:
Bei fortschreitender Mobilisierung werden die Freisetzungen den moderierenden Instanzen mit wachsender Fluchtgeschwindigkeit davonlaufen. Synchronisierung (Vernetzung), Aspirisierung (Ausweitung der Forderungszone),
Urbanisierung (Wachstum der Komfortchancenzone) und
Sekurisierung (Expansion der Paranoia-Zone) bleiben die
regierenden Vektoren – wobei der Monetarisierung die
Funktion des Mediators zufällt. Die Ausweitung der Staats-
dienste in den rund 200 im UNO-Raum angemeldeten politischen Körpern zieht die Modernisierung der Korruption
nach sich – für diesmal konventionell verstanden als Unterwanderung des Rechts durch Angehörige der öffentlichen
Dienste, die nicht sehen, was dem Charme eines zweiten
Einkommens widerstehen könnte. Die wachsende Aktivität
der »Staatsdiener« in staatsunfähigen Kulturen wird ohne

explodierende Korruption – und mitwachsende Anklagen gegen sie – nicht zu haben sein. Als Garanten der Korruption wird die Mehrheit der etablierten wie der improvisierten Nationalstaaten das 21. Jahrhundert zu dem machen, was es aus der Sicht des 22. gewesen sein wird. Sie bereiten ihr Versagen vor, das man ihnen vorwerfen wird, sollten die Bilanzen eines Tages offengelegt werden.

Nicht entscheidbar ist bis auf weiteres die Frage, ob die finale Figur im großen Ganzen eher dem Willen zur mittelfristigen Fortsetzung folgt oder der Neigung zum feuerwerkartigen Endverbrauch im Hier und Jetzt.

Die Option für mittelfristige Fortsetzung wird heute weltweit mit dem Begriff *sustainability* (Nachhaltigkeit) codiert – einem Wort, das, aus der deutschen Waldwirtschaftssprache des 19. Jahrhunderts hervorgegangen, zu einer autohypnotischen Formel im weltweiten Ökonomie- und Polit-Diskurs aufgestiegen ist. Jüngste Erhebungen unter Prozeß-Experten diverser Disziplinen über die mußmaßlichen Zeithorizonte »nachhaltiger« Prozesse ergaben, daß man das Minimum der Erwartungen an Nachhaltigkeit aus aktueller Sicht auf eine Dauer von 50 Jahren veranschlagt, das Maximum auf eine Spanne von 200 Jahren. Das bestätigt, was man ohne starken Anlaß nicht zugegeben hätte: Die Asymmetrie zwischen Vergangenheitsbewußtsein und Zukunftserwartung in »unserer breiten Gegenwart«, um mit Gumbrecht zu reden, hat ein unlebbares Ausmaß erreicht. Ins Gewesene blicken wir seit dem 19. Jahrhundert in der Dimension von Jahrmillionen und mehr zurück. In Kommendes wagt kaum jemand noch tiefer als wenige Jahrzehnte vorauszuschauen. Das Zeit-Empfinden scheint bei den meisten auf Endverbrauch gepolt. Nur für die Endlagerung von radioaktiven Abfällen aus Nuklearreaktoren, von denen mehr als 10.000 Jahre lang Strahlungsgefahren ausgehen, wird Zeitdenken in einer anderen Dimension gefordert.

Dies stellt die Erbauer von Endlagern vor die Aufgabe, ein Zeichensystem zu erfinden, das noch nach 400 Generationen verständlich wäre. Eine solche Herausforderung bildet den Rest des Fernzielbewußtseins, das in der Ära des blühenden Utopismus den Lebenden das Gefühl vermittelte, Glieder einer aufsteigenden Kette zu sein.

Große Teile der Menschheit im Delta haben ihre Orientierung am Generationenprozeß verloren. Um eine Nuance klassischer zu reden: Sie vertrauen nicht mehr auf die Stabilität der Ethnien, die von alters her dank ihrer souveränen Fortpflanzungskraft den sterblichen Einzelnen ein Gegengewicht boten. Der dunkle Gedanke, den Paul Valéry 1919 zu Protokoll gab, ist heute in den Lebensgefühlen allgegenwärtig: Man habe in Europa den Glauben an die kulturbegründende Unterscheidung zwischen der Unsterblichkeit der Kollektive und der Sterblichkeit der Einzelnen aufgeben müssen, seit wir zur Kenntnis zu nehmen hatten, daß auch die Zivilisationen sterblich sind. Nicht wenige unter den Modernen glauben schon mehr an die zeiterzeugende Macht von Zinsen auf illusorisches Kapital zum 31.12. als an die zeitstiftenden Optionen, die sich in altertümlichen Gesten wie Familiengründung, Häuserbau und Aufblick zu den Enkelkindern artikulierten.

Die genealogische Modernisierung, deren Anfänge in den Aufbrüchen der Mystik des spätmittelalterlichen »Abendlands« zu lokalisieren sind – ihrerseits herkünftig von den anti-genealogischen Impulsen des *Neuen Testaments* –, hat am Beginn des 21. Jahrhunderts ein Stadium erreicht, das einen beispiellosen Aggregatszustand im Verhältnis von Vergangenheit, Gegenwart und Zukunft mit sich bringt. Vor allem die erst seit dem 18. Jahrhundert entdeckte und entfaltete Zeit-Ekstase »Zukunft« verändert vor unseren Augen ihre Qualität: Mehr und mehr verliert sie ihren Zauber als Aufnahme-Raum für Vorstöße der projektierenden Intelligenz. Nachdem sie sich in Klimaprotokollzeit, in Zurückzahlzeit, in Umschuldungszeit, ja, in Problemabwälzungszeit und Zusammenbruchsvertagungszeit wandelt, büßt sie das Futurische am Futur ein. Sollte die Zukunft, wie zu befürchten ist, sich immer mehr zu der Dimension entwickeln, in der die Gegenwärtigen ihre teils geerbten, teil selbstgewagten Schulden bei Gläubigern und anderen Instanzen lastender Vergangenheit tilgen müssen, werden die Überschuldeten früher oder später der reizlos gewordenen Zukunft trotzig den Rücken kehren. Wer dem vorbeugen möchte, ist gut beraten, sich an einer Neufassung des »Prinzips Hoffnung« zu beteiligen, bei der für diesmal nicht verblasene politische Tagträume, sondern Fragen der Filiation und der psychopolitischen Sanierung korrupter Systeme im Zentrum stünden.

Den Zustand der synchronisierten Kulturen kann man als universalisierten Post-Passéismus bezeichnen. Er markiert eine Welt, die sich aus zahllosen Ensembles entkräfteter Vergangenheiten zusammensetzt. Jede Kultur ist heute auf ihre Weise futurisiert, jedoch wäre kaum jemand imstande anzugeben, was Worte wie »Kontinuität«, »Bestand«, »Fortgang« oder gar »Entwurf« von Zivilisation bedeuten. Die alt- und neu-konservativen Forderungen nach Herkunft als Quelle von Zukunft können ihre Hilflosigkeit nicht mehr verbergen. Niemand hat eine Vorstellung davon, wie kontrollierte Bewegungen bei größeren zivilisatorischen Einheiten auszusehen hätten. Können die beschleunigten, energetisierten und vernetzten Komplexe sich überhaupt anders als im Sturz nach vorn bewegen? Verfügen sie noch über die von der jungen Wissenschaft der Kybernetik – wörtlich: Steuermannstheorie – beschworene Kompetenz, kontrollierte, mit Gängen, Fahrten, Kampagnen oder Manövern vergleichbare Bewegungen auszuführen? Sind sie nicht längst von einer

Vielzahl unlenkbarer Driften überwältigt?[1] Wer glaubt im Ernst mit dem Philosophen Neurath daran, man könne Schiffe auf hoher See umbauen? Ja, wer behauptet noch, auf unserem Schiff gebe es eine Kommandobrücke?

Kurzum, in unseren Tagen kann niemand wissen, was den Sachgehalt von sirenischen Wörtern wie »Nachhaltigkeit« und »Zukunftsfähigkeit« ausmacht. Wer imstande wäre, zwischen Gang, Drift und Sturz zu unterscheiden, müßte prophetisch begabt sein. Dies ist der Zustand, auf den Heidegger anspielte, als er seine Bemerkung aussprach, nur noch ein Gott könne uns retten. Mit einem unauffälligen Satz entzog er dem Futurismus den Boden. An dessen Stelle hatte er leider nichts Besseres anzubieten als einen Pietismus des Wartens.

Während der Passéismus – die von alters her herrschende Überzeugung vom Vorrang des Vergangenen – heute als der Verlierer der Evolution feststeht, ist der Streit zwischen dem Futurismus der Moderne und dem Präsentismus der Postmoderne vorerst nicht zu entscheiden.

Zwei Frauenworte aus jüngerer Vergangenheit haben von ihrer Aktualität nichts eingebüßt: Wenn Madame de Pompadour im Jahr 1757 ausrief: *après nous le déluge* oder wenn Laetitia Ramolino, Napoleons Mutter, im Blick auf die Karriere ihres Sohns bemerkte: *pourvu que cela dure* – spürt jeder nicht ganz durch obligate Betriebslügen betäubte Zeitgenosse: Was Erklärungen zur Lage angeht, könnten es Sätze von heute sein.

Man darf die beiden Damen-Aussprüche nicht nur als Bekundungen des ewigweiblichen Nihilismus verstehen, der seit jeher zu wissen glaubt, daß es mit Männer-Vorha-

---

1 Vgl. Arthur Kroker, Exits to the Posthuman Future, Cambridge 2014. Der Autor legt eine Bewegungsstudie der postmodernisierten Medienkultur vor, die sich um die Begriffe Akzeleration, Drift und Crash gruppiert.

ben letztlich nichts ist. Jeanne-Antoinette hatte ihr Bonmot gesprochen, weil sie in genialischer Geistesgegenwart verspürte, Politik ist manchmal auch die Bereitschaft, Verantwortung für die Stimmung der Gäste zu übernehmen. Antigrave Impulse können für einen Augenblick ins Offene deuten. Doch ließ das frivole Wort der Marquise das Geständnis anklingen, mit der gegenwärtigen Herrlichkeit könne es nicht mehr lange weitergehen.

Laetitia, die von den Ereignissen überraschte Kaiser-Gebärerin mit dem heftigen korsischen Akzent, blickte auf die ikarischen Evolutionen ihres Sohns in der realistischen Manier der Mütter, die sorgenvoll den Kopf schütteln, wenn ihre Kinder auf den Spielplätzen der Geschichte Sandburgen errichten. Sie lieferte einen Kommentar, der sich im Blick auf den Weltlauf heute Unzähligen aufdrängt. »Wenn das nur gutgeht auf die Dauer.« Schon zur Zeit seiner Formulierung war der Ausspruch mehr ein Bannwort gegen nahendes Unheil als ein Zeugnis von Zuversicht. Den schrecklichen Kindern der Neuzeit vermittelt er den Wink, es könne nicht schaden, sich in der verlernten Kunst des Dauerns zu üben.